マンガでわかる株式投資!

女子高生株塾

ホイチョイ・プロダクションズ

Cartoon by Hitoshi Io
Story by Yasuo Baba

Jyoshikose
KABUJY

ダイヤモンド社

マンガでわかる株式投資!

女子高生株塾

知識ゼロでも面白いからラクに読める!

ホイチョイ・プロダクションズ

Cartoon by Hitoshi Io
Story by Yasuo Baba

ホイチョイ・プロダクションズ
×
一番売れてる株の雑誌
ダイヤモンド ザイ Diamond ZAi

Contents 1

Contents 2

あっ
カレシと夏休みの終わりにサイパンに行ってたのよ
おはようユキ真っ黒だね
6
PERとPBR
今後の成長性か現在のお買い得度か

304ページの超ボリューム！
投資の本質から、
現代金融のカラクリまで
この1冊にギュッと
詰まっています！

コト コト コト
コト コト コト コト
お父さん ヒトシ 起きないと 遅れるわよー
ご飯は食卓に出してあるからね
ヒトシ、給食費は靴箱の上に置いとくから忘れずに持って行きなさい
グゴー グガー
じゃ行ってきまーす
あーあ お金がいくらあっても足りないよー
いつもすまないねえ ナオ
1
投資デビュー
1年で8倍になることも！

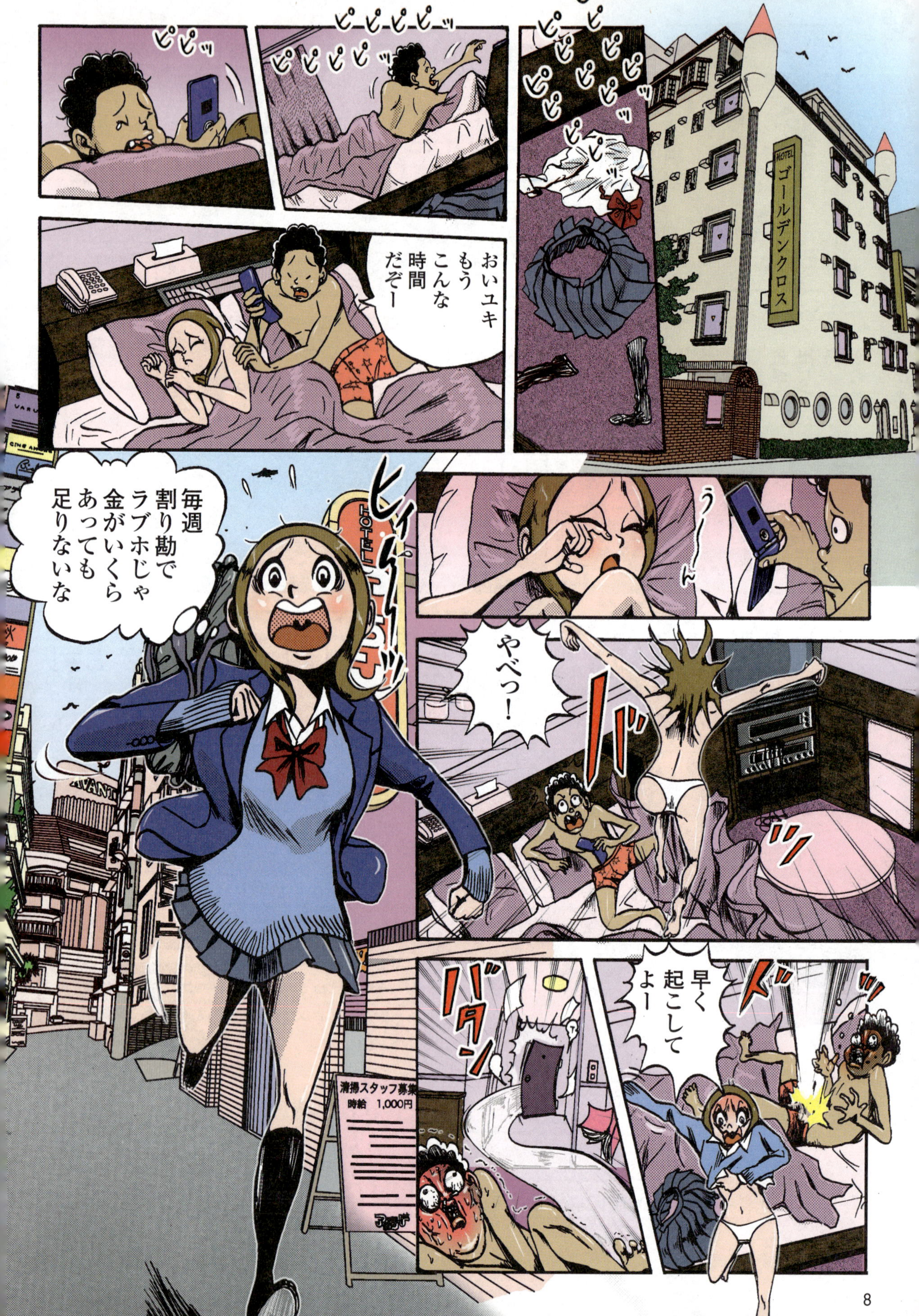

ピピッ
ピピピピッ
ピピピピッ
ピピピピピピピッ
HOTEL
ゴールデンクロス
おいユキ
もう
こんな
時間
だぞー
うーーん
ヒィィィーッ
HOTEL
毎週
割り勘で
ラブホじゃ
金がいくら
あっても
足りないな
やべっ！
バ
ッ
早く
起こして
よー
ド
ッ
バタン
清掃スタッフ募集
時給　1,000円

ドーン
県立難平女子高等学校
おはよう ナオ
ハァ
ハァ
おはよう ユキ
いよいよ 3年生 だね
また 同じ クラス だと いーねー
ピンポーン
やったあ 同じ クラスだ
校長先生 から 重要な お話が あります ので
全校生徒は 体育館に 集まって ください

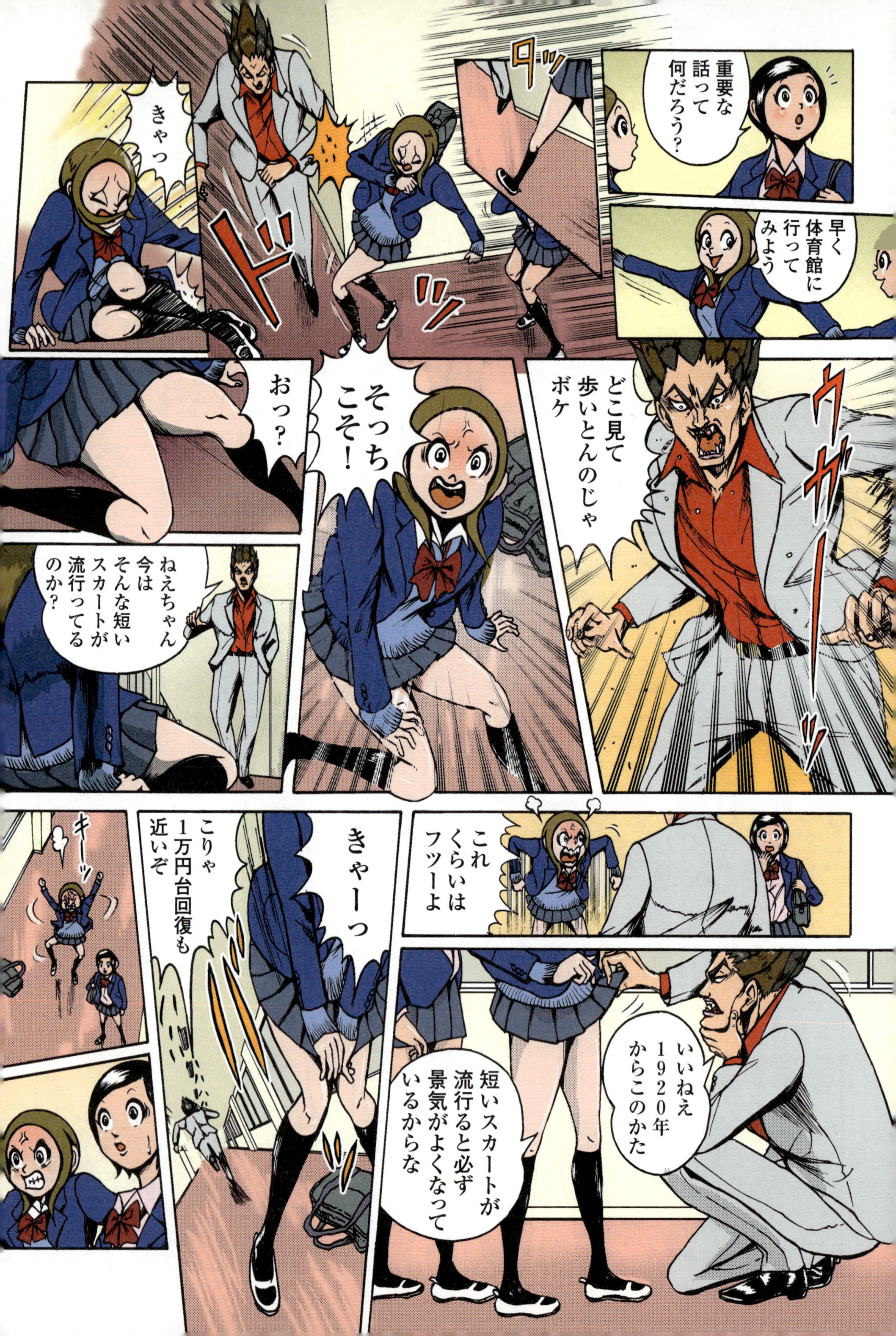

重要な話って何だろう？
早く体育館に行ってみよう
タッ
ドッ
ツッ
きゃっ
ウガーーッ
どこ見て歩いとんのじゃボケ
そっちこそ！
おっ？
ねえちゃん今はそんな短いスカートが流行ってるのか？
これくらいはフツーよ
いいねえ1920年からこのかた
短いスカートが流行ると必ず景気がよくなっているからな
きゃーっ
こりゃ1万円台回復も近いぞ
キーッ

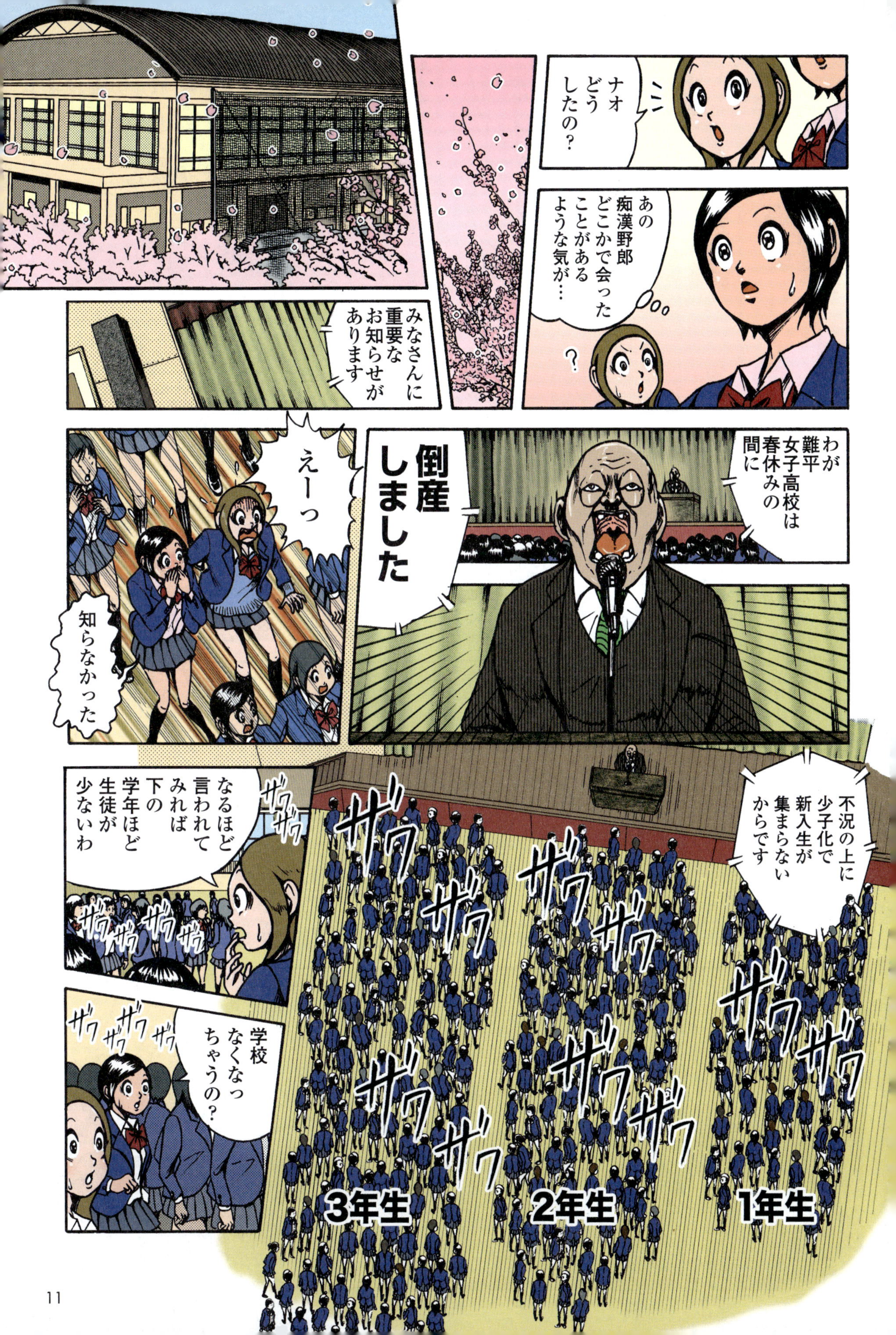

ナオ
どう
したの？
あの
痴漢野郎
どこかで会った
ことがある
ような気が…
？
みなさんに
重要な
お知らせが
あります
わが
難平
女子高校は
春休みの
間に
倒産
しました
えーっ
知らなかった
不況の上に
少子化で
新入生が
集まらない
からです
ザワザワ
なるほど
言われて
みれば
下の
学年ほど
生徒が
少ないわ
学校
なくなっ
ちゃうの？
1年生
2年生
3年生

4月から当校は食品会社のバカミフーズに買収され
バカミフーズ経営の私立女子校として再スタートすることになりました
こちらが当校の新理事長で
バカミフーズ社長の馬上サンです
ヌッ
ドッ
私が馬上だ
ドオオオオオン
当校は新学期から新入生を集めやすい魅力ある学校に変身するため教師陣もカリキュラムも一新することにした
ザワ ザワ ザワ ザワ ザワ ザワ ザワ
カリキュラムを一新？
数I・数II
物理・化学
古文・漢文
地理・政経・倫理
こんなもの実社会では何の役にも立たない
バサ バサ バサ バサ バサ
よって新学期からそれらの授業は廃止する
グシャ
わーい数学も物理もなくなるんだ
ヤッター
これからわが高校の授業では人生で本当に役に立つことだけを教える
グッ

バァァァァァァァーーン
これが新カリキュラムだ
月 火 水 木 金
1 言い訳 棚に上げる あげあし 根回し 金儲け
2 責任転嫁 接待 言い訳 責任転嫁 流れ
3 流れ 根回し 金儲け 言い訳 フォロー
4 金儲け フォロー 責任転嫁 あげあし 言い訳
5 あげあし 流れ 棚に上げる フォロー 接待
言い訳に責任転嫁にあげあしに棚に上げる?
???
ポッカーーン
なにこれ?
新しい教師陣を紹介しよう
こちらは『言い訳』『責任転嫁』担当のヒライ先生だ
『言い訳』に『責任転嫁』って、そんなに社会で必要なの?
ボソ
必ずしも必要とは限りません
保証はしません
ササササッ
私はこんなこと高校生に教えるのはやめたほうがいいと言ったんですが理事長がどうしてもって言うので
ビッ
シィ
凄い!最初から言い訳責任転嫁している
こちらは『流れ』担当の麻田先生だ
『流れ』って何だろ?
おまえたち競馬パチンコ麻雀、どれかやったことがあるだろう
ポカーーーン

たとえば競馬でこんなことを感じたことはないか
やけにきょうは3枠が来る日だ
ドドド
ドドド
ワァァァァ
あるいは麻雀でこう思ったことはないか？
今日はやけにイーペーコーができるな
ムムゥ…
これは確率でも統計でも説明がつかない
流れだ
人生で一番大切なのは、流れをつかむことだ
ドン
オレがおまえたちに『流れ』を教えてやる
ド
なるほど
そしてこちらは『金儲け』担当の利食先生だ
オレがおまえたちに『金儲け』を教える
利食千人力《りぐいせんにんりき》だ！
ザワザワザワザワ
ナオさっきの痴漢野郎よ！
ザワザワザワザワ
やっぱり昔、どこかで会った気が……
ドドドドド

『金儲け』は何を勉強する授業ですか
ズイッ
おまえ貯金あるか？
お年玉と春休みのバイトで貯めた金が20万円ほど
おまえは？
そんなものかな
高3で貯金20万円
まあ平均的な線だな
おまえたちにナナという女子高生の話をしてやろう
今から6年前のことだ。当時高3で受験を控えていたナナは、学校に行く途中、駅前に新しい銀行ができたのに気づいた。
「UFJ銀行」という名前の銀行だった。
UFJ銀行
UFJ銀行
そのとき、ナナには、バイトで貯めた金が20万円あった。
ナナはこう考えた。
これから受験だからお金は使わないな
で、どうしたと思う？
銀行に20万円を預けた？
フン
クックックッ
バカ 銀行の普通預金利子は金利の高いネット銀行を利用しても0.1%前後

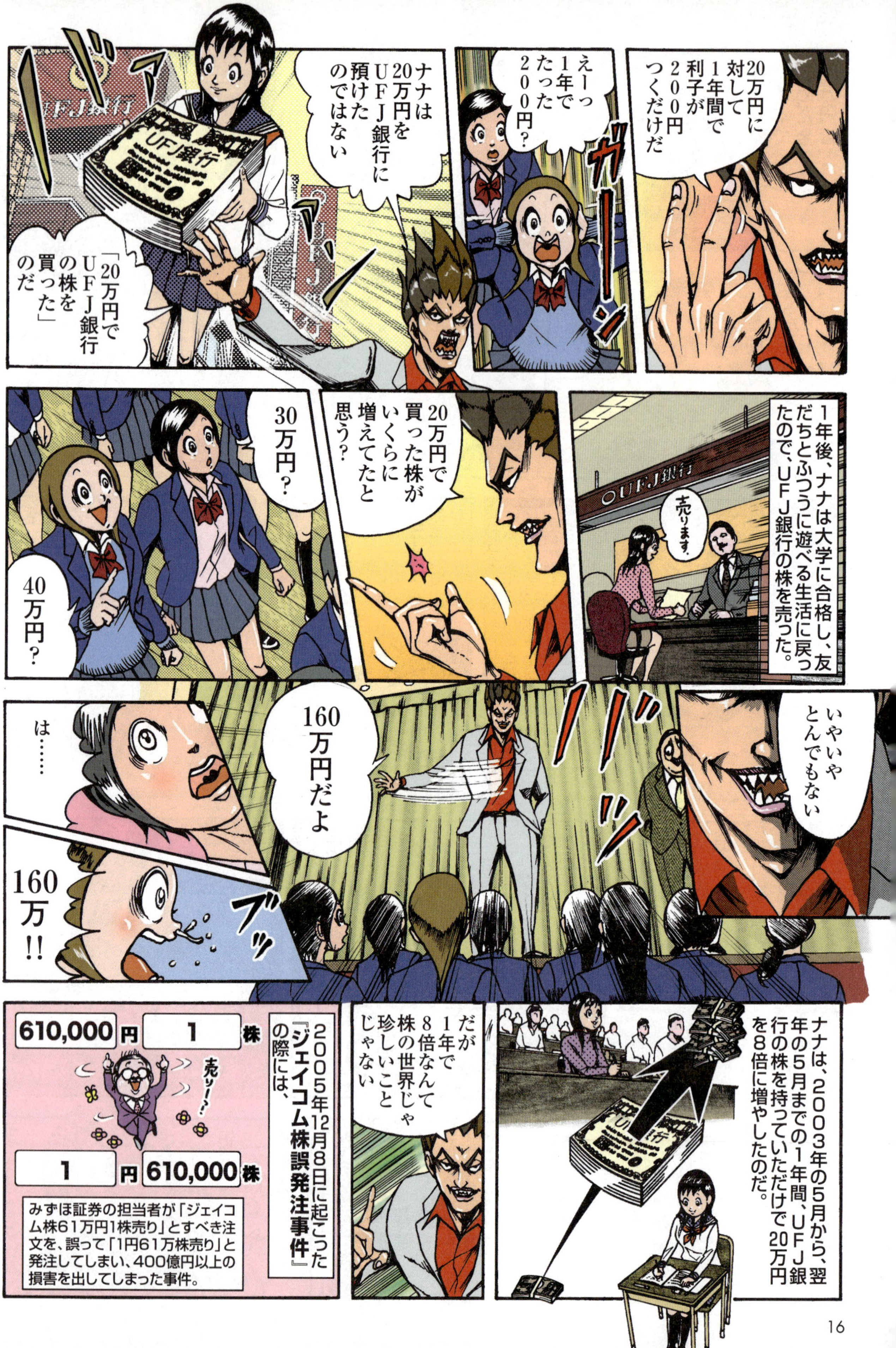

20万円に対して1年間で利子が200円つくだけだ
えーっ1年でたった200円?
ガーーーン
ナナは20万円をUFJ銀行に預けたのではない
「20万円でUFJ銀行の株を買った」のだ
1年後、ナナは大学に合格し、友だちとふつうに遊べる生活に戻ったので、UFJ銀行の株を売った。
UFJ銀行
売ります。
20万円で買った株がいくらに増えてたと思う?
30万円?
40万円?
いやいやとんでもない
160万円だよ
は……
160万!!
ブッ
ナナは、2003年の5月から、翌年の5月までの1年間、UFJ銀行の株を持っていただけで20万円を8倍に増やしたのだ。
だが1年で8倍なんて株の世界じゃ珍しいことじゃない
2005年12月8日に起こった『ジェイコム株誤発注事件』の際には、
610,000円 1株
売り～!
1円 610,000株
みずほ証券の担当者が「ジェイコム株61万円1株売り」とすべき注文を、誤って「1円61万株売り」と発注してしまい、400億円以上の損害を出してしまった事件。

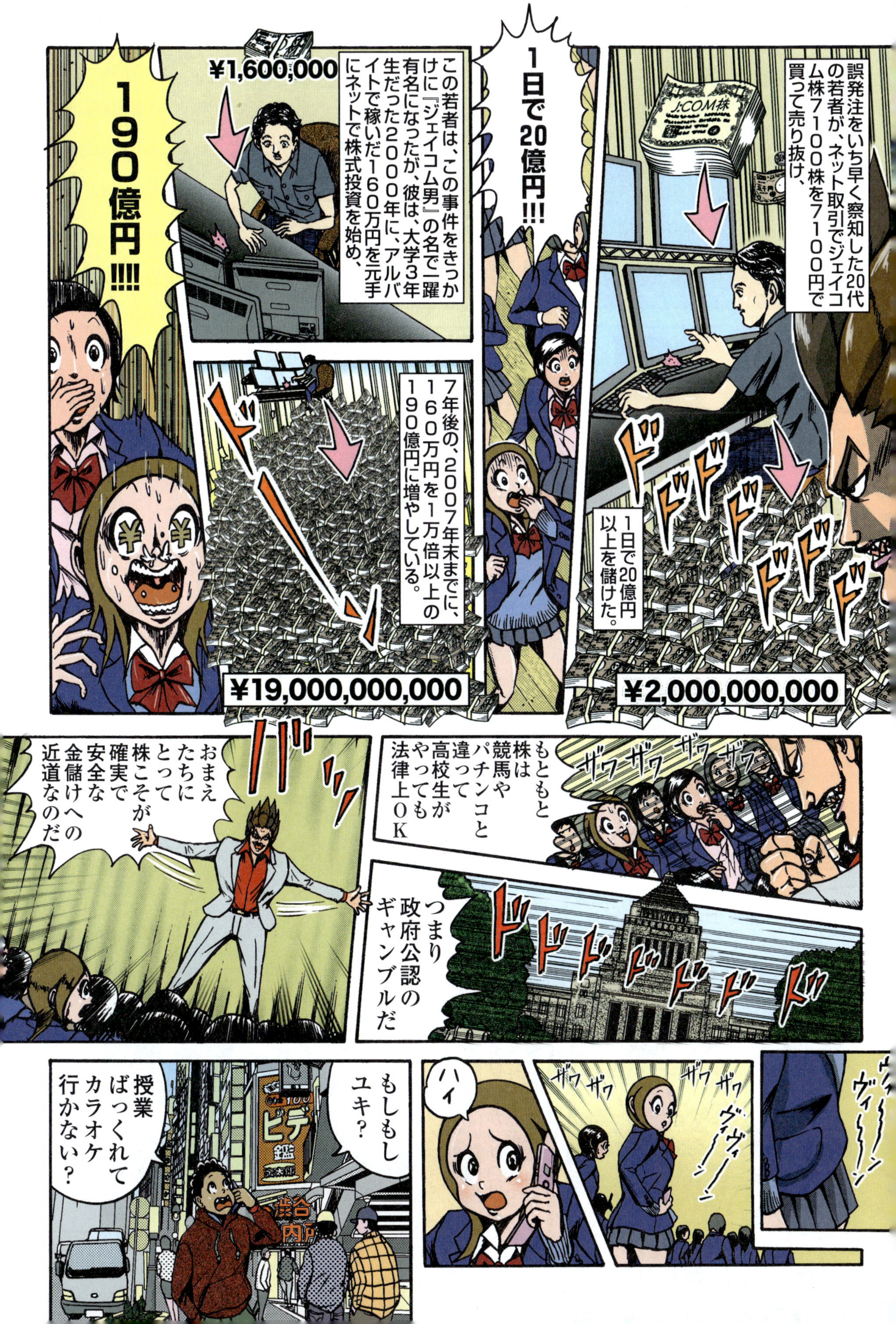

誤発注をいち早く察知した20代の若者が、ネット取引でジェイコム株7100株を7100円で買って売り抜け、
1日で20億円以上を儲けた。
¥2,000,000,000
ドドドドドドドド
1日で20億円!!!
この若者は、この事件をきっかけに『ジェイコム男』の名で一躍有名になったが、彼は、大学3年生だった2000年に、アルバイトで稼いだ160万円を元手にネットで株式投資を始め、
¥1,600,000
7年後の、2007年末までに、160万円を1万倍以上の190億円に増やしている。
ドーン
¥19,000,000,000
190億円!!!!
ザワザワザワザワ
もともと株は競馬やパチンコと違って高校生がやっても法律上ОＫ
つまり政府公認のギャンブルだ
ドドドドドドド
おまえたちにとって株こそが確実で安全な金儲けへの近道なのだ
バッ
ザワザワ ザワザワ
ハイ
もしもしユキ?
授業ばっくれてカラオケ行かない?

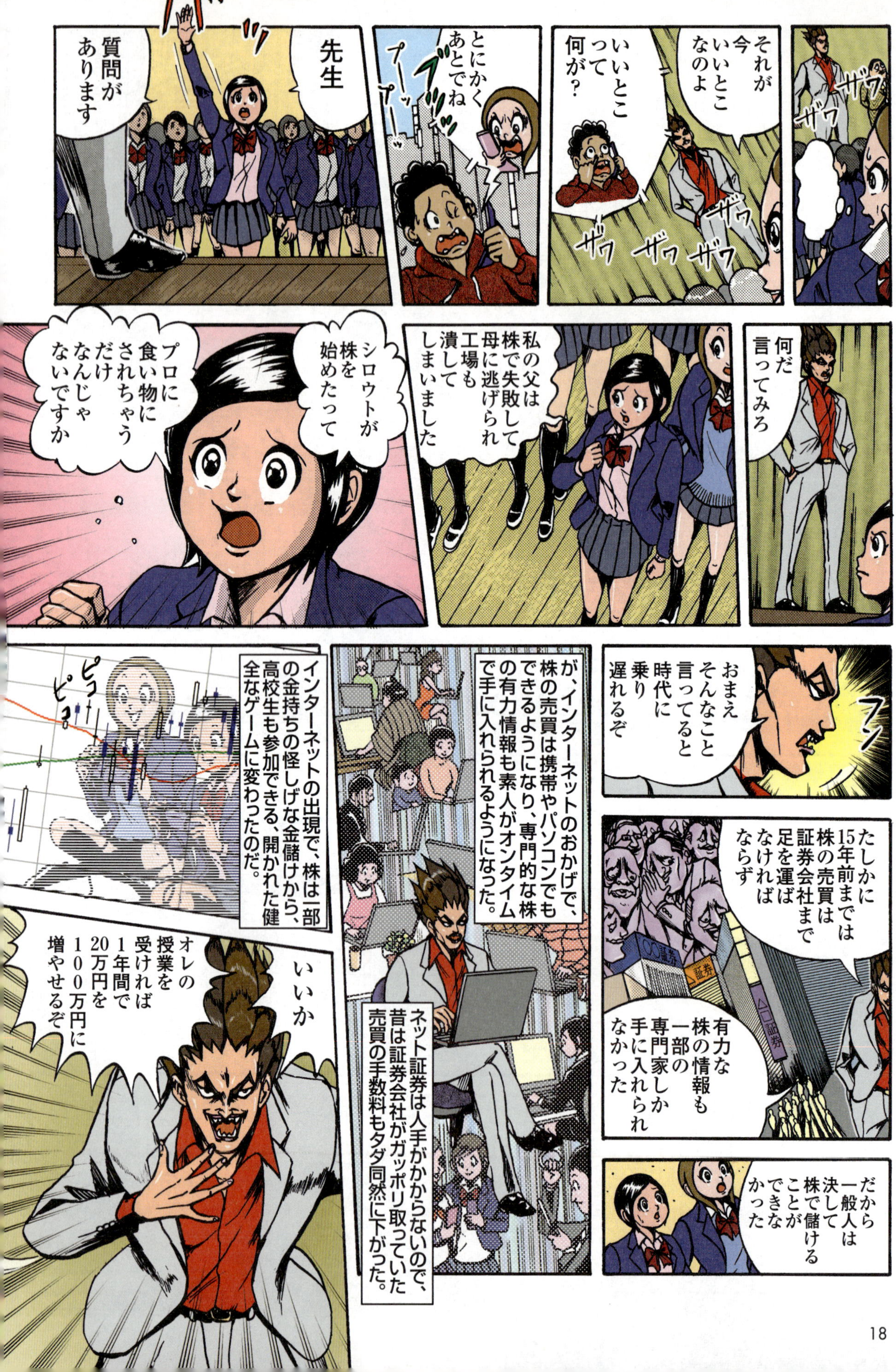
ザワ
ザワ
それが今いいとこなのよ
いいとこって何が？
ザワ ザワ ザワ ザワ
とにかくあとでね
プープー
ブッ
先生
質問があります
何だ言ってみろ
私の父は株で失敗して母に逃げられ工場も潰してしまいました
シロウトが株を始めたって
プロに食い物にされちゃうだけなんじゃないですか
おまえそんなこと言ってると時代に乗り遅れるぞ
フン
たしかに15年前までは株の売買は証券会社まで足を運ばなければならず
有力な株の情報も一部の専門家しか手に入れられなかった
だから一般人は決して株で儲けることができなかった
が、インターネットのおかげで、株の売買は携帯やパソコンでもできるようになり、専門的な株の有力情報も素人がオンタイムで手に入れられるようになった。
ネット証券は人手がかからないので、昔は証券会社がガッポリ取っていた売買の手数料もタダ同然に下がった。
インターネットの出現で、株は一部の金持ちの怪しげな金儲けから、高校生も参加できる、開かれた健全なゲームに変わったのだ。
ピコ
ピコ
いいか
オレの授業を受ければ1年間で20万円を100万円に増やせるぞ

1年間で20万円を100万円!!
ザワ
すごい
ザワ
ザワ
ドクン
松下鉄工所
お父さん こちらの株を 買われては いかが でしょう
ふう～む
1年間でこの ○○万円を ○○○万円に 増やせます
ニタァ…
今が買い ですよ
ハッ
そうだ 思い出し たっ!
あいつ昔 父さんに 株を勧めて 尻の毛まで むしって いった 山ムラ証券の 営業マンだ!
えっ そうなの?
ダッ
こいつは 詐欺師よ!
みんな こんな男の 授業受けちゃ ダメよ!
ザワ ザワ ザワ ザワ
どんな 授業を 取るかは 生徒の 自由だ
好きに するがいい
だが その前に 一度 オレと 勝負を しないか?

勝負?
おまえたち全員の名義でネット証券に口座を作ってある
ザワ ザワ ザワ ザワ ザワ ザワ ザワ
そこには20万円ずつ入れてある
その金でこの会社の株を買え
スカルピング電機
ドン
そして1週間後に売ってみろ
もしも儲けが出たら儲け分は自分のものにしていい
減っても所詮学校の金だおまえたちのリスクはゼロだ
スカルピング電機
もしも1割以上儲かったらオレの授業を受けろ
ザワ ザワ ザワ ザワ
もしも儲からなかったら?
この学校を
辞める
ピング電
ザワッ

女子高生株塾・補習授業 ①

補習授業では本編で教えきれなかった株取引の細かなポイントを詳しく教えてやる 第1回目は株取引の第一歩ネット証券への入り方だ

ネット証券に入るのに、難しいことは何もない。用意すべきものは、次の４つ。

①パソコン

②金

③銀行口座

④証券会社の口座

①の「パソコン」は、当然、ネットにつながることが条件だ。携帯でも全然ＯＫだが、情報を見たりするには、まだまだパソコンのほうが便利だな。

①パソコン

パソコンは自分のものである必要はない。ネット喫茶のパソコンでも大丈夫。但し、メアドは自分のものが必要だ。

YAHOO! JAPAN メール
*****@yahoo.co.jp

自分のパソコンを持たずに、メアドを持とうと思ったら、YAHOOのフリーメアドを取っておくテがある。

さて②の「お金」は、もちろん株を買うための金だ。

株券

多いにこしたことはないが、ナオやユキと同様、とりあえず20万円あればいいだろう。

③の「銀行口座」は、どこの銀行でも構わない。いつも使っている自分の銀行口座があれば、それでＯＫだ。

BANK

④の「証券会社の口座」だがこれが一番のポイントだ
証券会社の口座

「ネット証券に入る」ということは、言いかえれば「ネット証券に口座を作ること」にほかならない。

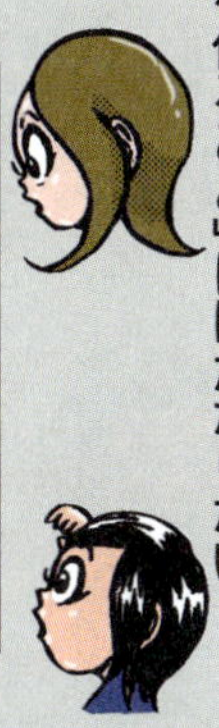

【主なネット証券】

SBI証券
カブドットコム証券
大和証券
松井証券
マネックス証券
楽天証券

（50音順）

普通の証券会社に口座を作る場合は、店頭まで自分で足を運ばなければならないが、

口座作りにきました
新規・口座開設

ネット証券は、自宅からネットにアクセスするだけで、簡単に口座が作れる。

カンタン！
ポチッ

試しに、どれか1社選んで、パソコンからその会社のホームページにアクセスしてみろ。そこには必ず『口座開設』の申し込みフォームがある。

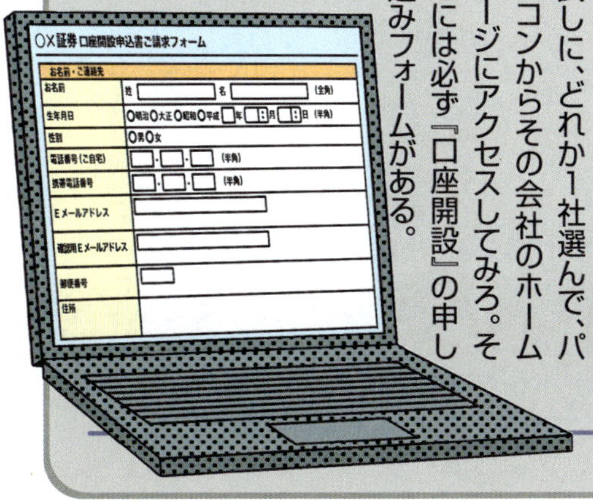
○×証券 口座開設申込書ご請求フォーム

そのフォームに住所・氏名を書き込んで送信する。会社によっては、ホームページ上の申し込み用紙を自分でプリントアウトし、それに書き込んで郵送するところもある。

POST

申し込み書が証券会社に届いたら、折り返しに、自宅宛に書類が郵送されて来る。

あっ!
来た!

なんで郵送なんて面倒な方法を取るの?
メールで十分じゃない
大金を扱う場合もあるから本人の身元確認がどうしても必要なのさ

で、郵送されてきた書類に、もう一度、今度はもっと詳しい必要事項を書き込み、ハンコを押し、免許証か保険証のコピーを添えて返送する。

口座開設申込書
名前
住所
ご連絡先
職業
年収
方針
お届け印

高校生の場合は、親の承諾書も同封する必要がある。

この書類が証券会社に届くと、証券会社のコンピュータ内に、キミの口座管理ページが開設され、自宅宛に口座にアクセスするためのIDとパスワードを書いた紙が郵送されて来る。

あっ!
また来た!
ID *******
パスワード *******

あとは証券会社のホームページを開いて、IDとパスワードを入れれば、キミ専用の口座管理ページが現れ、ボタン操作1つで、好みの株の売り買いができる、ってわけだ。

ポチポチ
ID *******
パスワード *******
ID ****** パスワード ******

そうそう、株を買う前には、③の銀行口座から、④の証券会社の口座にお金を振り込んでおくことを忘れないように。

③銀行口座
④証券会社の口座

証券会社の口座から、キミの銀行口座にお金を戻すのは、ネット上の指示だけで、簡単にできる。

どうだい? 書類を郵送で一往復させる分1週間前後時間がかかってしまうのが面倒だがあとはどうってことないだろ
キミも今すぐ手続きをしてネット証券に入りたまえすべてはそこからだ

2 株は人気投票だ！

ポン酢に学ぶ株の法則

松下
父ちゃ〜ん
ん〜？
父ちゃん 昔 証券会社の営業マンにハメられて株で大損したって言ってたわよね
ケッ
ああ、それで板金工場を手放すことになったのさ
その証券マンってもしかして
ズズー
利食っていう名前じゃなかった？
ブホッ
ガタッ
おまえ利食にどこかで会ったのか？
あ、いや街で見かけただけよ
今度見つけたら必ず父ちゃんに連絡しろ このバットで殴り殺してやる！
ブン ブン
ヒ〜ッ
ドッ
姉ちゃ〜ん
運動靴買ってよ もう穴が空いちゃってるんだ
えっ運動靴？
買っちくり〜
利食の株買っとけばよかったかな…
うう…

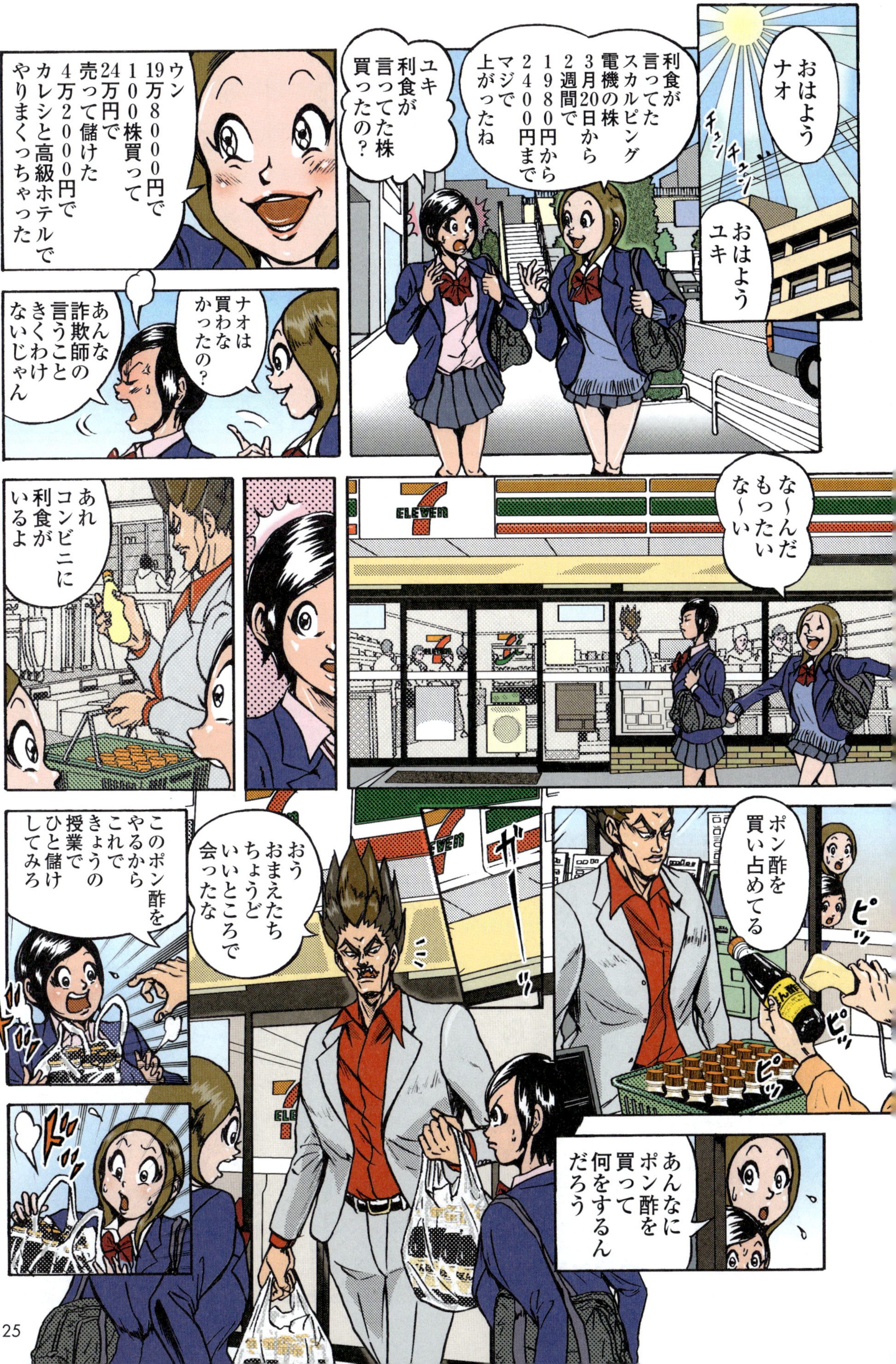

おはよう
ナオ
チュンチュン
おはよう
ユキ
利食が言ってたスカルピング電機の株3月20日から2週間で1980円から2400円までマジで上がったね
ユキ
利食が言ってた株買ったの？
ウン
19万8000円で100株買って24万円で売って儲けた4万2000円でカレシと高級ホテルでやりまくっちゃった
ナオは買わなかったの？
あんな詐欺師の言うことときくわけないじゃん
な〜んだもったいな〜い
あれコンビニに利食がいるよ
ポン酢を買い占めてる
ピッ
ピッ
ピッ
あんなにポン酢を買って何をするんだろう
ザー
おう
おまえたちちょうどいいところで会ったな
このポン酢をやるからこれできょうの授業でひと儲けしてみろ
ドッ
ドッ

ポン酢でひと儲け？どうやって儲けろっていうのよ
授業に出てみりゃわかるさ
私は先生の授業に出るつもりはありません
ピタッ
何か勘違いをしているようだな
ドッ
先週オレはおまえたちと取引をした
スカルピング電機の株が1週間で1割以上上がらなければオレは学校を辞める
1割以上上がったらおまえたちがオレの授業を受けると……
オレはリスクを取って勝負に勝った
だからおまえに授業を受ける受けないを選ぶ自由はない
それにオレの授業を受ければ必ず儲かる
おまえ、少々金に困っているんだろ
ドオ
松下ナオ
ど、どうして私の名前を……

私立難平女子高等学校
3-B
ザワ ザワ ザワ ザワ ザワ ザワ
カセットコンロが用意してある
ザワ ザワ ザワ ザワ ザワ ザワ
鶏肉と野菜だ
ナベに出汁も張ってあるよ
ザワザワ…
ザワザワ…
今日の4時間目は
自習
鶏鍋でも食え
きょうの4時間目は授業は自習で鶏鍋だって
昼のパン代助かっちゃった
ザワ
ザワ
ヤッター
鶏も野菜もあるけどポン酢が1本しかないよ
分けようたって1本じゃ行き渡らないね
ポン酢のないナベなんてナベじゃないよ~
わ~!

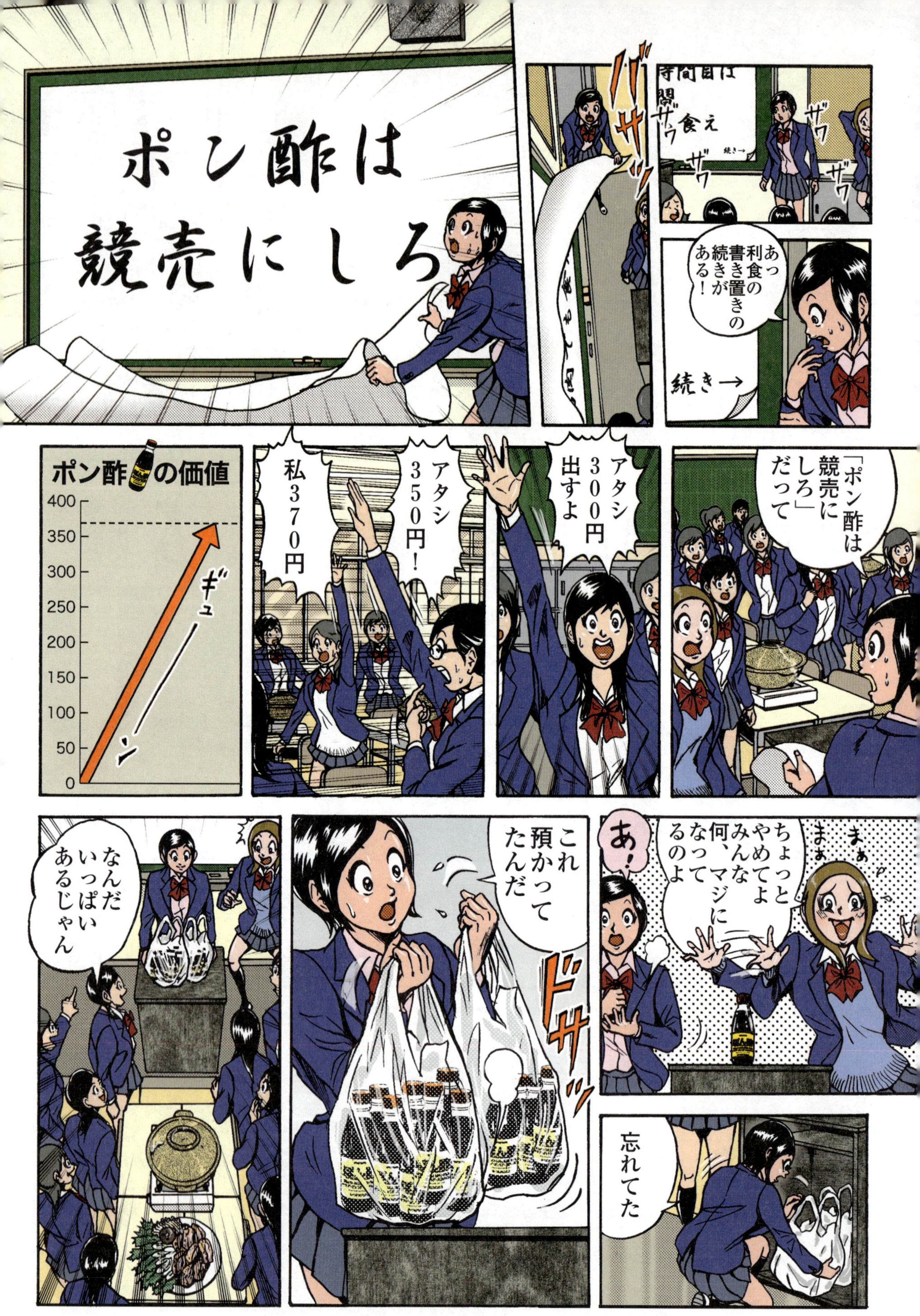
ザワ
ザワ
ザワ
ザワ
食え
続き→
あっ利食の書き置きの続きがある！
続き→
バサッ
ポン酢は
競売にしろ
「ポン酢は競売にしろ」だって
アタシ300円出すよ
アタシ350円！
私370円
ポン酢の価値
400
350
300
250
200
150
100
50
0
ギュ～ン
ちょっとやめてよみんな何、マジになってるのよ
あ！
まぁまぁ
忘れてた
これ預かってたんだ
ドサッ
なんだいっぱいあるじゃん

ナオ なに正直に全部出してんのよ
1本ずつ出せば儲かるのに！
あれだけあれば2人に1本ゆきわたるよ
みんなが1円以上の値段をつけなきゃ全員が1円でポン酢を使えるよ
じゃあ1円
私も1円
私も1円
私も
1円!!
ドドドドドド
ポン酢の価値
400
350
300
250
200
150
100
50
0
ガックーーン
あーナオのおかげで儲け損なったよ
ガッピーーン
あっ続きがある！
これから2週間、
4時間目の授業は毎回鍋
ポン酢は自己調達
明日も明後日も4時間目の授業はナベでそのたびにポン酢は自己調達だって！
ポン酢ってスーパーで買ったらいくらくらいするんだろ
あの大きさの瓶だったら400円はするんじゃない？
じゃあ今、1本400円以下で買っとけば得じゃん

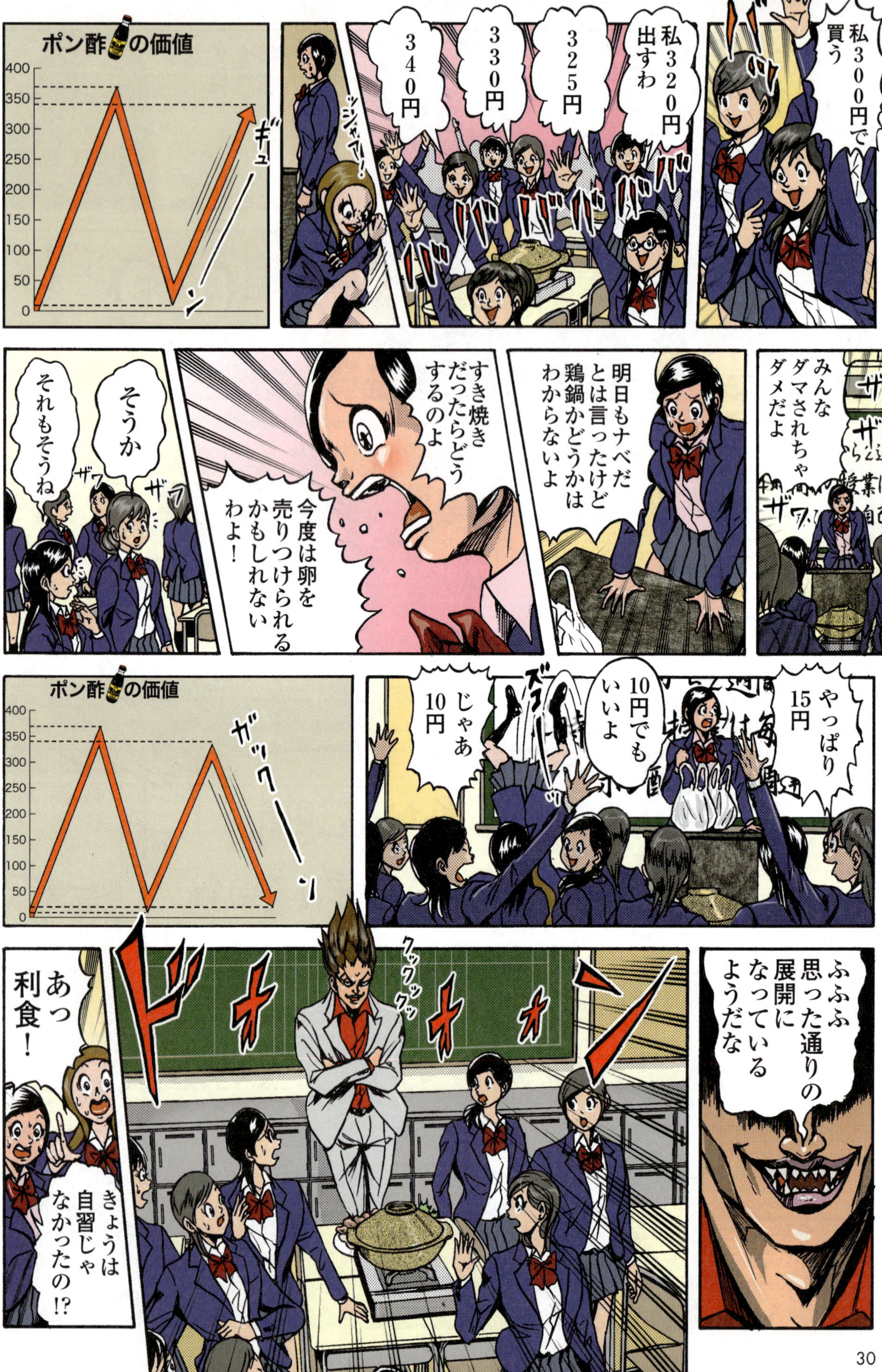
私300円で買う
バババ
私320円出すわ
325円
330円
340円
バババババ
ツジャア!
ポン酢の価値
400
350
300
250
200
150
100
50
0
ギュン
みんなダマされちゃダメだよ
ザワ
ザワ
明日もナベだとは言ったけど鶏鍋かどうかはわからないよ
すき焼きだったらどうするのよ
今度は卵を売りつけられるかもしれないわよ!
そうか
それもそうね
ザワ
ザワ
やっぱり15円
10円でもいいよ
じゃあ10円
ズデーン
ポン酢の価値
400
350
300
250
200
150
100
50
0
ガックーン
ふふふ思った通りの展開になっているようだな
ドオオオン
クックックッ
あっ利食!
きょうは自習じゃなかったの!?

おまえたちの発言は全部盗み聞きさせてもらった今のは立派な株の授業さ
今のが?
よく聞け
グッ
株の世界では儲かってる会社は、儲けた利益を『配当』として株主に配る決まりになっている
利益
配当
だから儲かってる会社の株はみんな欲しがる
だが株の数には限りがある
ザワ
ザワ
するとこの教室で最初のポン酢の値段が上がったのと同じようにその会社の株価が上がるんだ
320
330
340
350
360
370
380
だがみんなが株を売りに出して市場で買える株の数が増えると、株価は下がる
さっきナオがポン酢をたくさん出したらポン酢の値段が1円になったようにね
ドサッ
ユキおまえは全部いっぺんに出さずに1本ずつ出せば高く売れたのにと言ってたな
ハイ!
株も小出しに市場に出てくれば値段が暴落することはないいいセンスだ
やったあ
たとえばジョシカブ製薬という会社があって、花粉症の特効薬を開発したとしよう
開発しただけで、まだ売りだしたわけじゃない
でも、花粉症の特効薬なら、売れれば儲かるに違いない。今のうちにジョシカブ製薬の株を買っておけば、その薬が発売されて、会社が儲かったとき、株価は上がっているはずだ。
儲かりそう!!!
みんながそう考えて、ジョシカブ製薬の株を買おうとしたら、株価はやっぱり上がる。この場合、ジョシカブ製薬が今現在儲かっているかどうかは、問題じゃない。今は儲かっていなくても、みんながその会社は将来儲かるだろうと思っただけで、その会社の株価は上がるのだ。

さっき明日も鍋なら今のうちにポン酢を買っておいたほうが得かもとみんなが思ったとたん値段が上がっただろあれと同じことだ
だが、ジョシカブ製薬の新薬の効果が疑わしいことがわかって、先々、この会社は儲かりそうにないとみんなが思い出したら、株価は下がる。
効かねーっ!
こいつが明日はすき焼きかもしれないと叫んでポン酢の値段がまた下がったようにね
今みたポン酢の値段の変化には株の原則のすべてが詰まっているんだ
たとえば、ファストフードがやけに繁昌している。この会社の株は上がるかも。おまえがそう思ったとしたらほかにも、そう思うヒトが大勢いるかもしれない。ならば株価は本当に上がる可能性がある。
ワラ ワラ ワラ ワラ
逆に、最近、あのファストフードはガラガラだ、ヤバいんじゃないか。みんながそう思えば、その会社の株価は下がる。
ガラーーーン
株はみんなの思惑を読む一種の人気投票みたいなものだな
むずかしい情報なんかわからなくてもヒトのキモチが読めれば株で儲けることができる
面白そう
ザワザワ
ザワ
先生先週私たちに買えと薦めた『スカルピング電機』はなんで上がるってわかったんですか?
スカルピング電機はiPodのヘッドフォンを作っている会社だ

この中でiPodを持ってるヤツ手を挙げてみろ
それをできるだけいい音で聴きたいと思っているヤツは？
まあこんなもんだろ
みんながそうだからこの会社は去年からムチャクチャ増益を続けている
株価が上がりそうなことはおまえたちだってすぐにわかるだろ
なるほど
キーンコーンカーン
おっともう時間か
今日は宿題があるぞ
ビッ
ドン
投票箱
投票箱
きょうはどの株が上がるか教えることはしない

一番上がりそうな株の銘柄を選んで紙に書いて明日までに提出しろ
1週間後に一番上がった株を書いたヤツに私が賞金10万円を出すぞ
どよ
どよ
どよ
どよ
うおー
DOUTOR
ねえセブン-イレブンって
ちょっとユキ本気で考えてるの
本気よだって賞金10万円欲しいじゃんナオはいらないの？
利食は父ちゃんを破産させた我が家の仇よ！
松下鉄工所
授業絶対ぶっ壊してやるわ！

女子高生株塾・補習授業 ②

きょうは株の買い方売り方の基本を教えてやろう
物の値段って普通5秒10秒の間にコロコロ変わったりしないだろ
¥100
¥140
¥150
¥80
¥120

ところが、株の値段はたった5秒でコロコロ変わる。5秒前には500円だった株が5秒後には平気で510円になっていたりするものだ。

サササッ
株券
¥500
¥510
サッ

株の値段にはそうした特殊事情があるため、その売買には2つの方法が用意されている
指値
成り行き

「指値《さしね》」というのは、客が値段を指定して売り買いする方法だ。たとえば、今200円している株を190円で買え、と注文したとしよう。

指値
190円で買って

その後、株価が下がって190円に達したら、その時点で注文は成立し、株を買うことができるが、

200
190
成立
ワーイ

株価が200円からひたすら上がり続ければ、その株を買えないまま1日を終わってしまう。

220
210
200
190
グーン
グーン
グーン
まって〜

ちなみに、株の売買ができるのは、証券取引所が開いている9時から15時までの間だけだ。

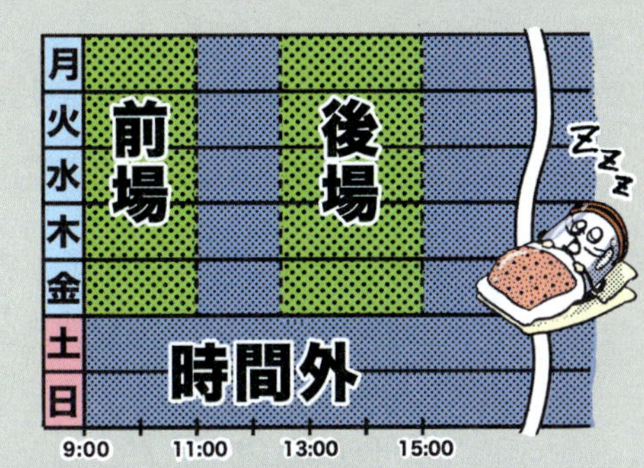
月
火
水
木
金
土
日
前場
後場
時間外
9:00
11:00
13:00
15:00

15時までというのは東京証券取引所の場合で、大阪は15時10分まで、名古屋は15時30分まで開いている。

ウィークデーの15時から翌朝9時までと、土日祝日は「時間外」。取引所は休みで取引できない。

指値の注文の有効期限は、通常はその日、証券取引所が閉まるまで。たとえば、朝の9時に指し値の注文を出して、15時までにその注文が成立しなかった場合、リセットされ、注文はなかったことになる。

200
190
終了です
ハイ

15時以降に出された注文は、次に市場が開いた瞬間から有効になり、取り消さない限り、その日いっぱい有効だ。

なるほど

一方「成《な》り行《ゆ》き」というのは、値段はいくらでもいいから、その会社の株を必ず買え、必ず売れ、という注文だ。

成り行き
いくらでもいいから買って!

この場合、「結局買えませんでした、売れませんでした」はない代わりに、いくらで買えるか売れるかは、文字通り、市場の「成り行き」次第。昨日200円だった株が、やっと220円で買えたとか、やっと170円で売れた、なんてことが十分ある。

230
220
210
200
190
180
170
成り行きと指し値は状況に応じて使い分ける必要があるぞ

それともう1つ大事なことだが株は、1株単位で売買できるものではない
えっそうなの?

株ごとに、売買できる最低単位(=**単元株**)が決まっているんだ。

最低取引単位
単元株

基本的に株価が1000円以下の安い株は、売買の最低単位が1000株から(日立、東芝など)。

日立
東芝
1000円以下
1000株から

1株が1000~1万円の株は、100株から(ソニー、トヨタ、東京電力など)。

SONY
TOYOTA
東京電力
1000円~1万円
100株から
Yahoo!
NTTドコモ
10000円以上
1株から

ヤフーやNTTドコモのように、1株が1万円以上する銘柄は1株から売買できる株もある。

その株が何株単位で売買できるかはどんな証券会社の株価情報にも明記されているからすぐにわかる
株価が500円で単元株が1000株って株は買うのに最低50万円かかるわけでしょ
高~い

いやいや、実際のところ、日本には1株の値段が100円以下という会社がたくさんある(09年1月時点で300社)。そういう会社の株は、10万円あれば買える。

株券
100円以下

さらに、証券会社が購入希望者を10人集め、本来なら1000株単位でしか売れない株を100株単位で売る『ミニ株』という制度もあり、これだと10万円以下で買える株が、2000社近くある。

ミニ株
100円台1000株から
おまえたちが思うほど株を買うのに金はかからないものだ気楽に買え
なるほど

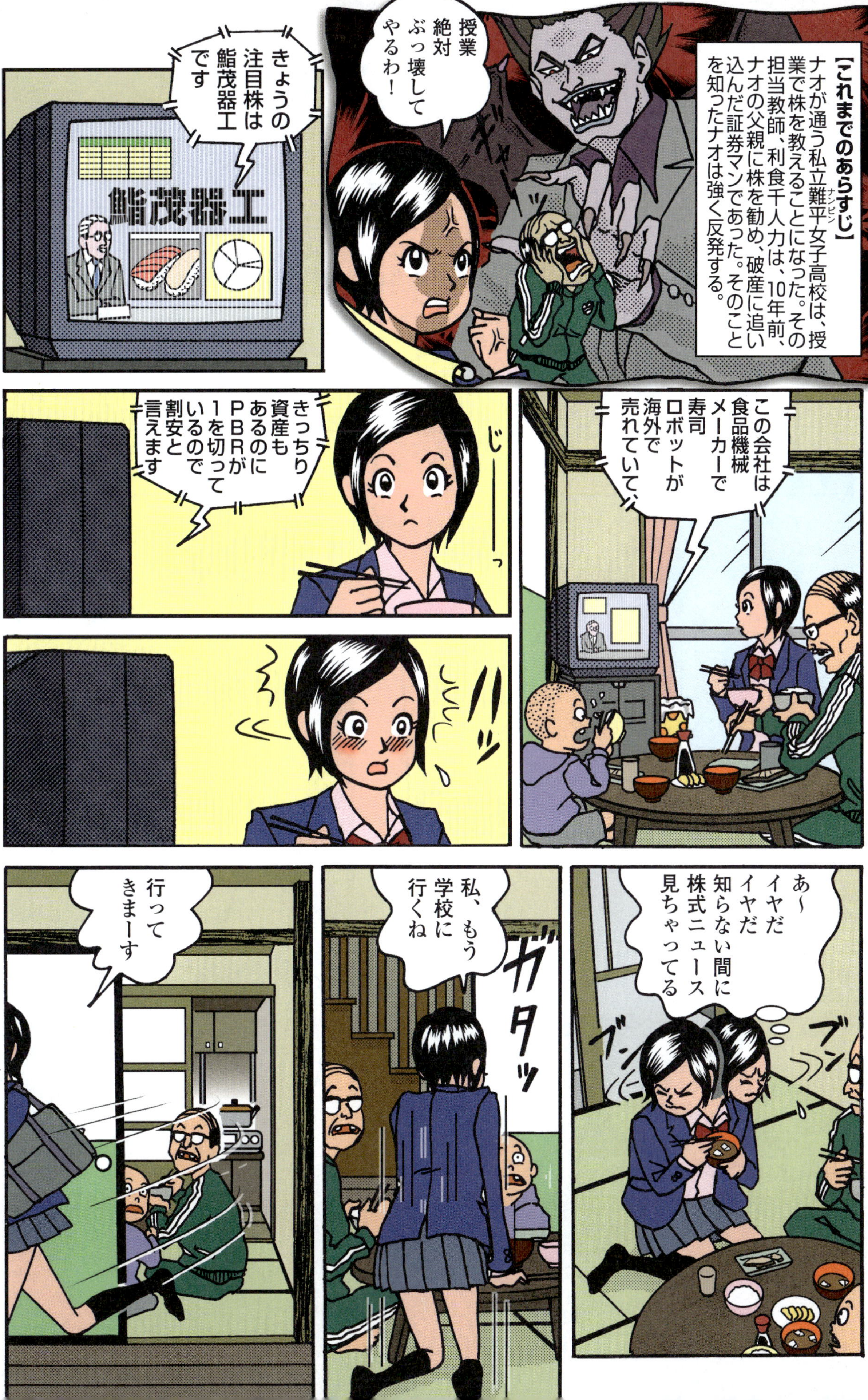
【これまでのあらすじ】
ナオが通う私立難平《ナンピン》女子高校は、授業で株を教えることになった。その担当教師、利食千人力は、10年前、ナオの父親に株を勧め、破産に追い込んだ証券マンであった。そのことを知ったナオは強く反発する。
授業絶対ぶっ壊してやるわ!
ギャ
きょうの注目株は鮨茂器工です
鮨茂器工
この会社は食品機械メーカーで寿司ロボットが海外で売れていて、
きっちり資産もあるのにPBRが1を切っているので割安と言えます
じーーーっ
ハッ
あ～イヤだイヤだ知らない間に株式ニュース見ちゃってる
ブン
ブン
私、もう学校に行くね
ガタッ
行ってきまーす

3 グロースとバリュー

イケメン好きは成長株が好き!?

諸君
校訓 株は一日にして成らず
きょうはわが難平女子高校を救ってくださった
馬上社長じきじきに視察にお見えだ
カリキュラムの変更は着々と成果をあげているようで何よりです
特に利食君の授業はマスコミの注目を集め
当校への問い合せが殺到しています
校生に株の授業
学校で株!?
株で次世代カリキュラム
株
おかげで当校を買収して以来わがバカミフーズの株価は上がりっ放しです
クク
元証券マンの利食君の才覚を見込んで当校に送り込んだ私の目に狂いはなかったわけです
職員室
みなさんも利食君を見習ってわが社の株価が上がる授業をしてください
あのオ…
生徒の進路相談とか生活指導とかは
当社の株価と関係のないどうでもいいことは一切しないで結構

みんなこの利食君を見習ってください
ハッ!! 利食!!
やっぱ利食のヤツ生徒のことなんかまるで考えていないんだ
今朝みんなに提出してもらった『1週間で一番儲かる株を選ぶ』という宿題だが…
ナオおまえは提出していないようだな
投票箱
この授業に協力する気はありません
相変わらず頑固だな
まあいい意志の強さは株をやる上で重要な資質だからな
クククク
じゃあひとつ訊ねるが
おまえは歳をとって働けなくなった後どうやって食べてゆくつもりだ?
若いうちに働いて十分な蓄えを作っておきます
十分な蓄えっていくらだ? それで何年食い繋げる?
思ったより10年以上長生きしたらどうだ? 足りるのか?
………

今まで日本では、働ける若者が、働けなくなった年寄りの生活費、つまり『年金』を負担してきた。
年金
だが、日本では出生率が年々減っており、若者の数はどんどん減っている。
ドサ
ギャー
おまえたちが歳をとって働けなくなる頃には、若者の数は今の半分に減っており、とても、若者に養ってはもらえない。
海外では若者が年寄りを養う代わりに自分の収入の一部で株を買い株価が上がって増えた分を老後の生活費に充てるという日本とは違った形の「年金制度」が定着している
アメリカの一般的なオトナは、大学受験よりもずっと必死に、いつどの会社の株を買ったらいいかを勉強している。そのために、小学校の授業でふつうに「株」を教えているんだ。
A B C D
この状況は、ほかの先進国でも同じだ。
1週間のうち、どの株をいつ買うか、という研究に費やす時間
ドイツ
17時間
ブラジル
20時間
おまえたちはどうだ何時間株のことを考えてる？
し――ん
株のことを知らなくても平気な顔をしているのは世界でおまえたちだけなんだよ

先生は本当に私たちのことを思ってそう言ってるんですか それともこの学校を買ったバカミフーズの株価を上げるために言ってるだけですか
バカミ？
はは～ん 今朝の職員会議を覗いたな
だがオレがおまえたちのことを真剣に考えているかどうかなんて関係ない
大人の約束だ 最初の賭けに負けた以上おまえには授業に参加してもらう
今ここで 選べ
一番儲かりそうな株は何だ？
……
鮨茂器工
理由は？
資産のわりに株価が安いから
ほほう いいことを言うな
ユキ おまえはトート製薬を選んでいるがなぜだ？
だって、周りがみんな『ヒフラボ』のスキンケアをやってるし、ヒアルロン液とかまだまだ売れそうだから
極潤 ヒアルロン液

今、いい例が2つ出た
カッカッカッ
ここでみんなに株式投資の2大パターンについて説明しておこう
株式投資の2大パターン
グロース投資
バリュー投資
おまえたち、合コンで顔はそこそこで競争が少なそうな男と、
イケメンだが競争は激しそうな男がいたらどっちを狙う？
ナオおまえどうだ
そんなバカな質問答える必要ありません
グロース投資
この娘はいつも顔はそこそこでも確実にゲットできそうな男を狙うタイプです
ユキ余計なこと言わないでよ
ユキおまえはどうだ
私は絶対イケメンじゃなきゃイヤ
ブ男とつき合ってるくせに
何か言った？
勝手に仲間割れしてろ
いい子会社やいい不動産を持っていて、実質価値は高いのに、なぜかあまり注目されないので株価が安い会社というのがある。そういう、実際の価値より割安な株だけを狙う株の買い方を『バリュー』投資という。
「バリュー投資」
いいもん見っけ！

合コンで言えば顔はそこそこだが確実にゲットできそうな男を狙うやり方だな
このテの男は、モテない分、女に優しいので、傷つけられるリスクは少ない。
ナオが鮨茂器工を選んだのも理由はこれだろ
資産のわりに株価が安いから
株には『PBR』とか『理論株価』とかいった、割安さを示す便利な数値があるので、バリュー投資は、その数値を見て株を選ぶことになる。
PBR
1.2
1.8
1.3
1.2
1.7
1.9
1.1
理論株価
116
318
1019
3308
52
一方、すでにみんなが注目していて高値がついている株でも、成長力があって、まだまだ上がりそうな株を狙う買い方を『グロース投資』という。
「グロース投資」
まだまだ伸びるぞ!
合コンで言えば競争は激しくてもあくまでイケメンを狙うやり方だ
このテの男は、派手に遊ぶので女を傷つけやすいが、つき合って得られる満足感もまた大きい。
ユキがトート製薬を選んだのも理由はコレだろ
ヒアルロン液がまだまだ売れそうだから
こういう株は、指標だけ見ると割高感があるので、『これまでの指標は通用しない』とか『○○革命!』とか言って、指標を無視した選び方をするのが常だ。
○○革命!
理論株価
116
318
これまでの指標は通用しない!
革命だっ!
パニィ
ユキの選び方も、ナオの選び方も、それなりに株式投資のセオリーに則っている、ってことさ。
すっごーい

かつて一世を風靡した村上ファンドの村上世彰は、ニッポン放送や阪神電鉄など、優良な子会社を持っているわりに株価が安い会社ばかり狙っていた。
つまりハードバリュー派だったんだ。
買い！
買い！
ニッポン放送
阪神
男は株を始めるとだいたいバリュー派になり、女はグロース派になるものだ
女
男
たしかにナオは男の子みたいだもんね
ププーかわいそ
どういう意味よ！
先生、グロースとバリューではどっちが儲かるんですか？
ハイ
バリュー型
バリュー型は失敗が少ない代わりに、儲けが出るまでに時間がかかる場合が多いし、まれに一生割安株のままという場合もある。
ローリスク・ロングターム リターン
のろ
のろ
グロース型
一方、グロース型は、短期間ででっかく儲けられるが、損するときは損もでかい。
ハイリスク・ハイリターン
ただし、08年に起こった「100年に1度の金融危機」になれば、バリューもグロースも関係なく全部の株が叩き売られちまうがな。
バリュー
グロース
08年後半
株で儲ける上で最も大事なのは売り時さ
さっきも言ったとおり『どの会社の株を買うか』という研究には誰もが時間をかけるものだ
ZAi
今買うべき株
株

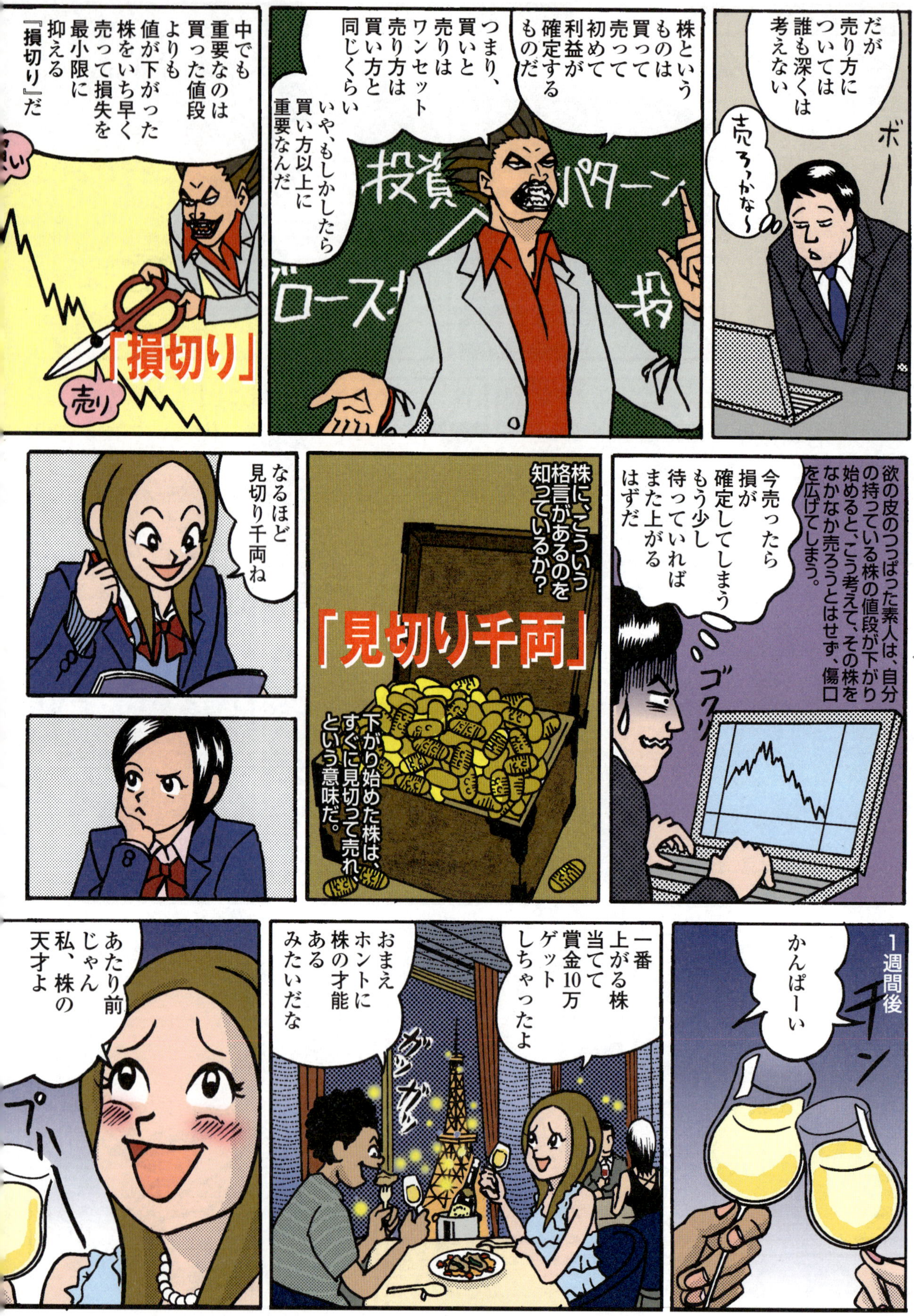
だが売り方については誰も深くは考えない
ボー
売ろっかな〜
株というものは買って売って初めて利益が確定するものだ
つまり、買いと売りはワンセット売り方は買い方と同じくらい
いや、もしかしたら買い方以上に重要なんだ
パターン
中でも重要なのは買った値段よりも値が下がった株をいち早く売って損失を最小限に抑える『損切り』だ
「損切り」
売り
欲の皮のつっぱった素人は、自分の持っている株の値段が下がり始めると、こう考えて、その株をなかなか売ろうとはせず、傷口を広げてしまう。
今売ったら損が確定してしまうもう少し待っていればまた上がるはずだ
ゴクリ
株に、こういう格言があるのを知っているか？
「見切り千両」
下がり始めた株は、すぐに見切って売れという意味だ。
なるほど見切り千両ね
1週間後
かんぱーい
チン
一番上がる株当てて賞金10万ゲットしちゃったよ
おまえホントに株の才能あるみたいだな
あたり前じゃん私、株の天才よ
プハー

父ちゃ～ん
何じゃ？
父ちゃんが昔、株で大損したときってどんな感じだったの？
……
10年前のことじゃ まだ父ちゃんの工場が順調だった頃……
松下鉄工所
利食という証券マンに薦められて株を買った
光通信は絶対に上がりますよ
ククク
ほほう
ワシは、工場を大きくしようと思って蓄えていた600万円を、全部その会社の株に突っ込んだ。
1株6万円か…よし600万を全部つぎ込むぞ
パラパラ
それが2000年の2月には、4倍の24万円まで上がったんだ。
ひょえ～600万が2400万になったぞ！
うっひょー
ところが、その年の秋には1株が1万6000円にまで落ちてしまった。
2400万がたった160万円になっちまった大損だあ
その利食って証券マンは途中で売ったほうがいいとか教えてくれなかったの？
えっ？

損切りとか言って何度も電話をかけてきたがな
ケッ
もしかして父ちゃんってただの欲張りな素人？
それよりワシが利食を許せないのは、おまえの母さんをワシから奪って行ったことだ。
下鉄工所
え、母ちゃんを？
なんでも、おまえの母ちゃんは、バブルの頃にあの利食と何かわけありだったんだ。
それでウチに株を薦めにやってきた利食と偶然再会して、手に手を取って駆け落ちしやがった。
ナオとヒトシをよろしくお願い致します。
母ちゃん
えーっじゃあ母ちゃんは利食のところにいるの？
そのはずじゃ
利食のヤツますます許せん！

女子高生株塾・補習授業③

先生 授業で出てきたPBRって何ですか？
ハイ
ROA
ROE
BPS
PER
EPS
PBR
株にはその株が高いか安いかを測る目安になる指標が色々あるが中でも一番基本的なのがPBRだ。これ一つ覚えておけば、株の世界はグンと広がるぞ
おまえたちでもわかるように簡単に説明してやろう

会社というものは、工場の機械から鉛筆の1本に至るまで、いろいろな財産を持っている。

資産

ある時、経営者が突然こう言い出したとする。

この会社は今日で解散！
ドーーーン
ええ〜〜〜っ！

この場合、その会社は機械から鉛筆1本まで、資産を残らず売却し、作った金を株主に分配する。

バラッ
社員じゃなくて株主なの？
会社は社員ではなく株主のものというのは資本主義の大原則だ 覚えておけ

さて、ある会社が、1億円分の資産を持っていて、株券を1万枚発行していたとする。

資産1億円
発行株式数 1万株

この会社が今すぐに解散したら、1株当たり株主に返される金は、1万円だ。

1億円÷1万株
=1万円
パチ
ポチ

この金額を「1株当たり株主資本」と言う。

1株当たり株主資本

PBRとは、株価を「1株当たり株主資本」で割ったもの。つまり、今その会社の株に「1株当たり株主資本」の何分の1の値がついているかを示す数字だ。

現在の株価
÷
1株当たり株主資本
=PBR

たとえば、PBRが2の会社は、今解散したら、株価の2分の1の金しか返って来ないが、

PBR 2
半分…

PBRが0・5の会社は、今解散したら2倍の金が返って来る。

PBR 0.5
ワーイ
倍！

PBRが低いほど割安でお買い得な株ってこと？
基本的にはなだがPBRの低い会社が必ずしも買い得というわけでもない
PBR

会社の株価は、資産だけでなく、成長性や収益性を含めて決まるものだ。将来性の高い会社や業績優秀な会社は、PBRが1よりはるかに大きな値をつけているものだ。

【高PBR企業ベスト10】

	銘柄名	PBR
1	カカクコム	18.97倍
2	ソネット・エムスリー	10.88倍
3	GMOインターネット	8.37倍
4	ユニ・チャーム ペットケア	6.83倍
5	ヤフー	6.64倍
6	ディー・エヌ・エー	6.55倍
7	日本オラクル	5.06倍
8	エービーシー・マート	4.62倍
9	イー・アクセス	4.54倍
10	松屋	4.53倍

※東証1部、時価総額300億円以上から。09年2月10日時点

PBRが低いということは、将来性のないダメな会社か、または授業で出て来た鮨茂器工のように、将来性があるのに知られていない会社かの、どちらかだ。

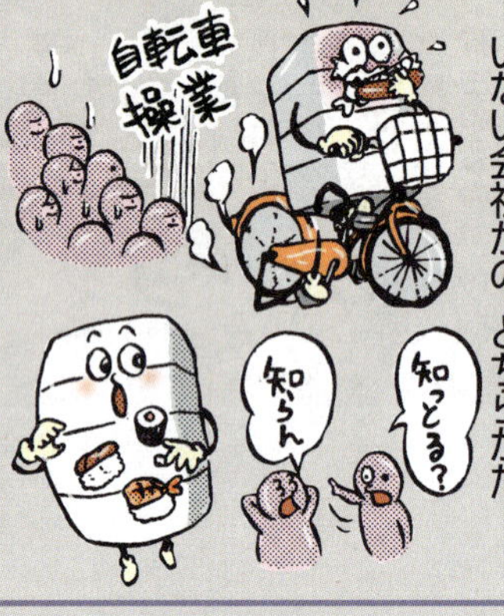
自転車操業
知っとる？
知らん

前者なら買わないほうがいいし、後者なら、飛びついて買うべきだ。

2008年10月の世界金融危機以降、日本のほとんどの会社の株価が下がって、一時東証全銘柄の平均PBRは、0・7にまで落ち込んだ。

平均PBR
0.7

普通、それなりに業績をあげている会社の株が値下がりを始めたら、PBRが1・0を切った時点で、上昇に転じるものだ。

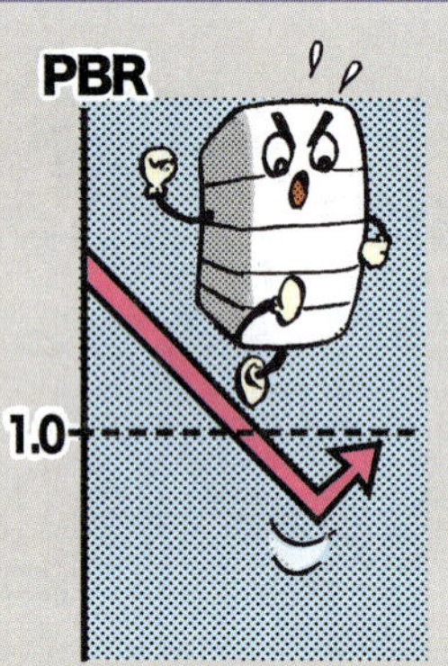
PBR
1.0

なにしろ、その時点で会社を解散してチャラにしたら、買値以上の金が戻って来るわけだからな。

それが、日本の一流企業の平均が0・7前後になったというのは、明らかに異常事態だ。

企業	PBR
トヨタ	0.71倍
ソニー	0.50倍
パナソニック	0.58倍
フジテレビ	0.60倍
電通	0.73倍

※09年1月20日時点

今の日本の株価は、1929年の大恐慌のときより、倒産リスクを大きく見込んだ値段だ。言い換えれば、将来に対してそれだけ悲観的な数字ということだ。

ブクブクブク

まあ、常識的に言えば、近いうち、PBRが1・0になるまでは株価が上がると見るのが普通だ。

PBR
1.0

つまり今はすべての株がバリュー投資の対象ってわけだ
よ～しガシガシ買うぞ～！

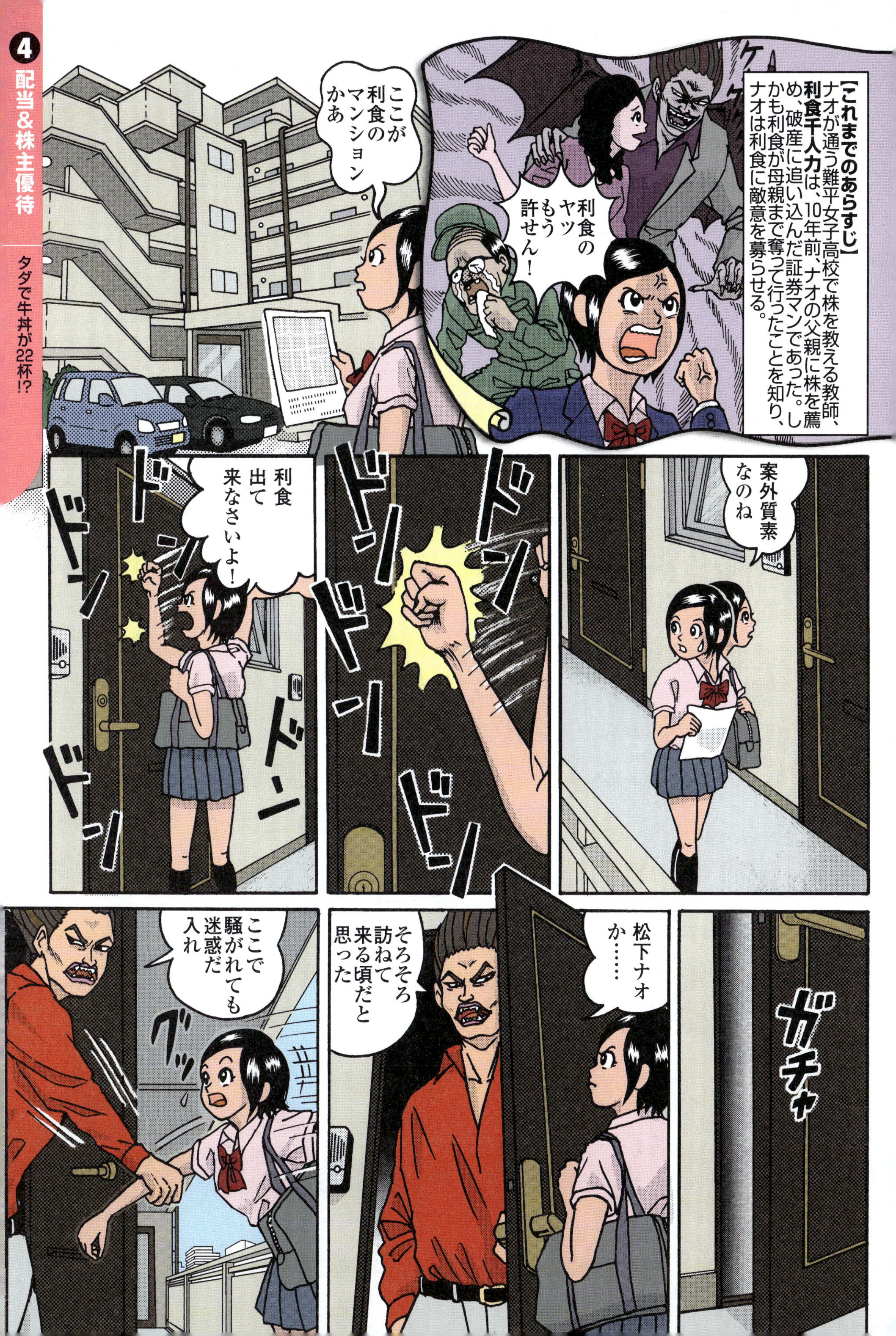
【これまでのあらすじ】
ナオが通う難平女子高校で株を教える教師、利食千人力は、10年前、ナオの父親に株を薦め、破産に追い込んだ証券マンであった。しかも利食が母親まで奪って行ったことを知り、ナオは利食に敵意を募らせる。
利食のヤツもう許せん!
ここが利食のマンションかあ
案外質素なのね
ドンドンドン
利食出て来なさいよ!
ドンドンドン
ドンドン
ガチャ
松下ナオか……
そろそろ訪ねて来る頃だと思った
ここで騒がれても迷惑だ入れ
グッ

4 配当&株主優待

タダで牛丼が22杯!?

この米袋やジャガイモの山は何?
それに見たことのないキティちゃんグッズまで!
コトッ
で…こんな朝っぱらから何の用だ?
父ちゃんからアンタが母ちゃんを奪って行ったと聞いたわ

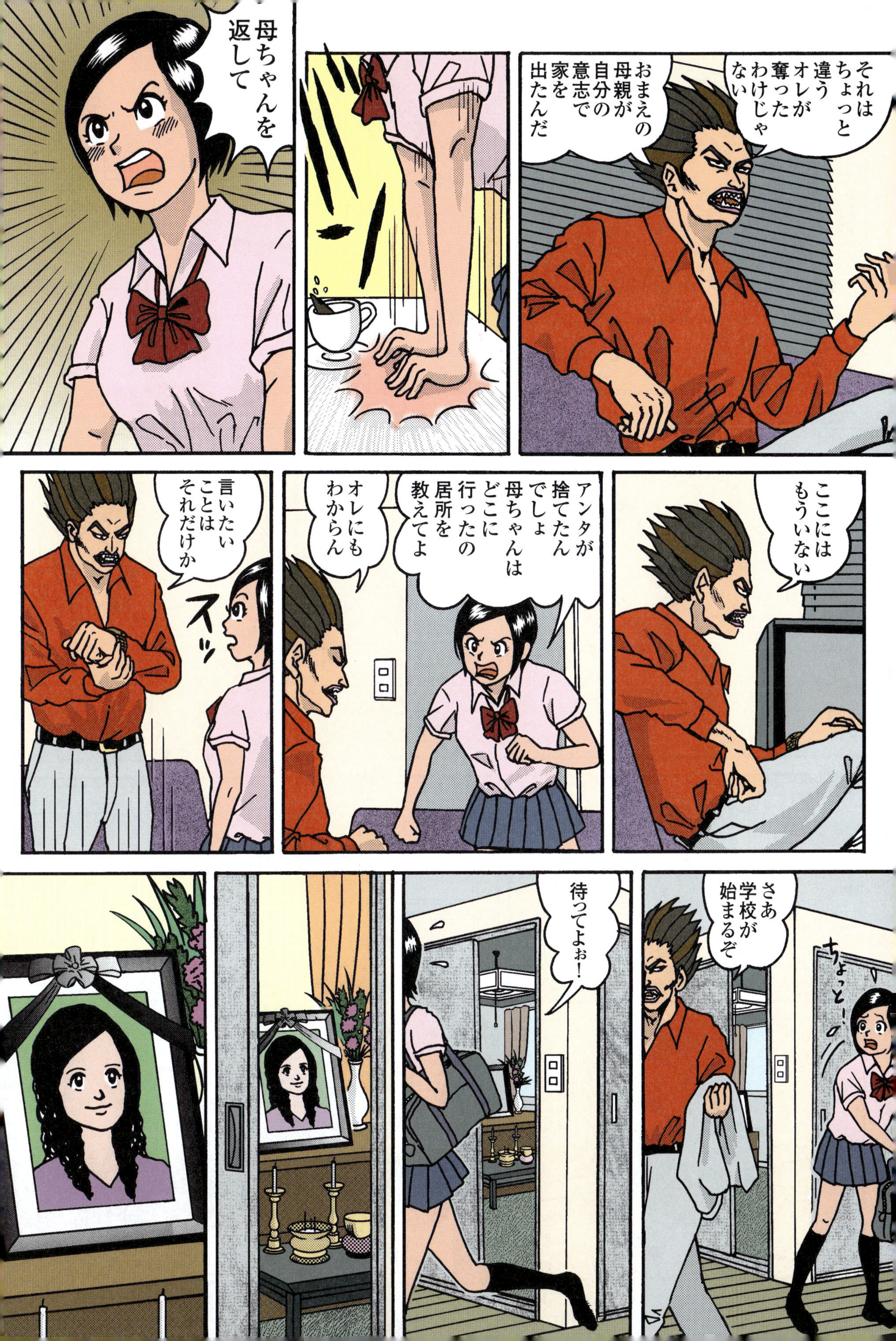

母ちゃんを返して
それはちょっと違うオレが奪ったわけじゃない
おまえの母親が自分の意志で家を出たんだ
ここにはもういない
アンタが捨てたんでしょ母ちゃんはどこに行ったの居所を教えてよ
オレにもわからん
言いたいことはそれだけか
スッ
さあ学校が始まるぞ
ちょっと…
待ってよぉ！

安い値段で株を買って値段が上がった時売れば儲かる
という株取引の原則はおまえたちもうわかったな？
ハーイ
利食のヤツ母ちゃんをどこへ…
実は株には売り買いとは別に
持ってるだけで得することが2つある
おまえ何だかわかるか？
母ちゃんを返してよ！
ガタッ
どうしたのナオ？
カーッ
まだ1限目だ
クククク
寝ぼけて授業を聞いていないヤツがいてもしかたない

いいか
よく
覚えておけ
株を
持っている
だけで
得をする
メリットの
一つは
『配当』だ

最初に
教えたとおり
会社という
ものは
その会社の
株を持つヒト
すなわち
株主の
ものだ
会社は
儲けた金を
半年毎か、
一年毎に、
株主に
配ることに
なっている
これを
『配当』
という
儲け
会社
株主
配当
カッ
カッカッ

2005年春、フジテレビはライブドアによる買収騒動の際、株価を上げようとして、1株当たり年5000円の高配当を出した。配当のいい株はみんなが欲しがるので、株価も上がるからな。

高配当!
5000
五千円

【フジは2005年3月15日の臨時取締役会で1株5000円の高配当を決定。これによりフジの株価は前日の23万から、1日でストップ高の27万まで上昇】

翌年もフジテレビは、1株につき年4000円の高配当を出した。※当時のフジテレビの株価は約29万円。利率は約1.4%。普通預金の利率は0.001%だったから利率は1000倍以上だ。

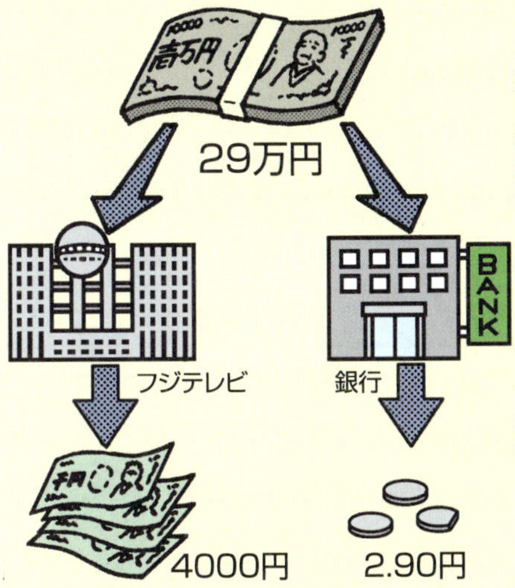
壱万円
29万円
BANK
フジテレビ
銀行
4000円
2.90円

※フジHDの09年3月2日の株価は11万3300円。

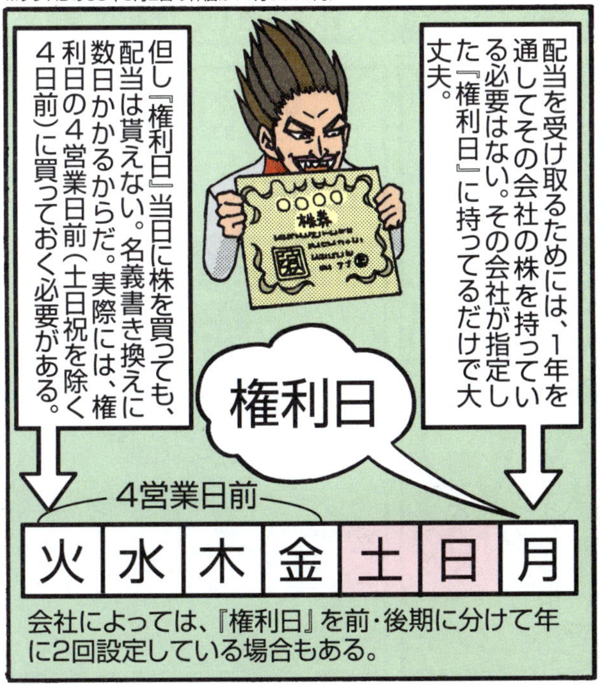
配当を受け取るためには、1年を通してその会社の株を持っている必要はない。その会社が指定した『権利日』に持ってるだけで大丈夫。
但し『権利日』当日に株を買っても、配当は貰えない。名義書き換えに数日かかるからだ。実際には、権利日の4営業日前(土日祝を除く4日前)に買っておく必要がある。
株券
権利日
4営業日前
火
水
木
金
土
日
月
会社によっては、『権利日』を前・後期に分けて年に2回設定している場合もある。

【東証1部上場の高配当の会社一覧】

会社名	株価(3/2)	1株配当(予想)	予想配当利回り
レオパレス21(不動産事業など)	523円	60円	11.5%
ユー・エス・ジェイ(テーマパーク運営)	3万8750円	2800円	7.2%
丸井グループ(ファッションビル展開)	405円	28円	6.9%
コーエー(ゲーム開発)	725円	50円	6.9%
タカタ(シートベルト大手)	589円	40円	6.8%
ヤマハ(楽器で世界最大)	741円	50円	6.7%
日本精工(ベアリング製造)	300円	20円	6.7%
東洋インキ製造(印刷インキ)	168円	11円	6.5%
商船三井(海運大手)	484円	31円	6.4%

※09年3月2日現在。銘柄は自己資本比率30%以上、時価総額300億円以上で足切りした。

また、儲かってる会社が、どこも必ず『配当』を出すとは限らない。『配当』を出すか出さないかは、その会社の社長が決めることだ。
新しい事業にチャレンジするために資金を貯めておこう
ヨシ！
なんて考えている社長はどんなに儲かっていても、配当は出さない。
株を買って配当を貰おうと思ったらその会社の社長がどんな考えを持ったヒトなのかを知っておく必要があるな
さてと……
コトッ
株を持っているだけで得られるもう一つのメリットは何だかわかるか？
『株主優待』だよ
？
？
？
？
『株主優待』とは、自社株の人気を上げるために株主に配られる『オマケ』だ
チョコ
新ペット編
20
オマケだ～い好き
オマケ？
たとえば『すき家』『なか卯』『ウェンディーズ』『ビッグボーイ』を経営している『ゼンショー』という外食チェーンがあるが……
なか卯
すき家
牛丼
牛丼
牛丼 280
ZENSHO
Big BOY
WENDY'S
へ～え すき家とウェンディーズって同じ経営なんだ…

『ゼンショー』株は、09年1月9日時点で509円。最小取引単位は100株なので、5万900円あれば買えるが、この会社の株を100株持っていると、グループ各店で使える食事券が半年で3000円分貰える。『すき家』の牛丼が年に22杯食える勘定だ。
牛丼が22杯？弟のヒトシが喜びそう…
キラ キラ
フフフナオも興味を持ったようだな

『株主優待』と言うと、例にあげた『ゼンショー』のように、外食産業なら自分の店の食事券、映画会社なら映画館の入場券、電鉄会社なら回数券、といったふうに、自分の会社の製品をオマケに付けるのが普通だが…

【主な株主優待一覧】

会社名	株価(1/14)	必要な株	必要な資金	権利日	貰えるもの
日本マクドナルドHD	1753円	100	17万5300円	6月30日 12月30日	バーガー・ポテト・飲物各1種無料引換券6枚（×年2回）
ワタミ	2160円	100	21万6000円	3月31日 9月30日	飲食優待券6000円分（×年2回）
ドトール・日レスHD	1636円	100	16万3600円	2月28日	2500円相当自社製品
オリエンタルランド	6910円	100	69万1000円	3月31日 9月30日	ワンデーパスポート1枚（×年2回）
サンリオ	860円	100	8万6000円	3月31日 9月30日	オリジナル自社製品+ピューロランド招待券3枚（×年2回）
東宝	1658円	100	16万5800円	2月28日 8月31日	映画優待券2枚（×年2回）
小田急電鉄	702円	1000	70万2000円	3月31日 9月30日	全線優待乗車券3枚など（×年2回）
ソフトバンク	1519円	100	15万1900円	3月31日 9月30日	Yahoo!BB月額ADSLサービス料1カ月割引
サークルKサンクス	1562円	100	15万6200円	2月28日 8月31日	1000円相当買物カード（×年2回）

※09年1月14日現在。

ヘェ〜
ホォ〜

一般市民の生活に直接縁のない、工業製品とかコンピュータ・ソフトとかを作っているような会社は、米、野菜、肉、トイレットペーパーといった、誰が貰っても迷惑しない生活用品をオマケに付けたりしている。

【ヘンな株主優待一覧】

会社名	株価(1/14)	必要な株	必要な資金	権利日	貰えるもの
マサル（ビルの防水）	290円	1000	29万円	3月31日 9月30日	ジャンボ宝くじ10枚
テクノ菱和（ビル空調工事）	533円	100	5万3300円	3月31日	静岡新茶1パック
昴（中学生向塾）	255円	1000	25万5000円	8月31日 2月28日	りんご3kg（2月28日は優待券）
小津産業（製紙・繊維会社）	1281円	100	12万8100円	5月31日	ティッシュ・トイレットペーパー2000円分
新日本建物（マンション）	75円	300	2万2500円	3月31日 9月30日	ワイン1本（×年2回）
アテナ工業（樹脂製食品容器）	240円	500	12万円	9月30日	カップ麺1ケース（12個）
大宝運輸（中京圏の運送会社）	295円	1000	29万5000円	9月20日	5000円相当の洗剤セット
横浜魚類（水産卸売）	328円	1000	32万8000円	3月31日	1万円相当の水産加工品
十六銀行（岐阜県の銀行）	383円	1000	38万3000円	3月31日	ナチュラルミネラルウォーター500ml 24本
テクノクオーツ（半導体製造装置部品）	410円	1000	41万円	3月31日	山形産サクランボ1kg
日本甜菜製糖（砂糖生産）	227円	1000	22万7000円	2月28日	砂糖3kg
S FOODS（牛肉・内臓肉輸入）	762円	500	38万1000円	2月28日	3000円相当の食肉製品

※09年1月14日現在。

ヘン！
ヘンだな

特に優待品で多いのが米だ 米は誰でも必要な生活必需品だからな
ひかり一番地

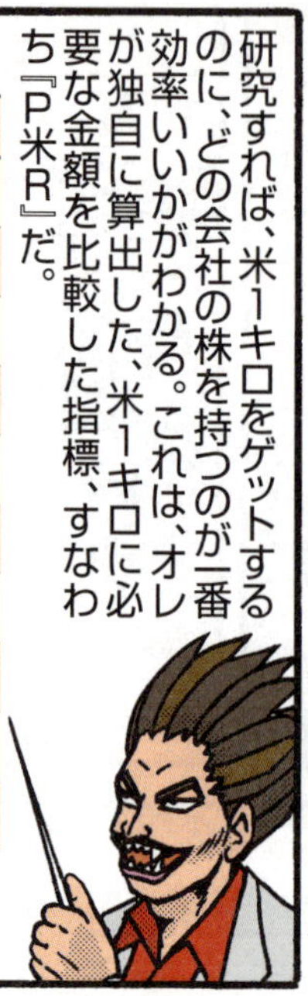

研究すれば、米1キロをゲットするのに、どの会社の株を持つのが一番効率いいかがわかる。これは、オレが独自に算出した、米1キロに必要な金額を比較した指標、すなわち『P米R』だ。

【P米Rベスト10社】

	会社名	業種	株価	必要な株数	必要額	貰える米の量	米1kgに必要な金額
1	ジェイオーグループHD	建設・不動産	65円	100株	6500円	2kg	3250円
2	フジトミ	商品先物	171円	100株	1万7100円	2kg	8550円
3	TPR	エンジン部品	343円	100株	3万4300円	3kg	1万1433円
4	カルラ	外食チェーン	394円	100株	3万9400円	3kg	1万1333円
5	田中精密工業	自動車部品	494円	100株	4万9400円	3kg	1万6466円
6	フコク	ゴム製品製造	501円	100株	5万100円	3kg	1万6700円
7	カナレ電気	ケーブル	1008円	100株	10万800円	6kg	1万6800円
8	高千穂交易	電子技術商社	1036円	100株	10万3600円	6kg	1万7266円
9	小林洋行	商品先物	361円	100株	3万6100円	2kg	1万8050円
10	丸三証券	証券	439円	100株	4万3900円	2kg	2万1950円

※09年1月20日現在。

ほかにも、ホームセンター大手のDCM Japan HD（株価540円）は、100株で北海道産のじゃがいも10キロ。
Holdings

コールセンター大手のトランスコスモス（株価618円）は、1000株で紀州産梅干し1.2キロ。
trans cosmos

サンリオ（株価881円）は、100株で、他では絶対に手に入らない株主限定のオリジナルグッズをプレゼントしてくれる。これはマニアの間ではかなりのプレミアム物だ。
Sanrio
HELLO KITTY

そうか…利食の部屋にあった米や野菜はこれかあ

『エイベックス・グループHD』（902円）は、100株で、株主限定グッズが貰えるほか、株主総会に招待される。
avex inc.

株主総会なんて退屈じゃん
そうかな？

※P58の株価はすべて09年1月20日時点。

この会社の『株主総会』は、08年はさいたまスーパーアリーナで開かれ、株主のための特別ライブでは、EXILEや倖田來未など所属アーティストが歌ったそうだぞ。
すげっ
但し、株主優待はすべての企業が実施しているわけじゃない。実施する企業は過去10年で2・6倍に増えたと言われているが、それでも上場企業の約4分の1、1000社ほどだ。どの企業がどんな優待を実施しているかは、ZAiの『株主優待特集』を読んで、勉強しておけ。
株主優待を実施している企業
している1000社
していない
100株持ってる株主と1万株持ってる大株主とでは得られる株主優待は違うの？
フフフいい質問だな
もちろん、持株数に応じて特典に差をつけている会社も多いが、株主優待はできるだけ大勢の人に自社株を持ってもらうことが目的なので、100株持っていても1万株持っていても、1人の名義人に与えられる特典は同じ、という会社も多い。
100株株主
10000株株主
同じ！
だから株主優待を目的として株を持つなら取引は最小単位でいい
それと『株主優待』も『配当』と同じで1年間通してその株を持っている必要はない
権利日の4営業日前に買って、権利日まで持っていればいい
『権利日』は会社によって違うが、株主優待を実施している900社のうち、約45%が3月、約20%が9月に設定している。
さらに、約80%が月末、18%が20日、そして2%が15日に設定している。上手く転がせば、同じ月の15日と20日と30日で、別々の会社の株主優待を受けることができる。
A社確定
次！
B社確定
次！
C社確定
次！
D社

【7~9月の運用予定表】

300万円を7~9月の3カ月このように運用すれば右表のものが得られる
この調子で1年間運用すれば株主優待だけでほとんど生活できてしまうほどだ

権利日	会社名	株価	必要な株	必要な資金	優待品
【7月20日】	ダイドードリンコ	¥2,560	100	¥256,000	ジュース詰め合わせ
	サガミチェーン	¥895	1000	¥895,000	飲食優待券
【7月末日】	稲葉製作所	¥997	1000	¥997,000	地域特産品
	オーエムツーネットワーク	¥510	500	¥255,000	自社取扱商品
	ゴールドパック	¥818	100	¥81,800	飲料詰め合わせ
	総合商研	¥275	1000	¥275,000	北海道の特産品
	トーホー	¥325	1000	¥325,000	コーヒー
【8月20日】	福島印刷	¥300	1000	¥300,000	地域特産品
	サンデー	¥570	100	¥57,000	東北地方の特産品
【8月末日】	サムシングHD	¥36,000	1	¥36,000	お米券 2kg
	エコス	¥640	100	¥64,000	米 2kg
	天満屋ストア	¥870	100	¥87,000	お米券 2kg
	吉野家HD	¥102,200	1	¥102,200	飲食優待券
	リンガーハット	¥1,073	100	¥107,300	飲食優待券
	日本マタイ	¥112	1000	¥112,000	米 2kg
	ライフフーズ	¥150	1000	¥150,000	米 3kg
	ミニストップ	¥1,662	100	¥166,200	ソフトクリーム無料券5枚
	グローウェルHD	¥1,764	100	¥176,400	米 5kg
	ジクト	¥208	1000	¥208,000	米 10kg
	昴	¥255	1000	¥255,000	りんご 3kg
	シベール	¥266,000	1	¥266,000	ラスクなど自社製品
	メディカル一光	¥385,000	1	¥385,000	ハウス食品ギフト詰め合わせ
	どん	¥400	1000	¥400,000	飲食優待券
	カスミ	¥448	1000	¥448,000	米 5kg
【9月20日】	大宝運輸	¥294	1000	¥294,000	キッチン&ランドリーセット
	マルサンアイ	¥290	1000	¥290,000	みそ・豆乳などの大豆製品詰め合わせ
【9月末日】	ジェイオーグループHD	¥65	100	¥6,500	米 2kg
	日本電子材料	¥349	100	¥34,900	米 2kg
	ワイエスフード	¥40,000	1	¥40,000	ラーメン3食セット
	東祥	¥448	100	¥44,800	愛知県安城市地域特産品
	アトム	¥459	100	¥45,900	焼肉屋チェーンの食事優待券
	マルイチ産商	¥508	100	¥50,800	銀だら粕漬け&紅鮭味噌漬けセット
	ゼンショー	¥515	100	¥51,500	食事優待券
	東洋合成工業	¥541	100	¥54,100	米 4kg&味噌
	SRAHD	¥550	100	¥55,000	お米券 3kg
	ダイイチ	¥610	100	¥61,000	VISAギフト券
	レシップ	¥661	100	¥66,100	岐阜県特産品
	キムラユニティー	¥697	100	¥69,700	お米券 2kg
	ジーエフシー	¥725	100	¥72,500	吉野本葛デザートセット
	音通	¥15	5000	¥75,000	讃岐うどん
	ヤマウラ	¥154	500	¥177,000	スープセットなど
	日信工業	¥797	100	¥79,700	食料品
	エフ・シー・シー	¥855	100	¥85,500	地元特産品
	柿安本店	¥883	100	¥88,300	お総菜引換券
	ペガサスミシン製造	¥191	500	¥95,500	郵便局の選べるギフト
	トーメンデバイス	¥962	100	¥96,200	食用油
	ティア	¥99,000	1	¥99,000	米 3kg
	魚力	¥1,000	100	¥100,000	海産物
	カナレ電気	¥1,008	100	¥100,800	お米券 3kg
	高千穂交易	¥1,036	100	¥103,600	お米券 3kg
	アートコーポレーション	¥1,112	100	¥111,200	グルメカタログギフト
	アテナ工業	¥230	500	¥115,000	カップ麺12個
	ダイオーズ	¥402	300	¥120,600	100杯分のレギュラーコーヒー
	ヤマザワ	¥1,286	100	¥128,600	米 2kg
	加藤産業	¥1,400	100	¥140,000	自社オリジナルジャム
	王将フードサービス	¥1,483	100	¥148,300	食事優待券
	国際チャート	¥400	500	¥200,000	米 2.5kg
	創健社	¥116	2000	¥232,000	自社製品
	コンセック	¥116	1000	¥116,000	健康飲料水

実はこの株主優待という制度は日本だけのもので海外にはない

すげっ

【1年間、300万円を運用して得られる食料&生活用品】

外食		ファーストフード(牛丼、ハンバーガーなど)36食 レストラン(ファミレスなど 1回2500円として)23回
食材	主食	米1885杯(188.5kg)、乾麺(うどん、素麺など)118食分 インスタントラーメン33個
	おかず	レトルト(カレーなど)8食分、牛肉500g、缶詰1000円分 ハムなど6000円分、総菜4500円分、海産物3000円分 じゃがいも15kg、かぼちゃ2玉、漬け物1000円分、梅干250g スープ3000円分、地域特産品3万3000円分
	果物	りんご9.5kg、その他7000円分
	その他	味噌・調味料2万3550円分、ジャム2000円分、菓子類2万1000円分
飲料(ノンアルコール)		缶ジュース77本、ミネラルウォーター18L、健康飲料2500円分 コーヒー700杯分、お茶600g、100%ジュース3000円分
日用品	医療品	1000円分、殺虫剤2000円分
	化粧品	2100円分、ヘアケア製品5000円分
	バス関連	シャンプーなど詰め合わせ1万円分
	衣料品	3000円分
	雑貨	洗剤1万500円分、ティッシュ類2000円分、文房具2500円分
ギフト券		1万7800円分、カタログギフト3万6000円分

※P60の株価、優待データはすべて09年1月20日時点。

外国人投資家の中には、こう主張する人も少なくない。
オマケに回す金があるならちゃんと配当しろっ！
最近では、そういう声を汲んで、ヤフーや電子部品のフェローテックのように、優待制度の廃止に踏み切る企業も出て来ている。
グシャ
とはいえ日本では『株主優待』はそれだけで専門のサイトがあったり何冊も本が出ていたりする株の一大ジャンルだおまえたちも勉強しておけ
主優待データ
得する株主優待
Kabu.Yūtai.co
おい利食株主優待もいいけど20万円を100万円に増やすっていう最初の約束はどうしたんだよ
ザワザワ
ザワザワ
そうだよ今度はどこの株を買えばいいのか教えろよ
ククク
ククク おまえたち何にもわかっちゃいねえなあ
リーマンショック以降、日経平均は下げ局面が続いている
日経平均って何？
63ページの補修授業を見なよ
こういう下げ相場のときは株を買わずに現金で持っている
これをキャッシュポジションという
キャッシュポジション
キャッシュポジションだって、利食行為の一部だ
表に出ろ

何ですこの苗木は
これは株主優待でゲットしたバオバブの苗だ
バオバブはただ水をやれば育つってものじゃない
丈夫に育てるためには定期的に水を断たなきゃならないアフリカの大地に雨期と乾期があるようにな
バッ
雨期と乾期それが投資とキャッシュポジションの関係だ！両方があって初めてバオバブは育つ
おまえたちの財産がバオバブの樹のように枝や根を張って成長するようにと願いをこめて
このバオバブをドラゴンバオバブと名付けよう
ドラゴン桜の見過ぎじゃないの
それにバオバブって一人前の大きさになるのに何百年もかかるんじゃなかったっけ
ボソボソ
……大丈夫か？この先生……

女子高生株塾・補習授業 ④

さっき授業で出てきた『日経平均』って何？
『日本経済新聞社』通称『日経』が発表している日本を代表する225社の会社の株価の平均値さ

日本の株式市場全体が、景気がいいのか悪いのかを判断するとき使われる最もポピュラーな指数だ。『東京証券取引所』（通称『東証』）は、1950年から平均株価を算出していたが、1970年から日経がそれをひきついで算出するようになった。

ヨロシク
平均株価

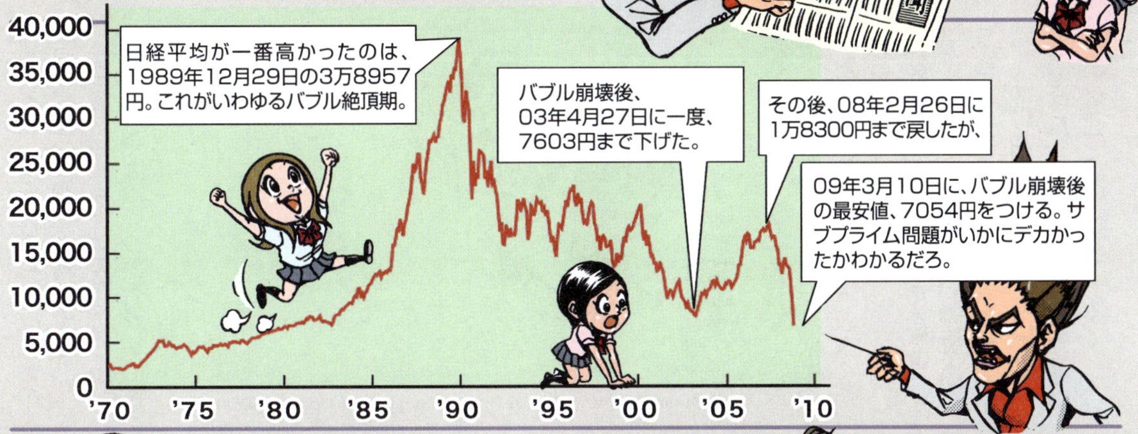

40,000
35,000
30,000
25,000
20,000
15,000
10,000
5,000
0
'70
'75
'80
'85
'90
'95
'00
'05
'10
日経平均が一番高かったのは、1989年12月29日の3万8957円。これがいわゆるバブル絶頂期。
バブル崩壊後、03年4月27日に一度、7603円まで下げた。
その後、08年2月26日に1万8300円まで戻したが、
09年3月10日に、バブル崩壊後の最安値、7054円をつける。サブプライム問題がいかにデカかったかわかるだろ。

225社は、毎年少しずつ入れ替えられている。2000年4月に、旧来の製造業をハイテク系の企業に一度に30社も入れ替えたおかげで、日経平均が2000円前後下がるという事件があった。

へ～え
225銘柄

日経平均は、株価が100円台の会社も10万円台の会社も一緒に足して割るので、こんな悪口を言うヒトもいるが。

実質NTTと銀行の平均じゃないか
ケッ！

だが、実際は単純に足しているわけじゃない。株というのは、基本、どの会社も50円を「仮の定価」とし、それがその後の成長で数百円、数千円に上がっているのだが、

50
仮の定価

中には、「仮の定価」を500円や5000円など高めに設定した会社もある。そういう会社の株は、定価50円に換算して算出するんだ。たとえば、KDDIは「仮の定価」が5000円なので実際の株価が64万7000円なら

仮の定価
5000円÷50円＝100
実際の株価
64万7000円÷100
＝6470円
ポチ
パチ

6470円として計算する。

が、それにしても、日経平均は発行株式数に関係なく、株価だけを足して割るので、比較的規模の小さいハイテク系企業の株の騰落の影響を受けやすいという欠点がある。

【日経平均に影響力が大きい会社ベスト10】※

1	ファーストリテイリング	小売業
2	京セラ	電気機器
3	KDDI	通信
4	ファナック	電気機器
5	ホンダ	輸送用機器
6	信越化学工業	化学
7	武田薬品工業	薬品
8	キヤノン	電気機器
9	ソフトバンク	通信業
10	セコム	サービス業

ド
そこで、日経平均とは別に東証は1969年から『東証株価指数』通称TOPIXという指数を発表している
聞いたことある
TOPIX

TOPIXは、東証上場の全企業の時価総額（株価×株式数）の合計が、1968年1月4日を100とした場合、今はいくつかを表した指数だ。

TOPIX
1989/12/18
2,884.80
100,00
1968/01/04
68/1 70/6 73/1 75/7 78/2 80/9 83/4 86/1 88/8 91/3 94/1 96/8 99/3 02/1 04/8 07/3

日経平均より優れた指標だが、表示・形式などがわかりにくいので、一般には、日経平均のほうがよく使われている。

世界に目を向けると、たとえばアメリカは**ダウ工業株30種平均**、イギリスは**FTSE100**、フランスは**CAC40**、ドイツは**DAX**、香港は**ハンセン指数**と、先進国には必ず同種の指数がある。

特に、日経と同じ経済ニュース通信社の**ダウ・ジョーンズ社**が算出している、アメリカのダウ工業株30種平均（通称**ダウ平均**）は、日経が以前提携していたので、日本の指標も「ダウ平均」と言われていた時期があった。

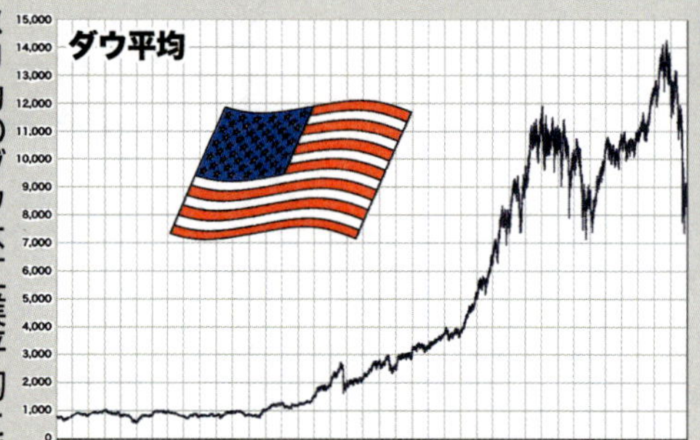

ダウ平均

アメリカのダウは工業平均と呼ばれているが、実際は、構成銘柄に工業以外の、たとえばマイクロソフトなどの企業も含まれている。

Microsoft

昔は、ダウ平均が下がっても日経平均が上がったり、逆にダウ平均が上がっても日経平均が下がったり、ということがあったが、今はこの2つはほとんど同じ動きをしている。

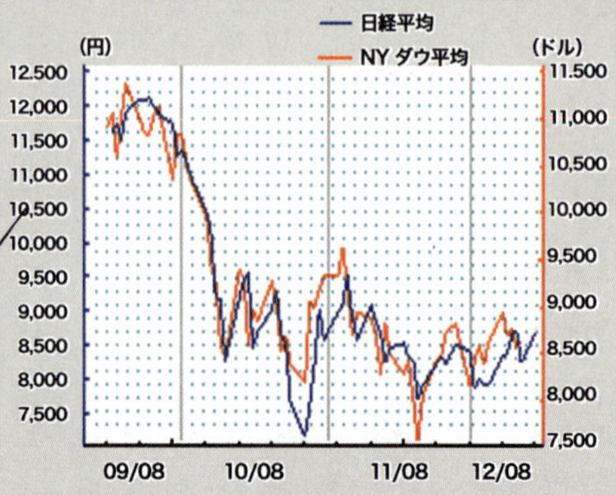

日経平均
NY ダウ平均
(円)
(ドル)
09/08
10/08
11/08
12/08

それだけ日本の株市場はグローバル化したってことだな
なるほど

※09年1月20日現在

【これまでのあらすじ】
ナオが通う難平女子高校で株の授業を担当する教師、利食千人力は、10年前ナオの父を破産に追い込み、母と駆け落ちした証券マンだった。そのことを知ったナオは利食を問いつめるが…。
母ちゃんを返して
ここにはもういない
ミーン ミーン ミーン ミーン ミーン ミーン
暑いよ～
休ませて～
なんで株の授業に夏期講習があるのよ
しかもなんでそれを町中でやるわけ？
おまえたち夏が暑いと上がる株は何だ？
言ってみろ
夏が暑いと上がる株？
あち～
そんなのあるの？
想像力を働かせてみろ
ビール会社、飲料会社、アイスクリーム会社、エアコンを作ってる電機メーカー、いくらでもあるだろ。
そうか……
【ダイキン工業、B-Rサーティワンアイスクリーム、伊藤園等々、こういう夏が暑いと株価が上がる猛暑関連銘柄を、業界では『サマーストック』と呼ぶ】

5 材料vsチャート

街にはヒントが溢れている

少しでも株価を変動させる要因を、専門家は『材料』と呼ぶ
街は株の材料でいっぱいだ
MOTESANDO HILLS
気温や天候もそうだがたとえば……
あのオッサンたちは何だかわかるか?
? ? ?

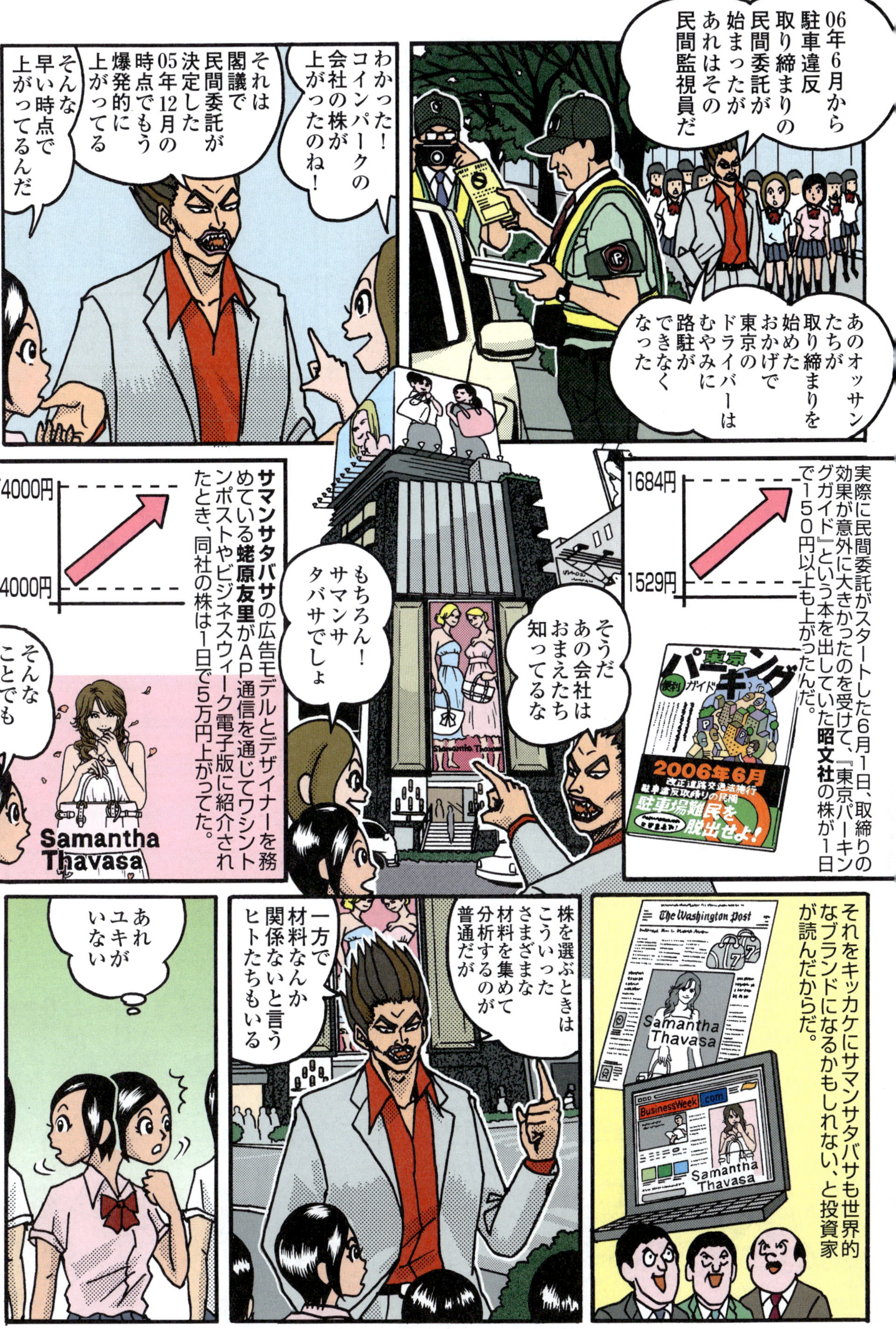
06年6月から駐車違反取り締まりの民間委託が始まったがあれはその民間監視員だ
あのオッサンたちが取り締まりを始めたおかげで東京のドライバーはむやみに路駐ができなくなった
わかった！コインパークの会社の株が上がったのね！
それは閣議で民間委託が決定した05年12月の時点でもう爆発的に上がってる
そんな早い時点で上がってるんだ
実際に民間委託がスタートした6月1日、取締りの効果が意外に大きかったのを受けて、『東京パーキングガイド』という本を出していた昭文社の株が1日で150円以上も上がったんだ。
1684円
1529円
東京パーキングガイド
2006年6月
駐車場難民を脱出せよ！
そうだあの会社はおまえたち知ってるな
もちろん！サマンサタバサでしょ
サマンサタバサの広告モデルとデザイナーを務めている蛯原友里がAP通信を通じてワシントンポストやビジネスウィーク電子版に紹介されたとき、同社の株は1日で5万円上がってた。
54万4000円
49万4000円
そんなことでも上がるんだ
Samantha Thavasa
それをキッカケにサマンサタバサも世界的なブランドになるかもしれない、と投資家が読んだからだ。
The Washington Post
Samantha Thavasa
BusinessWeek .com
Samantha Thavasa
株を選ぶときはこういったさまざまな材料を集めて分析するのが普通だが
一方で材料なんか関係ないと言うヒトたちもいる
あれユキがいない

『チャート派』と呼ばれるヒトたちがそれだ。チャートとは株価の変動を表すグラフのことだ。
チャート派
チャート派のヒトたちはこう言う。
すべての株の真実はチャート上に表れている
チャートさえ見ていれば、材料なんか気にする必要はない、というわけだ。極端なヤツは暗い部屋から一歩も出ず、パソコン画面上のチャートの動きを見るだけで株を選び、売買している。
Samantha Thavasa
ちょっとユキ！何やってるのよ
このカバンほしいな
早く来ないとみんな行っちゃうよ
ねえ、ナオ今日はこのままばっくれてプール行かない？
プールかあ
そうだねどこかで母ちゃんと接触するかもしれないと思って利食を見張ってたけど
この分じゃ今日は何にもなさそうだし

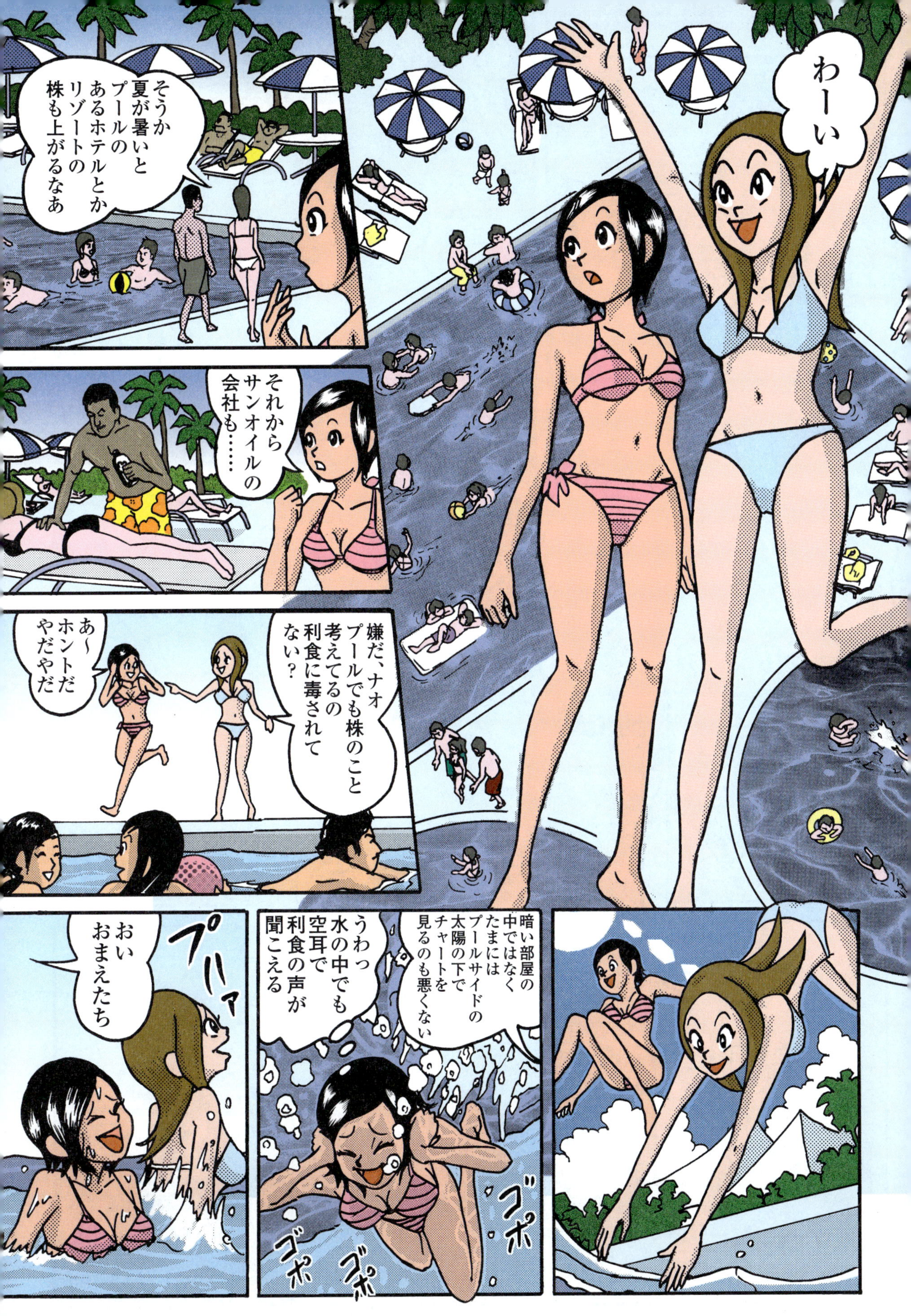
わーい
そうか夏が暑いとプールのあるホテルとかリゾートの株も上がるなあ
それからサンオイルの会社も……
嫌だ、ナオ プールでも株のこと考えてるの 利食に毒されてない？
あ～ ホントだ やだやだ
暗い部屋の中ではなく たまには プールサイドの 太陽の下で チャートを 見るのも悪くない
うわっ 水の中でも 空耳で 利食の声が 聞こえる
ゴポ
ゴポ
ゴポ
プハァ
おい おまえたち

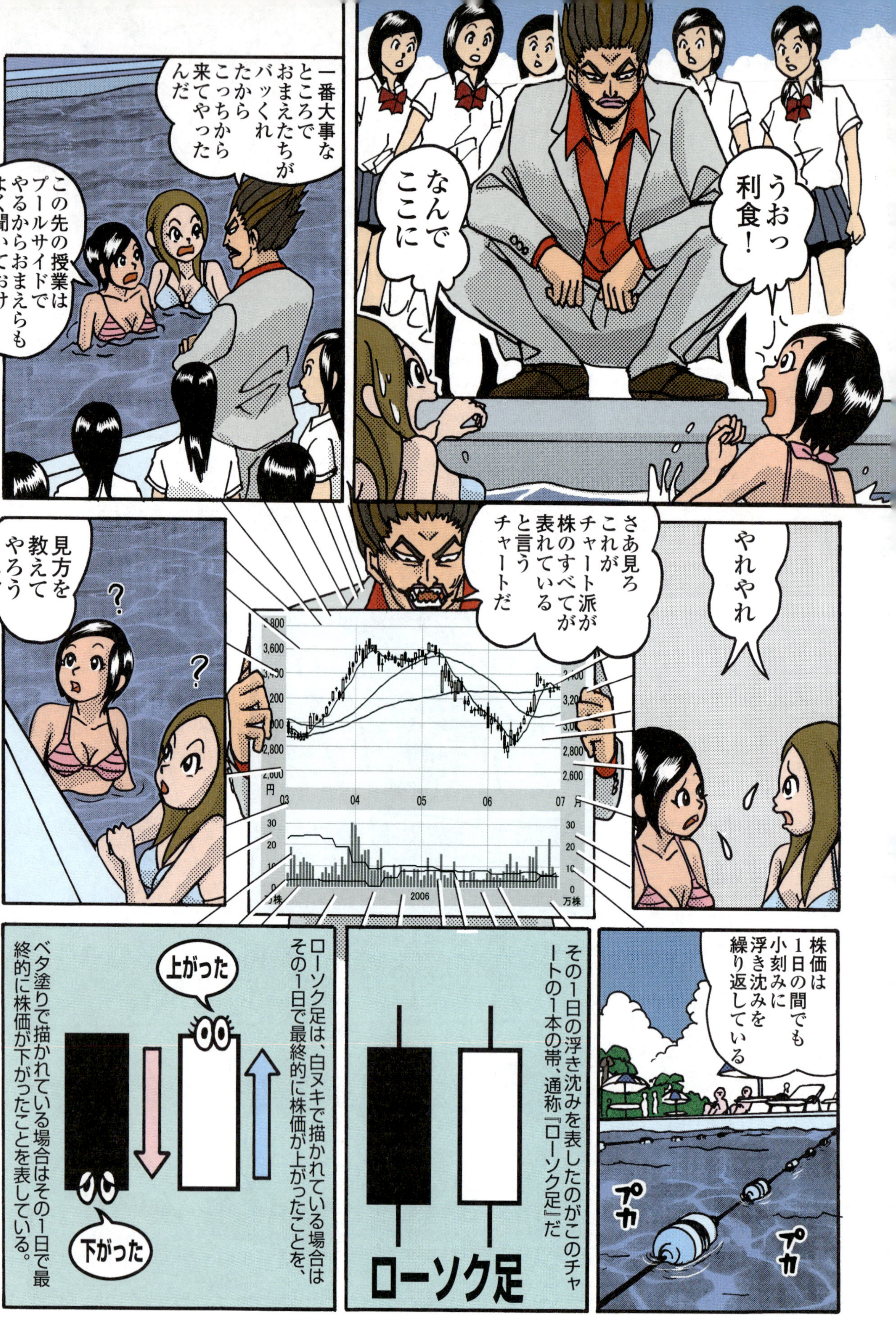
うおっ
利食！
なんでここに
一番大事なところでおまえたちがバックれたからこっちから来てやったんだ
この先の授業はプールサイドでやるからおまえらもよく聞いておけ
やれやれ
さあ見ろ
これがチャート派が株のすべてが表れていると言うチャートだ
見方を教えてやろう
？
？
3,600
3,200
2,800
2,600
円
03
04
05
06
07
月
30
20
10
0
万株
2006
株価は1日の間でも小刻みに浮き沈みを繰り返している
プカ
プカ
その1日の浮き沈みを表したのがこのチャートの1本の帯、通称『ローソク足』だ
ローソク足
ローソク足は、白ヌキで描かれている場合はその1日で最終的に株価が上がったことを、
上がった
ベタ塗りで描かれている場合はその1日で最終的に株価が下がったことを表している。
下がった

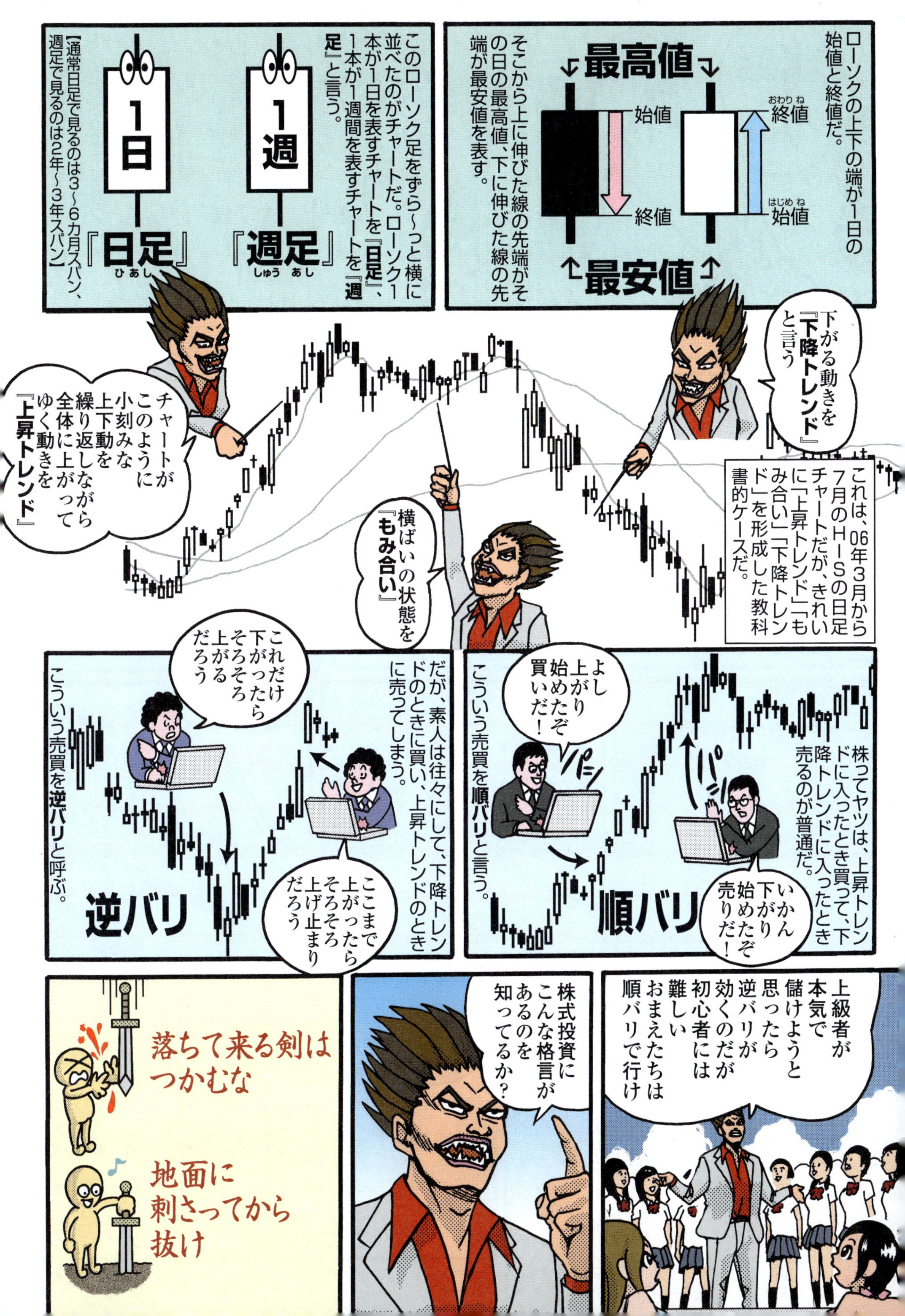
ローソクの上下の端が1日の始値と終値だ。
最高値
始値
終値
終値《おわりね》
始値《はじめね》
最安値
そこから上に伸びた線の先端がその日の最高値、下に伸びた線の先端が最安値を表す。
このローソク足をずら〜っと横に並べたのがチャートだ。ローソク1本が1日を表すチャートを『日足』、1本が1週間を表すチャートを『週足』と言う。
1週
1日
『週足《しゅうあし》』
『日足《ひあし》』
【通常日足で見るのは3〜6カ月スパン、週足で見るのは2年〜3年スパン】
下がる動きを『下降トレンド』と言う
これは、06年3月から7月のHISの日足チャートだが、きれいに「上昇トレンド」「もみ合い」「下降トレンド」を形成した教科書的ケースだ。
横ばいの状態を『もみ合い』
チャートがこのように小刻みな上下動を繰り返しながら全体に上がってゆく動きを『上昇トレンド』
株ってヤツは、上昇トレンドに入ったとき買って、下降トレンドに入ったとき売るのが普通だ。
よし上がり始めたぞ買いだ!
パ
パ
いかん下がり始めたぞ売りだ!
こういう売買を順バリと言う。
順バリ
だが、素人は往々にして、下降トレンドのときに買い、上昇トレンドのときに売ってしまう。
これだけ下がったらそろそろ上がるだろう
ここまで上がったらそろそろ上げ止まりだろう
こういう売買を逆バリと呼ぶ。
逆バリ
上級者が本気で儲けようと思ったら逆バリが効くのだが初心者には難しい おまえたちは順バリで行け
株式投資にこんな格言があるのを知ってるか?
落ちて来る剣はつかむな
地面に刺さってから抜け

つまり、下降トレンドにある株を「もうこのあたりが底だろう」と思って下がっている途中で買うと、
必ずケガをする。下げ止まって、
上昇に転じてから買え、という意味だ。
安易な逆バリを戒めた格言だな
さて、株価のチャートでは『ローソク足』以外にもう1つ、必ず表記されている線がある。
この2本の移動平均線がそれだ
移動平均線とは、一定期間（たとえば5日とか25日とか）の平均株価を結んだ線のことだ。
毎日の株価の上下動をならして、より滑らかにした線と言える。
たとえば『5日平均線』なら、その日を含めて過去5日間の株価の平均をつないだ線、『25日平均線』なら、その日を含めて過去25日間の株価の平均をつないだ線、ということになる。平均する期間の長いものほど、線はなだらかになる。
5日前
25日前
たとえば、ある会社の株価について、5日平均線と25日平均線の2つを描いてみたとしよう。当然、25日平均線のほうが5日平均線よりもなだらかになる。
5日平均線
25日平均線
ゴールデンクロス
そして、長期の線のなだらかな上昇カーブを、短期の線の急な上昇カーブが下から上に突き抜けることを、ゴールデンクロス
25日平均線
5日平均線
デッドクロス
逆に、長期線のなだらかな下降カーブを短期線の急な下降カーブが上から下に突き抜けることをデッドクロスと言う。
5日平均線
25日平均線
ゴールデンクロスは『上昇トレンド』のときに、デッドクロスは『下降トレンド』のときに起こる現象だ。
上昇トレンド
デッドクロス
下降トレンド
ゴールデンクロス
いいかここからが大事な話だ
耳をかっぽじって聞けよ

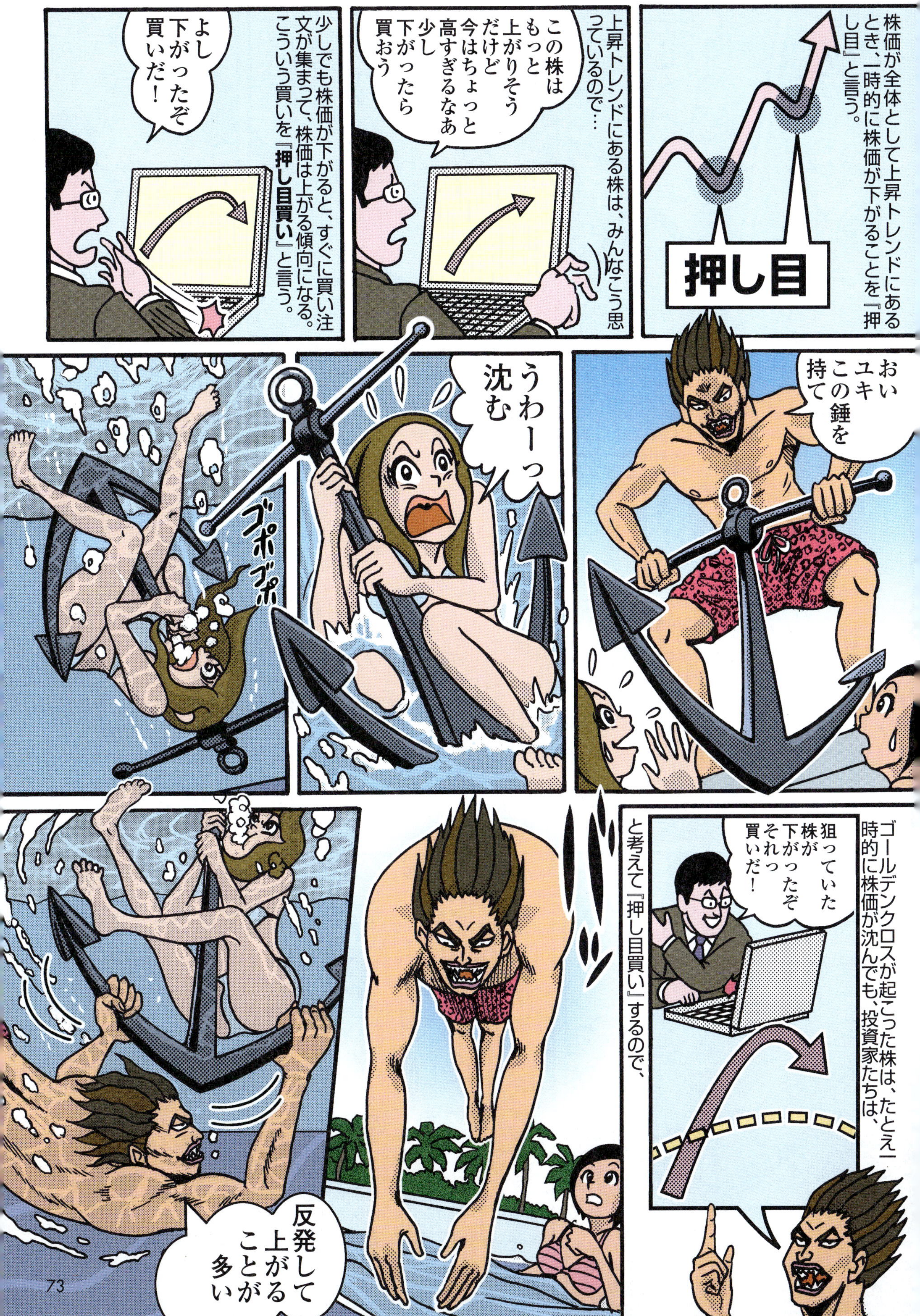
株価が全体として上昇トレンドにあるとき、一時的に株価が下がることを『押し目』と言う。
押し目
上昇トレンドにある株は、みんなこう思っているので…
この株はもっと上がりそうだけど今はちょっと高すぎるなあ少し下がったら買おう
少しでも株価が下がると、すぐに買い注文が集まって、株価は上がる傾向になる。こういう買いを『押し目買い』と言う。
よし下がったぞ買いだ！
おいユキこの錘を持て
うわーっ沈む
ゴポゴポ
ゴールデンクロスが起こった株は、たとえ一時的に株価が沈んでも、投資家たちは、
狙っていた株が下がったぞそれっ買いだ！
と考えて『押し目買い』するので、
反発して上がることが多い

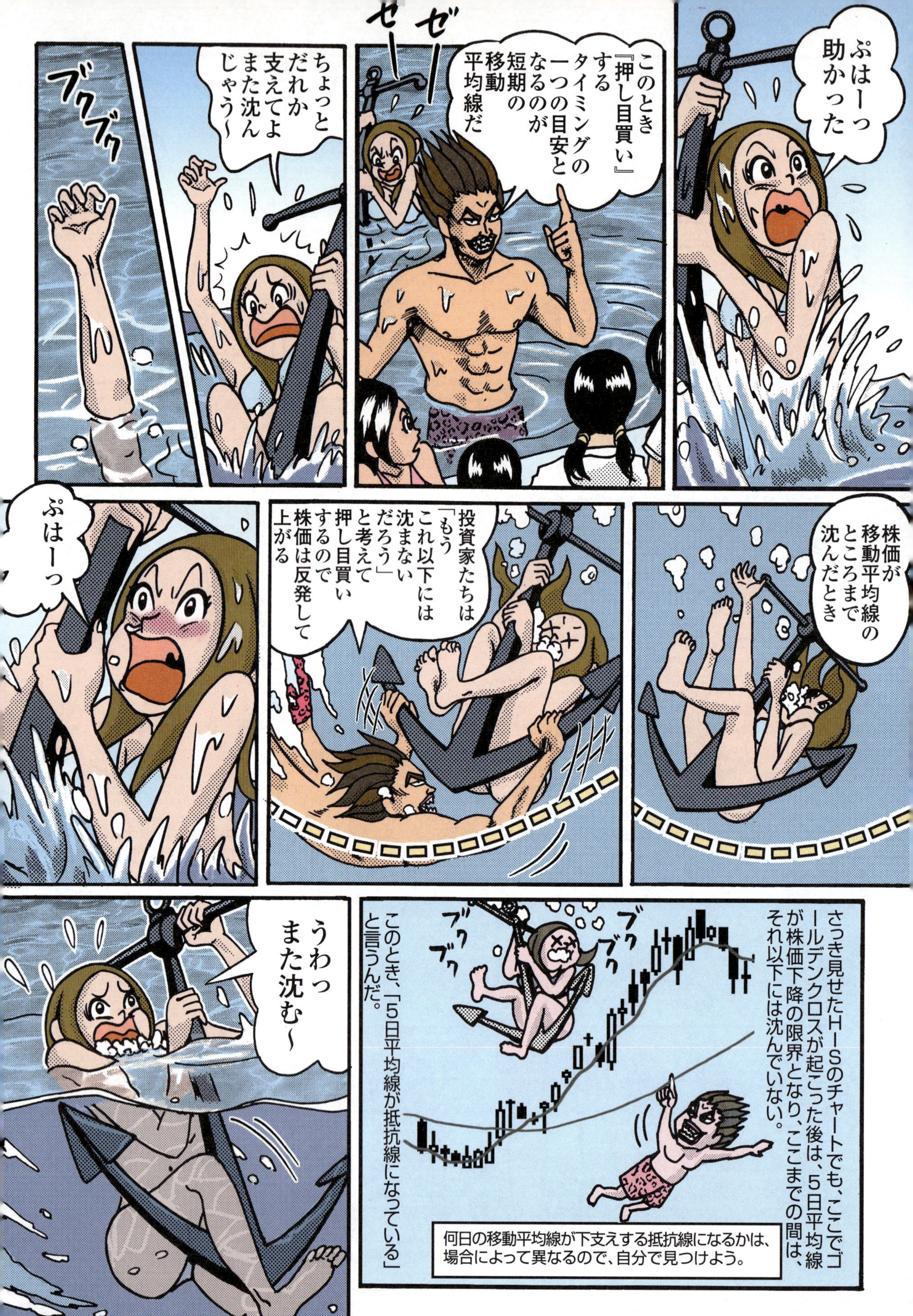
ぷはーっ 助かった
ゼー ゼー
このとき『押し目買い』するタイミングの一つの目安となるのが短期の移動平均線だ
ちょっとだれか支えてよまた沈んじゃう～
ブクブク
株価が移動平均線のところまで沈んだとき
投資家たちは「もうこれ以下には沈まないだろう」と考えて押し目買いするので株価は反発して上がる
ぷはーっ
さっき見せたH－Sのチャートでも、ここでゴールデンクロスが起こった後は、5日平均線が株価下降の限界となり、ここまでの間は、それ以下には沈んでいない。
このとき、「5日平均線が抵抗線になっている」と言うんだ。
ブクブク ブクブク
何日の移動平均線が下支えする抵抗線になるかは、場合によって異なるので、自分で見つけよう。
うわっ また沈む～

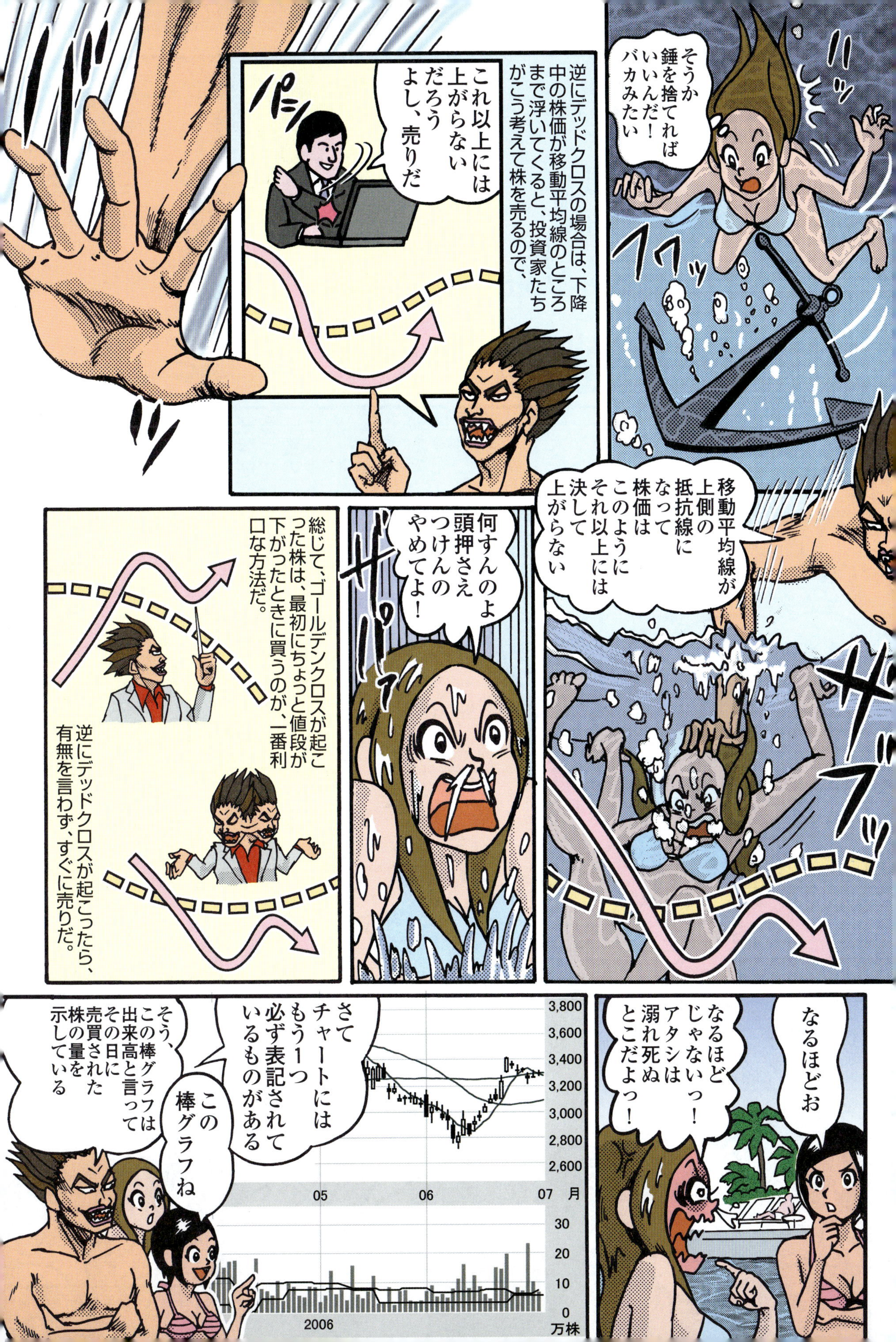

ハッ
そうか
錘を捨てれば
いいんだ!
バカみたい
フワッ
逆にデッドクロスの場合は、下降中の株価が移動平均線のところまで浮いてくると、投資家たちがこう考えて株を売るので、
これ以上には上がらないだろう
よし、売りだ
パッ
移動平均線が上側の抵抗線になって株価はこのようにそれ以上には決して上がらない
ザブッ
何すんのよ
頭押さえつけんのやめてよ!
ザパァ
総じて、ゴールデンクロスが起こった株は、最初にちょっと値段が下がったときに買うのが、一番利口な方法だ。
逆にデッドクロスが起こったら、有無を言わず、すぐに売りだ。
なるほどお
なるほどじゃないっ!
アタシは溺れ死ぬとこだよっ!
さて
チャートにはもう1つ必ず表記されているものがある
この棒グラフね
そう、この棒グラフは出来高と言ってその日に売買された株の量を示している
3,800
3,600
3,400
3,200
3,000
2,800
2,600
05
06
07
月
30
20
10
0
万株
2006

出来高の棒グラフは、必ずローソク足のチャートの下に並べて提示されているものだ。そしてこの棒グラフはある意味、上のチャートよりも重要だ。みんなが抱え込んで、取引量の少ない株は、どんなにいい株でも上がりようがないからな。
それに、出来高の急増は、もみ合いから上昇へ、上昇から下降へ、といったふうに、株価のトレンドの転換点になる場合が多い。
もみ合い
上昇
下降
なるほどぉ
株って結構科学なのね
いやいやこれだって経験則だけで言っている一種のオカルトだよ
ただ株はみんなが信じればオカルトも科学になる世界だ
チャートの動きで株の売りどき買いどきを決めているいわゆる『チャート派』は大勢いるから
これだって科学になるのさ
よし今日の授業はここまでにしよう
夏休みの間も東証は動いてる自分で儲けられそうな株を買って儲けを出してみろそれが夏休みの宿題だ
ククク利食君
クククク
松下佳代子のことで話がある
松下佳代子？母ちゃんの名前じゃない！
しかもあれ学校のオーナーのバカミフーズの馬上社長！
どういうこと？

女子高生株塾・補習授業 5

『インサイダー取引』ってニュースでよく聞くけど何なの？
ほら、村上世彰とか日経の社員とかそれで逮捕されたでしょ
インサイダー取引とはその会社の株価を左右しかねない未発表の情報を、内部の者がつかみそれをもとに会社の株を売買することを言う

たとえば、ある会社が儲けを計算してみたら、大幅な赤字だった。それを知ったその会社の重役が、発表前に自分の持っていた株を売り払ってしまう、というようなことだ。

ゴホッゴホッ
ぜ〜ぜ〜
A社
売り！

違反者は、5年以下の懲役か、500万円以下の罰金。さらに、それで得た利益もすべて没収される。

そういう取引は、法律で固く禁じられている。それを取り締まるための『証券取引等監視委員会』という組織があり、24時間告発を受け付けている。

ガバッ
はい証券取引等監視委員会です

おまえが言った日経社員の例は、自分の新聞に載る予定のある会社の「株式分割」の告知広告を盗み見て、その会社の株を大量に買ったんだ。

うおっ！
買いっ！
日本経済新聞

ちなみに「株式分割」ってのは、株主にその人が持ってるのと同数の株を渡し総株式数を倍に増やすことだ

※3倍や4倍などに増やすケースもあり。

この場合、株主の持つ株数は倍に増えるが、株価は半分になるから、持ってる株の価値は変わらないはずなんだが、

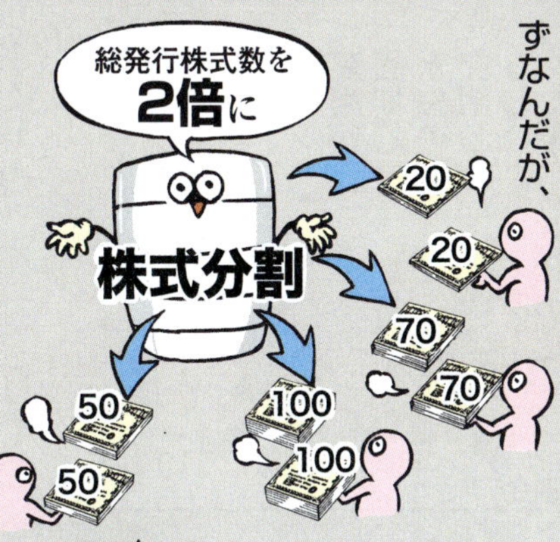

総発行株式数を2倍に
株式分割
20
20
70
70
100
100
50
50

05年までは分割実施日と分割によって増えた新株の流通までタイムラグがあった

そのため多くの場合、その株をみんな欲しがったので、株価は半分までは下がらなかった。分割される株を持っている株主は往々にして大儲けできたんだな。

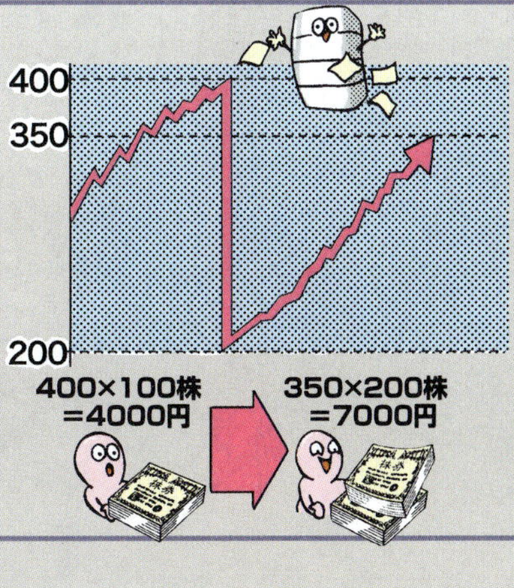

400
350
200
400×100株
=4000円
350×200株
=7000円

だから、日経社員も手を出したんだろう。本来、日本経済新聞の社員は、そういう情報を誰よりも先に手に入れられる立場にいるので、株の売買を禁止されているんだがね

私たちがある会社の社員から情報を聞いて株を売買したらどうなるの？

立ち聞きしてしまっただけなら、セーフだ。内部情報とは言えないからね。

実は今度A社が□□で○○を

だが、社員同士が話しているのを小耳にはさみ、ついついこう聞き返してから株を売買したら、それはもう犯罪になりうる。

そのお話詳しく聞かせて貰えますか？

ネット証券で株を買う際も、確認のために必ずこう聞かれるから、自分でその取引に違法性はないか、よく考えてみることが大切だ。

この取引はインサイダー取引ではありませんか？
ドキッ

ついでに言うともう1つの違法行為に『風説の流布』がある
風説の流布
フーセツのルフ？
サッ

『風説の流布』とは、株について自分に都合のいい噂を意図的に流すこと。その情報は、たとえ真実であっても、噂を流しただけで、罪になる。

ジョンソン製薬が画期的な水虫の薬を発明したらしいよ

違反者には10年以下の懲役か、1000万円以下の罰金が科される。

ホリエモンが逮捕されたのは、こっちの法律にひっかかったからだ。

ネットの掲示板は、株主たちが、自分の持っている株の値段を何とか上げたい一心で書き込む『風説』でいつもいっぱいだ。

318 名前：名無し：2009/01/24 (土)
ジョンソン製薬が画期的な水虫の薬を…

そんなのをまともに信じたら痛い目に遭うぞ

株取引で一番重要なのは公正さだおまえたちもズルいことは考えるな

【これまでのあらすじ】ナオが通う難平女子高校は、バカミラーズの馬上社長に買収され、授業で株を教え始めた。
株の授業の担当教師、利食千人力は、昔、ナオの父を破産に追い込み、母と駆け落ちした証券マンであった。
だが、ナオは利食を探るうちに、両親と利食、馬上の間に複雑な過去があるらしいことを知る。
松下佳代子のことで話がある
松下佳代子？母ちゃんの名前じゃない！
利食 おまえ 私の愛人の 松下佳代子が 正月に 私の部屋を 飛び出して 行ったきり 行方が わからない ことは 知っているな
聞いてます
サ サッ
おまえ 佳代子の 行方を 知ってる んじゃ ないのか
ええっ 母ちゃんが 馬上の愛人？ 利食と 駆け落ち したんじゃ なかったの？
なんでまた そんなこと 急に？
佳代子が 昔おまえと つき合っていたと 知らせてくれた 親切な ヒトがいてね
佳代子が 私の元から 姿を消したのと おまえがわが社の ファンド マネジャーを 辞めたのと 妙に タイミングも 一致するし
私が、佳代子の娘が通う女子高が倒産したのを知って、買収すると、おまえが戻ってきてこんなことを言い出したのも…
難平 女子高校を 買収した そうですね 私に その高校で 株を教え させて ください

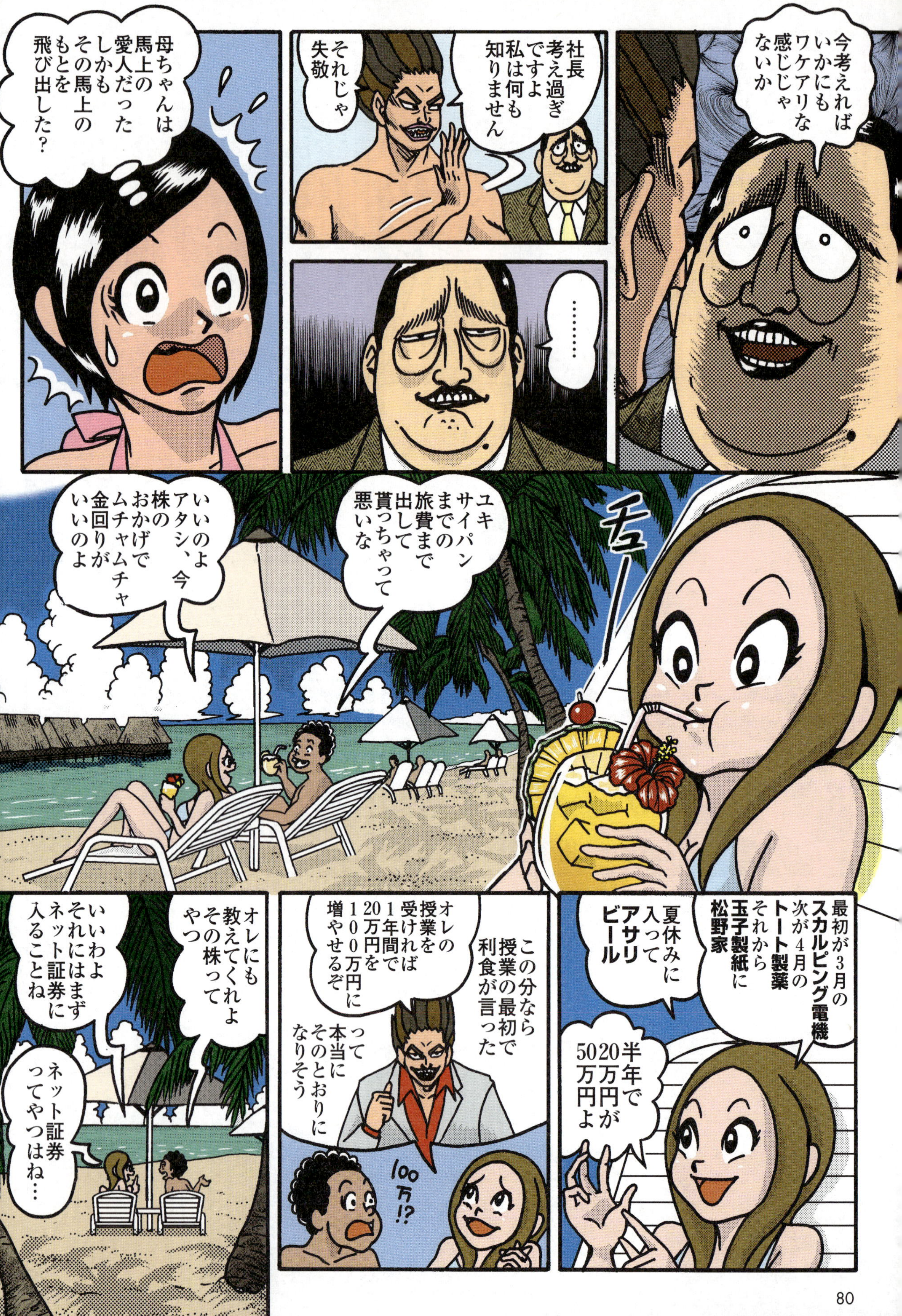
今考えればいかにもワケアリな感じじゃないか
社長考え過ぎですよ私は何も知りません
それじゃ失敬
……
母ちゃんは馬上の愛人だったしかもその馬上のもとを飛び出した?
ユキサイパンまでの旅費まで出して貰っちゃって悪いな
いいのよアタシ、今株のおかげでムチャムチャ金回りがいいのよ
最初が3月のスカルピング電機次が4月のトート製薬それから玉子製紙に松野家
夏休みに入ってアサリビール
半年で20万円が50万円よ
この分なら授業の最初で利食が言った
オレの授業を受ければ1年間で20万円を100万円に増やせるぞ
って本当にそのとおりになりそう
100万!?
オレにも教えてくれよその株ってやつ
いいわよそれにはまずネット証券に入ることね
ネット証券ってやつはね…

私立難平女子高等学校
あっ
ドラゴンバオバブ
利食が植えたバオバブの木が夏休みの間に成長してる
おはようユキ真っ黒だね
カレシと夏休みの終わりにサイパンに行ってたのよ

6

PERとPBR

今後の成長性か現在のお買い得度か

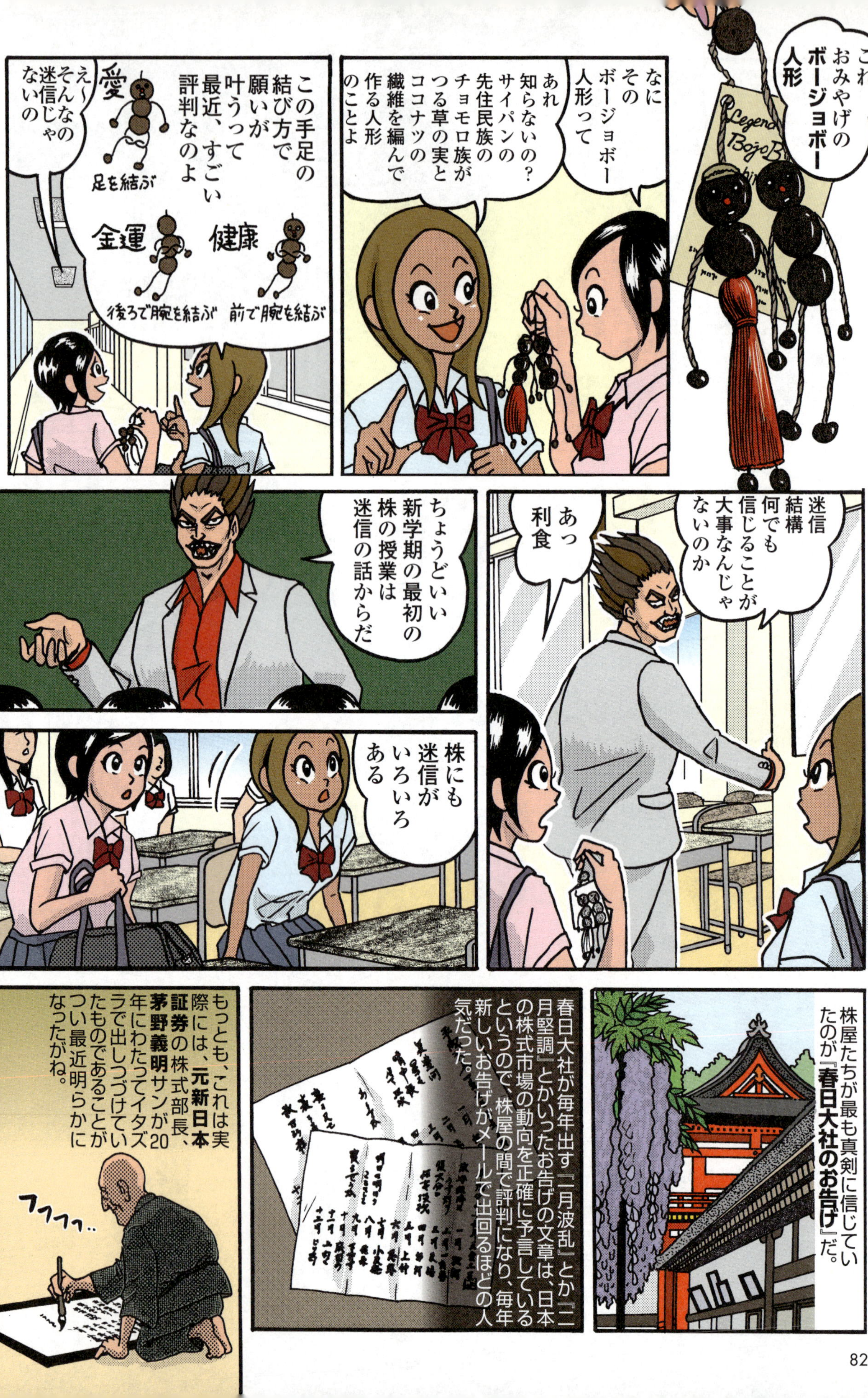

これ
おみやげの
ボージョボー人形
なに
そのボージョボー人形って
あれ
知らないの?
サイパンの先住民族のチョモロ族がつる草の実とココナツの繊維を編んで作る人形のことよ
この手足の結び方で願いが叶うって最近、すごい評判なのよ
愛
足を結ぶ
金運
後ろで腕を結ぶ
健康
前で腕を結ぶ
え〜そんなの迷信じゃないの
迷信
結構何でも信じることが大事なんじゃないのか
あっ
利食
ちょうどいい
新学期の最初の株の授業は迷信の話からだ
株にも迷信がいろいろある
株屋たちが最も真剣に信じていたのが『春日大社のお告げ』だ。
春日大社が毎年出す『一月波乱』とか『二月堅調』とかいったお告げの文章は、日本の株式市場の動向を正確に予言しているというので、株屋の間で評判になり、毎年新しいお告げがメールで出回るほどの人気だった。
もっとも、これは実際には、元新日本証券の株式部長、茅野義明サンが20年にわたってイタズラで出しつづけていたものであることがつい最近明らかになったがね。
フフフフ…

アメリカには『スカート丈指標』というのもある。1920年以来、アメリカでは短いスカートが流行ると景気がよくなる、逆に、長いスカートが流行ると景気が悪くなるというんだ。
Yeah!
スカート丈指標
No!
【大恐慌はロングスカートの流行中にやってきた】
06年にアメリカで話題になったのが、タイガー・ウッズと株価の関係だ。
タイガーがアメリカ国内の試合に出場した次の月曜日は、彼の成績の良し悪しに関係なく、ニューヨークのダウ平均株価が必ず値上がりするというのだ。
05年のマスターズから06年の調査時点まで、タイガーは米国内で19試合プレーしたが、出場したすべての試合の翌月曜日に、平均134・09ドル、前日比1・2パーセントも株価が上がっている。
MON TUE WED
RI SAT SUN
MON
こうした『理由はわからないがなぜかこうなる』という株価の迷信的な動きを専門的には『アノマリー』と言う
そして世の中には『アノマリー』を科学的に分析しようとする勇敢なヒトたちがいる
おまえたち『サザエさんと株価の関係』という06年のベストセラーを知ってるか?
吉野貴晶
YOSHINO Takaaki
サザエさんと株価の関係
行動ファイナンス入門
日曜夕方のフジテレビのアニメ『サザエさん』の視聴率が高いときは株価は低く、視聴率が低いときは株価が高い、ということを検証した本だ。
高
視聴率
低
高
株価
低
2003年〜06年までを調べると、『サザエさん』の視聴率と東証株価指数の関係は、ニューヨークの株価とそれの関係よりも強い、とされている。
こら
カツオ!!
それも迷信なの?
いやこれは迷信ではない根拠のある科学だ
サザエさんの視聴率が高いとなんで株価が低いかわかるか?

日曜にサザエさんを見るとああもう休みが終わっちゃうのかとキモチがブルーになってみんなヤル気がなくなるから
それも仮説の一つかもしれないがもっと合理的な仮説があるぞ
ナオ おまえはどう思う？
サザエさんの視聴率が高いってことはみんなが日曜夕方に家にいるってことでしょ
みんなが日曜夕方家にいればそれだけ外でお金を使うヒトが少ないから景気がよくないってことじゃないの？
ほほう さすがだな ナオ そのとおりだ
ほかにも、この本では、東京が晴れた日の翌日の**日経平均**は上がる傾向にあり、雨や曇りの日の翌日の日経平均は下がる傾向にある、とか…
2月
花粉がたくさん飛ぶ年の2月の株価は下がるとか、興味深い検証がたくさん出ている。
面白～い
株価が、人間心理という不確実なものとどれだけ連動しているかを研究する学問は『**行動ファイナンス**』と呼ばれ、最近、とみに盛んになっている。
第一人者のプリンストン大学教授、**ダニエル・カーネマン**は、2002年のノーベル経済学賞を受賞したほどだ。
かつては『迷信』と思われていたこうした株価の動きが科学的に分析されるようになったのは、コンピュータと高度な数学テクニックを用いてデータを分析する『**クオンツ**』と呼ばれる人たちが出てきてからのことだ。
クオンツ
クオンツ？

彼らは足で稼いだ企業情報とかには目もくれず
ひたすらその会社に関する数字的なデータだけで株の動向を分析している
アメリカの国防省でミサイルの軌道計算をしていた連中が、ソ連の崩壊で職を失い、株の世界に入ってきた。
だからウォール街でも古くからの株屋たちは
『ロケット野郎』にガタガタ言われる筋合いはない
なんて言ってバカにしているが、
データだけで株価を分析するというのは意味のあることだ
篠崎屋という埼玉の豆腐屋を知ってるか？
この会社の株は2003年11月からマザーズに上場されているが…
篠崎屋
日本人がこの会社の株を買うには、なかなか勇気がいる。
なんだ豆腐屋かあ
ところがネットでロイター通信のデータだけを見ている英国人投資家なら平気で買える。
TOFU? GOOD!
数字は人間の余計な思い込みや感情を抜きにして冷静に事実だけを語ってくれる
日本の株式市場では、数字しか見ていない外国人投資家のほうが日本人よりずっと儲けていると言われている。
たとえばROEという数字がある
ROE
Return On Equity

これは、その会社が資本に対してどれくらいの比率の利益を上げているかを示した数字だ。
株主から預かった金（＝資本）を使い、1年間でどれくらい儲けを出したか、つまり『元金の運用利回りは何%か』を示す数字だ。
利益
100万
1000万
資本
この場合は10%ということだな
ROEが高い、すなわち運用利回りのよい会社の株は、当然値上がりが期待できる。つまり『買い』ということだ。
600万
100万
A社
利益
資本
B社
200万
600万
B社のほうが良い仕事ぶりだ
08年3月期の日本企業の平均ROEは約9%。銀行に定期預金で預けたって、1%もつかないから、企業に投資したほうがよっぽど利回りはいいということだ。
平均ROE
9%
同時期の、アメリカ企業の平均ROEは約20%弱。アメリカのほうが、景気に応じて人件費を調整できるなど、より効率的な経営がなされているからな。
平均ROE
20%
最近ROEはよく使われる指標だから覚えておくといい
それから以前『補習授業』で教えたPBRという指標を覚えているか？
なんだっけ？
PBR
100万円の純資産がある会社が、株券を100枚発行していたとする。この会社が今解散したら、株主には1株につき1万円が返される計算になる。この金額を『1株純資産』（BPS）と言う。
発行済株式数
純資産
100株
100万円
BPS
『1株純資産』
純資産÷発行株式数
100万円 100株
＝1万円

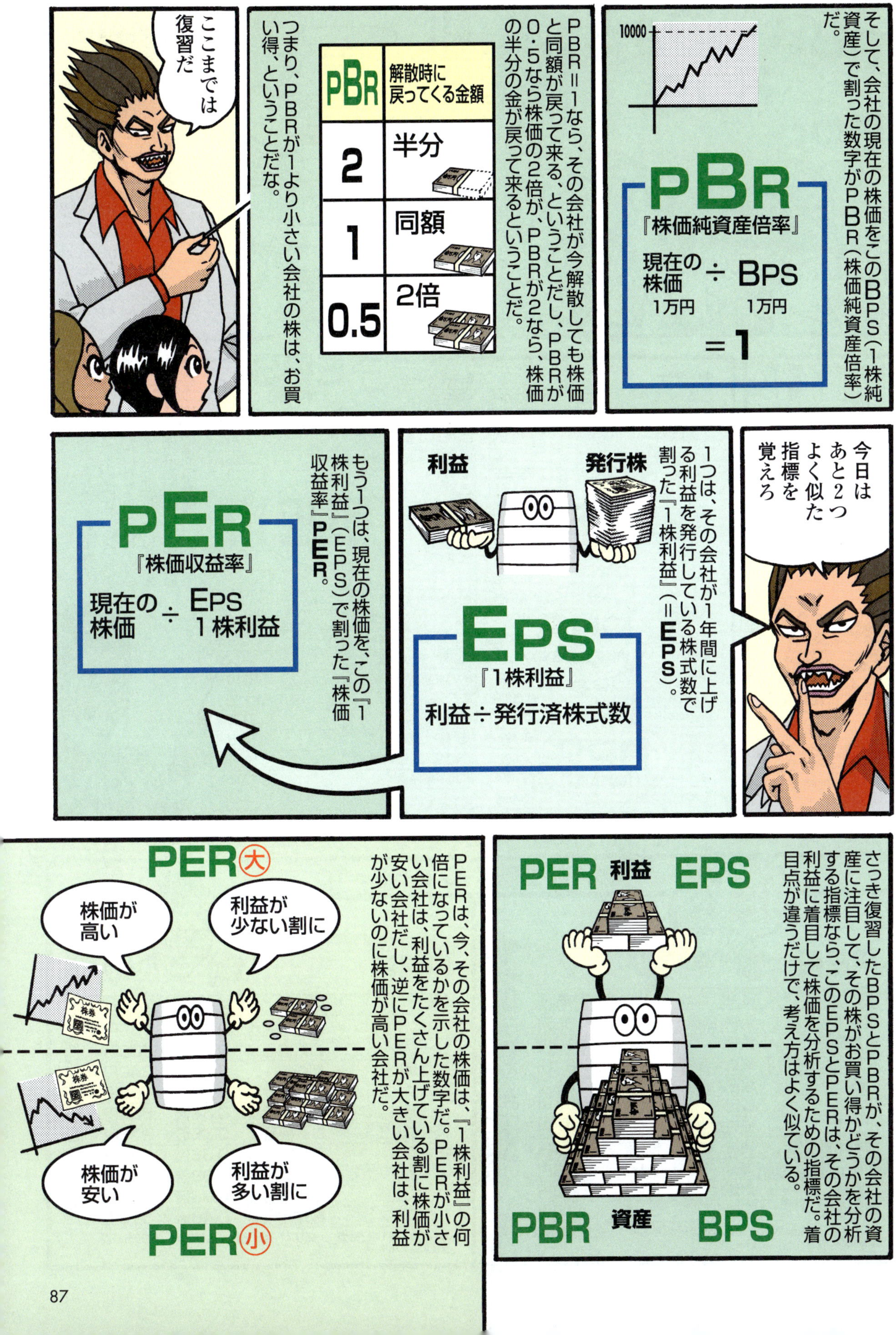

そして、会社の現在の株価をこのBPS（1株純資産）で割った数字がPBR（株価純資産倍率）だ。
10000
PBR
『株価純資産倍率』
現在の株価 ÷ BPS
1万円 1万円
=1
PBR＝1なら、その会社が今解散しても株価と同額が戻って来る、ということだし、PBRが0・5なら株価の2倍が、PBRが2なら、株価の半分の金が戻って来るということだ。
PBR 解散時に戻ってくる金額
2 半分
1 同額
0.5 2倍
つまり、PBRが1より小さい会社の株は、お買い得、ということだな。
ここまでは復習だ
今日はあと2つよく似た指標を覚えろ
1つは、その会社が1年間に上げる利益を発行している株式数で割った『1株利益』（＝EPS）。
発行株
利益
EPS
『1株利益』
利益÷発行済株式数
もう1つは、現在の株価を、この『1株利益』（EPS）で割った『株価収益率』PER。
PER
『株価収益率』
現在の株価 ÷ EPS
1株利益
さっき復習したBPSとPBRが、その会社の資産に注目して、その株がお買い得かどうかを分析する指標なら、このEPSとPERは、その会社の利益に着目して株価を分析するための指標だ。着目点が違うだけで、考え方はよく似ている。
PER 利益 EPS
PBR 資産 BPS
PERは、今、その会社の株価は、『1株利益』の何倍になっているかを示した数字だ。PERが小さい会社は、利益をたくさん上げている割に株価が安い会社だし、逆にPERが大きい会社は、利益が少ないのに株価が高い会社だ。
PER大
株価が高い
利益が少ない割に
株券
株価が安い
利益が多い割に
PER小

08年後半の金融危機以降、日本企業は株価の落ち込みより利益の落ち込みのほうが急だったので09年2月時点の予想PERは60倍を超えてしまったが、従来の平均は日本は20倍、アメリカ企業の場合は17倍と言われている。
平均PER20倍
平均PER17倍

株価というものは、会社によって規模も発行している株式数も違うから、単純に横並びに比較することはできない。それで、こうした指数を比較し、お買い得な株かどうかを検討するんだ。
PBR
PER
ROE
EPS
BPS

たとえば大手ネット証券の各企業のページにも、BPS・PBR・EPS・PERの4つは、必ず全社記載してある。※左例はカブドットコム証券の主な指標の画面

●株価関連

上場出来高	4,090円
上場出来高高値下落率	—%
上場来安値	13円
上場来安値上昇率	—%
時価総額	984,171百万円
ベータ(対TOPIX)	1.53289
EV	[illegible]6円
EBITDA	[illegible]4円

●割安性

PER(実)	13.01倍
PER(予)	9.39倍
PBR(実)	1.14倍
PBR(予)	[illegible]03倍

●安定性

BPS(実)	891.49円
BPS(予)	983.23円
自己資本比率	42.14%
負債比率(自[illegible]	56.42%
当座比率	87.66%
流動比率	147.64%
株価キャッシュ[illegible]	3.49倍
キャッシュフロー利回り	28.66%

●成長性・収益性

EPS(実)	[illegible].87円
EPS(予)	108.32円
EPS5年成長率	127.41%
EPS対前年比伸び率	32.88%
ROE(実)	25.10%
ROE(予)	10.98%
ROA(実)	—%
ROA(予)	7.65%
売上高成長率(予)	−10.30%
売上高−10年成長率	7.35%
売上高−5年成長率	15.53%
売上高営業利益率	14.84%
経常利益成長率(予)	−47.90%
過去最高純利益	208,793百万円(2008/03)
税引き前利益率	14.36%
従業員1人当総売上高	6,134万円
従業員1人当税引後利益	564万円
直近決算期益利回り	20.45%

EPS(1株利益)
ROE(株主資本利益率)
PER(株価収益率)
PBR(株価純資産倍率)
BPS(1株純資産)

特に重要なのはPBRとPERの2つだ
PBR
PER

東証1部 終値ベースのベスト10

1

PBRは1を切っていればお買い得。

PBR

銘柄	業種	PBR(連結)	株価(円)
TBK	輸送用機器	0.25倍	155円
ユーシン	電気機器	0.29倍	308円
エクセル	卸売業	0.35倍	842円
タカタ	輸送用機器	0.36倍	768円
今仙電機製作所	輸送用機器	0.36倍	524円
藤倉ゴム工業	ゴム製品	0.36倍	275円
田中商事	卸売業	0.36倍	326円
パイオラックス	金属製品	0.38倍	1257円
プレス工業	輸送用機器	0.38倍	145円
ユニプレス	輸送用機器	0.40倍	513円

※09年1月14日時点。上記リストは自己資本比率30%、ROE5%以上で足切りした。

15

PERは15を切っていればお買い得。それだけ覚えておけばいい。

PER

銘柄	業種	PER(連結)	株価(円)
学習研究社	情報・通信	1.8倍	135円
東京鐵鋼	鉄鋼	2.5倍	213円
今仙電機製作所	輸送用機器	3.0倍	524円
TBK	輸送用機器	3.0倍	155円
日本電工	鉄鋼	3.2倍	476円
小野建	卸売業	3.3倍	845円
大和冷機工業	機械	3.3倍	294円
商船三井	海運	3.5倍	573円
乾汽船	海運	3.6倍	655円
川崎汽船	海運	3.7倍	410円

※09年1月14日時点。上記リストは自己資本比率30%、ROE5%以上足切りした。

こうした数字を使ってクオンツが導き出した理論株価という考え方がある
その会社の株価は本来ならこれくらいの値段が妥当だという金額だ
理論株価

いろいろな計算式があるが、最もカンタンな計算方法はこうだ。
BPS＋EPS×8年分
‖ 1株純資産
‖ 1株利益

ZAiには毎号もっとフクザツな式を使って導き出した理論株価と現在の株価を比べたつまりお買い得な会社の一覧表が載っている
ZAi
株式投資の超素朴な疑問
最新号だとベスト20は次のとおり
これは素人でも株を選ぶのに参考になるから
ぜひZAiの理論株価のページは目を通しておけ
さて新学期なので1つだけ新たな銘柄を教えてやろう
※09年2月26日時点
これはテレホンマーケティングの会社だ近々選挙があるから確実に上がる
ドン
どもども
ホットライン
10日ほどで売れば数万は儲かるはずだ
増えた金の運用は今教えたデータを活用して自分で考えろ

時価総額1000億円以上の大型株でお買い得な株ベスト20

順位	コード	銘柄名	株価(2/26)	理論株価	上昇余力
1	9022	東海旅客鉄道	582000	1218000	109.28%
2	9021	西日本旅客鉄道	337000	681000	102.08%
3	9020	東日本旅客鉄道	5600	11021	96.80%
4	4503	アステラス製薬	3240	6261	93.24%
5	5101	横浜ゴム	337	601	78.34%
6	6586	マキタ	1971	3483	76.71%
7	8253	クレディセゾン	663	1149	73.30%
8	8544	京葉銀行	446	772	73.09%
9	8002	丸紅	305	516	69.18%
10	8390	鹿児島銀行	680	1148	68.82%
11	7003	三井造船	146	246	68.49%
12	4063	信越化学工業	4350	7259	66.87%
13	9766	コナミ	1379	2288	65.92%
14	8332	横浜銀行	413	667	61.50%
15	9009	京成電鉄	440	710	61.36%
16	9511	沖縄電力	5910	9341	58.05%
17	5423	東京製鐵	948	1497	57.91%
18	9104	商船三井	495	761	53.74%
19	2502	アサヒビール	1235	1852	49.96%
20	4676	フジ・メディア・ホールディングス	112000	166000	48.21%

ユキ何やってんの？
自分のボージョボー人形で金運をつけてるのよ
アンタのもやったげる
あっ利食！
アンタ夏休みにプールで学校のオーナーの馬上と話してたでしょ
母ちゃんが馬上の愛人だったってどういうことなの？
………
そろそろおまえに事情を話してもいい頃かもしれないな
おまえも父親から聞いているかもしれないがオレとお前の母親の佳代子はバブルの頃に恋人同士だった
10年前、お前の父親のところに株を勧めに行ったオレは、佳代子と偶然再会した
その後でオレは馬上社長に引き抜かれバカミフーズのファンドマネジャーとなった
佳代子は家出してオレを追って来たがオレは相手にしなかった
佳代子は家出した手前家に戻れずオレへのあてつけで馬上社長の元に身を寄せたんだ
フフフ
え～アンタがさらって行ったんじゃなかったの

女子高生株塾・補習授業 ⑥

株って早い話がギャンブルの一種でしょ
そう言えないこともないかな
競馬や宝クジよりも儲かるの？

競馬でもパチンコでも、およそギャンブルというものは、参加者の賭け金を一カ所に集めて、何かのゲームを行ない、敗者には1円も返さず、勝者には賭けた金以上の額を返す、という仕組みになっている。

ドドドドドドド
GOAL
賭け金

だが、このとき、賭け金が勝者に全額返されるわけじゃない。競馬ならJRA、宝くじなら地方自治体といった各ギャンブルの主催者が、集めた金から自分の『取り分』を引いている。

主催者
ゴッソリ
賭け金

この主催者の取り分というのが、案外バカにならない。

主催者	取り分
宝くじ	54%
toto	50%
競馬・競輪	20〜25%
パチスロ	12〜19%

やるならパチスロだね
うん

パチスロ屋だって、宝くじ売り場のおばちゃんだって、その金で食べて行かなければならないからね。

ハイヨ

ところが、株の「主催者の取り分」、つまり証券会社の手数料は、昔は1回の売買で4％取られていたが、

証券会社
手数料
4%
売り

ネット証券が続々誕生した2000年に大幅に値下げされ、1％以下になった。

手数料
1% 以下

しかも、各証券会社は、ケータイの料金プランみたいに、手数料のプランをいろいろ用意しているので、うまくプランを選べば、0.1％以下に抑えることも可能だ。

マネックス証券の料金プラン表と利用シミュレーション

				手数料計算例 約定金額 10万円	100万円	200万円
取引毎手数料	パソコン	成行	約定金額の0.105% 最低手数料1050円	1050円		2100円
		指値	約定金額の0.1575% 最低手数料1575円	1575円		3150円
	携帯電話	成行 指値	約定金額の0.105% 最低平均手数料105円	105円	1050円	2100円
1日定額手数料	300万円までは1日何回取引しても2650円。それ以降は1日の約定代金300万円ごとに2650円（例えば600万円まで5250円、900万円まで7875円）					

※09年1月時点

株がほかのギャンブルよりも有利な点はほかにもあるぞ

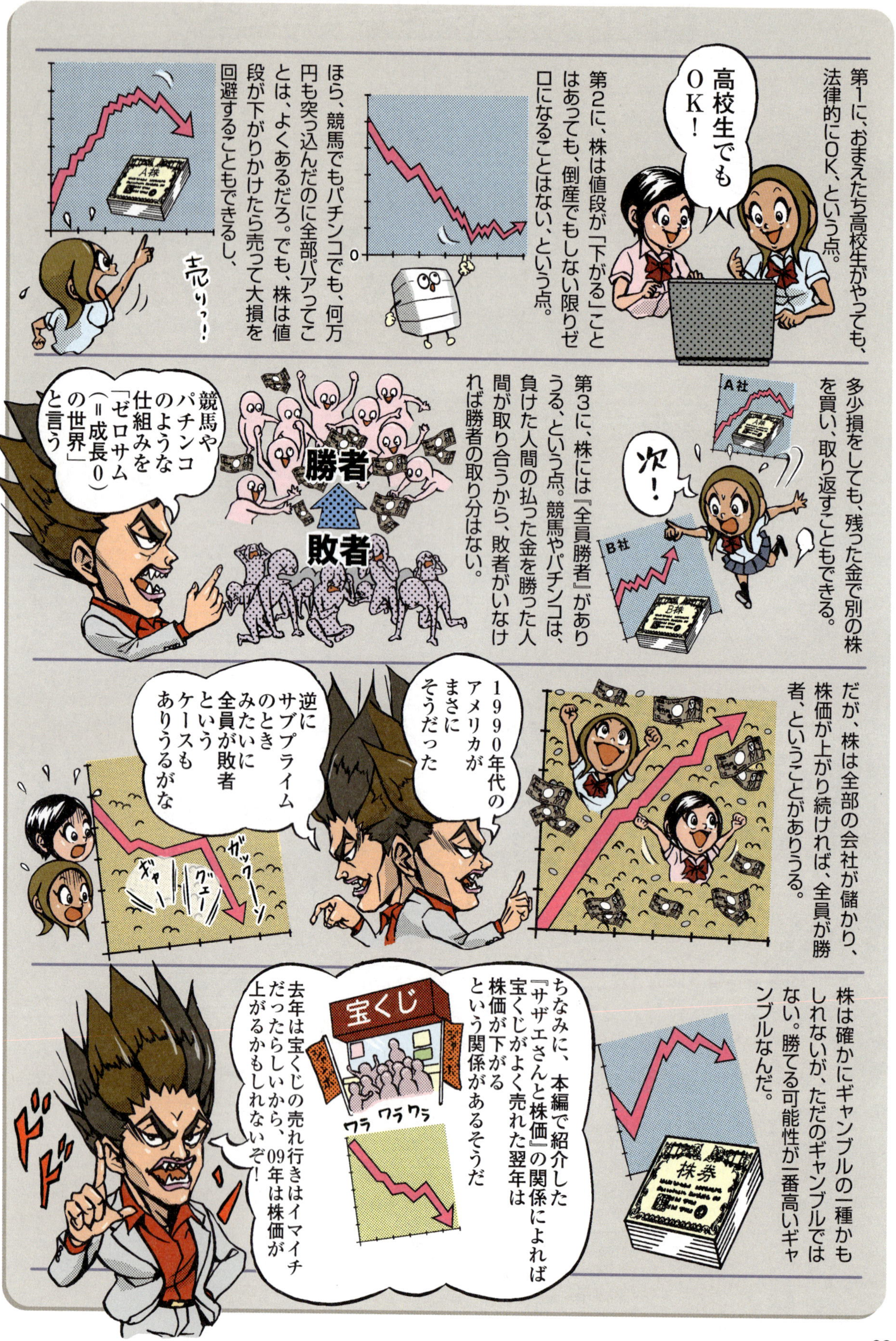

第1に、おまえたち高校生がやっても、法律的にOK、という点。
高校生でもOK!
第2に、株は値段が「下がる」ことはあっても、倒産でもしない限りゼロになることはない、という点。
ほら、競馬でもパチンコでも、何万円も突っ込んだのに全部パアってことは、よくあるだろ。でも、株は値段が下がりかけたら売って大損を回避することもできるし、
A株
売りっ!
多少損をしても、残った金で別の株を買い、取り返すこともできる。
A社
次!
B社
B株
第3に、株には『全員勝者』がありうる、という点。競馬やパチンコは、負けた人間の払った金を勝った人間が取り合うから、敗者がいなければ勝者の取り分はない。
勝者
敗者
競馬やパチンコのような仕組みを「ゼロサム(=成長0)の世界」と言う
だが、株は全部の会社が儲かり、株価が上がり続ければ、全員が勝者、ということがありうる。
1990年代のアメリカがまさにそうだった
逆にサブプライムのときみたいに全員が敗者というケースもありうるがな
ガックーン
グェー
ギャー
株は確かにギャンブルの一種かもしれないが、ただのギャンブルではない。勝てる可能性が一番高いギャンブルなんだ。
株券
ちなみに、本編で紹介した『サザエさんと株価』の関係によれば宝くじがよく売れた翌年は株価が下がるという関係があるそうだ
宝くじ
ワラワラワラ
去年は宝くじの売れ行きはイマイチだったらしいから、09年は株価が上がるかもしれないぞ!
ドドド

【これまでのあらすじ】ナオが通う雛平女子高校は、バカミラーズの馬上社長に買収され、授業で株を教え始めた。
『株』
株の担当教師、利食千人力は、昔、証券マンだった頃、ナオの父を破産に追い込み、母と駆け落ちした憎むべき相手であった。
松下鉄工
だが、ナオは利食を探るうちに、両親と利食、馬上の間に複雑な過去があることを知る。
そろそろ事情を話すべきときが来たようだな

7 IPO当選の秘訣

宝くじ並みの倍率を勝ち抜け!

今から20年前の
バブルの頃
オレと
おまえの母親
佳代子は
恋人同士だった
だが
その頃の
オレには
たくさん
女がいて
佳代子は
愛想を尽かして
オレから
去って行った
その後、おまえのオヤジと知り合い、結婚したんだ。
オレは、10年前、偶然、おまえのオヤジの工場に株を薦めに行き、佳代子と再会してしまったんだ。
あっ
あっ
佳代子はオレのことが忘れられず、家出してオレを追って来たが、オレは心を鬼にして彼女を追い返した。
泊めて
帰れ！ おまえには夫も子供もいるじゃないか
その頃ちょうど、馬上がオレに接触してきて、オレは証券会社から馬上の会社に引き抜かれた。
1000億円預ける我が社のファンドマネジャーとして腕を奮ってくれ
ククク
佳代子は家出した手前、おまえたちのところには戻れず、オレへのあてつけもあって、馬上のもとに身を寄せた。
グヘヘヘ
オレは何度も佳代子を諫めたが、佳代子は耳を貸さなかった。
あの男は危険だぞ
それ嫉妬？
馬上は、そのうちに佳代子に暴力を振るうようになった。最後は監禁同然の生活だったそうだ。
生意気な女だ！
やめてぶたないで！
パーン
佳代子は今年の正月、馬上のもとを逃げ出し、弱り切った体でオレのところに飛び込んできた。
助けて
どうしたんだ身体のこの傷は？
ヨロ
ヨロ
馬上は狂ったように佳代子の行方を捜しまくったが、オレは巧妙に佳代子を隠し通した。
ちょっとものを探させてもらうぜ
バターン
ガサガサ
そう言えばその頃うちにも変な男が来ていろいろ探っていたわ
ハッ

そしてオレは佳代子を守るために馬上の会社を辞め……
アメリカの証券会社からいい話が来てるんです
辞表
おまえにはそれなりに給料もはずんできたつもりだが
佳代子をこっそり石垣島の療養所に連れていった。
だが、数年間にわたる馬上の虐待と暴力で、佳代子は衰弱のうちに息を引き取った。
いろいろありがとう
やっぱり……母ちゃんはこの世にはいないのね
オレが殺してしまったようなものだ
……
それから、オレは復讐を誓って、馬上のもとに戻った。
女子高を買収したそうですね私にそこで株を教えさせてください
そんなケチな仕事よりもう一度1000億を動かさないか
学園建て直しのためにはそれなりの人材が必要でしょう
それにオレは株を世間に広めたいんです
ククク
そして復讐の機会を窺うためにおまえたちの学校の教師になったというわけさ
プル プル

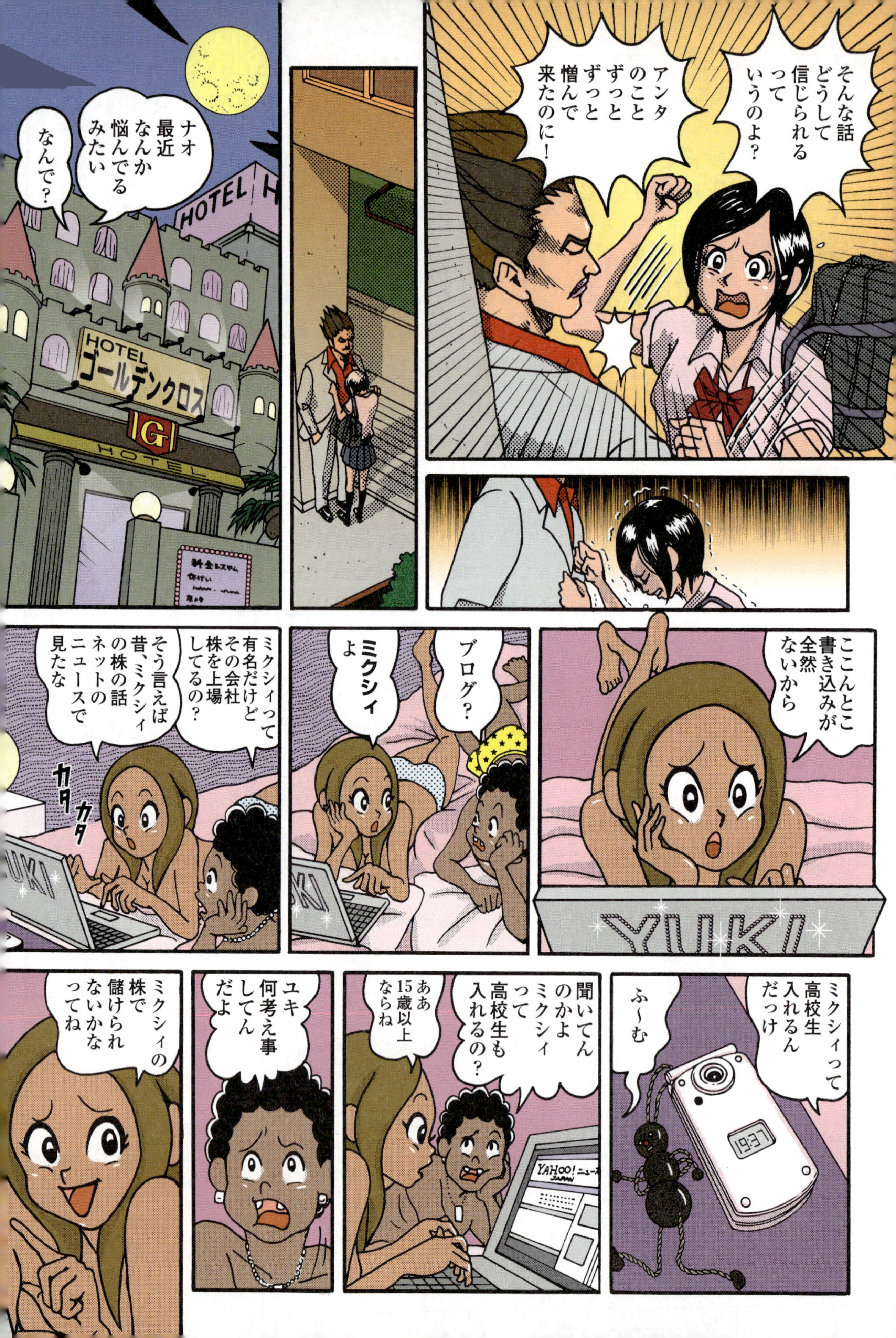
そんな話どうして信じられるっていうのよ?
アンタのことずっとずっと憎んで来たのに!
ナオ最近なんか悩んでるみたい
なんで?
HOTEL
HOTEL ゴールデンクロス
G
HOTEL
ここんとこ書き込みが全然ないから
ブログ?
ミクシィよ
ミクシィって有名だけどその会社株を上場してるの?
そう言えば昔、ミクシィの株の話ネットのニュースで見たな
カタカタ
YUKI
ミクシィって高校生入れるんだっけ
ふ～む
19:37
聞いてんのかよミクシィって高校生も入れるの?
ああ15歳以上ならね
YAHOO! ニュース JAPAN
ユキ何考え事してんだよ
ミクシィの株で儲けられないかなってね

私立難平女子高等学校
3-B
先生ミクシィの株ってアタシでも簡単に買えるんですか？
金さえ出せば買えるが1株40万程度はするぞ
今のおまえらの資金力じゃ無理だろ
おまえたちの中でミクシィやってるヤツはどれくらいいる？
ほほう半分以上か
じゃあそのミクシィがマザーズに上場した初日である06年9月14日はあまりの人気に買いが殺到して株に値がつかなかったのは知ってるか？
株式会社 MIXI
TOPIX
ほほうそっちは誰も知らないのか
し〜〜〜〜ん
ククク いい機会だから今日は新規上場の話をしよう
資金を飛躍的に増やせる魔法の手口の話を……
ナオしっかりしなよ！なんか面白い話が始まるらしいよ！
ボ〜〜

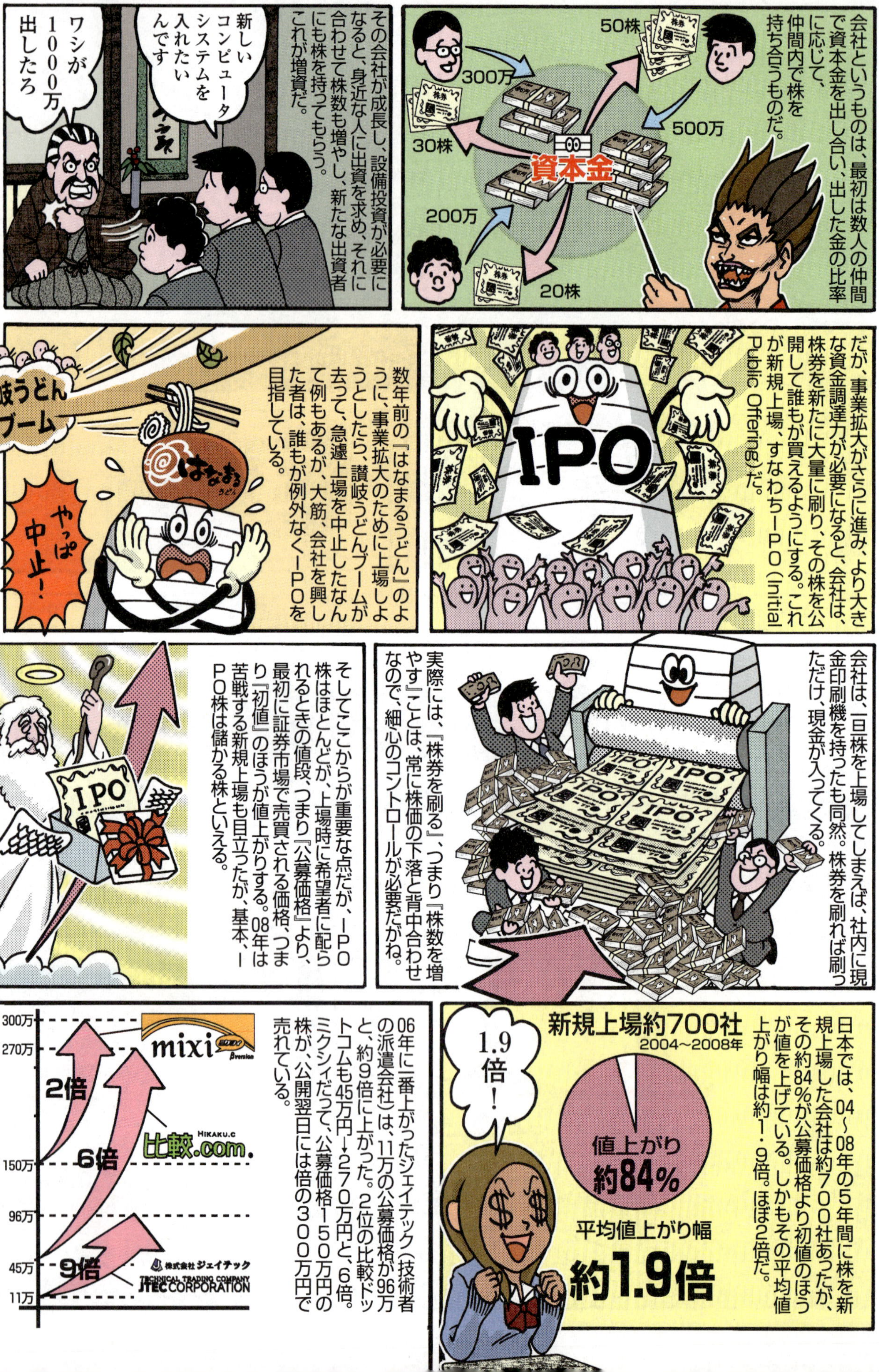
会社というものは、最初は数人の仲間で資本金を出し合い、出した金の比率に応じて、仲間内で株を持ち合うものだ。
300万
500万
200万
50株
30株
20株
資本金
その会社が成長し、設備投資が必要になると、身近な人に出資を求め、それに合わせて株数も増やし、新たな出資者にも株を持ってもらう。これが増資だ。
新しいコンピュータシステムを入れたいんです
ワシが1000万出したろ
だが、事業拡大がさらに進み、より大きな資金調達力が必要になると、会社は、株券を新たに大量に刷り、その株を公開して誰もが買えるようにする。これが新規上場、すなわちIPO（Initial Public Offering）だ。
IPO
数年前の『はなまるうどん』のように、事業拡大のために上場しようとしたら、讃岐うどんブームが去って、急遽上場を中止したなんて例もあるが、大筋、会社を興した者は、誰もが例外なくIPOを目指している。
讃岐うどんブーム
はなまる
やっぱ中止！
会社は、一旦株を上場してしまえば、社内に現金印刷機を持ったも同然。株券を刷れば刷っただけ、現金が入ってくる。
実際には、『株券を刷る』、つまり『株数を増やす』ことは、常に株価の下落と背中合わせなので、細心のコントロールが必要だがね。
IPO
そしてここからが重要な点だが、IPO株はほとんどが、上場時に希望者に配られるときの値段、つまり『公募価格』より、最初に証券市場で売買される価格、つまり『初値』のほうが値上がりする。08年は苦戦する新規上場も目立ったが、基本、IPO株は儲かる株といえる。
IPO
日本では、04～08年の5年間に株を新規上場した会社は約700社あったが、その約84％が公募価格より初値のほうが値を上げている。しかもその平均値上がり幅は約1.9倍。ほぼ2倍だ。
新規上場約700社
2004～2008年
値上がり
約84％
平均値上がり幅
約1.9倍
1.9倍！
06年に一番上がったジェイテック（技術者の派遣会社）は、11万の公募価格が96万と、約9倍に上がった。2位の比較ドットコムも45万円→270万円と、6倍。ミクシィだって、公募価格150万円の株が、公開翌日には倍の300万円で売れている。
300万
270万
150万
96万
45万
11万
2倍
6倍
9倍
mixi
比較.com
株式会社ジェイテック
JTEC CORPORATION

創業時からの株主にとっては、公募価格すら夢のように高い値段だから、上場すれば大儲け。ホリエモンが大金持ちになったのも上場のおかげだ。
え～IPO株ってどうやれば手に入るの？
教えて教えて
まあ慌てるなこれからゆっくり説明してやるから
利食のヤツきょうもふつうに授業を進めているな
利食は本当に佳代子の行方を知らないのかも…
まあいずれにせよ油断のならない男だ
IPOに係わる面倒な手続きはふつう、1つの証券会社に任される
これを主幹事証券という。
我が社の上場は○×証券にお願いしよう
主幹事証券
○×証券
主幹事証券は、その会社がIPOで市場から調達できた金の10%を手数料として持って行く。
手数料10%
○×証券
そのうえ、上場後も、増資や社債発行のたびに手数料が入るので、有力な新興企業の主幹事になった証券会社は、ボロ儲けだ。
だから、証券会社の社員は見込みのありそうなベンチャー企業に足繁く通い、こんなことを言って上場をそそのかす。
御社には見込みがあります！上場まで二人三脚でがんばりましょう
主幹事証券は、自分が仕切ったIPO株は、公募価格から値が上がってくれたほうが、上場に絡んだヒトはみんなハッピーになれるので、公募価格を、市場の予想より少し低めに設定する傾向にある。
ヒャッホー上がった上がった！
かと言って、あまり安く設定しすぎると、上場した会社から文句を言われてしまうがね。
公募価格をもっと高くつけておけばもっと資金を集められたのにぃ！

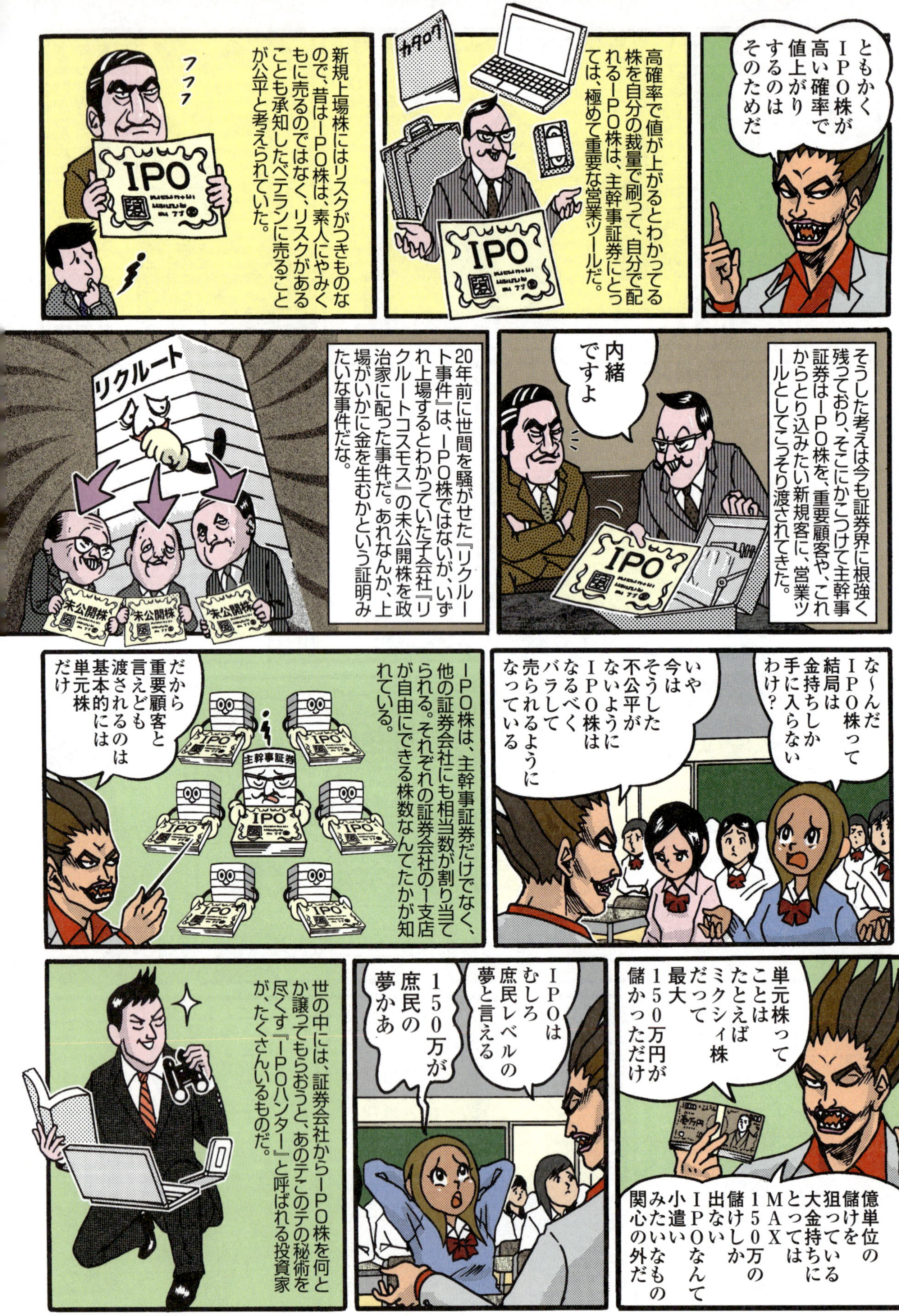
ともかく
IPO株が
高い確率で
値上がり
するのは
そのためだ
高確率で値上がるとわかってる株を自分の裁量で刷って、自分で配れるIPO株は、主幹事証券にとっては、極めて重要な営業ツールだ。
カタログ
IPO
新規上場株にはリスクがつきものなので、昔はIPO株は、素人にやみくもに売るのではなく、リスクがあることも承知したベテランに売ることが公平と考えられていた。
フフフ
IPO
そうした考えは今も証券界に根強く残っており、そこにかこつけて主幹事証券はIPO株を、重要顧客や、これからとり込みたい新規客に、営業ツールとしてこっそり渡されてきた。
内緒
ですよ
IPO
20年前に世間を騒がせた『リクルート事件』は、IPO株ではないが、いずれ上場するとわかっていた子会社『リクルートコスモス』の未公開株を政治家に配った事件だ。あれなんか、上場がいかに金を生むかという証明みたいな事件だな。
リクルート
未公開株
未公開株
未公開株
なーんだ
IPO株って
結局は
金持ちしか
手に入らない
わけ？
いや
今は
そうした
不公平が
ないように
IPO株は
なるべく
バラして
売られるように
なっている
IPO株は、主幹事証券だけでなく、他の証券会社にも相当数が割り当てられる。それぞれの証券会社の1支店が自由にできる株数なんてたかが知れている。
だから
重要顧客と
言えども
渡されるのは
基本的には
単元株
だけ
主幹事証券
IPO
単元株って
ことは
たとえば
ミクシィ株
だって
最大
150万円が
儲かっただけ
億単位の
儲けを
狙っている
大金持ちに
とっては
MAX
150万の
儲けしか
出ない
IPOなんて
小遣い
みたいなもの
関心の外だ
IPOは
むしろ
庶民レベルの
夢と言える
150万が
庶民の
夢かあ
世の中には、証券会社からIPO株を何とか譲ってもらおうと、あのテこのテの秘術を尽くす『IPOハンター』と呼ばれる投資家が、たくさんいるものだ。

彼らは、まず、あちこちの証券会社に口座を開き、可能性の輪を広げておく。
F証券
A証券
B証券
C証券
D証券
E証券
そして、証券会社の営業マンが抱えてた投資信託とか社債とかの販売ノルマにつき合ってやり、何とかIPOを回してもらおうとする。
投資信託買ってやるからIPO回してよ
投資信託
この営業マンはIPOを回してくれないなと思ったら、とっとと口座を閉じて引っ越してゆく。
ケッ
使えねー!!
支店長が直接会うような重要顧客には、IPO株が確実に回って来るので、とりあえず支店長に会おうとするグループもいる。
○△証券
あれが支店長だぞ
○△証券
それっ
○△証券
よし会った!
IPOゲット!
こんなことでIPO株が本当に回って来るとは思えんがね
こんなテもある。新築の分譲高級マンションを部屋主から賃貸で借りて、そこへ引っ越す。
そうした上で、最寄りの証券会社の支店に口座を開くと、すぐに営業マンが挨拶にやってくるので、こんなことを言う。
いいお住まいですね
な〜んかお金余ってたんでついつい買っちゃった
支店長!あそこのマンションに何でもつい買っちゃうバカが引っ越して来ました
すると、すぐに支店長がすっ飛んで来る。
かなりの資産をお持ちとうかがいましてよろしくお願いします
おたくIPOなんかどうなの?
これでたちまちIPO割当て名簿の上位だ。
アイピオ ハント
愛比尾 半人
マジ?
マジだ

ここ最近で有名になったのが、こんな手口だ。
最近おじいちゃんが死んでェ遺産が入ったんだけどォ運用のしかたがわからなくてェ
知り合いからアイ・ピー・オーっていうのがあるって聞いたんだけどォそれ置いてますかァ？
ガタッ
支店長！店頭に大金を持ったバカが来ました
証券会社の店頭は、IPOだけが目当ての客と、IPOは渡さないぞ、と思っている証券マンの戦いの場だ。
IPO IPO
渡してやるもんか
バチ バチ バチ バチ
水入り！
05年、こうしたIPO割り当ての不透明性を解消するため、証券業協会は、割り当ての抽選制を義務化する方針を打ち出した。
え〜、割り当ては抽選制になりました
証券業協会
旧来の証券マンは大反対だがね。
んなことしたらどうやって社債とか投信とか売りつけりゃいいんだよ
投信
社債
投
それでも、06年7月から、証券界は、「IPOの少なくとも10%は抽選とし、配分方法も明らかにする」という自主規制を決めた。
IPOの10%は抽選
主幹事証券をネット証券会社が務めることもあり、そういう場合はIPOは100%抽選になったりする。
ネット証券は100%抽選のときもある
チリン チリン
抽選なら私たちにも当たるかも
倍率はどれくらいなんですか？
有力な会社のIPOだと4000倍くらいかな
え〜4000倍？ムリムリ
ムリとは限らんぞ
過去のZAiの調査では、当選経験者は実に2人に1人。1人で6銘柄以上を当てた豪の者が4%もいる。
今までにIPOに当選したことがありますか
ある 48.4%
ない 31.4%
申し込んだことがない 20.2%

わりとよく当たると噂なのが、SBIとマネックスだ。
今までに当選したことのある証券会社は？
証券会社 回答数
SBI証券 119
マネックス証券 118
野村証券（ネット） 81
日興コーディアル証券（支店） 60
松井証券 58
大和証券（支店） 57
SBI証券は、株を積極的に売買して手数料を払った度合いに応じて、ポイントがつき、そのポイントで当選確率が上がる仕組みになっている。
手数料
100
SBI証券
当選確率
POINT
ポイント
また、抽選にはずれてもポイントがつくので、何度か応募していれば1〜2年で1回はたいてい当たる。
一方、マネックス証券のほうは、ポイントのない完全抽選なので、複数回当たる可能性がある。
マネックス証券
チリーン チリーン
そこで、こんなことをしているヤツもいる。1人で複数の口座を開いてもすぐにバレてしまうので、パソコンを持った学生を100人集め、1人1人に口座を開かせ、別々にIPOに申し込ませる。
誰かが当たったら、資金は出してやり、儲けは折半。これでもビジネスとして十分に成り立つそうだ。
資金
IPO当選
配当
おまえたちはイワシの大群を見たことがあるか？
？
イワシは、マグロに襲われそうになると、
遠目にはまるで1匹の大きな魚に見えるように、一糸乱れずまとまって行動する。
ブォッ

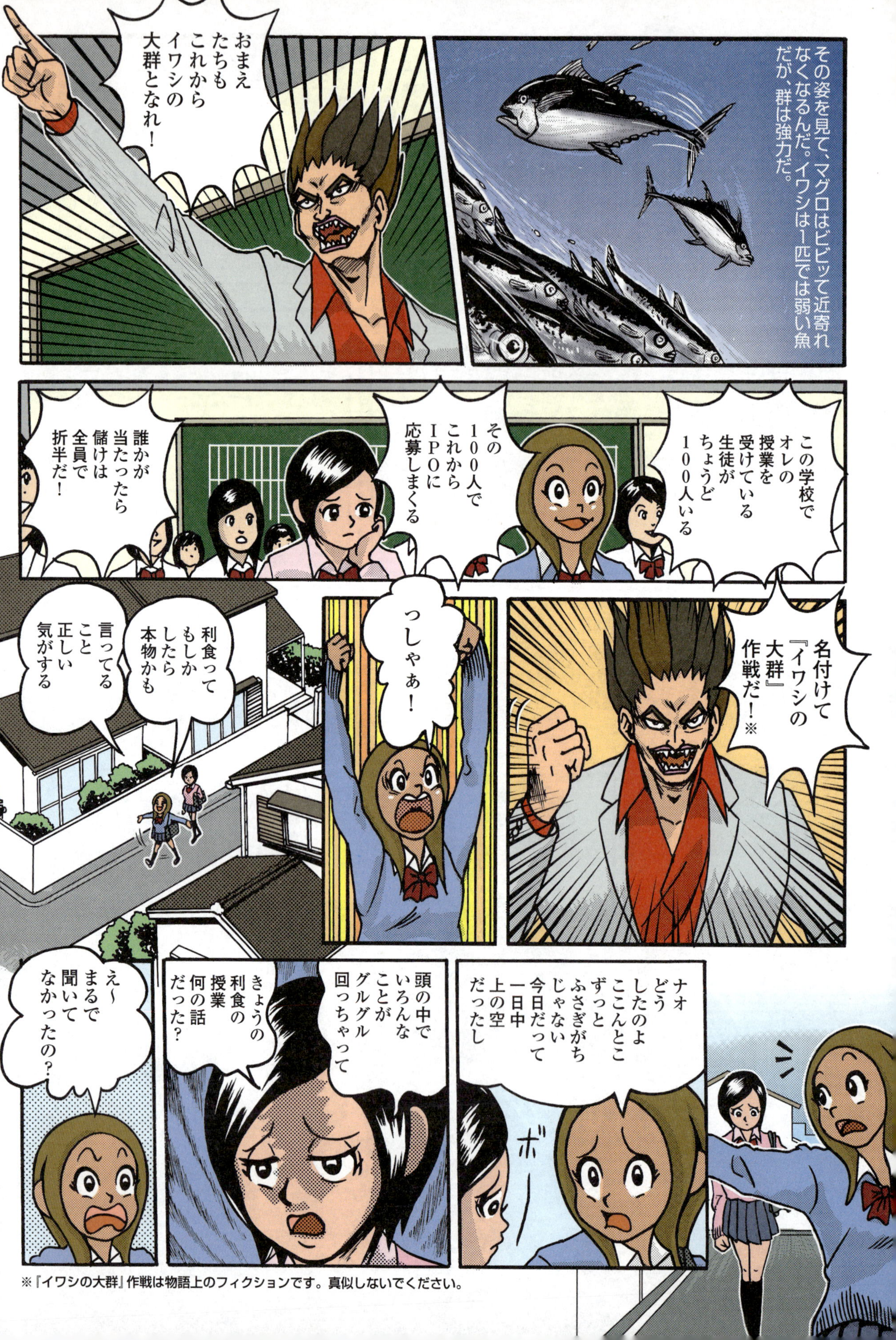

その姿を見て、マグロはビビッて近寄れなくなるんだ。イワシは1匹では弱い魚だが、群は強力だ。
おまえたちもこれからイワシの大群となれ！
この学校でオレの授業を受けている生徒がちょうど100人いる
その100人でこれからIPOに応募しまくる
誰かが当たったら儲けは全員で折半だ！
名付けて『イワシの大群』作戦だ！※
っしゃぁ！
利食ってもしかしたら本物かも
言ってること正しい気がする
ボー
ナオどうしたのよここんとこずっとふさぎがちじゃない今日だって一日中上の空だったし
頭の中でいろんなことがグルグル回っちゃって
きょうの利食の授業何の話だった？
え〜まるで聞いてなかったの？

※『イワシの大群』作戦は物語上のフィクションです。真似しないでください。

女子高生株塾・補習授業 ⑦

株を売り買いできる市場つまり『**証券取引所**』は日本に全部で6つある
東京証券取引所　（東証）
大阪証券取引所　（大証）
名古屋証券取引所（名証）
札幌証券取引所　（札証）
福岡証券取引所　（福証）
JASDAQ

株は普通、これらの市場のどれか1つで売買されているが、中には**東京電力**のように、東証と大証の両方で売買されている株もあったりする。そういう株は、それぞれの市場での株価を比較して、売買する市場を選ぶこともできる。

6つ全部覚えなきゃダメなの？
めんどくせ

ネット証券で株を買うときは、市場が自動的にリストアップされるから、覚える必要はない。

東京証券取引所
大阪証券取引所
名古屋証券取引所
札幌証券取引所
福岡証券取引所
JASDAQ
ズラリ

で、これらの取引所は、さらに次のように細かく分かれている。

- 東証
  - 1部
  - 2部
  - マザーズ
- 大証
  - 1部
  - 2部
  - ヘラクレス
- 名証
  - 1部
  - 2部
  - セントレックス
- 札証
  - 札証
  - アンビシャス
- 福証
  - 福証
  - Q Board

同じ市場がなんでいくつにも分かれているの？

東証と大証が作られたのは、1949年のことだ。初めは1部2部の区別はなかった。

だが、東証・大証の上場条件は超きびしくて、巨大企業じゃなければ、到底上場はできなかった。

09年3月時点の東証1部の上場条件は次の通りだ

東証1部

上場の条件	
時価総額	500億円以上
株主数	2200人以上
発行株式数	2万単位以上など
利益	直近の3年間で6億円以上など

こりゃたしかにキビシイわ
げー

そこで1961年、高度成長期にボコボコ生まれた新しい企業のために、上場条件のゆるい『**2部**』が作られ、さらに2年後には、もっと条件のゆるい『**店頭市場**』も作られた。

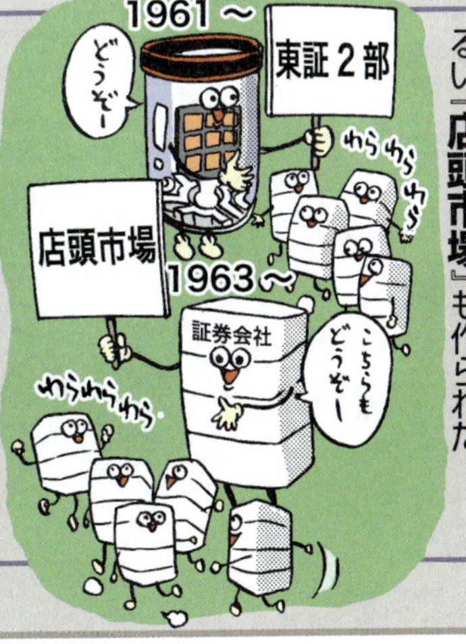

1961～
東証２部
どうぞー
店頭市場
1963～
証券会社
こちらもどうぞー
わらわらわら

それから33年後、1996年の金融ビッグバンのとき、上場条件がさらにゆるい、**マザーズ**（東証）や**セントレックス**（名証）などが作られ、『店頭市場』はJASDAQと名前を変えた。

1996～
JASDAQ
セントレックス
Centrex
Mothers
だがやー
わらわら

これら、新たに誕生したカタカナ市場は、JASDAQも合わせ、『新興市場』と呼ばれている。

新興市場
マザーズ
ヘラクレス
セントレックス
アンビシャス
Q-Board
JASDAQ

たとえば、最も上場しやすいと言われる名古屋のセントレックスを例にとると…

セントレックス

上場の条件	
時価総額	5億円以上
株主数	300人以上
発行株式数	500単位以上
利益	現在は赤字でも可（但し、上場の目的である事業に売上げが計上されていること）

東証1部とはだいぶ違うだろ

これなら誰でも上場できそう
そうだからIT系の新興企業はみんなこれらの新興市場に上場している
ポン
IT

09年2月時点でJASDAQには912社、マザーズには196社、ヘラクレスには165社、セントレックスには30社、アンビシャスには11社、Q-Boardには10社が上場している。

JASDAQ	912社
マザーズ	196社
ヘラクレス	165社
セントレックス	30社
アンビシャス	11社
Q-Board	10社

※09年2月時点

みんなの知ってる会社だとJASDAQなら
JASDAQ
楽天
リーバイス
幻冬舎
第一興商
日本マクドナルド
メガネスーパー
DAM

マザーズなら
Mothers
ミクシィ
比較.com
まんだらけ
ワイズテーブルコーポレーション
（ピッツァサルバドーレ他）
サマンサタバサ
まあ比較的新しい会社が多いだろ

帝国データバンクが発表したデータでは、上場を考えている企業が目標にしている市場は次の通りだ。

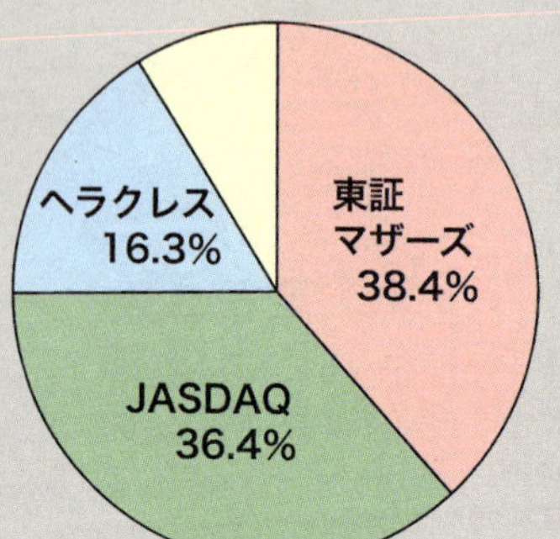
東証マザーズ 38.4%
JASDAQ 36.4%
ヘラクレス 16.3%

新興市場の企業は経営は不安定だが、成長要素も大きいので、上がるときは大きくあがるものだ。

おまえたちも勉強して新興市場の企業を狙ってみろ
IT
うひょ〜ん

【これまでのあらすじ】
ナオが通う難平女子高校は、バカミフーズの馬上社長に買収され、馬上の片腕、利食千人力が授業で株を教え始めた。
ナオの母親・佳代子は、夫と子供を捨てて家出し、馬上の愛人となったが、暴力の末に、ボロボロの身体に。その直後利食に救われたが最期は利食の腕の中で死ぬ。
それまで、母親を奪った相手は利食だと思い込み、憎みつづけてきたナオは、真相を知って授業に身が入らなくなってしまう。
ねえ、ナオどうしたのよ? ここ2、3日ほとんど意識不明じゃん
う〜ん
悩みがあるんだったら言って相談に乗るよ
マクドナ
ハ
McDonald's
おっ♪
あそこにやさぐれてるK生がいるぞ
あそこに家に帰らずウロウロしている女子高生がいるぞ
ストってみるか?
ナンパしてみるか
ガッ
カラオケ行こうよ
いやよ
じゃあいきなりホテル?
超ギラついてるし
超やりたがってるし
まじキモいから
グダってんじゃないよ
ガシッ
ウザいんですけど
ガッ
ドーン

おい
何すんだよ
ズルズル
おめえたち
ただじゃ
済まさないぞ
ナオ
逃げるよ!
3F
100席
2F
100席
渋谷センター街
24h
OPEN
マクドナ
ハンバー
McDonald's
McDona

8 デイトレード

チャートのギザギザを狙え!

あれ？うちの学校のナオとユキじゃないか？
待てよ！
パァァァァァァ
あっ危ないいっ！
キキィィィィ
ドーン
ナオ！
しまった
もしもし交通事故です渋谷109の前に救急車を
せ、せんせい…
大丈夫か
動いちゃダメだ
ピーポーピーポー
松下鉄工所です
えっ？ナオが事故に遭った？
ガラガラガラガラ

私はこのコの担任です
ケガはたいしたことはないが出血がひどいな
すぐに輸血の準備を
ナオッ!!
ダッ
ハァ
ハァ
おまえ利食じゃねえか さてはおまえが
父ちゃんや、め、てり、利食先生はアタシを助けてくれたの
それに母ちゃんを奪って行ったのはこ、この人じゃ……な……い…
ええっ
きみあまり喋らないように
お父さんですね お嬢さんはすぐに輸血が必要です血を採らせていただけますか
おう一升でも二升でも採ってくれや
パチン
あれ?
あの娘の血液型はO型 父親はAB型
母親の血液型が何であれAB型の父親からはO型の娘はできない
えっ?
オレはO型だからオレの血を使ってください
グッ
それとこのことはあの親子には黙っていていただけませんか
……

数日後
なんか事故に遭う前より元気になってるし
ふっきれたのよ、偶然先生が通りかかって救急車を呼んでくれたのも天国の母ちゃんの導きじゃないかって思えてね
なにオカルトがかってんのよ
ねえ、先生
先生どうしたの遠い目しちゃって
ハッ
キモい…
いやちょっと考えごとをな
カーーッ
それより災い転じて福となすだ ここでおまえたちにデイトレードを教えてやろう
デイトレード ある意味最も確実に株で儲ける方法だし
一日中パソコンの前にいられるナオにはうってつけだからな
おまえたち今まで株は買って何日くらいで売ってた？
長くて2週間くらいかなァ
一度買った株をそれくらいの期間で売る取引は専門的にはポジショントレードと言う
デイトレード
＝１日のうちに売買してしまう短期の取引（略してデイトレ）
スイングトレード
＝ある程度の利幅を狙って、買った株を数日間保有してから売る取引
ポジショントレード
＝数週間～数カ月の期間で行なう取引

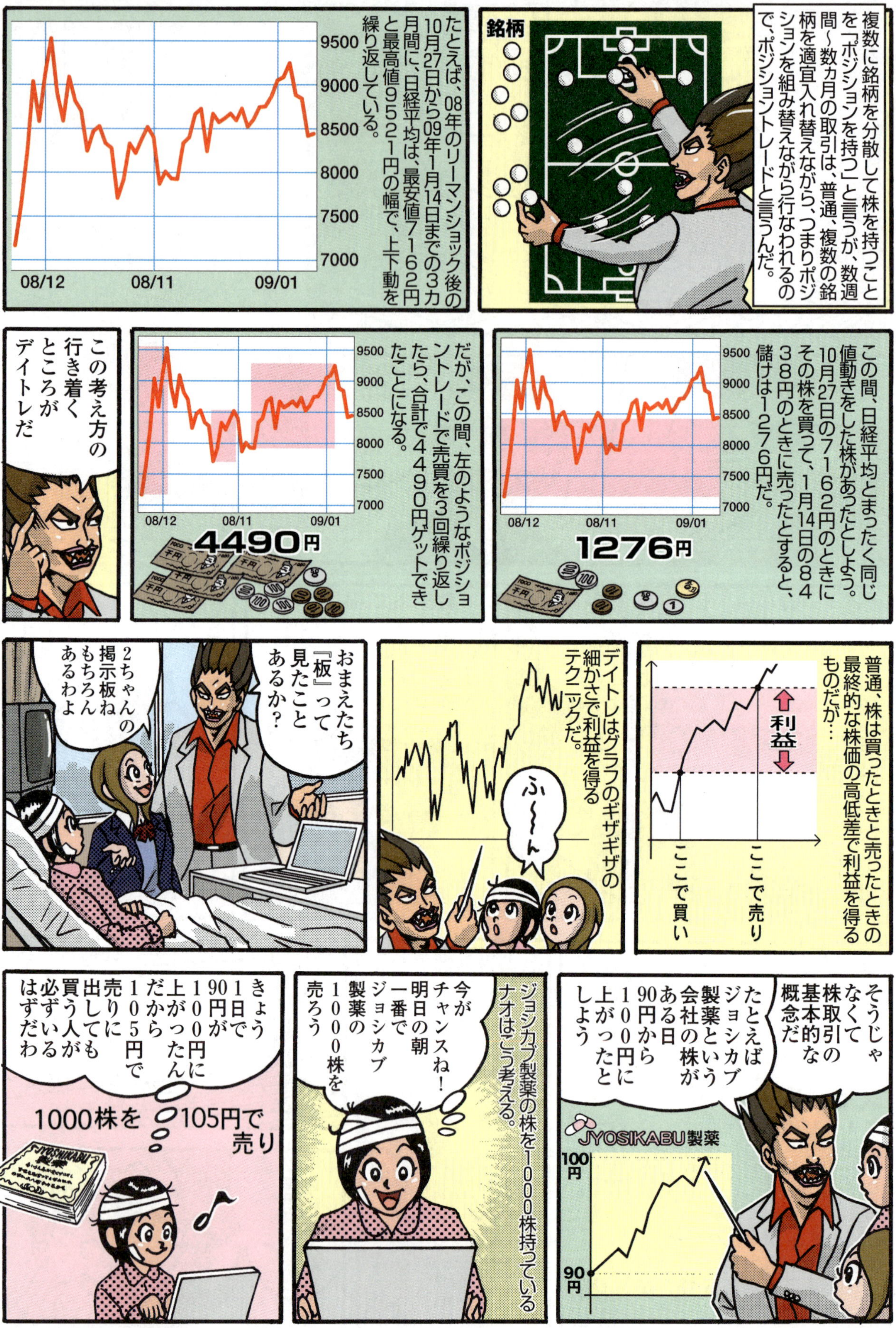

複数に銘柄を分散して株を持つことを「ポジションを持つ」と言うが、数週間～数カ月の取引は、普通、複数の銘柄を適宜入れ替えながら、つまりポジションを組み替えながら行なわれるので、ポジショントレードと言うんだ。
銘柄
たとえば、08年のリーマンショック後の10月27日から09年1月14日までの3カ月間に、日経平均は、最安値7162円と最高値9521円の幅で、上下動を繰り返している。
9500
9000
8500
8000
7500
7000
08/12
08/11
09/01
この間、日経平均とまったく同じ値動きをした株があったとしよう。10月27日の7162円のときにその株を買って、1月14日の8438円のときに売ったとすると、儲けは1276円だ。
1276円
だが、この間、左のようなポジショントレードで売買を3回繰り返したら、合計で4490円ゲットできたことになる。
4490円
この考え方の行き着くところがデイトレだ
普通、株は買ったときと売ったときの最終的な株価の高低差で利益を得るものだが…
利益
ここで買い
ここで売り
デイトレはグラフのギザギザの細かさで利益を得るテクニックだ。
ふ～～ん
おまえたち『板』って見たことあるか？
2ちゃんの掲示板ねもちろんあるわよ
そうじゃなくて株取引の基本的な概念だ
たとえばジョシカブ製薬という会社の株がある日90円から100円に上がったとしよう
JYOSIKABU製薬
100円
90円
ジョシカブ製薬の株を1000株持っているナオはこう考える。
今がチャンスね！明日の朝一番でジョシカブ製薬の1000株を売ろう
きょう1日で90円が100円に上がったんだから105円で売りに出しても買う人が必ずいるはずだわ
1000株を105円で売り

同じジョシカブ製薬の株を持っているBサンは、もう少し欲深く、こう考える。
3000株を106円で出してもきっと売れるはずよ
¥106
3000株
フフフ
B
さらに欲深いCサンは
2000株を107円で売りに出すザマス
¥107
2000株
オホホホ
C
もっと欲深いDサンは
3000株を108円で売りに出しても買い手はいるだろう
¥108
3000株
ガハハハ
D
そこで彼らは、証券会社にこう注文を出す。
Dサン 3000株を108円で売れ
Cサン 2000株を107円で売れ
Bサン 3000株を106円で売れ
ナオ 1000株を105円で売れ
一方、ジョシカブ製薬株の値上がりに目をつけ、一儲けしようと思ったユキは、こう考える。
明日の朝一番でジョシカブを買おう 今、手元に60万円あるから5000株は買えるはずだわ
買値はそうね…… 1株103円も出せば十分だわ
5000株を
103円で買い
¥103
もっと欲深いEサンやFサンやGサンは、こういう注文を出す。
5000株を103円で買え ユキ
4000株を102円で買え Eサン
8000株を101円で買え Fサン
9000株を100円で買え Gサン
これらの、売りたい人と買いたい人の注文を、全部一緒に表示すると、こうなる。

売り	枚数	値段	枚数	買い
D	3000株	108円		
C	2000株	107円		
B	3000株	106円		
ナオ	1000株	105円		
		103円	5000株	ユキ
		102円	4000株	E
		101円	8000株	F
		100円	9000株	G

だが、一番安く売ると言っているナオでも売値は105円。一番高く買うと言っているユキでも買値は103円。このままでは、永遠に売買は成立しない。
そこで、ナオは…
なかなか売れないなぁ しかたない 売値を104円に下げるか
ユキも…
なかなか買えないなぁ じゃあ買値を104円に上げるか
ここで、初めてナオの1000株は、ユキの手に渡る。
売れた♪
104円 1000株
104円 1000株
買えた♪
(まだユキの買い注文は4000株分残っているがね)

こんなふうに、売る側は少しずつ売値を下げ、買う側は少しずつ買値を上げてゆき、両者の金額が一致したところで、株の売買が次々に成立して行く。

こうした値動きを表示したものが板だ

昔、証券取引所ではこうした注文の動きを文字通り木の『板』に書いて壁にかけて表示していたので、この名がある。

その当時は、『板』は証券会社のプロしか見られなかったが、2001年から誰もがネットで見られるようになった。

たとえば、今のジョシカブ製薬の板で言えば、買い注文のほうが売り注文より圧倒的に多いから、買いに勢いがあることがすぐにわかる。つまりこの株は上がる流れ、ということだ。

ネット上の板は、新しい注文が入ると、その部分がチカチカ点滅する。チカチカの激しい画面は、それだけ頻繁に売買が行なわれ、値が動いている銘柄だ。

東証は寄り付き（取引開始）前の朝8時20分から板情報を公開しているので、早起きしてそれを見れば、その日動きそうな株の見当をつけることができる。

デイトレーダーは、そのチカチカの流れに便乗して株を買い…

よしジョシカブ製薬買いだっ！

パシ

1単位でも値が動いたら躊躇なく瞬時にその株を売る。

それ1円上がったぞ売りだ！

パン

1単位：株価が1000円未満の株なら1円。1000円以上なら10円、1万円以上なら100円。

こういう超短期間の売買を、デイトレードの中でも特にスカルピングと言う。

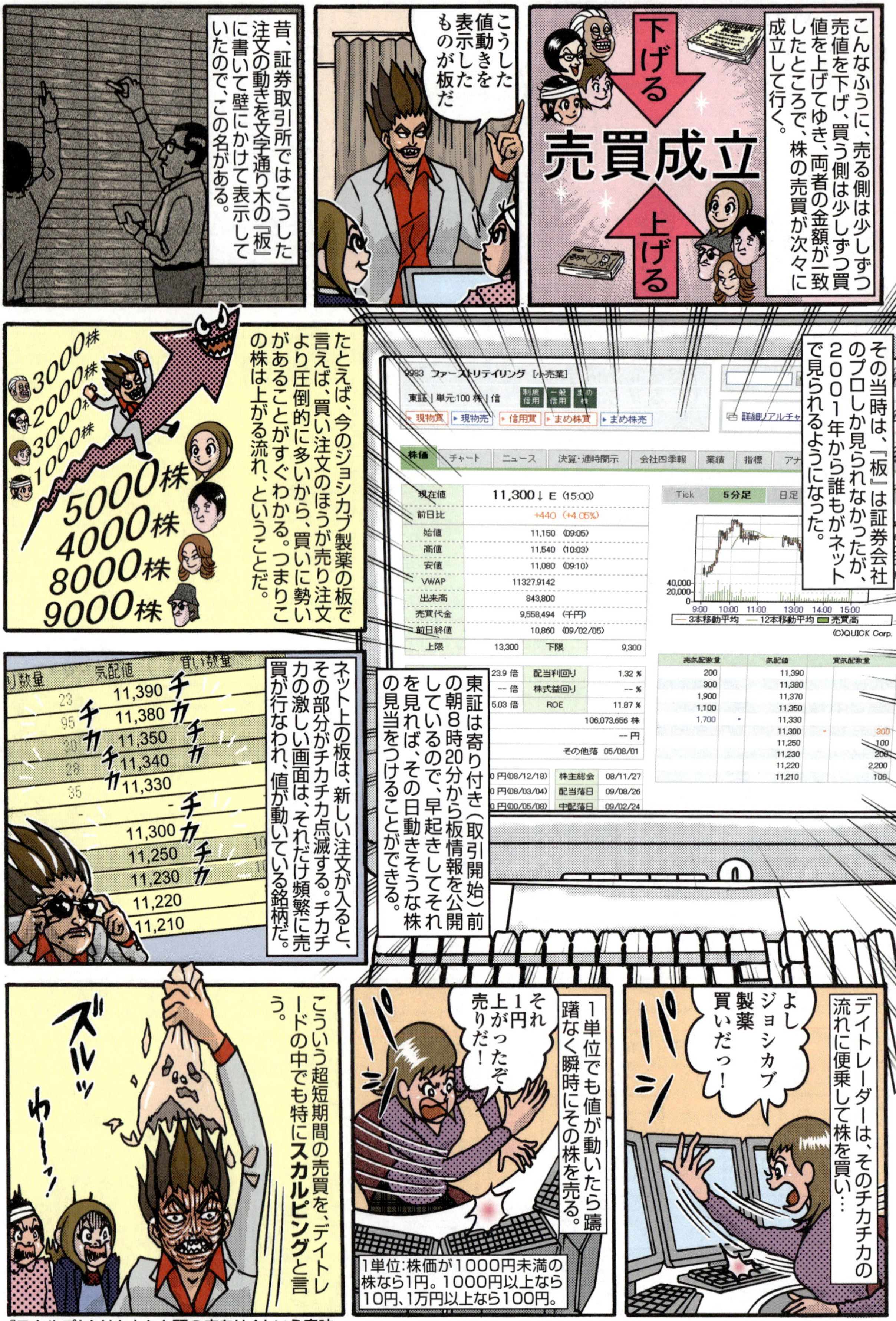

『スカルプ』とはもともと頭の皮をはぐという意味。

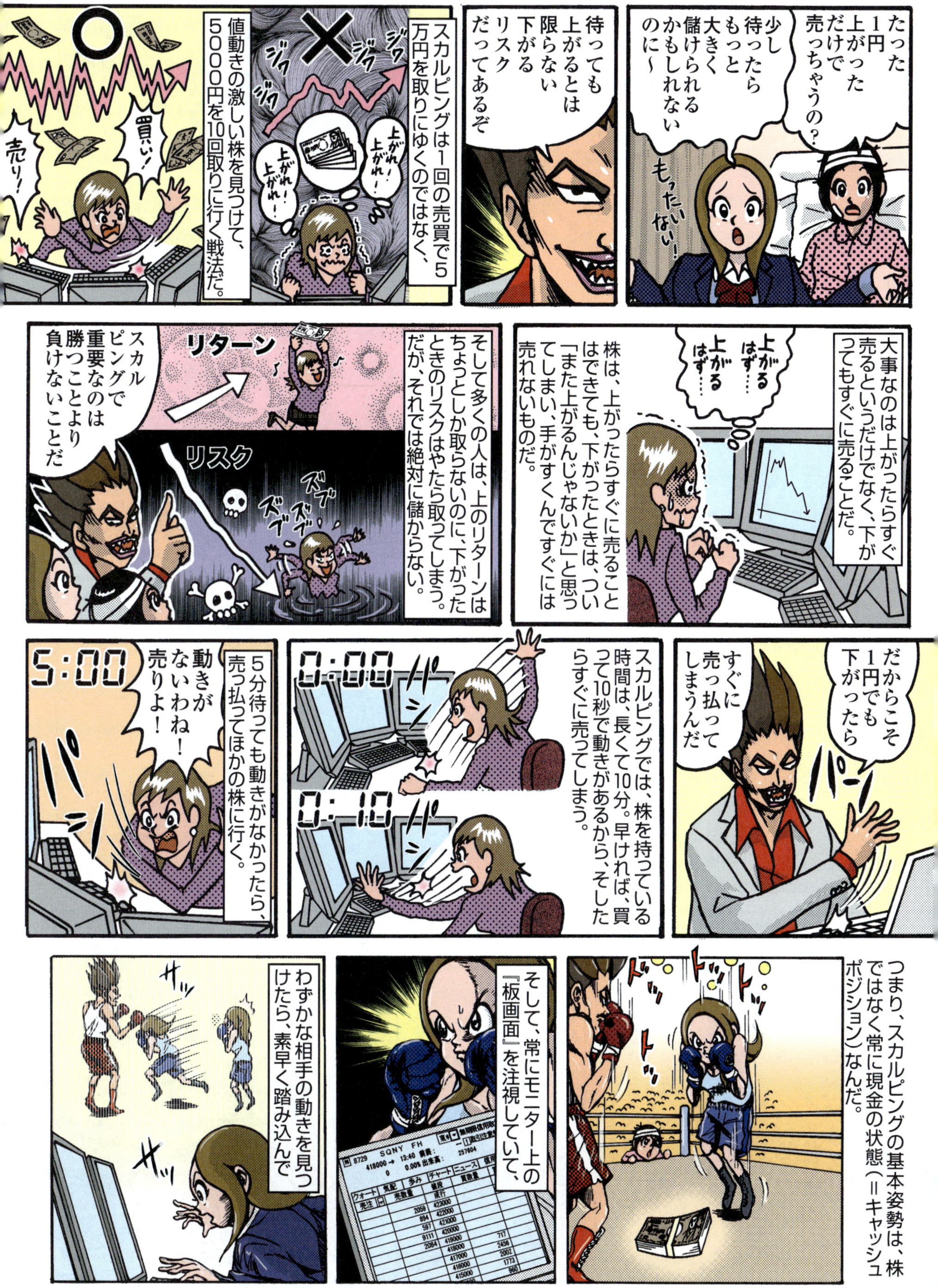

たった1円上がっただけで売っちゃうの？
少し待ったらもっと大きく儲けられるかもしれないのに～
もったいない！
待っても上がるとは限らない下がるリスクだってあるぞ
スカルピングは1回の売買で5万円を取りにゆくのではなく、
ジグ
ジグ
ジグ
ジグ
上がれ！上がれ！
上がれ！上がれ！
値動きの激しい株を見つけて、5000円を10回取りに行く戦法だ。
買い！
売り！
大事なのは上がったらすぐ売るというだけでなく、下がってもすぐに売ることだ。
上がるはず……
上がるはず……
株は、上がったらすぐに売ることはできても、下がったときは、つい「また上がるんじゃないか」と思ってしまい、手がすくんですぐには売れないものだ。
そして多くの人は、上のリターンはちょっとしか取らないのに、下がったときのリスクはやたら取ってしまう。だが、それでは絶対に儲からない。
リターン
リスク
ズブ
ズブ
ズブ
スカルピングで重要なのは勝つことより負けないことだ
だからこそ1円でも下がったら
すぐに売っ払ってしまうんだ
パー
スカルピングでは、株を持っている時間は、長くて10分。早ければ、買って10秒で動きがあるから、そしたらすぐに売ってしまう。
0:00
パ
0:10
パ
5分待っても動きがなかったら、売っ払ってほかの株に行く。
5:00
動きがないわね！売りよ！
パ
つまり、スカルピングの基本姿勢は、株ではなく常に現金の状態（＝キャッシュポジション）なんだ。
ドッ
ドッ
ドッ
そして、常にモニター上の『板画面』を注視していて、
わずかな相手の動きを見つけたら、素早く踏み込んで
サッ
サッ

小さなパンチを叩き込み
パシ
シュッ
当たったらすぐに引き、キャッシュポジションに戻る。
ボクシングのヒット・アンド・アウェイと同じ要領だ。
ササッ
普段はキャッシュポジション
動きを見つけたら
発見!
素速く踏み込んで打って
ピッ
すぐに引く
そうだ、スカルピングは足を止めたインファイトは決してしない敵と一定の距離を保つアウトボクシング
シュッ
シュッ
つまり絶対に株を長時間持たないんだ
パソコンの前から5分でも離れるときは、必ず全部の株を売り払い、現金にしておく。
フゥ〜〜ッ

特に危ないのが、証券市場が閉まる、夕方から翌朝までの間だ。こんな長いブレークの間は何が起こるかわからないから、当然、全部現金だ。デイトレーダーは宵越し株は絶対に持たない。
月
火
水
木
金
土
日
取引の無い時間帯
9:00
15:00
もしも株を持ったまま一晩を越してしまい、その間にニューヨークで株が暴落したら、翌朝はタイヘンだぞ。
イライラ一刻も早く売らなきゃ
イライラ早く証券会社開け
イライラ9時はまだか
だが、現金にしとけばその心配はない。翌朝、信用売りから入って儲けることもできる。デイトレーダーは、ニューヨークで株が暴落した朝をワクワクして迎えられる唯一のトレーダーだ。
ひゃっほーアメリカで株が暴落かぁ
ひと暴れしてやるぞ
NY株大暴落
それだけに、株を持っている間は、デイトレーダーは板画面から一瞬たりとも目が離せず、むちゃむちゃテンパっている。電話がかかって来ようが
うるさい！
宅急便がものを届けに来ようが
ピンポーン
うるさい！！
お湯が沸いてケトルが鳴ろうが
ピーッ
うるさい!!!
それで火事になろうが
ウー
ウー
うるさい!!!!
画面からは絶対に目を離さない。
ウンコもオシッコもガマンだ。
う～んトイレに行きたい
プルプル
よしここでしちゃおう
カタカタ
カタカタ

ブブブブブブブブ
おっ地震か
わわわわわっ
不動建設の画面を出せっ
なにそれ？
カタカタカタカタ
それっ1000株買いだ
不動建設というのは地盤安定化技術の会社だ
地震が来ると瞬間的に株価が上がることで知られている
ピッ
地震の発生は、最初は、震源地近くにいる人しか気づかない。まったく揺れがなかった場所の人たちが知るのは、NHKの画面にニュース速報が出てからだ。
ピロロン ピロロン
NHKニュース速報
おっ!?
そして、NHKが地震発生のニュースを伝えると、全国のデイトレーダーが、この会社の株を買いに走るので
東京で震度4か不動建設が買いだな
東京 震度4
ピッ
それっ1000株売りだっ
デイトレーダーはこのわずかなタイムラグで稼ぐのさ
すげっ
短時間の間に、これだけ神経を集中した取引を繰り返すので、
上がれ上がれ
動け動け
デイトレードは、血圧の高い大人には、到底ムリだ。
あまりにも神経を集中するから、若者でも1時間が限界。朝9時から始めたら、10時で店じまい。それ以上やったらおまえたちでも死ぬ。
グハァ

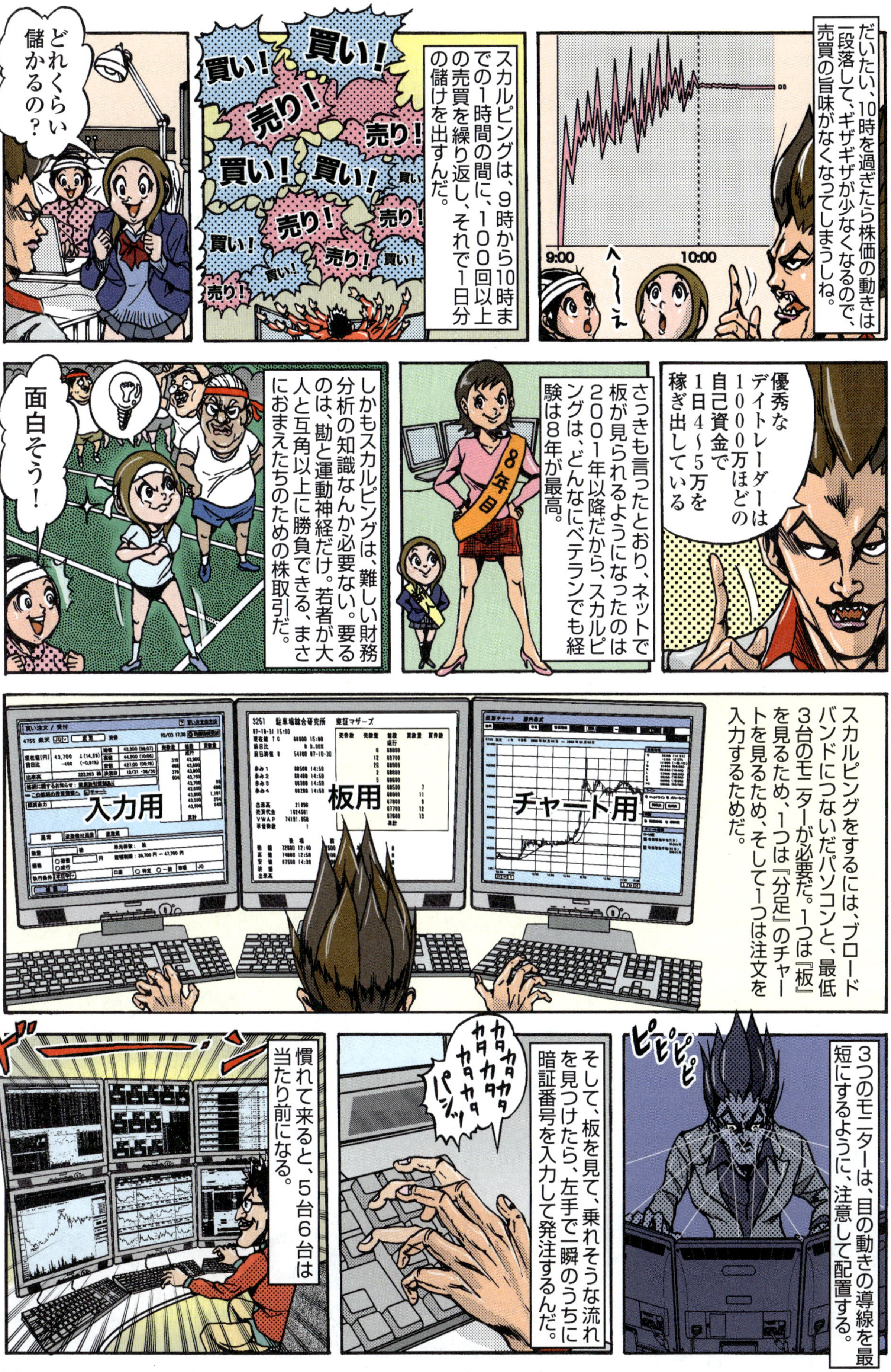

だいたい、10時を過ぎたら株価の動きは一段落して、ギザギザが少なくなるので、売買の旨味がなくなってしまうしね。
9:00
10:00
へ～～え
スカルピングは、9時から10時までの1時間の間に、100回以上の売買を繰り返し、それで1日分の儲けを出すんだ。
買い！
買い！
売り！
売り！
買い！
買い！
売り！
売り！
買い！
売り！
どれくらい儲かるの？
優秀なデイトレーダーは1000万ほどの自己資金で1日4～5万を稼ぎ出している
さっきも言ったとおり、ネットで板が見られるようになったのは2001年以降だから、スカルピングは、どんなにベテランでも経験は8年が最高。
8年目
しかもスカルピングは、難しい財務分析の知識なんか必要ない。要るのは、勘と運動神経だけ。若者が大人と互角以上に勝負できる、まさにおまえたちのための株取引だ。
面白そう！
スカルピングをするには、ブロードバンドにつないだパソコンと、最低3台のモニターが必要だ。1つは『板』を見るため、1つは『分足』のチャートを見るため、そして1つは注文を入力するためだ。
チャート用
板用
入力用
ピピピ
3つのモニターは、目の動きの導線を最短にするように、注意して配置する。
カタカタカタカタカタカタ
パシッ
そして、板を見て、乗れそうな流れを見つけたら、左手で一瞬のうちに暗証番号を入力して発注するんだ。
慣れて来ると、5台6台は当たり前になる。

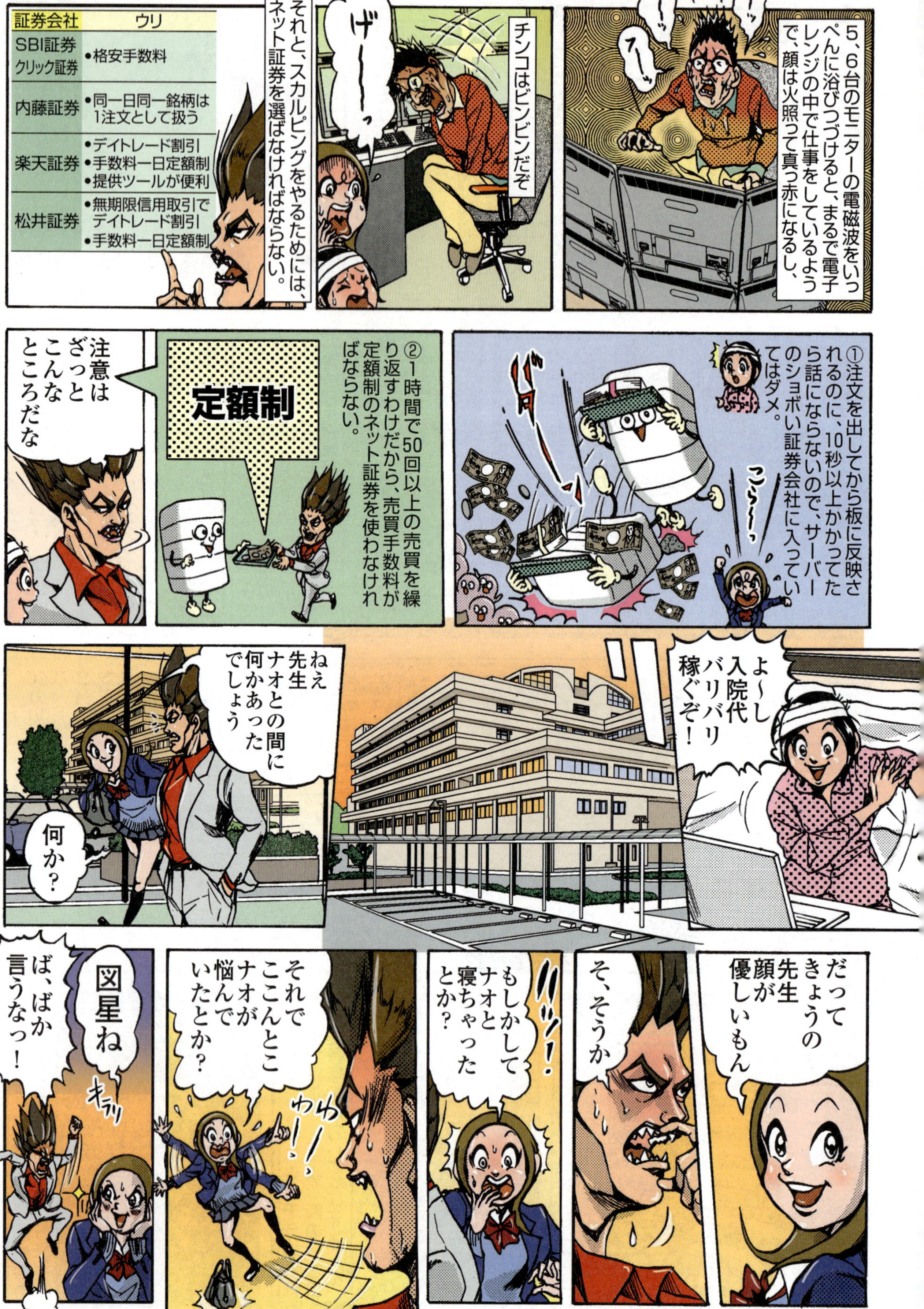
5、6台のモニターの電磁波をいっぺんに浴びつづけると、まるで電子レンジの中で仕事をしているようで、顔は火照って真っ赤になるし、
フーッ
フーッ
フーッ
チンコはビンビンだぞ
げ～～っ
それと、スカルピングをやるためには、ネット証券を選ばなければならない。
①注文を出してから板に反映されるのに、10秒以上かかってたら話にならないので、サーバーのショボい証券会社に入っていてはダメ。
ば
こら～っ
②1時間で50回以上の売買を繰り返すわけだから、売買手数料が定額制のネット証券を使わなければならない。
定額制
注意はざっとこんなところだな
よ～し入院代バリバリ稼ぐぞ！
ねえ先生ナオとの間に何かあったでしょう
何か？
だってきょうの先生顔が優しいもん
そ、そうか
ハッ！
もしかしてナオと寝ちゃったとか？
それでここんとこナオが悩んでいたとか？
わ―！
図星ね
キラリ
ば、ばか言うなっ！

証券会社	ウリ
SBI証券 クリック証券	•格安手数料
内藤証券	•同一日同一銘柄は1注文として扱う
楽天証券	•デイトレード割引 •手数料一日定額制 •提供ツールが便利
松井証券	•無期限信用取引でデイトレード割引 •手数料一日定額制

女子高生株塾・補習授業 8

『銘柄を複数に分散して株を持つ』っていう話を聞いたけど株って複数持つのが普通なの？
1社の株しか持ってないとその会社にライブドアみたいな事件が起こって株価がガクンと下がったら大打撃だろ？
グエッ
A株
B株
C株
D株
E株
F株
でも複数の会社に分散しておけば1社が予想外のトラブルに巻き込まれても、致命的な打撃にはならない
こういうふうにリスク軽減のために複数の会社の株を買うことを、『分散投資』と言い、そのときの銘柄の組み合せを『ポートフォリオ』と言う。
パカッ
【ポートフォリオPortfolio＝本来はこのような二つ折りの書類ケースのこと。】
『分散投資』は、数週間〜数カ月の中期の株取引の基本だ。『投資信託』とか『ファンド』といったものは、ポートフォリオ全体を商品として売っているのと同じさ。
こんな組み合わせはいかがでしょう？
投資信託
ジャーン
リスクは下がるかもしんないけど儲けも減りそうじゃん
でもないんだな
チッチッ
ノーベル経済学賞を受賞した経済学者**ハリー・マコービッツ**は、ポートフォリオに数学的裏付けを与え、「儲けを減らさずにリスクだけを減らす組合せ」が可能なことを証明している。
リスクのみ減らせます
ハリー・マコービッツ
難しい理屈はともかくポートフォリオを組む上で一番重要なのは買う銘柄はなるべく業種をバラけさせるということだ
たとえば同じ**IT系**の株ばかり5〜6社買ってたら、IT業界が沈んだら、ポートフォリオ全体が沈んでしまう。それでは意味がない。
ワワワワワ。
ズブズブ
IT
ぎゃース
業種（セクター）を分けて買うことが基本だ。

でも
いくら業種を
分けても
08年みたいな
金融危機が
起こったら
意味がない
じゃない？
日経平均
NYダウ平均
ガクーン
09/08
10/08
11/08
12/08
(円)
(ドル)
そんな
ことはないさ

たしかに、今回の世界同時株安で、トヨタとかソニーとかパナソニックとかいった、世界のどこの街にもネオンがあるような巨大輸出企業は、消費の冷え込みと円高がダブルパンチとなって、大打撃を被った。

利益
DOWN
Panasonic
SONY
ボカ
ボカ
消費の
落ち込み！
円高！
輸出
輸出

これらの輸出企業は、ポーカーで一番高いチップが青い色をしていることから、これまで**ブルーチップ**と呼ばれ、もてはやされてきたんだがな。

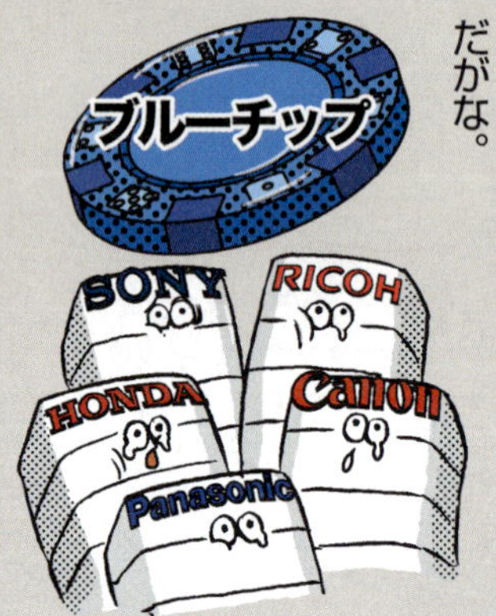
ブルーチップ
SONY
RICOH
HONDA
Canon
Panasonic

だが、出光とかエネオス等の石油会社は、消費冷え込みの打撃はあっても、円高になれば利益はあがるから株価は比較的安定していた。

ENEOS
輸入
輸入

さらに08年の世界同時株安以降、ブルーチップに代わって注目されたのがマクドナルドとか吉野家、ニトリ、ユニクロといった安売り系の企業。売上げが絶好調で、株価もウナギ昇りだった。

グン
グン
グン
グン
グン
グン
グン
グン

さらに、電力、トイレタリー、薬品といった景気のよしあしにあまり業績が関係ない、ディフェンシブと呼ばれる業種もある。

ディフェンシブ
薬
Shampoo
SOAP

だから、ブルーチップ、安売り系
ディフェンシブをうまく組み合わせて
買っておけば、去年の世界同時株安
のような大ピンチでも、損失を
最小限に抑えることはできた
バ
ブルーチップ
安売り系
ディフェンシブ

そういう組み合せを考えてゆくことが、ポートフォリオを組む基本だ。

おまえたちも
少し資金が
増えてきたから
そろそろ
ポートフォリオを
組むことを
考えても
いいかも
しれないぞ
ナルホドー

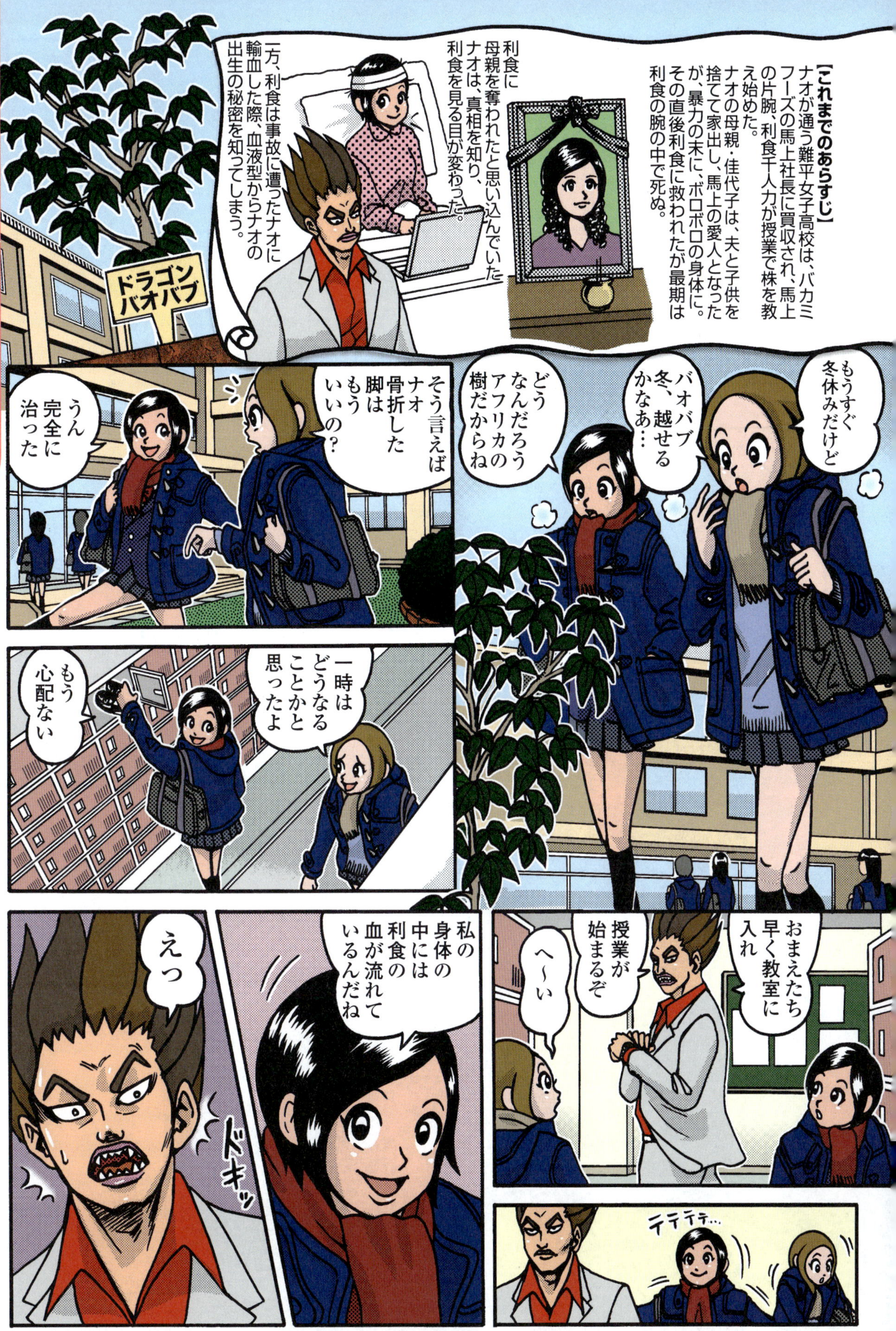
【これまでのあらすじ】
ナオが通う難平女子高校は、バカミフーズの馬上社長に買収され、馬上の片腕、利食千人力が授業で株を教え始めた。
ナオの母親・佳代子は、夫と子供を捨てて家出し、馬上の愛人となったが、暴力の末に、ボロボロの身体に。その直後利食に救われたが最期は利食の腕の中で死ぬ。
利食に母親を奪われたと思い込んでいたナオは、真相を知り、利食を見る目が変わった。
一方、利食は事故に遭ったナオに輸血した際、血液型からナオの出生の秘密を知ってしまう。
ドラゴンバオバブ
もうすぐ冬休みだけど
バオバブ冬、越せるかなあ…
どうなんだろうアフリカの樹だからね
そう言えばナオ骨折した脚はもういいの?
うん完全に治った
一時はどうなることかと思ったよ
もう心配ない
おまえたち早く教室に入れ
授業が始まるぞ
へ～い
私の身体の中には利食の血が流れているんだね
えっ
ドキッ
テテテテ…

だって事故のときあたしに輸血してくれたじゃない
ああそのことか
事故以来利食の様子おかしいと思わない？
そうかなあ
きっとナオに気があるんだよ
え～私に？
春休みに20万円から始めたおまえたちの株式投資も全員、倍まできたようだな
3-B
来週から冬休みだが冬休みを前におまえたちに株で一気に資金を増やす秘策
レバレッジを教えてやる
レバレッジ？

9 信用取引

少ない元手で大きく稼ぐ!

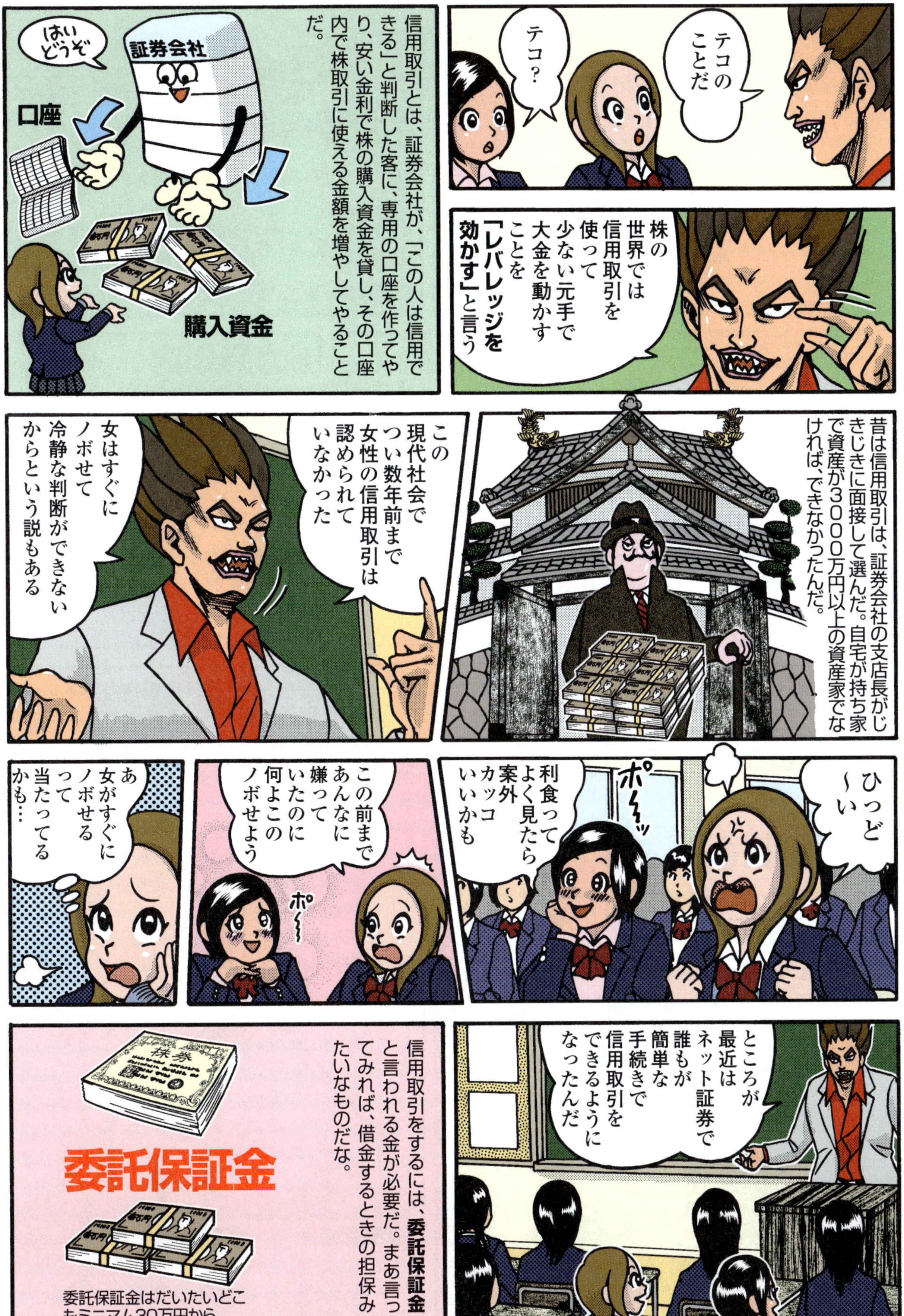
テコのことだ
テコ？
株の世界では信用取引を使って少ない元手で大金を動かすことを「レバレッジを効かす」と言う
信用取引とは、証券会社が、「この人は信用できる」と判断した客に、専用の口座を作ってやり、安い金利で株の購入資金を貸し、その口座内で株取引に使える金額を増やしてやることだ。
はい どうぞ
証券会社
口座
購入資金
昔は信用取引は、証券会社の支店長がじきじきに面接して選んだ。自宅が持ち家で資産が3000万円以上の資産家でなければ、できなかったんだ。
この現代社会でつい数年前まで女性の信用取引は認められていなかった
女はすぐにノボせて冷静な判断ができないからという説もある
ひっど〜い
ポ〜
利食ってよく見たら案外カッコいいかも
この前まであんなに嫌っていたのに何よこのノボせよう
ポ〜
あ 女がすぐにノボせるって当たってるかも…
ところが最近はネット証券で誰もが簡単な手続きで信用取引をできるようになったんだ
信用取引をするには、委託保証金と言われる金が必要だ。まあ言ってみれば、借金するときの担保みたいなものだな。
株券
委託保証金
委託保証金はだいたいどこもミニマム30万円から。

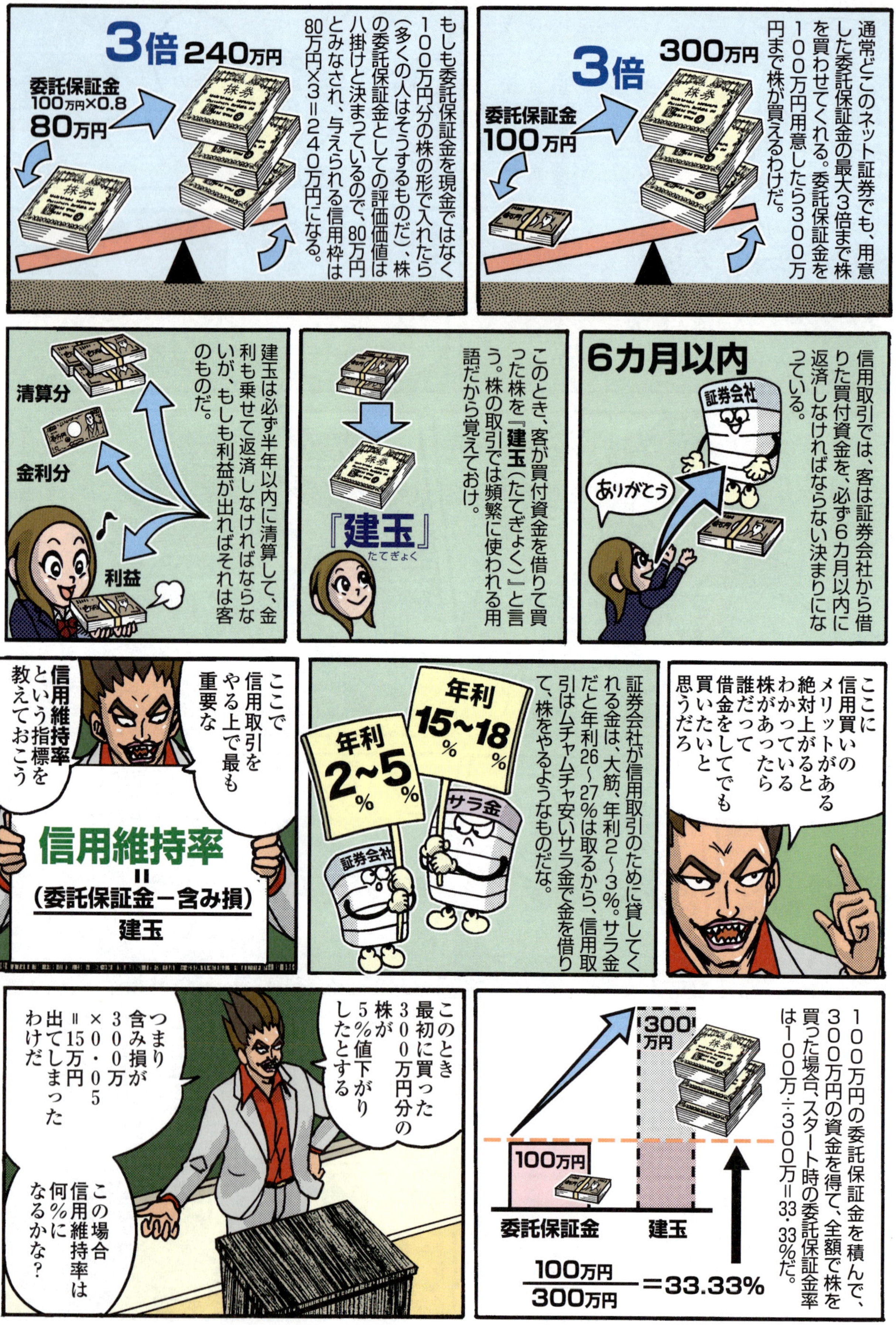

通常どこのネット証券でも、用意した委託保証金の最大3倍まで株を買わせてくれる。委託保証金を100万円用意したら300万円まで株が買えるわけだ。
300万円
3倍
委託保証金
100万円
もしも委託保証金を現金ではなく100万円分の株の形で入れたら（多くの人はそうするものだ）、株の委託保証金としての評価価値は八掛けと決まっているので、80万円とみなされ、与えられる信用枠は80万円×3＝240万円になる。
3倍 240万円
委託保証金
100万円×0.8
80万円
信用取引では、客は証券会社から借りた買付資金を、必ず6カ月以内に返済しなければならない決まりになっている。
6カ月以内
証券会社
ありがとう
このとき、客が買付資金を借りて買った株を『建玉（たてぎょく）』と言う。株の取引では頻繁に使われる用語だから覚えておけ。
『建玉《たてぎょく》』
建玉は必ず半年以内に清算して、金利も乗せて返済しなければならないが、もしも利益が出ればそれは客のものだ。
清算分
金利分
利益
ここに信用買いのメリットがある 絶対上がるとわかっている株があったら 誰だって借金をしてでも買いたいと思うだろ
証券会社が信用取引のために貸してくれる金は、大筋、年利2～3%。サラ金だと年利26～27%は取るから、信用取引はムチャムチャ安いサラ金で金を借りて、株をやるようなものだな。
年利 15~18%
サラ金
年利 2~5%
証券会社
ここで信用取引をやる上で最も重要な
信用維持率という指標を教えておこう
信用維持率 ＝ （委託保証金－含み損） / 建玉
100万円の委託保証金を積んで、300万円の資金を得て、全額で株を買った場合、スタート時の委託保証金率は100万÷300万＝33.33%だ。
300万円
100万円
委託保証金
建玉
100万円 / 300万円 ＝33.33%
このとき最初に買った300万円分の株が5%値下がりしたとする
つまり含み損が300万×0.05＝15万円出てしまったわけだ
この場合信用維持率は何%になるかな？

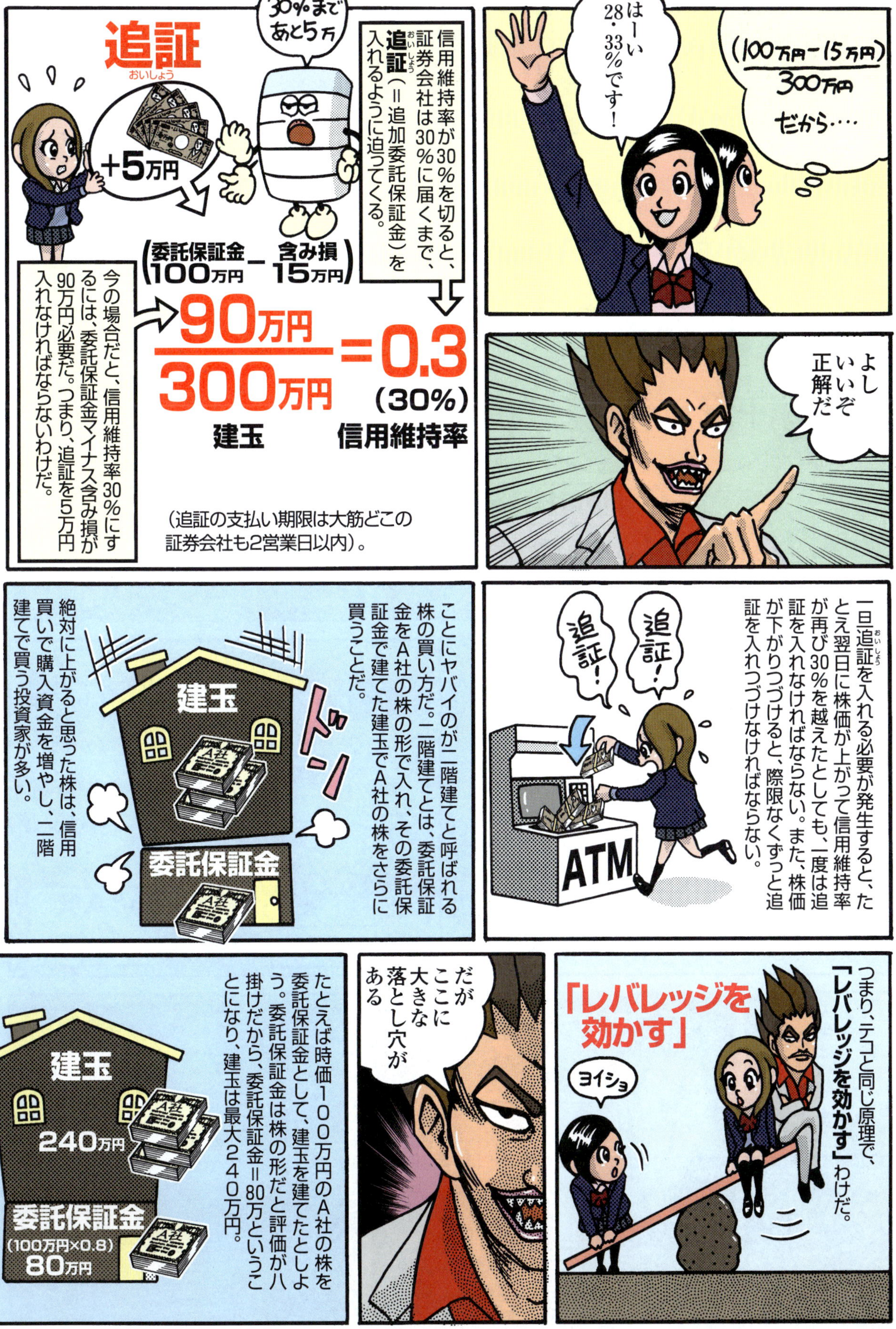

はーい 28・33%です！
(100万円－15万円) 300万円 だから….
よし いいぞ 正解だ
追証《おいしょう》
30%まで あと5万
+5万円
信用維持率が30%を切ると、証券会社は30%に届くまで、追証《おいしょう》（＝追加委託保証金）を入れるように迫ってくる。
(委託保証金 100万円 － 含み損 15万円)
90万円 / 300万円 ＝0.3 (30%)
建玉
信用維持率
今の場合だと、信用維持率30%にするには、委託保証金マイナス含み損が90万円必要だ。つまり、追証を5万円入れなければならないわけだ。
（追証の支払い期限は大筋どこの証券会社も2営業日以内）。
一旦追証《おいしょう》を入れる必要が発生すると、たとえ翌日に株価が上がって信用維持率が再び30%を越えたとしても、一度は追証を入れなければならない。また、株価が下がりつづけると、際限なくずっと追証を入れつづけなければならない。
追証！
追証！
ATM
ことにヤバイのが二階建てと呼ばれる株の買い方だ。二階建てとは、委託保証金をA社の株の形で入れ、その委託保証金で建てた建玉でA社の株をさらに買うことだ。
建玉
A社
委託保証金
ドン
絶対に上がると思った株は、信用買いで購入資金を増やし、二階建てで買う投資家が多い。
つまり、テコと同じ原理で、「レバレッジを効かす」わけだ。
「レバレッジを効かす」
ヨイショ
だが ここに 大きな 落とし穴が ある
たとえば時価100万円のA社の株を委託保証金として、建玉を建てたとしよう。委託保証金は株の形だと評価が八掛けだから、委託保証金＝80万ということになり、建玉は最大240万円。
建玉
240万円
A社
委託保証金
(100万円×0.8)
80万円

その建玉で時価240万円のA社の株を買ったが、株価が5%下がってしまったとする。
80×5%　−4万円
240×5%（含み損）　−12万円
64万円
80万円
委託保証金
この場合、委託保証金自体が5%目減りして76万円になってしまっている上に、含み損が12万円出ているから、委託保証金マイナス含み損は64万円ということになり、
保証金比率は……
えーっと 64/240 で…
26・66%です！
どうしたのナオ いきなりヤル気出してさあ
恋の魔力ってやつう？
この場合保証金比率を30%に戻すには8万円必要だ
+8万円
信用維持率
委託保証金 64万円
建玉 240万円
=0.3（30%）
二階建ての場合、株価の下がり方がひどければひどいほど等比級数的にダメージは深まる
通常
委託保証金分
建玉分
二階建て
MAX 4倍
追証が間に合わないと、証券会社は、強制売買と言って、委託保証金代わりの株をムリヤリ売って、それで、損失を埋めさせる。
強制売買!!
それだけは御勘弁を〜
証券会社
株券
普通、株価は、いきなりではなくジワジワと下がって行くから、追証が必要になりそうになると、多くのネット証券は、そいつの個人ページ全体を点滅させて警告を与える。
チカチカ
チカチカ
チカチカ
女子株製薬
そして、いよいよ追証が必要だというときになると、画面全体の文字が真っ赤になったりする。
デーーーン
ギャーーッ
追証
女子株製薬
こうなると人生はお先真っ暗だ
南無〜〜〜

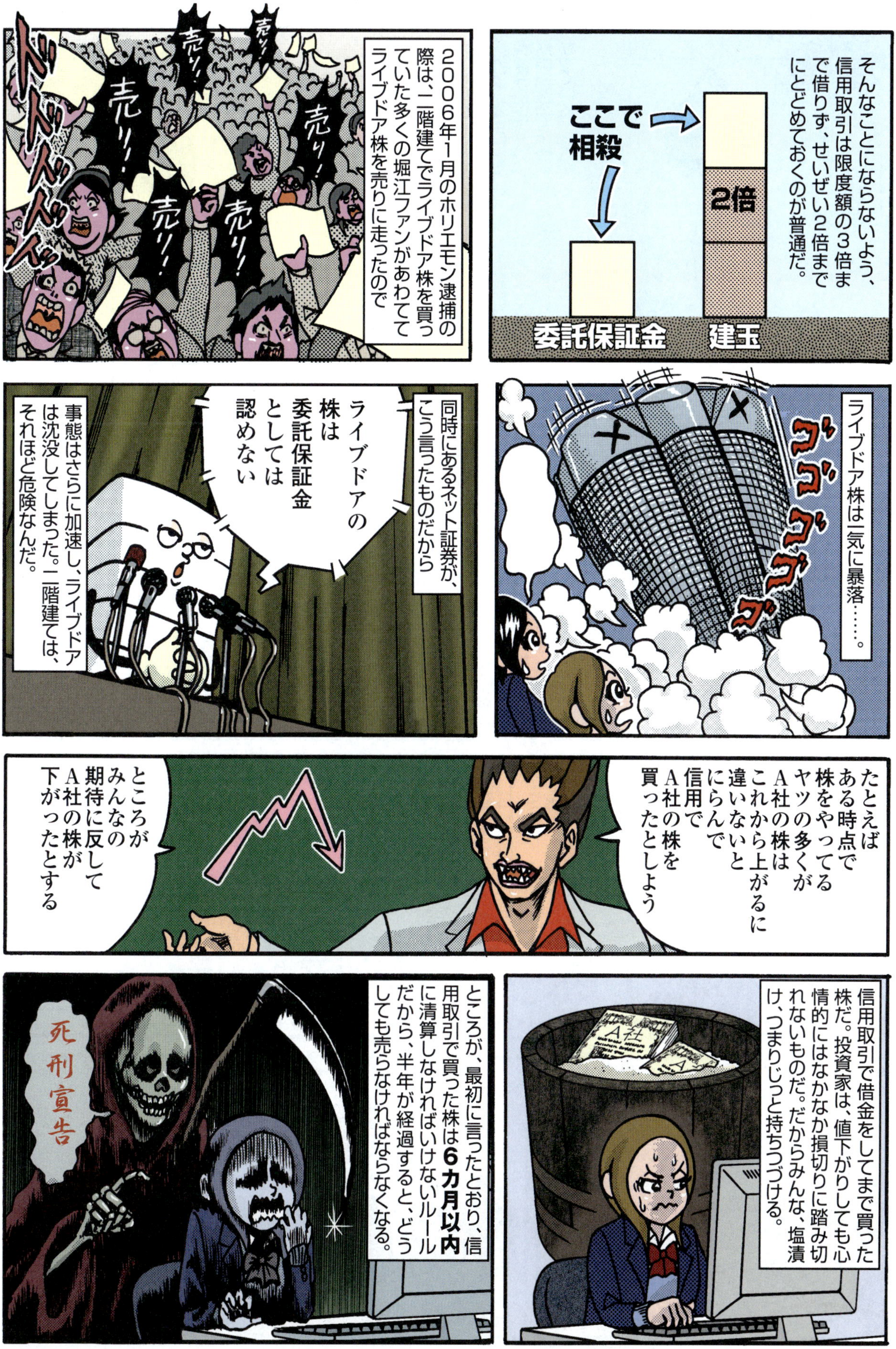
そんなことにならないよう、信用取引は限度額の3倍まで借りず、せいぜい2倍までにとどめておくのが普通だ。
ここで相殺
2倍
委託保証金
建玉
2006年1月のホリエモン逮捕の際は、二階建てでライブドア株を買っていた多くの堀江ファンがあわててライブドア株を売りに走ったので
ドドドドドドドドッ
売り！
売り！
売り！
売り！
売り！
売り！
ライブドア株は一気に暴落……。
ゴゴゴゴゴ
同時にあるネット証券が、こう言ったものだから
ライブドアの株は委託保証金としては認めない
事態はさらに加速し、ライブドアは沈没してしまった。二階建ては、それほど危険なんだ。
たとえばある時点で株をやってるヤツの多くがA社の株はこれから上がるに違いないとにらんで信用でA社の株を買ったとしよう
ところがみんなの期待に反してA社の株が下がったとする
信用取引で借金をしてまで買った株だ。投資家は、値下がりしても心情的にはなかなか損切りに踏み切れないものだ。だからみんな、塩漬け、つまりじっと持ちつづける。
A社
A社
ところが、最初に言ったとおり、信用取引で買った株は**6カ月以内**に清算しなければいけないルールだから、半年が経過すると、どうしても売らなければならなくなる。
死刑宣告

06年1月のライブドア・ショックのとき、株価は今後上がると読んで、信用買いでIT系の株を買った連中は、その後思ったほど株価が上がらず、しかたなく塩漬けしていたが、半年後の7月に、期限が来てしかたなく手放した。
死刑
底だ！
もうダメだぁ～
2006/01
2006/04
2006/07
だから7月に日経平均はガクンと落ちている。
同様に、4月にも、リバウンド狙いで、多くの投資家が信用買いしたが、これも半年後の10月に、期限が来て手放したために、株価はガクンと下がっている。
リバウンド狙うぞ！
死刑
…!!
06/01
2006/04
2006/07
2006/10
ネット証券が簡単に信用取引を認めるようになり、誰もが信用取引をするようになってから、日本の株価は乱高下が激しくなったと言われているほどなんだ。
ワー
キャー
キャー
さてここまでが信用買いの話だが
実は信用取引では信用売りということができる
信用売りとはこの株は値下がりするだろうとにらんだ株を借りてきて売ることだ
売った株は値が下がれば後に買い戻したときに差額として利益が出る
ややこしいね
たとえばユキがソニーの株を1000株持っていたとする
ソニーは08年9月には4000円してたかな？その頃の話だとしようか
4000
ユキはソニーの株価は将来的には4000円より上がるだろうと思ってるから手放す気はない。
いつかはきっと上がるはず…
一方、ナオはソニーの株は大きく値下がりするだろうと考えている。
もうすぐ下がりそうだな…
このとき、ナオがユキに、こう約束して、ユキのソニー株を1000株借りて、1株4000円で売ったとする。
半年以内に必ず1000株買い戻して返すから
貸して！
1000株
SONY

1株4000円で1000株売ったから、ナオの手元には400万円の現金が入る。ナオはその400万円を、手をつけずにとっておく。

4000円×1000株
400万円

やがてナオがにらんだとおり、ソニー株は12月に2000円まで値を下げ、ナオはその時点で1000株を買い戻したとする。

4000
2000
9月
12月
売り
買い
買い戻し
1000株
SONY
利益
200万円

必要な金は200万円だ。つまりナオの手元には200万円の利益が残る。

カラ売り

株を借りたお礼に、多少の手数料をユキに払ったとしても十分な儲けだろう。これが信用売りだ。自分が持っていない株を売るので、別名**カラ売り**とも言う。

ありがと！
手数料
SONY
1000株

2001年9月11日のアメリカ同時多発テロのときは、アメリカの株式市場の暴落を見越して、ビンラディンが、直前に大量の空売りを浴びせて、大儲けしたという噂もある。

現に、テロの直後、アメリカ政府は、株価を下げるとテロリストを利するだけなので、おびえて売りに走らないようにと、投資家に呼びかけている。

へ〜え
THE WALLSTREET JORNAL
9.11

日本では上場している株には信用買いも信用売りもできない銘柄と、信用買いはできるが信用売りはできない『**貸借融資銘柄**』と、信用売りも信用買いもできる『**貸借銘柄**』の3つに分類できる。(制度信用の場合)

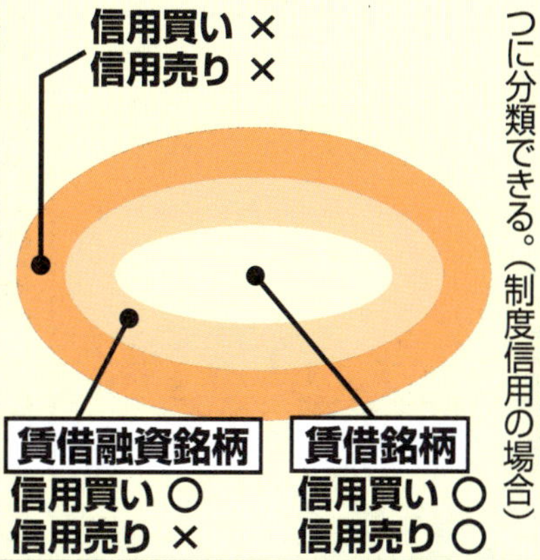
信用買い ×
信用売り ×
貸借融資銘柄
信用買い ○
信用売り ×
貸借銘柄
信用買い ○
信用売り ○

信用売りは、株式数が多く、株が広く頻繁に売買されている株じゃないとできない。

東証1部に上場している1730社は、1427社が信用買いも信用売りもできる貸借銘柄だが、東証2部の462社のうち貸借銘柄は101社しかない。

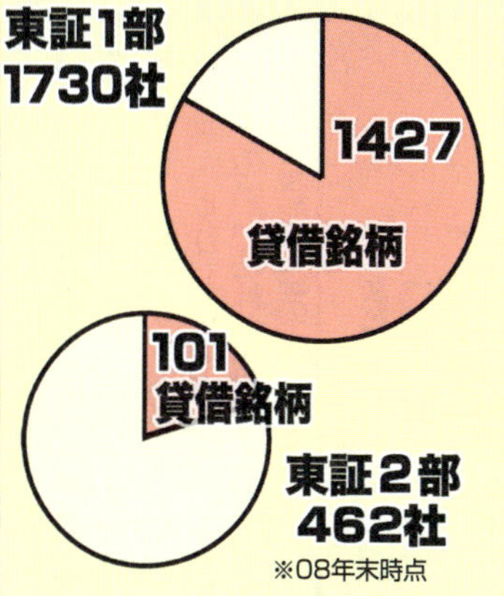
東証1部
1730社
1427
貸借銘柄
101
貸借銘柄
東証2部
462社
※08年末時点

そして、信用売りに使われる株は、長期に株を保有して手放す気がない保険会社などの機関投資家から借りて来る**日証金**(日本証券金融)という組織があり、そこが調達してくれる仕組みになっている。

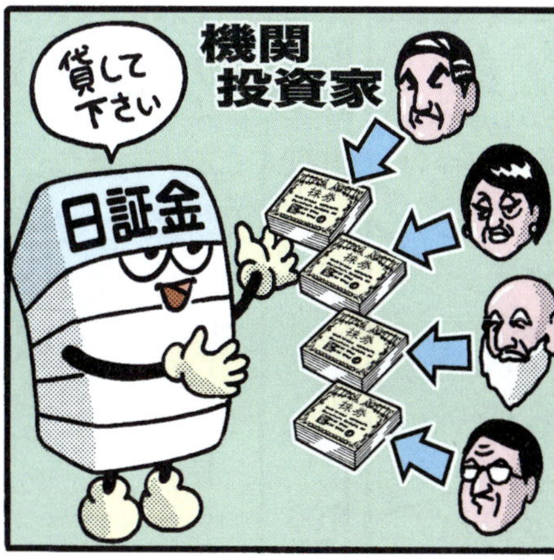
機関投資家
貸して下さい
日証金

日証金は株をタダで貸してくれるわけじゃない。金利も取られるし、借りる時点で、その株の価値分の現金を担保として用意しなければならない。この金は、信用買いのときと同様、証券会社に委託保証金を入れることで、3倍まで借りることができる。

手数料
＋
株の価値分の現金
日証金
株

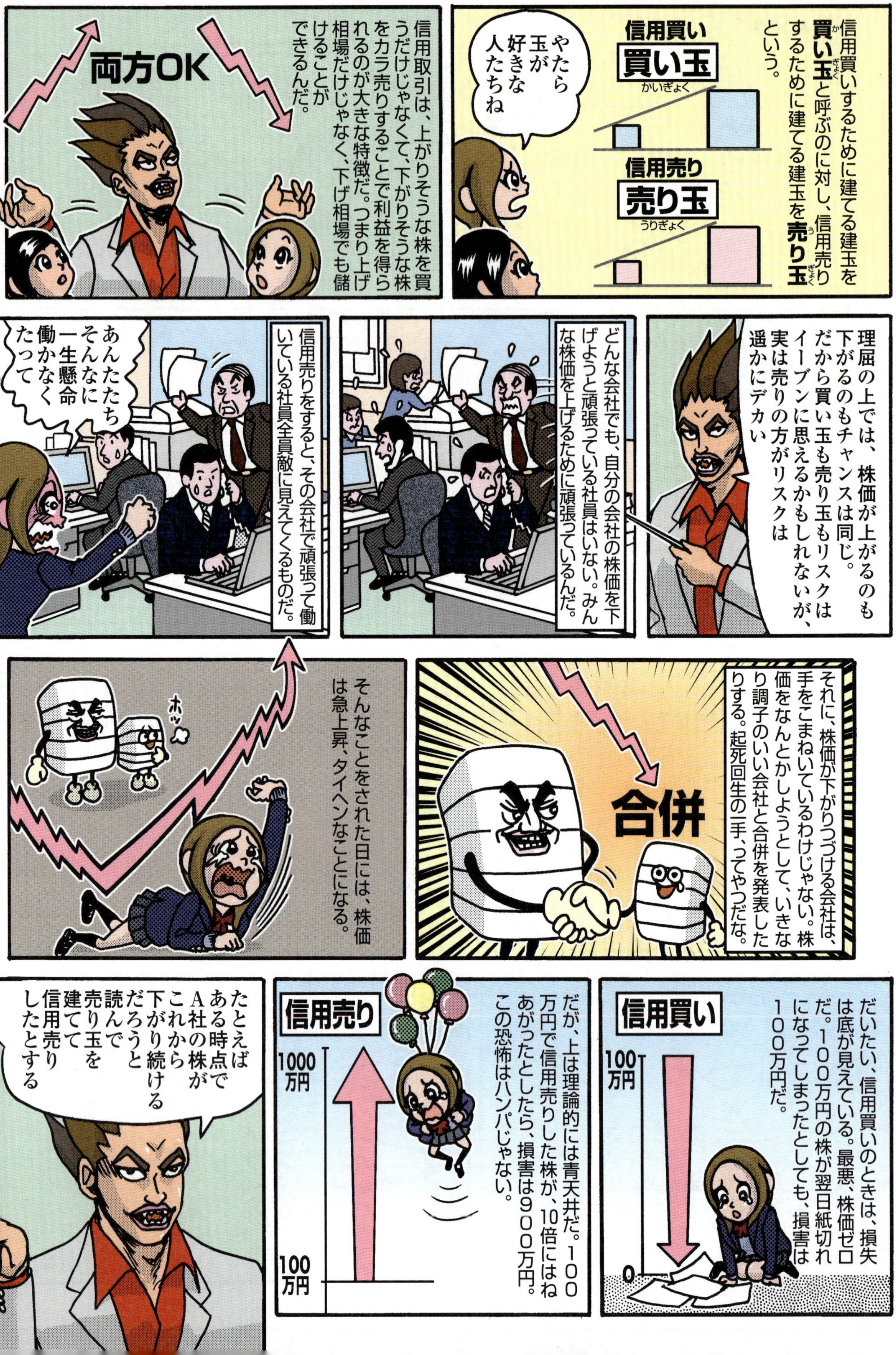

信用買いするために建てる建玉を買い玉《かいぎょく》と呼ぶのに対し、信用売りするために建てる建玉を売り玉《うぎょく》という。
信用買い
買い玉
かいぎょく
信用売り
売り玉
うりぎょく
やたら玉が好きな人たちね
信用取引は、上がりそうな株を買うだけじゃなくて、下がりそうな株をカラ売りすることで利益を得られるのが大きな特徴だ。つまり上げ相場だけじゃなく、下げ相場でも儲けることができるんだ。
両方OK
理屈の上では、株価が上がるのも下がるのもチャンスは同じ。だから買い玉も売り玉もリスクはイーブンに思えるかもしれないが、実は売りの方がリスクは遥かにデカい
どんな会社でも、自分の会社の株価を下げようと頑張っている社員はいない。みんな株価を上げるために頑張っているんだ。
信用売りをすると、その会社で頑張って働いている社員全員敵に見えてくるものだ。
あんたたちそんなに一生懸命働かなくたって
それに、株価が下がりつづける会社は、手をこまねいているわけじゃない。株価をなんとかしようとして、いきなり調子のいい会社と合併を発表したりする。起死回生の一手、ってやつだな。
合併
そんなことをされた日には、株価は急上昇、タイヘンなことになる。
ホッ
だいたい、信用買いのときは、損失は底が見えている。最悪、株価ゼロだ。100万円の株が翌日紙切れになってしまったとしても、損害は100万円だ。
信用買い
100万円
0
だが、上は理論的には青天井だ。100万円で信用売りした株が、10倍にはねあがったとしたら、損害は900万円。この恐怖はハンパじゃない。
信用売り
1000万円
100万円
たとえばある時点でA社の株がこれから下がり続けるだろうと読んで売り玉を建てて信用売りしたとする

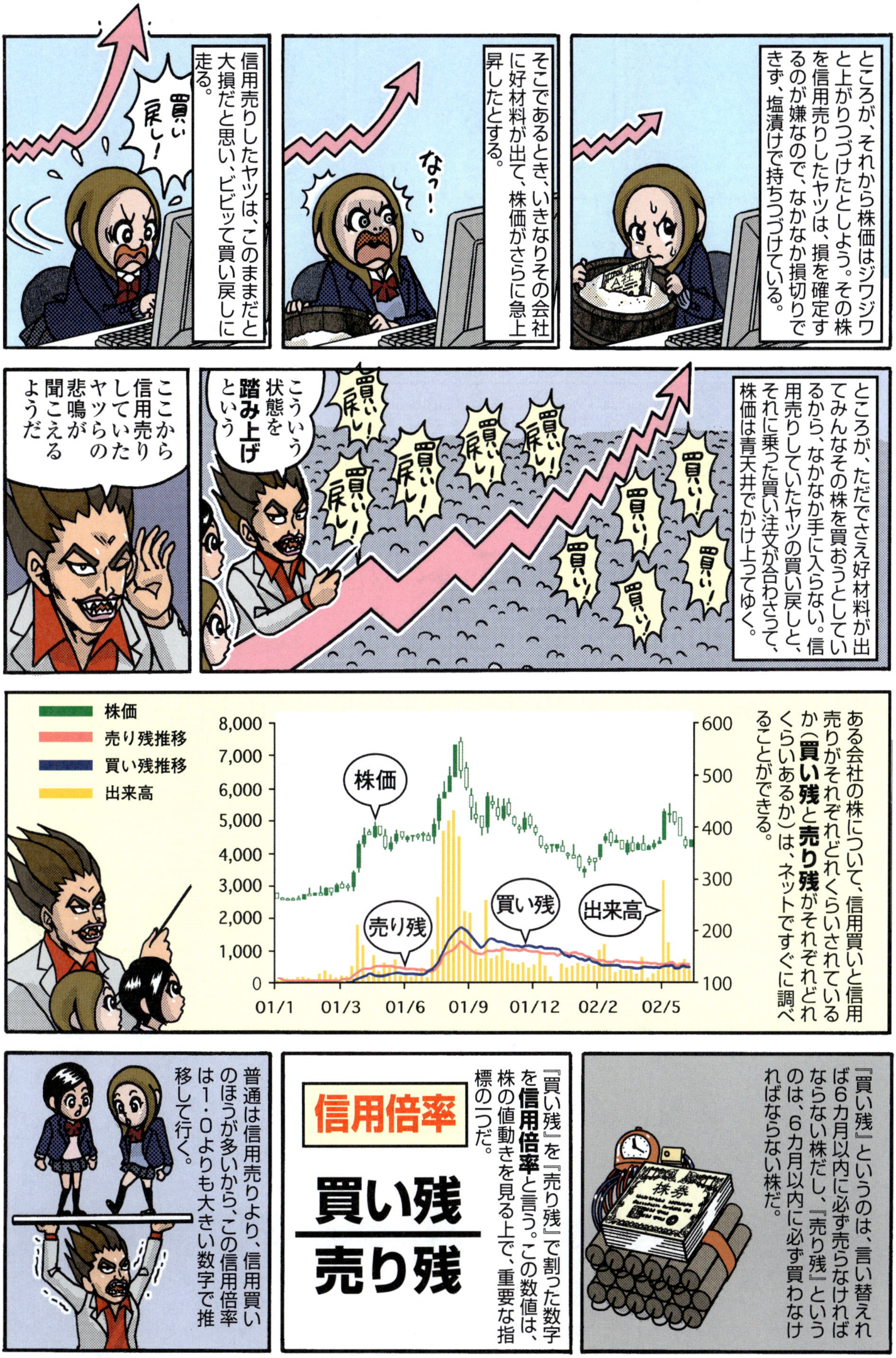
ところが、それから株価はジワジワと上がりつづけたとしよう。その株を信用売りしたヤツは、損を確定するのが嫌なので、なかなか損切りできず、塩漬けで持ちつづけている。
そこであるとき、いきなりその会社に好材料が出て、株価がさらに急上昇したとする。
なっ…！
信用売りしたヤツは、このままだと大損だと思い、ビビッて買い戻しに走る。
買い戻し！
ところが、ただでさえ好材料が出てみんなその株を買おうとしているから、なかなか手に入らない。信用売りしていたヤツの買い戻しと、それに乗った買い注文が合わさって、株価は青天井でかけ上ってゆく。
買い！
買い！
買い！
買い！
買い！
買い戻し！
買い戻し！
買い戻し！
買い戻し！
買い戻し！
こういう状態を**踏み上げ**という
ここから信用売りしていたヤツらの悲鳴が聞こえるようだ
ある会社の株について、信用買いと信用売りがそれぞれどれくらいされているか（**買い残**と**売り残**がそれぞれどれくらいあるか）は、ネットですぐに調べることができる。
株価
売り残推移
買い残推移
出来高
8,000
7,000
6,000
5,000
4,000
3,000
2,000
1,000
0
600
500
400
300
200
100
01/1
01/3
01/6
01/9
01/12
02/2
02/5
株価
売り残
買い残
出来高
『買い残』というのは、言い替えれば6カ月以内に必ず売らなければならない株だし、『売り残』というのは、6カ月以内に必ず買わなければならない株だ。
株券
『買い残』を『売り残』で割った数字を**信用倍率**と言う。この数値は、株の値動きを見る上で、重要な指標の一つだ。
信用倍率
買い残
売り残
普通は信用売りより、信用買いのほうが多いから、この信用倍率は1・0よりも大きい数字で推移して行く。

もしも、1.0より小さい信用倍率で、それでも株価が上昇しているような銘柄があったら、超狙い目だ。半年以内に買い戻さなければならない人がたくさんいるわけだから、もっと上がることが確実だからな。
今まで話して来たのは、日証金から株を借りるいわゆる『制度信用』というやつだが…
日証金
制度信用
最近は、証券会社が自分で株を調達してきて、信用取引をさせてくれる※『一般信用』というのもある。
証券会社
一般信用
※一般信用は買いのみ可能
最初に言ったとおり、制度信用で信用売買した株は半年以内に清算しなければいけないルールだが、一般信用の株は、金利が高い代わりに、この期限がない。
無期限
いつでもどうぞ~
株券
いずれにせよ少ない持ち金で借金をして大きな取引をする信用取引は濫用していると使っている金が全部自分のもののような感覚に陥り火傷しがちだ
ここぞというときだけにすべきだな
はーい
ポカーーン
キーンコーンカーンコーン
ガシッ
先生一緒に帰ろう
おい学校の中だぞ腕を組むのはよせ
先生昔、母ちゃんとつき合ってたってことは母ちゃんみたいな女がタイプなんでしょ
だったらあたしもタイプ?
そそれは…
ハハハ照れちゃってかわいい~

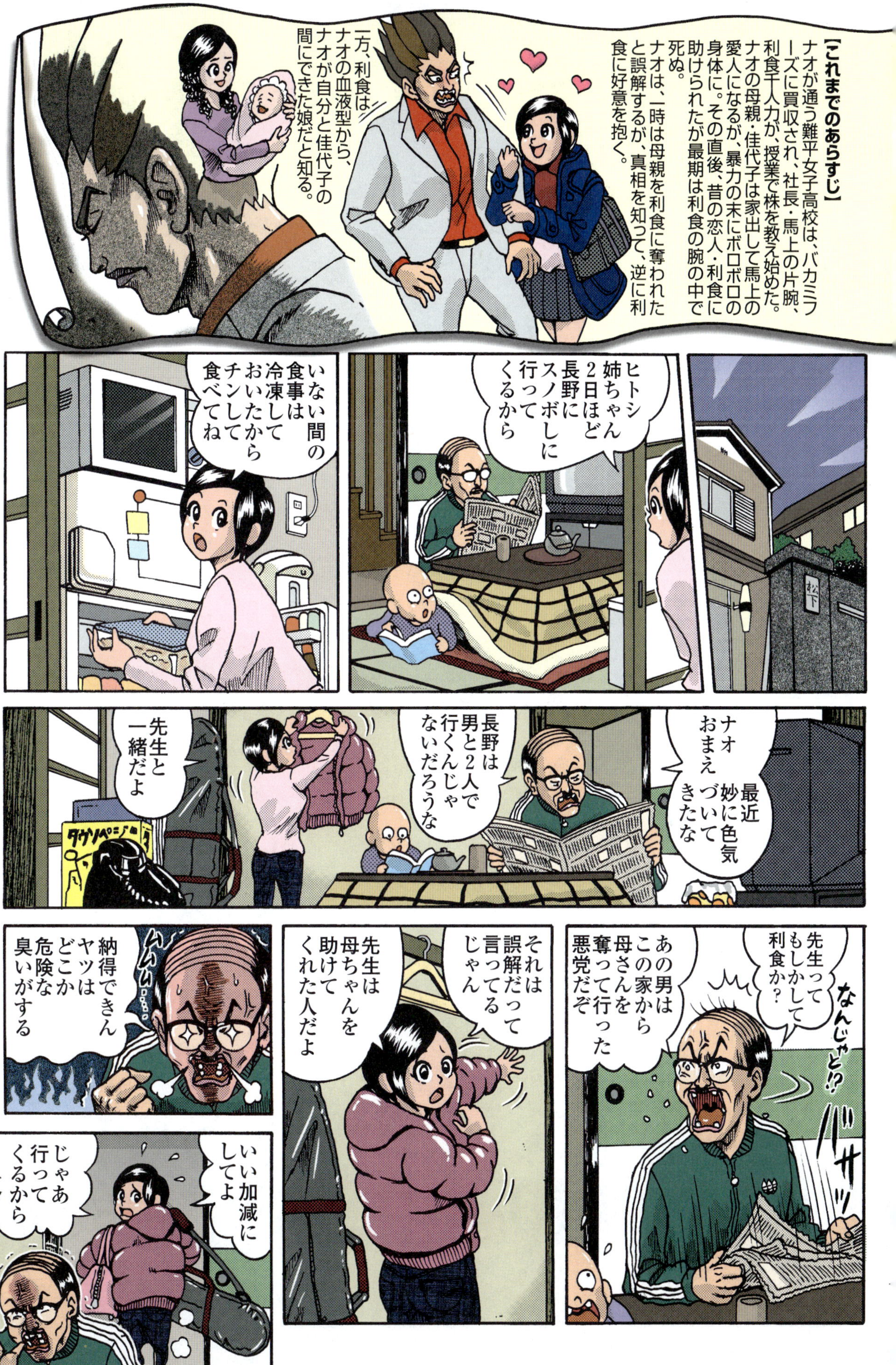
【これまでのあらすじ】
ナオが通う難平女子高校は、バカミラーズに買収され、社長・馬上の片腕、利食千人力が、授業で株を教え始めた。ナオの母親・佳代子は家出して馬上の愛人になるが、暴力の末にボロボロの身体に。その直後、昔の恋人・利食に助けられたが最期は利食の腕の中で死ぬ。ナオは、一時は母親を利食に奪われたと誤解するが、真相を知って、逆に利食に好意を抱く。
一方、利食は、ナオの血液型から、ナオが自分と佳代子の間にできた娘だと知る。
ヒトシ姉ちゃん2日ほど長野にスノボしに行ってくるから
いない間の食事は冷凍しておいたからチンして食べてね
ナオおまえ最近妙に色気づいてきたな
長野は男と2人で行くんじゃないだろうな
先生と一緒だよ
先生ってもしかして利食か？
なんじゃと!?
バサッ
あの男はこの家から母さんを奪って行った悪党だぞ
それは誤解だって言ってるじゃん
先生は母ちゃんを助けてくれた人だよ
ムムム
納得できんヤツはどこか危険な臭いがする
いい加減にしてよ
じゃあ行ってくるから
ガリガリ

10 先物とオプション

少額でプロの世界が体感できる！

すごい雪!
パラ
パラ
ないよりマシじゃん
そりゃそうだけど
ズズズイ
冬休みの真っ最中にあんなゲレンデの真ん中の旅館よくとれたね
10月から予約しておいたんだ
早くから予約を入れると宿代を割り引いてくれるんだよ
もしも雪が全然積もってなかったらどうするつもりだったの?
う〜ん
安い分キャンセル効かないから泣きながら温泉でも入りに来たよ
ギャンブルだね
ハハハ
それはオプションってやつだな
キャ〜 先生かっこいい〜
やれやれ見せつけてくれるねえ
ヤレヤレ

利食オプションって何よ？
キャ〜
グイッ
おまえたちは、ターレスという数学者を知ってるか？
Thales
（紀元前625～547年頃）
三角形の内角の総和が180度だってことを発見したヒトでしょ
2つの三角形が合同であることを証明する方法や
そうだ
よけいな発見しやがって
気象にも通じていたターレスは、あるとき、この秋はオリーブが大豊作になるだろう、もしそうなったら、11月の収穫時には多くの農家がオリーブ絞り器を必要とするだろう、と予想した。
だが、自分がオリーブ絞り器を買ったのではお金がかかりすぎる。そこでターレスは、オリーブ絞り器の持ち主を訪ね回り、「11月の収穫時にオリーブ絞り器を使う権利」を売ってくれないか、と申し出た。
もしも、オリーブが不作で、絞り器を必要としなくなったとしても、一度払った金の返金は求めない、という約束でね。
オリーブ絞り器の持ち主たちは、収穫のよしあしにかかわらず収入を確保できるので、喜んでターレスに使用権を売り渡した。
そしてその年のオリーブは、ターレスの予想どおり、大豊作だった。オリーブの生産農家は、高い使用料を払ってターレスからオリーブ絞り器を借りたので、ターレスは大儲けしたそうだ。
これがオプションだ
なるほど
10月
私も、冬に雪が降るかどうかもわからない10月のうちからスキー場の宿を安く予約しておいて、
予約

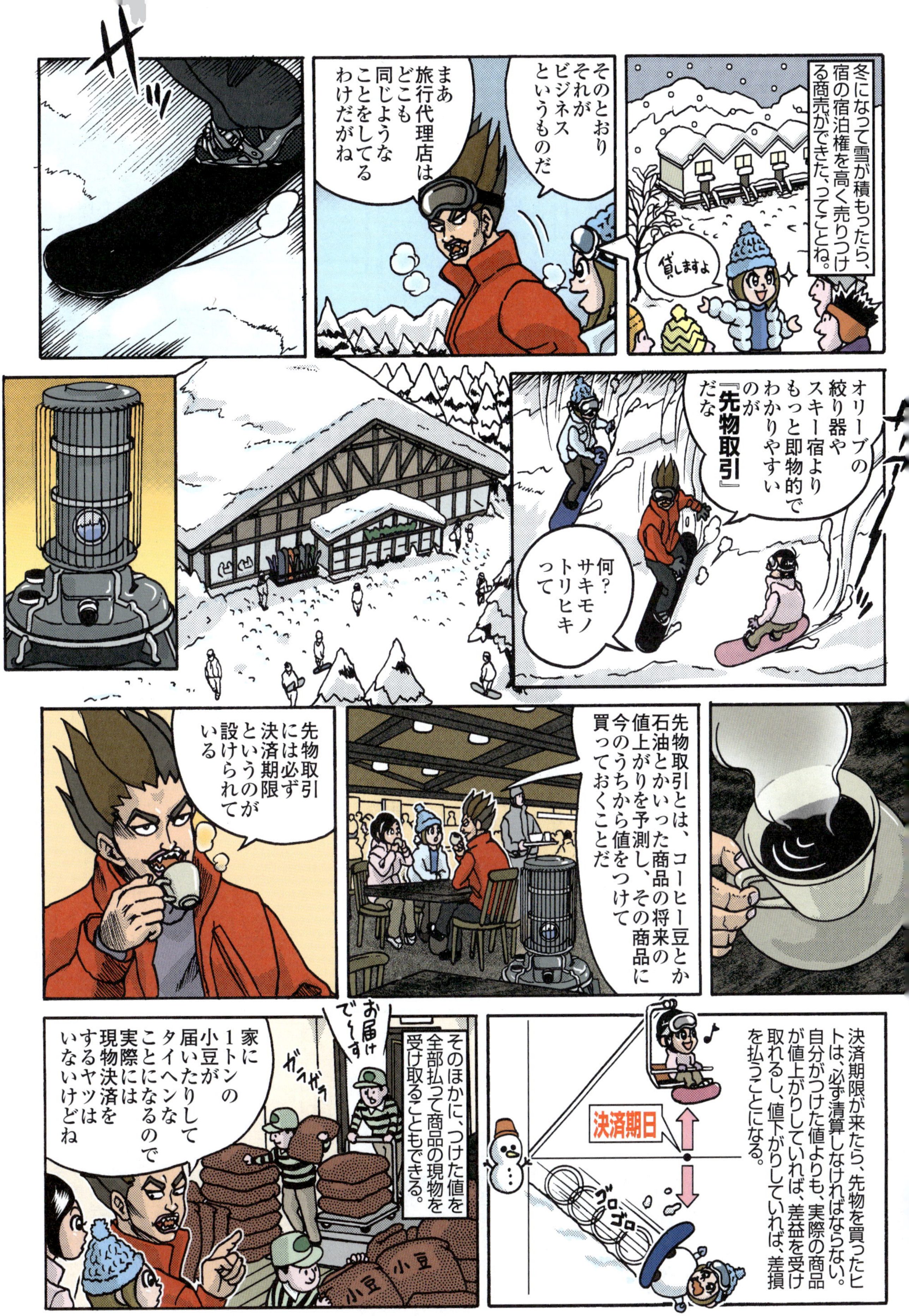
冬になって雪が積もったら、宿の宿泊権を高く売りつける商売ができた、ってことね。
貸しますよ
そのとおり それがビジネスというものだ
まあ 旅行代理店は どこも 同じようなことをしてる わけだがね
ザッ
オリーブの絞り器やスキー宿よりもっと即物的でわかりやすいのが『先物取引』だな
何？ サキモノ トリヒキ って
先物取引とは、コーヒー豆とか石油とかいった商品の将来の値上がりを予測し、その商品に今のうちから値をつけて買っておくことだ
先物取引には必ず決済期限というのが設けられている
決済期限が来たら、先物を買ったヒトは、必ず清算しなければならない。自分がつけた値よりも、実際の商品が値上がりしていれば、差益を受け取れるし、値下がりしていれば、差損を払うことになる。
決済期日
ゴロゴロ
お届けで～す
そのほかに、つけた値を全部払って商品の現物を受け取ることもできる。
ガラガラ
家に1トンの小豆が届いたりしてタイヘンなことになるので実際には現物決済をするヤツはいないけどね
小豆
小豆

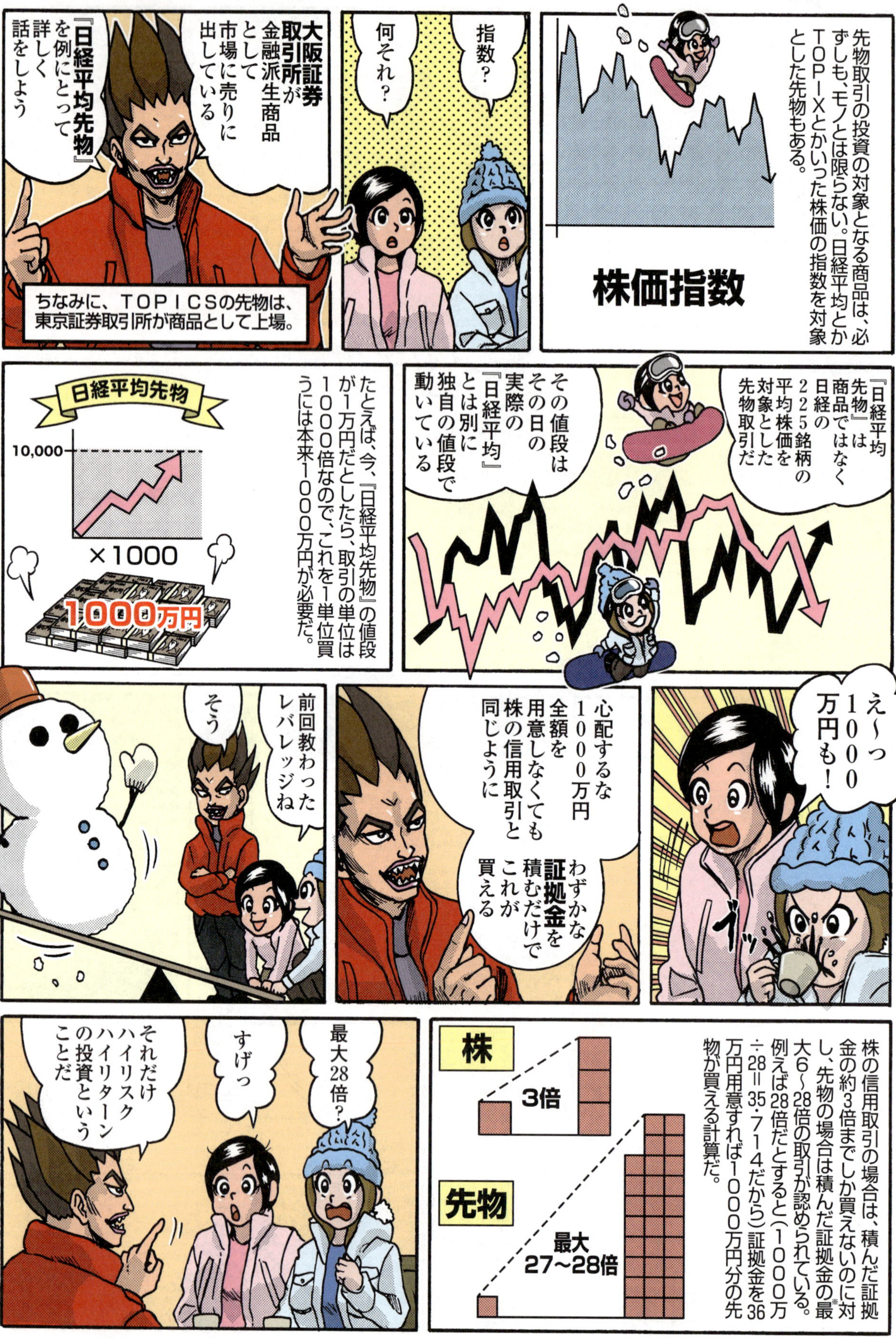

先物取引の投資の対象となる商品は、必ずしも、モノとは限らない。日経平均とかTOPIXとかいった株価の指数を対象とした先物もある。
株価指数
指数？
何それ？
大阪証券取引所が金融派生商品として市場に売りに出している
『日経平均先物』を例にとって詳しく話をしよう
ちなみに、TOPICSの先物は、東京証券取引所が商品として上場。
『日経平均先物』は商品ではなく日経の225銘柄の平均株価を対象とした先物取引だ
その値段はその日の実際の『日経平均』とは別に独自の値段で動いている
たとえば、今、『日経平均先物』の値段が1万円だとしたら、取引の単位は1000倍なので、これを1単位買うには本来1000万円が必要だ。
日経平均先物
10,000
×1000
1000万円
え〜っ1000万円も！
心配するな1000万円全額を用意しなくても株の信用取引と同じように
わずかな証拠金を積むだけでこれが買える
前回教わったレバレッジね
そう
株の信用取引の場合は、積んだ証拠金の約3倍までしか買えないのに対し、先物の場合は積んだ証拠金の最大6〜28倍の取引が認められている。※例えば28倍だとすると（1000万÷28＝35.714だから）証拠金を36万円用意すれば1000万円分の先物が買える計算だ。
株
3倍
先物
最大27〜28倍
最大28倍？
すげっ
それだけハイリスクハイリターンの投資ということだ

※倍率は値動きの大きさにより変動する

日経平均先物の決済期限

『日経平均先物』の決済期限は、年4回。3・6・9・12月の第2金曜日だ。

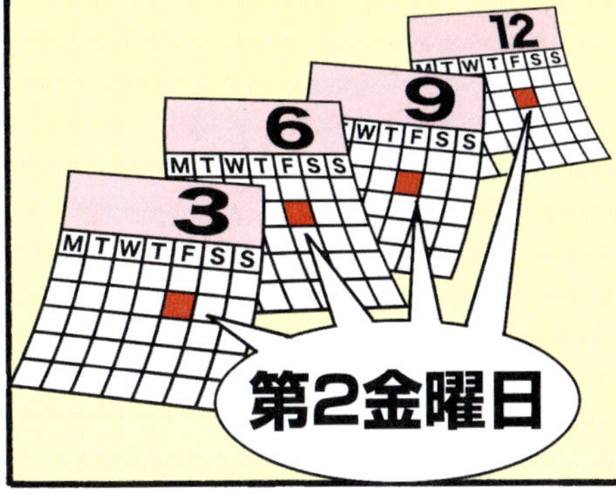

12
9
6
3
MTWTFSS
第2金曜日

市場では、5つ先の決済日の先物まで、売りに出されている。

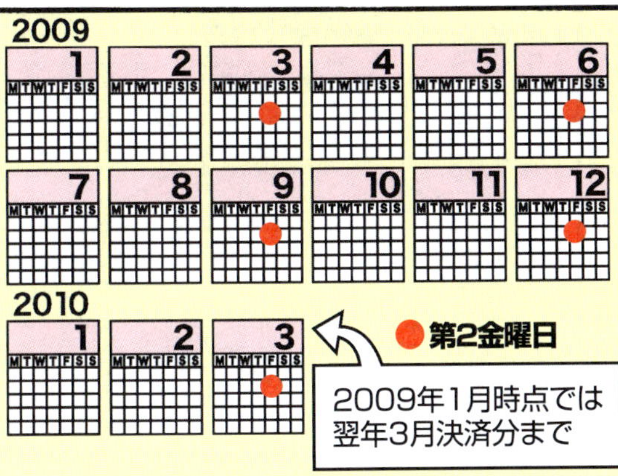

2009
2010
第2金曜日
2009年1月時点では
翌年3月決済分まで

直近の決済日の先物を『**期近**』、1つ先の決済日の先物を『**期先**』と言い、市場では、この期近と期先の2つが盛んに売買されている。

直近
期近
2009 6月
2009 9月
1つ先
期先

『日経平均先物』の決済は、決済日の朝の始値の時点での日経平均値（＝**SQ値**）を基準に行なわれる。

日経平均
決済日の朝の始値
SQ
＝
Special Quotation

例えば『日経平均先物』を1万円で1単位（＝1000万円）買ったさっきの例で言うと、決済日の朝、日経平均が1万1000円に上がってたら100万円の差益が貰えるし、9000円に下がってたら100万円の差損を払うことになる。

1万1000円だったら
1100万円－1000万円
＝100万円
9000円だったら
900万円－1000万円
＝－100万円

また、途中で差損が広がって、証拠金比率が決められた数字を下回ってしまった場合、**追証**を入れるように迫られる点や、

追証やでぇ〜
証拠金比率
＝
（証拠金ー含み損）
最初に借りた総額

買いだけでなく、**カラ売り**もできる点、

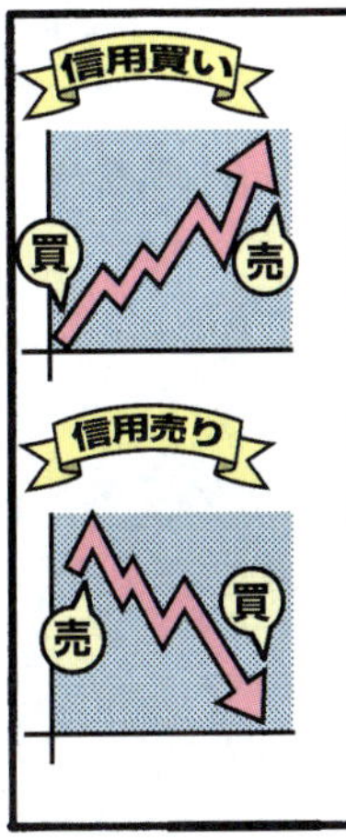

信用買い
買
売
信用売り
売
買

証拠金は株の形でも入れられる（但し一部の証券会社のみ）点は、株の信用取引と似ている。

証拠金
株券

但し、追証が必要とされる保証金比率は、株の信用取引の場合は一定だが、先物取引では、マーケットの状況によってどんどん変わってゆく。そこが、株の信用取引との大きな違いだ。

ちょっと怖いね
ウン

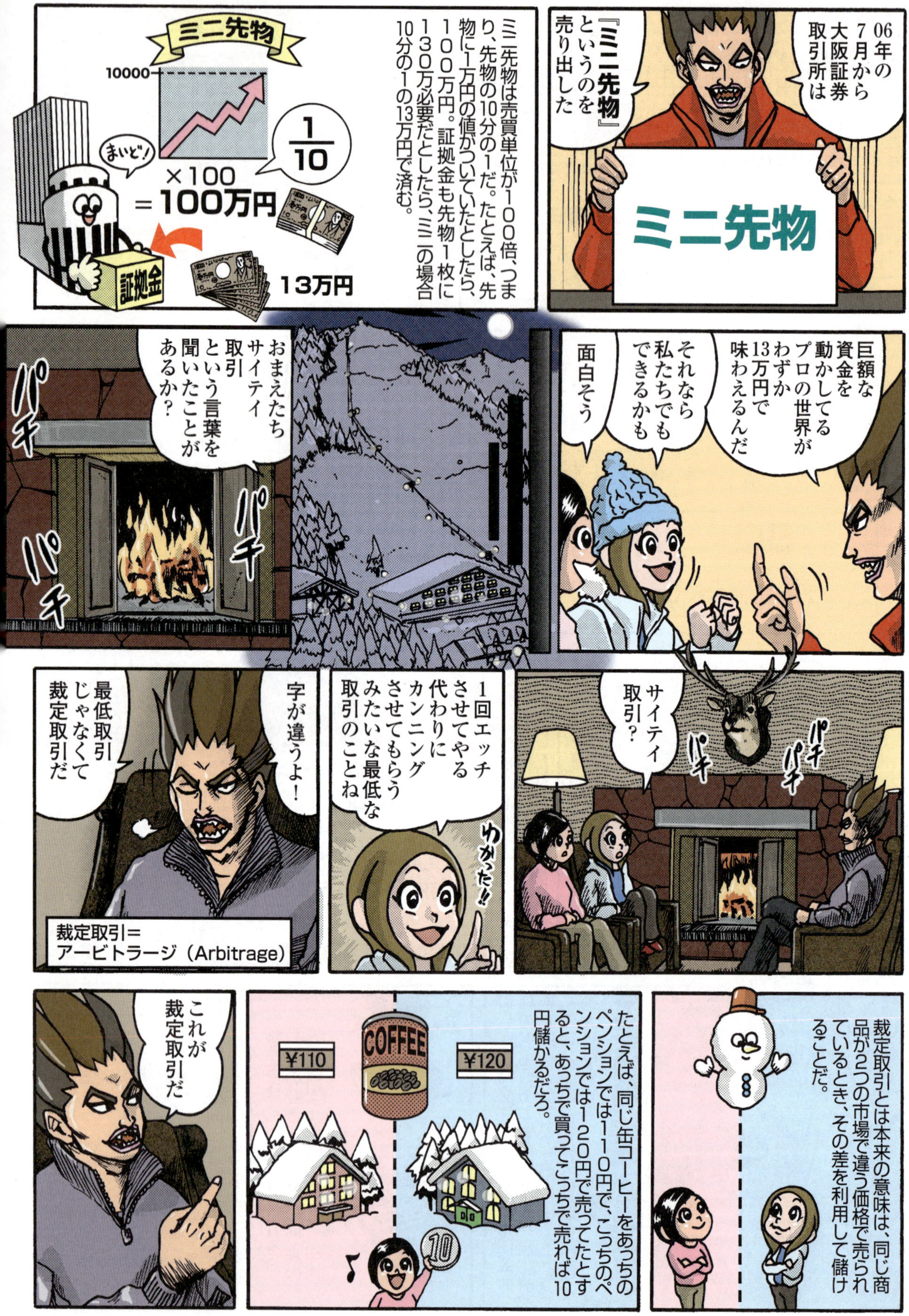

06年の7月から大阪証券取引所は
『ミニ先物』というのを売り出した
ミニ先物
ミニ先物は売買単位が100倍、つまり、先物の10分の1だ。たとえば、先物に1万円の値がついていたとしたら、100万円。証拠金も先物1枚に130万必要だとしたら、ミニの場合10分の1の13万円で済む。
ミニ先物
10000
1/10
まいど!
×100
=100万円
証拠金
13万円
巨額な資金を動かしてるプロの世界がわずか13万円で味わえるんだ
それなら私たちでもできるかも
面白そう
おまえたちサイテイ取引という言葉を聞いたことがあるか?
パチ
パチ
パチ
サイテイ取引?
パチ
パチ
パチ
1回エッチさせてやる代わりにカンニングさせてもらうみたいな最低な取引のことね
わかった!!
字が違うよ!
最低取引じゃなくて裁定取引だ
裁定取引=アービトラージ(Arbitrage)
裁定取引とは本来の意味は、同じ商品が2つの市場で違う価格で売られているとき、その差を利用して儲けることだ。
たとえば、同じ缶コーヒーをあっちのペンションでは110円で、こっちのペンションでは120円で売ってたとすると、あっちで買ってこっちで売れば10円儲かるだろ。
¥110
COFFEE
¥120
10
これが裁定取引だ

『日経平均先物』でも同じようなことができる
もしもある時点で、日経平均が9000円なのに、みんなが将来日経平均が上がるだろうと思って、『日経平均先物』には1万円の値がついていたとする。
1万円
9000円
この差に目をつけたある大金持ちが、日経平均の対象となる225社すべての会社の株を、日経平均を算出するのと同じ株数で買ったとする。たぶん今だと全部で2億円ほどかかるはずだ。
225銘柄
コレ全部くれ
一方で、その大金持ちは、『日経平均先物』を1万円でカラ売りしたとする（先物取引の世界では、「カラ売り」ではなく、「**売り建て**」る、と言うがね）。
売り建てじゃっ!!
1万円
売り建て＝実際には自分が持っていない先物商品を、とりあえずよそから借りてきて売っておき、後で値段が下がったときに買い戻して、利ざやを稼ぐこと。株で言うカラ売り。
やがて決済日が来て、その日の日経平均が1万1000円に上がっていたとする。先物は1万円で売り建てているので1000円の損だが、現物の株は日経平均が9000円のときに仕込んでいるので2000円の儲け。差し引き1000円の儲けになる。
決済日
1万1000円
9000円 で買ったものが 1万1000円 に上がっているので
+2000円
フォッフォッ
差し引き +1000円
1万円 で売って 1万1000円 で買わなければいけないので
−1000円
逆に決済日に日経平均が9000円に下がっていたとする。この場合、現物の株は9000円で仕込んでいるのでチャラだが、先物は1万円で売り建てているので、1000円の儲けになる。
決済日
9000円
9000円 で買ったものが 9000円 なので
±0円
フォッフォッ
やっぱり差し引き +1000円
1万円 で売って 9000円 で買うので
+1000円

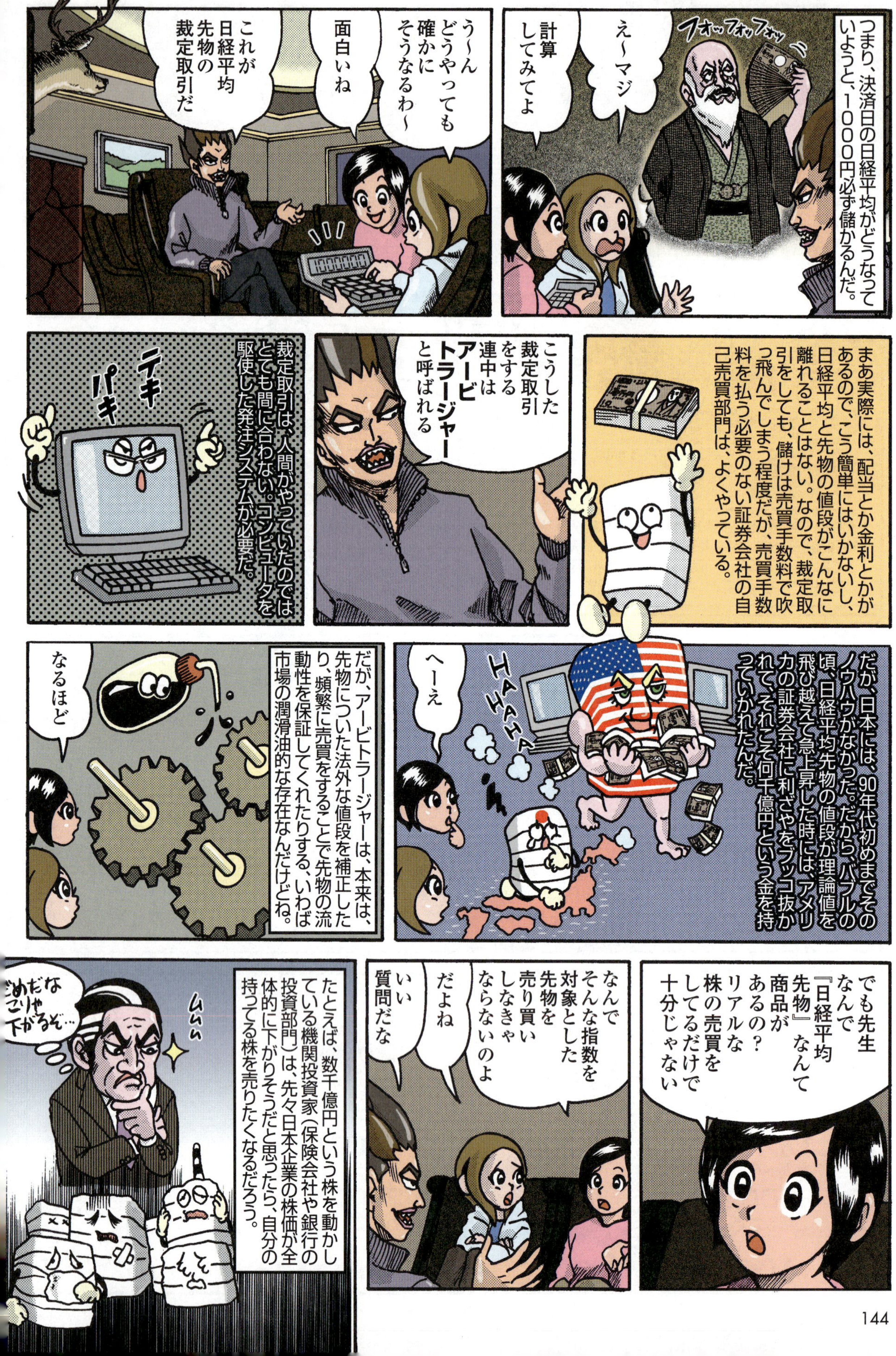

つまり、決済日の日経平均がどうなっていようと、1000円必ず儲かるんだ。
フォッフォッフォッ
え～マジ
計算してみてよ
う～ん どうやっても確かにそうなるわ～
面白いね
これが日経平均先物の裁定取引だ
まあ実際には、配当とか金利とかがあるので、こう簡単にはいかないし、日経平均と先物の値段がこんなに離れることはない。なので、裁定取引をしても、儲けは売買手数料で吹っ飛んでしまう程度だが、売買手数料を払う必要のない証券会社の自己売買部門は、よくやっている。
こうした裁定取引をする連中はアービトラージャーと呼ばれる
テキ パキ
裁定取引は、人間がやっていたのではとても間に合わない。コンピュータを駆使した発注システムが必要だ。
だが、日本には、90年代初めまでそのノウハウがなかった。だから、バブルの頃、日経平均先物の値段が理論値を飛び越えて急上昇した時には、アメリカの証券会社に利ざやをブッコ抜かれて、それこそ何千億円という金を持っていかれたんだ。
HAHAHA
へ～え
だが、アービトラージャーは、本来は、先物についた法外な値段を補正したり、頻繁に売買をすることで先物の流動性を保証してくれたりする、いわば市場の潤滑油的な存在なんだけどね。
なるほど
でも先生 なんで『日経平均先物』なんて商品があるの？ リアルな株の売買をしてるだけで十分じゃない
なんでそんな指数を対象とした先物を売り買いしなきゃならないのよ
だよね
いい質問だな
たとえば、数千億円という株を動かしている機関投資家（保険会社や銀行の投資部門）は、先々日本企業の株価が全体的に下がりそうだと思ったら、自分の持ってる株を売りたくなるだろう。
ムムッ
めだな こりゃ 下がるぞ…

でも、数千億円という株を一度に売ったら、あまりの大量な売りに、それ自体で株価が下がり、損をしかねない。
売…れない！
株券
そんなとき機関投資家は、株は手放さずに持ったまま、日経平均先物をカラ売りするんだ。
売り建て
株券
こうすれば、もしも日経平均が下がって、自分の持っている株の価値が下がってしまっても、先物のカラ売りで大儲けできるから、損害はない。
株価は下がるけど…
売り
フゥ
株券
先物の売り建てで大儲け
買いもどし
つまり、日経平均先物は、大口の投資家が、株式市場の価格を歪めることなく、危機回避をするために必要なものなのさ。
プカ
プカ
経済ってうまくできてるものなんだね
へェ〜〜〜
さてここまでは先物の話だが
さらにこの先にオプションというのがある
さっきのターレスの例だね
大阪証券取引所は、決済日に前もって指定したある価格で日経平均先物を買う権利（＝コール・オプション）と売る権利（＝プット・オプション）を、別個の金融派生商品として売りに出している。これがオプションだ。
売ってまっせ〜
コールオプション
買う権利
プットオプション
売る権利
ある価格で買う権利と売る権利？
何それ？
先物の決済期限は3・6・9・12月の第2金曜だが、オプションの決済期限は、毎月第2金曜にやってくる。
オプションの決済期限
毎月
月火水木金土日
ディープな投資家は「第2金曜」と言う言葉を聞いただけでドキッとしてしまう
ドキッ
オプションは、そのときの日経平均先物のリアルな値段を中心に、500円刻みで、上下5〜6本が商品として売られている。
+3000
+2500
+2000
+1500
+1000
+500
現値
−500
−1000
−1500
−2000
−2500
−3000
たとえば、「1万円のコール2月物」と言ったら、2月の第2金曜の時点で、日経平均先物にいくらの値がついていようと、それを1万円で買う権利だ。
1万円コール2月物
ここで1万円で買うことができる権利
2月
月火水木金土日

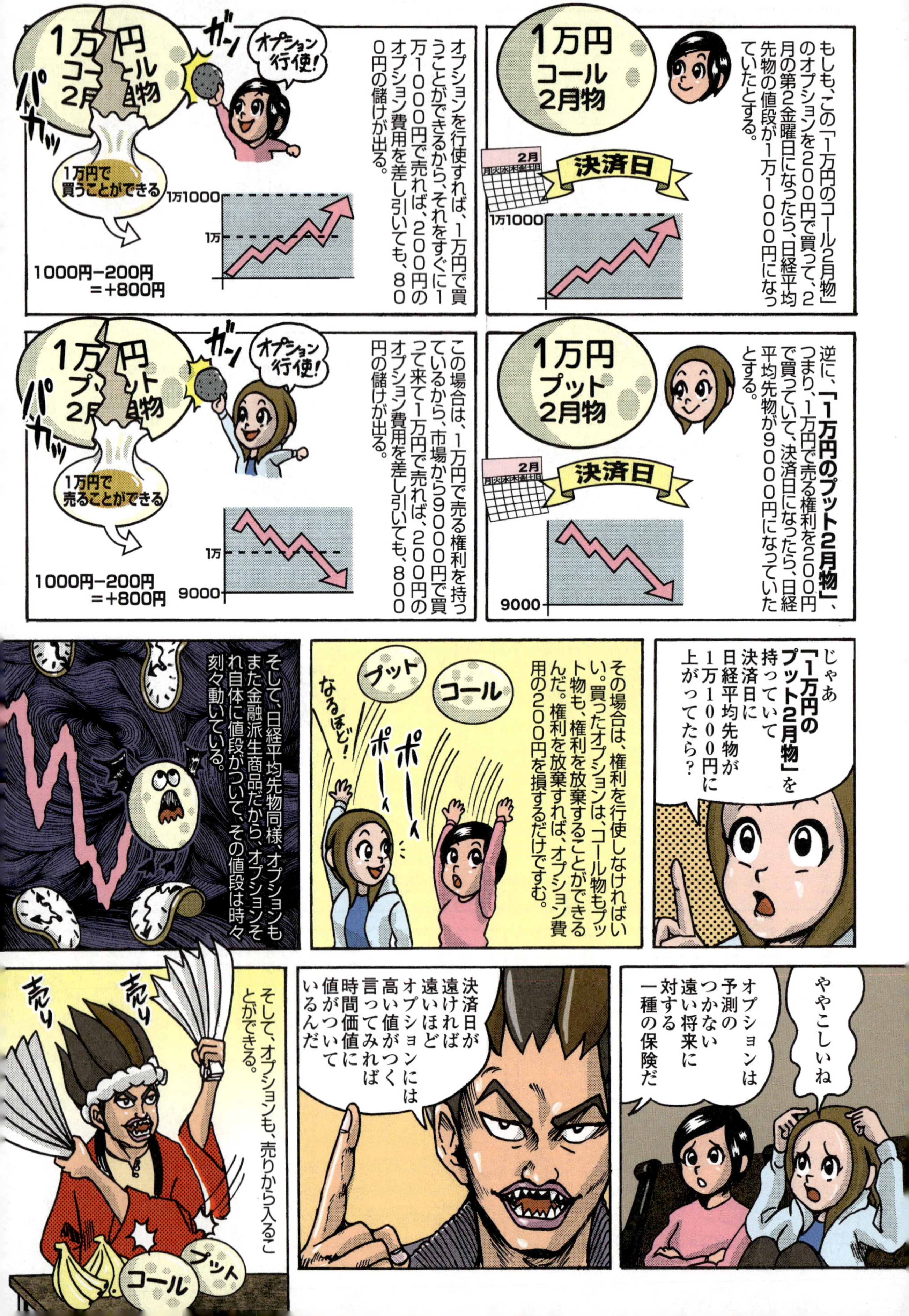
もしも、この「1万円のコール2月物」のオプションを200円で買って、2月の第2金曜日になったら、日経平均先物の値段が1万1000円になっていたとする。
1万円 コール 2月物
2月
決済日
1万1000
オプション行使!
ガン
パカッ
1万円で買うことができる
1万1000
1万
1000円−200円
＝+800円
オプションを行使すれば、1万円で買うことができるから、それをすぐに1万1000円で売れば、200円のオプション費用を差し引いても、800円の儲けが出る。
逆に、「1万円のプット2月物」、つまり、1万円で売る権利を200円で買っていて、決済日になったら、日経平均先物が9000円になっていたとする。
1万円 プット 2月物
2月
決済日
9000
オプション行使!
ガン
パカッ
1万円で売ることができる
1万
9000
1000円−200円
＝+800円
この場合は、1万円で売る権利を持っているから、市場から9000円で買って来て1万円で売れば、200円のオプション費用を差し引いても、800円の儲けが出る。
じゃあ「1万円のプット2月物」を持っていて決済日に日経平均先物が1万1000円に上がってたら？
その場合は、権利を行使しなければいい。買ったオプションは、コール物もプット物も、権利を放棄することができるんだ。権利を放棄すれば、オプション費用の200円を損するだけですむ。
プット
コール
ポーイ
ポーイ
なるほど!
そして、日経平均先物同様、オプションもまた金融派生商品だから、オプションそれ自体に値段がついて、その値段は時々刻々動いている。
ややこしいね
オプションは予測のつかない遠い将来に対する一種の保険だ
決済日が遠ければ遠いほどオプションには高い値がつく言ってみれば時間価値に値がついているんだ
そして、オプションも、売りから入ることができる。
売り
売り
コール
プット

オプションを買った人間は、コールもプットも自分の損になると思えば放棄できるが、売った人間は、買ったほうがそのオプションを行使する、と言えば、必ず売らなければならない。
売った人
買った人
行使！
オプション
たとえば、日経平均先物の値が、次の3月の決済日には、9000円〜1万1000円の間に収まるだろうと予測したとする。
3月
1万1000
9000
そしたら、「3月の9000円のプット物」と、「3月の1万1000円のコール物」を両方売っておくんだ。
売り
売り
1万1000円コール3月物
9000円プット3月物
もしも、返済日に日経平均が予測どおり、9000円〜1万1000円の間、たとえば1万円で落ち着いたとする。
1万円で売れるものを9000円で売ろうとするバカはいないから、「9000円のプット物」を買った人は権利を放棄する。
1万
9000円プット3月物
ポーイ
同様に、1万円で買えるものを1万1000円で買うバカもいないから、「1万1000円のコール物」を買った人間も権利を放棄する。
1万
1万1000円コール3月物
ポーイ
つまりプットもコールもまとまらない売った物勝ちというわけだ
え〜本当にそうなる？
ポチポチポチ
う〜んどうやっても確かにそうなるわ〜
プロの投資家はこんなセコイことをやってでもコツコツ儲けてるのさ
株の世界ってフクザツだけどいろいろ面白い仕組みになってるんだね
ガタッ
株大好き
キャ〜ッ
ナオの好きなのは株じゃなくて利食だろ
ハァ

女子高生株塾・補習授業 9
信用取引ってどうすれば始められるの？
ネット証券に通常の株取引の口座を開設した後で、あらためて信用取引専門の口座を開く手続きが必要だ。
信用取引用
必要書類は、最初の補習授業で説明した通常の株取引口座を開く場合と変わりないが、1つだけ違うのは、信用を始める際は、『審査』がある、ということだ。
審査？
授業で教えた通り信用取引とは証券会社から返済期限6カ月の借金をして株を買うことだから……
チッチッチッ
株券
昔は、支店長がじきじきに面接して、「こいつに金を貸して大丈夫か？」ということを審査していたんだ。
じ
ひっ
面接
だが、ネット証券になってから、その審査はどんどん簡素化され、今では一種の儀式となってしまっている。書類や電話でこういったことが質問されるわけだが……
あなたは想定外のリスクがあることを理解していますか
OK！
だいたい、「ハイ」とだけ答えていれば通ってしまう。
ハイ
ハイ
ハイ
ハイ
それ以外にも、信用取引を始められる資格というのが証券会社ごとに定められていてたいていは
株取引1年以上
20歳以上
ザッ
アタシたちどっちにもひっかかるじゃん！
え〜っ今すぐには無理ってこと？
ガーン
会社によっては年齢の上限も設けている。
75歳未満
とにかく、信用取引はここ数年でハードルがぐっと下がったことで、素人がやるようになり、それが最近の株の乱高下につながっているとさえ言われている。
まあおまえたちは今のところは将来にそなえて勉強しておけ
ショボーーン

【これまでのあらすじ】
ナオが通う難平女子高校は、バカミフーズに買収され、社長・馬上の片腕、利食千人力が、授業で株を教え始めた。
ナオの母親・佳代子は家出して馬上の愛人になるが、暴力の末に逃げ出し、昔の恋人・利食に助けられ、最期は利食の腕の中で死ぬ。
ナオは、一時は母親を利食に奪われたと誤解し、利食を憎んでいたが、真相を知って逆に好意を抱く。一方、利食はナオの血液型から、ナオが自分と佳代子の間にできた娘だと知る。
馬上
利食千人力
ナオ
佳代子
利食が言った1年で20万円を100万に増やすって言葉結局本当になったね
土壇場のイワシの大群作戦で一気に増えたからね
11
世界の金融
厳しい相場が続くが…

私たち もうすぐ 卒業だね
うん
ユキは 4月から どうするの?
彼氏と ラブホに 入り浸り だったから 留年だよ
今朝だって 利食の授業が 1限目でなけりゃ 今頃まだ 彼氏と ベッドの中だよ
高3で 留年は 辛いね
受験勉強 全然して なかったから 浪人したと 思えば 平気だよ オヤジは いくらでも 授業料払って くれるし
ナオは 4月から どうするの?
ウチは 大学なんか 行ってる 余裕ないから 近所の 工場に 就職だよ
お早う
あ 利食先生
ナオ 話があるから 授業前に 職員室に 寄っていけ
ドキ
ドキ
ドキ
職員室
話って なんですか

おまえは頭もキレる成績もいい
まあ
ポッ
おまえなら将来世界を股にかけた超一流のファンドマネジャーになれる
ドキドキドキ
可能性を今から摘むのはもったいない
この大学に推薦入学できるように手続きしておいた
ポッ
推薦状
えっ？
学費は奨学金で賄えるそれに家計だっておまえの能力なら株の儲けで何とかなるだろう
先生！なんで私にそんなに親切にしてくれるの？
………
私のこと好きだからじゃないの？
先生の本当の気持ちを教えてくれなきゃ素直に大学に行けない
おまえは私の大事な生徒の一人だ
それがオレの気持ちだ
本当に
それだけ？
それだけだ

わかりました
大学のことは1日考えさせてください
私は先生が好きです
いつか絶対私に振り返らせて見せます
ザワ
ザワ
ザワ
朝から職員室で愛の告白とはこの学校も乱れたもんだな
今飛び出して行った生徒はどこのクラスの娘だ
3年の松下ナオです
松下ナオ？佳代子の娘じゃないか
佳代子の娘が利食に愛の告白？
母親を奪って行った憎いはずの相手になぜ？きっとウラに何かあるぞ
3-B
この中にまだ元手の20万円が100万に達していない者がいるか
まだこんなにいたか…
よしっ今日は最後の最後の
カッ
カッ
奥の手を教えてやろう

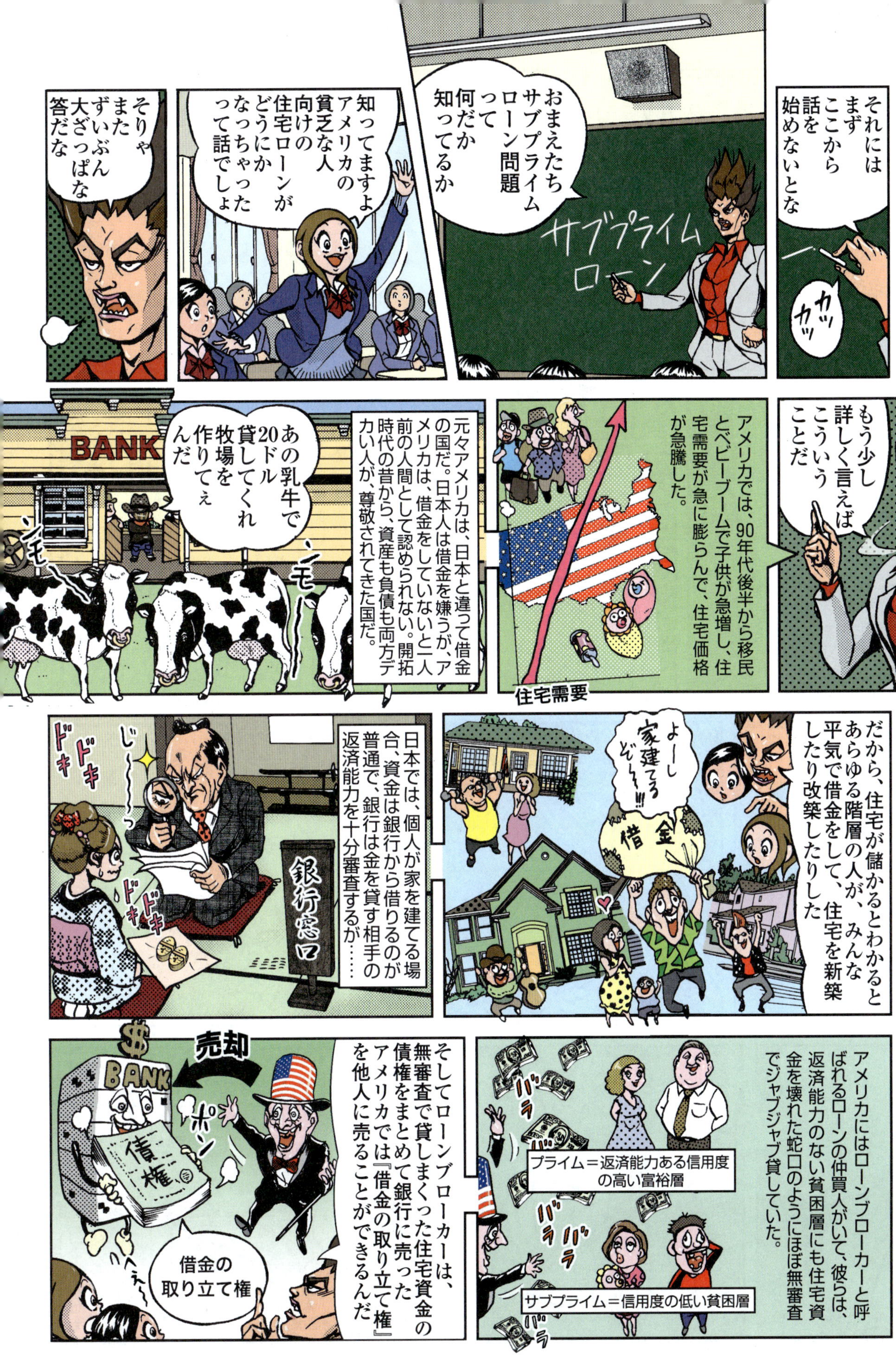

それには まず ここから 話を 始めないとな
カッ カッ
おまえたち サブプライム ローン問題 って 何だか 知ってるか
サブプライム ローン
知ってますよ アメリカの 貧乏な人 向けの 住宅ローンが どうにか なっちゃった って話でしょ
そりゃ また ずいぶん 大ざっぱな 答だな
もう少し 詳しく言えば こういう ことだ
アメリカでは、90年代後半から移民とベビーブームで子供が急増し、住宅需要が急に膨らんで、住宅価格が急騰した。
住宅需要
元々アメリカは、日本と違って借金の国だ。日本人は借金を嫌うが、アメリカは、借金をしていないと一人前の人間として認められない。開拓時代の昔から、資産も負債も両方デカい人が、尊敬されてきた国だ。
あの乳牛で 20ドル 貸してくれ 牧場を 作りてぇ んだ
BANK
モ〜
モ〜
だから、住宅が儲かるとわかるとあらゆる階層の人が、みんな平気で借金をして、住宅を新築したり改築したりした
よーし 家建てるぞ〜〜!!
借金
日本では、個人が家を建てる場合、資金は銀行から借りるのが普通で、銀行は金を貸す相手の返済能力を十分審査するが……
じ〜〜っ
ドキ ドキ
ドキ ドキ
銀行窓口
アメリカにはローンブローカーと呼ばれるローンの仲買人がいて、彼らは、返済能力のない貧困層にも住宅資金を壊れた蛇口のようにほぼ無審査でジャブジャブ貸していた。
プライム＝返済能力ある信用度の高い富裕層
サブプライム＝信用度の低い貧困層
バラ
バラ
バラ
バラ
そしてローンブローカーは、無審査で貸しまくった住宅資金の債権をまとめて銀行に売った アメリカでは『借金の取り立て権』を他人に売ることができるんだ
売却
BANK
債権
ポン
借金の取り立て権
へぇ〜

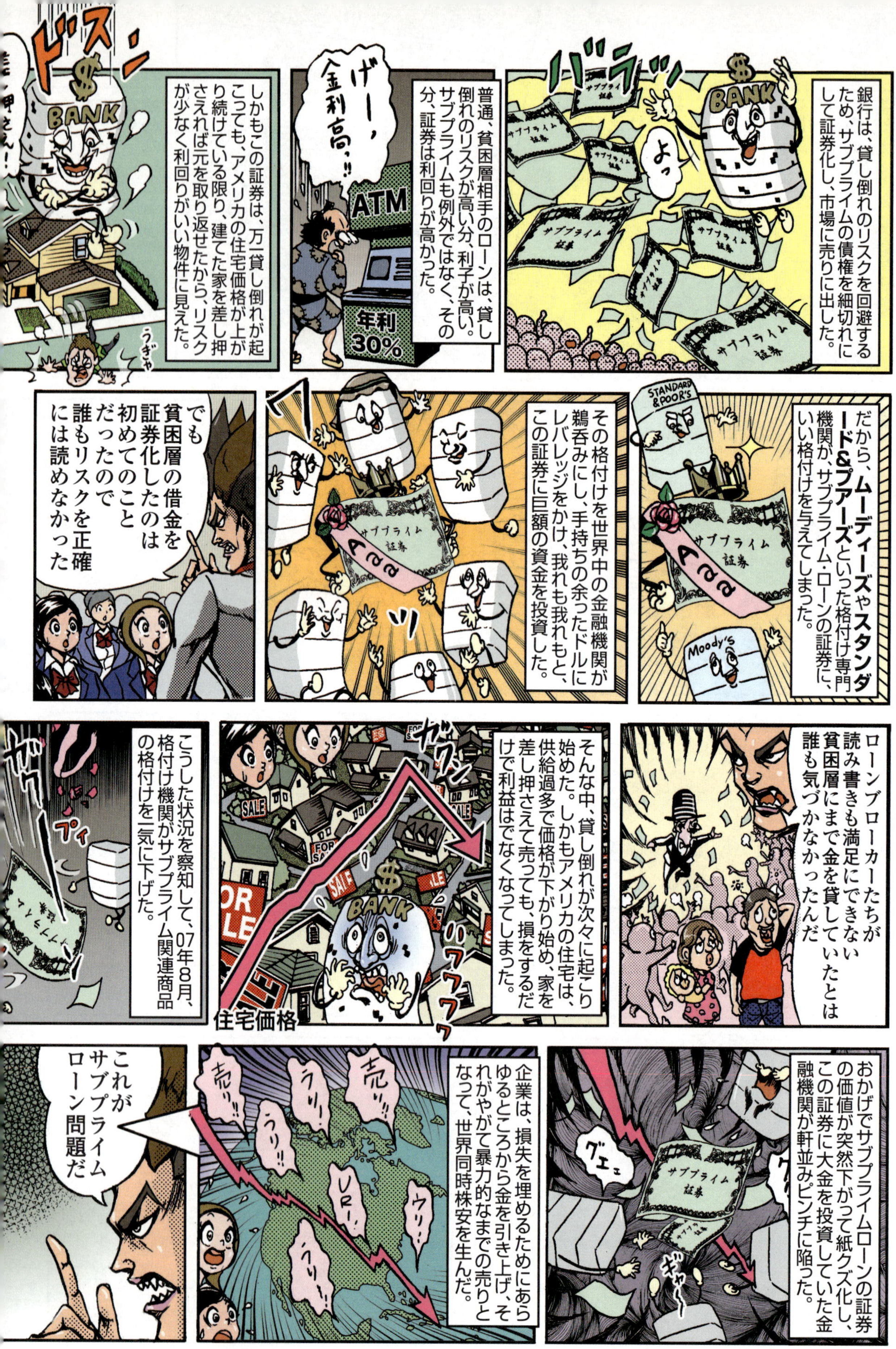

銀行は、貸し倒れのリスクを回避するため、サブプライムの債権を細切れにして証券化し、市場に売りに出した。
バラッ
BANK
よっ
サブプライム証券
普通、貧困層相手のローンは、貸し倒れのリスクが高い分、利子が高い。サブプライムも例外ではなく、その分、証券は利回りが高かった。
げー、金利高っ!!
ATM
年利30%
しかもこの証券は、万一貸し倒れが起こっても、アメリカの住宅価格が上がり続けている限り、建てた家を差し押さえれば元を取り返せたから、リスクが少なく利回りがいい物件に見えた。
ドスン
BANK
うぎゃ
だから、ムーディーズやスタンダード&プアーズといった格付け専門機関が、サブプライム・ローンの証券に、いい格付けを与えてしまった。
STANDARD & POOR'S
AAA
Moody's
その格付けを世界中の金融機関が鵜呑みにし、手持ちの余ったドルにレバレッジをかけ、我れも我れもと、この証券に巨額の資金を投資した。
AAA
でも
貧困層の借金を
証券化したのは
初めてのこと
だったので
誰もリスクを正確
には読めなかった
ローンブローカーたちが
読み書きも満足にできない
貧困層にまで金を貸していたとは
誰も気づかなかったんだ
そんな中、貸し倒れが次々に起こり始めた。しかもアメリカの住宅は、供給過多で価格が下がり始め、家を差し押さえて売っても、損をするだけで利益はでなくなってしまった。
ガクン
BANK
SALE
FOR SALE
住宅価格
こうした状況を察知して、07年8月、格付け機関がサブプライム関連商品の格付けを一気に下げた。
おかげでサブプライムローンの証券の価値が突然下がって紙クズ化し、この証券に大金を投資していた金融機関が軒並みピンチに陥った。
グエェ
サブプライム証券
ギャ〜
企業は、損失を埋めるためにあらゆるところから金を引き上げ、それがやがて暴力的なまでの売りとなって、世界同時株安を生んだ。
売!!
ウリ!!
これが
サブプライム
ローン問題だ

なるほど
でも日本の銀行はバブル崩壊の後遺症でサブプライムローンにはほとんど投資することができなかったから世界でも一番傷が浅いと聞いたけど
それがそうでもないんだな
日本の株式市場での一日の出来高のうち、6割までは外国人投資家によるものと言われている。
60%
その外国人投資家が、欧米でこいた大損を埋めるため、円高のおかげで比較的損が少ない日本で株を大量に売った。だから、アメリカよりも日本の株価のほうが下がったんだ。
日経平均
売り!
売り!
世界の経済はもはや国ごとに独立しちゃいない全部が連携しているんだ
わっ
うわぁ
ひっ
たとえばBRICsだって世界同時株安の波はもろにかぶっているぞ
カッ
カッ
ブ・リ・ッ・ク・ス?
BRICs
?
ブラジル ロシア インド 中国の略さ
おぉ
2003年10月、ゴールドマンサックス証券が、『2050年までに世界を引っ張ると予想した4カ国』だ。
Russia
China
India
Goldman Sachs
これは06年1年間の日経平均の推移
2006年　日経平均
こっちはBRICs4カ国の06年の平均株価の推移だ。
Brasil
Russia
India
China

06年1年間で日経平均は5・3%しか上がらなかったが、ブラジル株は32・9%、インド株は46・3%、ロシア株は70・3%上昇。中国株に至っては約2倍に上がっている。
2倍
70.3%
46.3%
32.9%
5.3%
そうなんだ……
なんでその4カ国は短期間でそんなに上がったんですか?
China
まず中国だが、この国は人件費が圧倒的に安いため、日本や欧米各国の企業が競って工場を作っている。言わば『**世界の工場地帯**』だ。
その結果、中国の**GDP**(国内総生産)は03年から07年まで5年連続で、10%台の成長をつづけた。
その間、日本はだいたい1%台だったから、中国がどれだけ好景気だったかわかるだろう。
中国の実質経済成長率の推移
(%)
96 97 98 99 00 01 02 03 04 05 06
Russian
次にロシアだが、ロシアの日経平均に当たる**RTS指数**を構成する会社の50%は石油産業だ。だからこの国は原油価格が上がればウハウハだ。現に、原油価格が上がり続けた08年初めまで、ロシア経済は絶好調だった。
OIL
50%
RTS指数
India
それからインド。この国は、1991年の湾岸戦争時に金が入らなくなったために外貨準備がゼロになり、**IMF**(国際通貨基金)の管理下に入った。このとき大々的な産業改革が行なわれ、IT企業が育てられた。
IMF
IT
インドの日経平均にあたるのは**SENSEX30**という指標だが、そのうちの約20%はIT系企業だ。
インド3大IT企業
IT
20%
サティヤム
ウィプロ
インフォシス
SENSEX指数
インドには昔から厳しい**カースト制**があって、若者が好きな職業に就くのは困難な国だ。だが幸いIT系はこのカースト制に組み入られていなかったため、若い優秀な人材がここに一気に集まった。
ブラフミン
(司祭)
クシャトリア
(王族・武士)
ビアイシャ
(平民)
スードラ
(奴隷)
カースト制
しかも、インドは元々イギリスの植民地。英語圏からソフト開発の仕事が取りやすい。
ペラペラペラ ペラペラペラ ペラペラペラ
ペラペラ ペラペラ ペラペラ

それに国民が10億6000万人もいるから人件費もバカ安だ。インドでなら、欧米の2分の1の価格でソフトが作れる。
インドは世界のソフト開発センターだ
Brasil
最後にブラジルだが、この国の日経平均にあたる**ボベスパ指数**の構成ウエートの約30%は、鉄か鉄鉱石の会社だ。ブラジルは世界No.1の鉄鉱石産出国なんだ。
30%
ボベスパ指数
中国やインドが発展して鉄を使いまくったため、鉄鉱石は2005年の1年間だけで、70%も値上がりした。だから、中国やインドの発展に乗じて、ブラジルの平均株価も上昇したってわけだ。
なんか地理の授業より面白いね
だがこれらの国にも金融危機は容赦なく襲いかかった
ロシアとブラジルの株価は世界同時株安と資源価格の急降下がダブルパンチとなって暴落したし、中国とインドも欧米からの注文が激減して経済は冷え切ってしまった
でも、今の世界不況から最初に立ち直る国があるとしたら、それは、やはりこういった新興国しかない。
少子高齢化でこれ以上の発展の余地のない日本に較べて、資源国には、「資源」という武器があるし、中国やインドには安い労働力という武器がある。だから、これらの国はやがて自力で這い上がってくる。
今投資するなら新興国だ
ハイ!
そういう国の株ってどうやったら買えるの?
いちばんてっとり早い方法にCFDがある
CFD?
Contract For Deference の略さ
日本語に訳せば『差金決済』
Contract For Deference

証券会社に1つ自分の口座を開くだけで、日本や外国の個別株から、商品相場、債券、FX、株式指数連動先物まで、世界中のあらゆる金融商品の取引ができる便利なシステムのことさ。

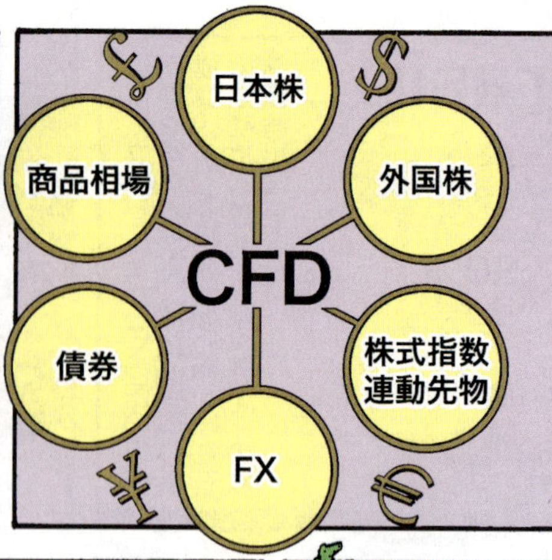
日本株
外国株
株式指数連動先物
FX
債券
商品相場
CFD

発祥はイギリス。**スミス・ニューコート**という証券会社が1998年に機関投資家向けに始めたのが最初だ。

イギリスの一般投資家の間で人気が高まって、それがオーストラリアに飛び火して、今では英国・オーストラリアの金融商品取引の30%は、CFDによるものと言われている。

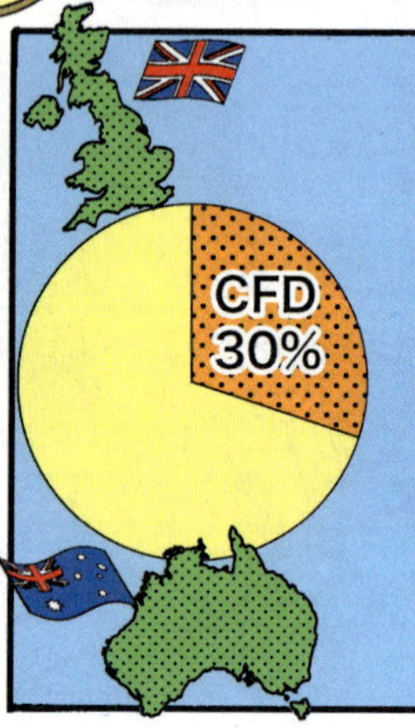
CFD
30%

日本では、2005年11月にひまわり証券が始めたのが最初。

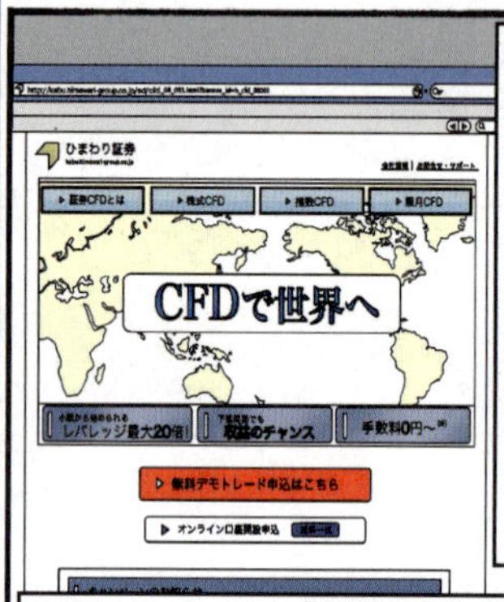
ひまわり証券
CFDで世界へ

ちなみに、ひまわり証券はFXも日本で最初に始めた「早さ」がウリの証券会社。

今は、**オリックス証券**、**CMCマーケッツ**、**SVC証券**、**内藤証券**など、十数社が扱っている。

CFD取引業者一覧

	取引会社名	初回入金	レバレッジ
証券会社	SVC証券	特に設定されていない	最大20倍
証券会社	オリックス証券	特に設定されていない	最大20倍
証券会社	内藤証券	特に設定されていない	最大約20倍
証券会社	ひまわり証券	口座開設時に10万円	最大20倍
CFD専業・FX兼業など	東岳証券	口座開設時に50万円	10倍程度
CFD専業・FX兼業など	ODL JAPAN	5万円(もしくは500ドル)	最大100倍
CFD専業・FX兼業など	CMC Markets Japan	口座開設時に15万円	最大200倍

CFDの会社は、普通の株取引のように、投資家から売買手数料を取るんじゃなくて株や金融商品の買値と売値の間に「スプレッド」と呼ばれる僅かな幅を設定し、※その差で儲けているんだ

カッカッ
買値
スプレッド
売値

※売買手数料が必要なケースもある

たとえば、ニューヨークの**ダウ工業平均**と連動した**US30**という金融商品を例にとると、買値は実際のダウ平均と同じ価格※でも、売値はそれより約5ドル安く設定されている

ダウ工業平均先物
買値…市場価格
売値…市場価格から
−5ドル

※取引会社によってスプレッドや価格設定は違う

たとえば、今のダウ平均が8000ドルだとすればUS30の買値は8000ドル売値は7995ドルだから、ダウ平均が5ドル以上値上がりしないと、儲けは出ないわけだ

買い
買値
8000ドル
売り
売値
7995ドル

でも、8000ドルに対する5ドルは、パーセンテージにすれば0.0625%。ネット証券の株取引の手数料が0.1%程度だから、CFDの手数料はかなり割安と言える。

$\frac{5}{8000}$
=0.0625%
おおっ!安い!

それと CFDの もう一つの 大きな特徴は CFDを扱っている 会社は客が 注文した株や外貨を 全部市場で 買ってるわけじゃ ないってこと
「カバーを取る」と言って、リスク回避のために、客の注文通りに外貨や株を市場ですぐに仕入れることもあるが、CFDの会社は、必ず「カバーを取る」わけじゃない。
注文
やべっ 買っとこ!
ダーッ
CFD
「カバーを取る」
CFDは、競馬のノミ屋みたいな部分もあり、これは買わないほうが儲かると判断すれば、呑んじゃうこともある。もちろんちゃんとリスク管理しているから、ノミ屋というのは極論なんだけど…。
知らね
買わね
CFD
コラ!
つまり、CFDでは、客は株や外貨や金融商品を買ってるのではなく、証券会社が開いた賭場で、株や外貨の値上がりや値下がりに金を賭けているようなものだ
CFD
CFD
証券会社
バッ
ザワ ザワ ザワ
カタ カタ カタ
これは CMCマーケッツの デモ画面だ
ここに 国の名前が ズラリと 並んでるだろ
markets-pro
どこか 一つ 開いてみろ
すごい! 聞いた こともない 会社の名前が 並んでる
カチッ
そう CFDでは 世界各国の 個別銘柄に 直接 賭けることが できるんだ
へえ〜
コモディティ っていうのは?
国際 商品相場だ
原油から 赤身豚肉まで 何でも 扱ってる
もちろん FXもあるし 債券や 株価指数 先物も あるし……

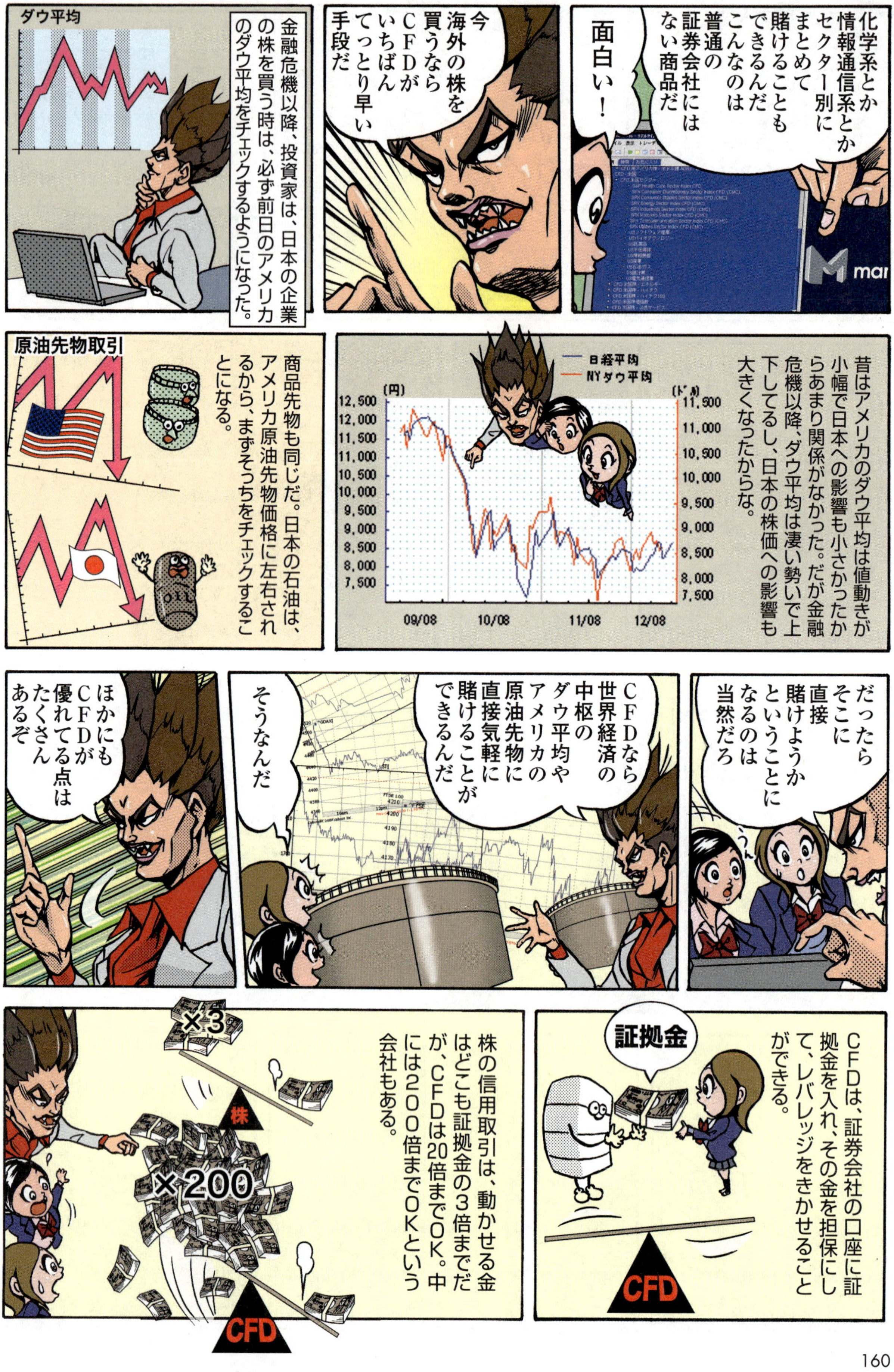
化学系とか情報通信系とかセクター別にまとめて賭けることもできるんだこんなのは普通の証券会社にはない商品だ
面白い！
今海外の株を買うならCFDがいちばんてっとり早い手段だ
ダウ平均
金融危機以降、投資家は、日本の企業の株を買う時は、必ず前日のアメリカのダウ平均をチェックするようになった。
昔はアメリカのダウ平均は値動きが小幅で日本への影響も小さかったからあまり関係がなかった。だが金融危機以降、ダウ平均は凄い勢いで上下してるし、日本の株価への影響も大きくなったからな。
日経平均
NYダウ平均
(円)
(ドル)
12,500 12,000 11,500 11,000 10,500 10,000 9,500 9,000 8,500 8,000 7,500
11,500 11,000 10,500 10,000 9,500 9,000 8,500 8,000 7,500
09/08 10/08 11/08 12/08
原油先物取引
商品先物も同じだ。日本の石油は、アメリカ原油先物価格に左右されるから、まずそっちをチェックすることになる。
だったらそこに直接賭けようかということになるのは当然だろ
うん
CFDなら世界経済の中枢のダウ平均やアメリカの原油先物に直接気軽に賭けることができるんだ
そうなんだ
ほかにもCFDが優れてる点はたくさんあるぞ
CFDは、証券会社の口座に証拠金を入れ、その金を担保にして、レバレッジをきかせることができる。
証拠金
CFD
株の信用取引は、動かせる金はどこも証拠金の3倍までだが、CFDは20倍までOK。中には200倍までOKという会社もある。
×3
株
×200
CFD

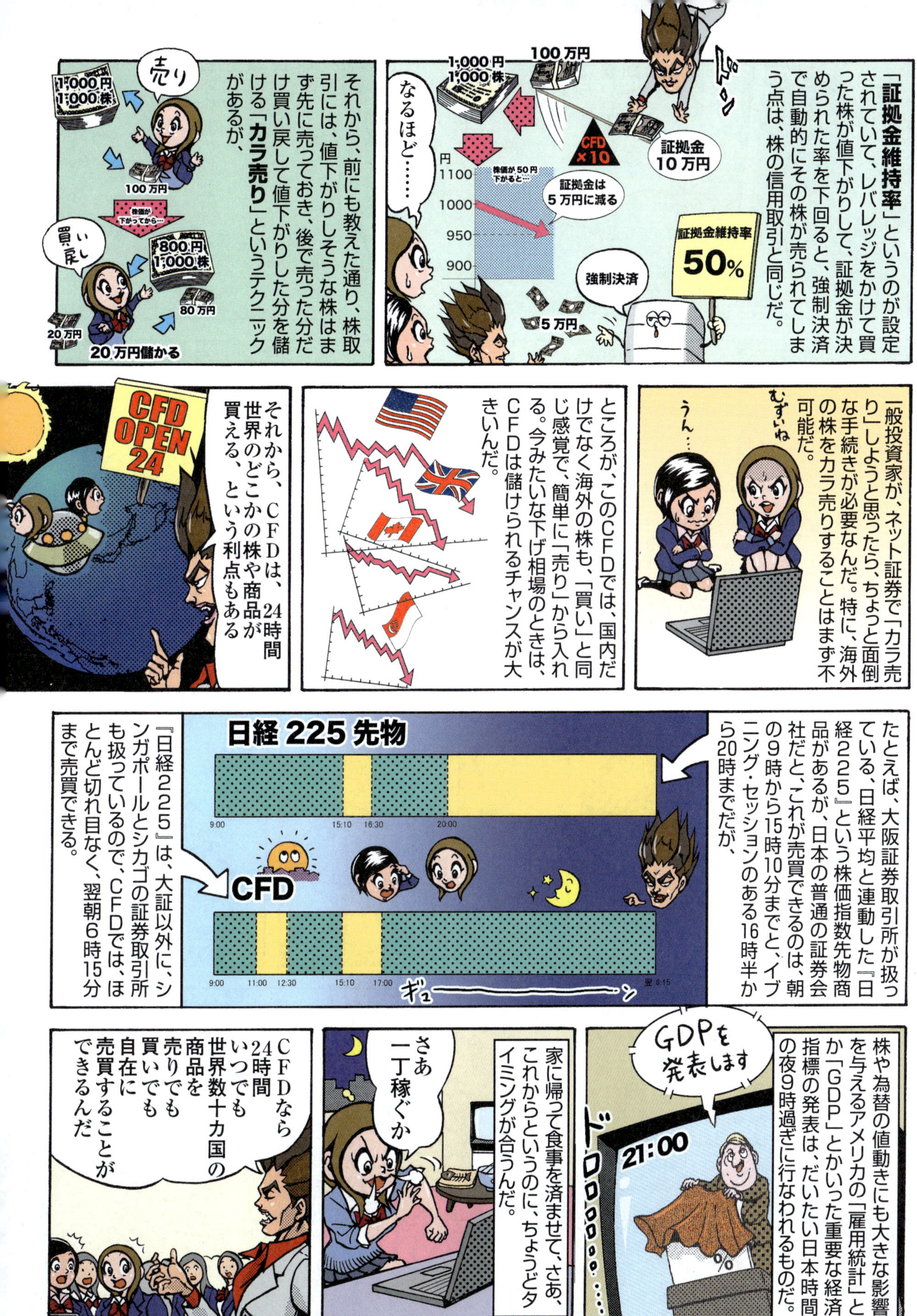
「証拠金維持率」というのが設定されていて、レバレッジをかけて買った株が値下がりして、証拠金が決められた率を下回ると、強制決済で自動的にその株が売られてしまう点は、株の信用取引と同じだ。
100万円
1,000円 1,000株
証拠金 10万円
CFD ×10
円
1100
1000
950
900
株価が50円下がると…
証拠金は 5万円に減る
証拠金維持率 50%
強制決済
5万円
なるほど……
それから、前にも教えた通り、株取引には、値下がりしそうな株はまず先に売っておき、後で売った分だけ買い戻して値下がりした分を儲ける「カラ売り」というテクニックがあるが、
売り
1,000円 1,000株
100万円
株価が下がってから…
買い戻し
800円 1,000株
80万円
20万円
20万円儲かる
一般投資家が、ネット証券で「カラ売り」しようと思ったら、ちょっと面倒な手続きが必要なんだ。特に、海外の株をカラ売りすることはまず不可能だ。
むずいね
うん…
ところが、このCFDでは、国内だけでなく海外の株も、「買い」と同じ感覚で、簡単に「売り」から入れる。今みたいな下げ相場のときは、CFDは儲けられるチャンスが大きいんだ。
それから、CFDは、24時間世界のどこかの株や商品が買える、という利点もある
CFD OPEN 24
たとえば、大阪証券取引所が扱っている、日経平均と連動した『日経225』という株価指数先物商品があるが、日本の普通の証券会社だと、これが売買できるのは、朝の9時から15時10分までと、イブニング・セッションの16時半から20時までだが、
日経225先物
9:00 15:10 16:30 20:00
CFD
9:00 11:00 12:30 15:10 17:00 翌8:15
ギュ―――――ン
『日経225』は、大証以外に、シンガポールとシカゴの証券取引所も扱っているので、CFDでは、ほとんど切れ目なく、翌朝6時15分まで売買できる。
株や為替の値動きにも大きな影響を与えるアメリカの「雇用統計」とか「GDP」とかいった重要な経済指標の発表は、だいたい日本時間の夜9時過ぎに行なわれるものだ。
GDPを発表します
21:00
ドロロロ……
家に帰って食事を済ませて、さあ、これからというのに、ちょうどタイミングが合うんだ。
さあ一丁稼ぐか
CFDなら24時間いつでも世界数十カ国の商品を売りでも買いでも自在に売買することができるんだ

※実際のCFD取引は20歳以上という制限が設定されています

女子高生株塾・補習授業 ⑩

高校生が外国株を買う方法はないの？
証券会社によっては高校生でも外国株が買えるところがある

外国株人気の立役者となった中国株を例にとって話そう。中国には、3つの証券取引所がある。**上海・深圳・香港**の3カ所だ。

上海
深圳
香港

そして、本土の上海と深圳は**A株とB株**という2つの種類の株を扱っている。

	決済	誰でも買える？	企業数
A株	人民元	中国人のみ	上海約830 深圳約560
B株	米ドル 香港ドル	中国人も 外国人も	上海、深圳 合わせて 約50

※08年12月時点

また、行政特別区である香港の証券取引所で扱っている株には3つの種類がある。

香港

1つは本社は中国本土だが、香港の証券取引所で上場している会社の株。いわゆる『**H株**』。

H株
上場

1つは本社は香港だが、資本の30%以上が中国本土という会社の株。いわゆる『**レッドチップ**』。

レッドチップ
30%
本社

そしてもう1つは香港の地場企業の株。

地場企業株

3つの中でも特に重要なのがH株だ
H株

中国本土の企業は、本土で上場するより、香港で上場したほうが資金を集めやすいので、香港で上場するケースが多い。香港市場には今や日本だけでなく、世界が投資している。中国株と言えばこのH株を指すのが普通だ。そしてH株は、一般のネット証券を通じておまえたちでも買える。

ちなみにH株を買おうと思ったら、まずは証券会社に普通の国内株用の口座を開設する必要がある。

国内株用

その後でそれとは別に、H株用の香港ドル建ての中国株口座を開設するんだ。

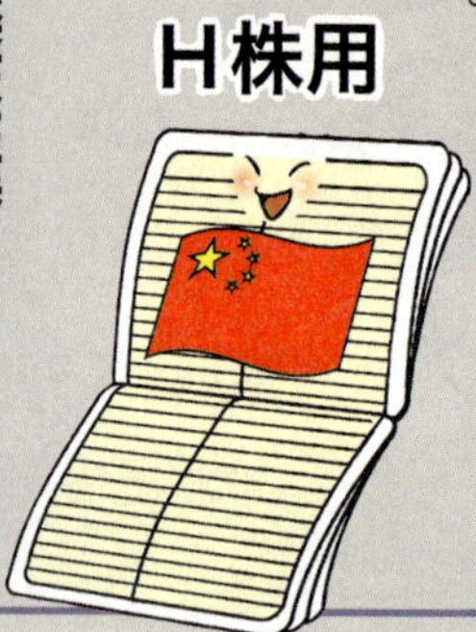
H株用

中には**楽天証券**のように、特別な申込み手続きをしなくても、国内用口座を開設すると同時に自動的に外国株用口座も開設されるところもあるが、普通はこの順だ。

楽天

中国株用の口座開設の手続きは、国内口座用のそれと同じだ。必要書類を取り寄せて記入し、郵送すればいい。

口座開設申込書
POST

口座を開設したら金を入金する。このとき、わざわざ香港ドルを入金する必要はない。通常の国内口座から中国株用口座に資金を移動するだけで、自動的にその日のレートで香港ドルに両替してくれる。

入金
よっ！

そして個別の銘柄を選んで売買し、国内口座に金を戻すとき、その日のレートで香港ドルを円にしてくれるというわけだ。売買手数料は国内の株より若干高いが、それでも最近かなり安くなってきている。

ポン
ぺんっ！

ここで気をつけなければならないのは、中国株にはストップ安・ストップ高がないとか、信用取引の担保としては認められないとか、国内株とは多少ルールが異なる、ということだ。

あう…

インドやブラジルの個別株はどうなの？

アメリカ預託証券、という方法があるな。アメリカの証券市場は世界一大きいだけあって、アメリカ以外の国の会社の株も『預託証券（ADR）』という形で売買されている。これを日本から買うことが可能なんだ。

預託証券
ADR
買い！

手続きは、中国株用口座の開設と同じ。国内口座を開いた上で、それとは別にADR用の米ドル建ての米株口座を開設する必要がある。

ADR用

外国株には為替の変化や政情不安とかいったその国特有の問題、すなわち『カントリーリスク』がつきものだ
儲かる分リスクも大きいということを忘れるな
ハーイ

【これまでのあらすじ】
ナオが通う雛平女子高校は、バカミフーズに買収され、社長・馬上の片腕、利食千人力が、授業で株を教え始めた。ナオの母親・佳代子は馬上の愛人だったが、暴力の末に逃げ出し、昔の恋人・利食に助けられたが、最期は利食の腕の中で死ぬ。そのことを知ったナオは利食に好意を抱くが、利食はナオの血液型から、ナオが自分と佳代子の間の娘だと知ってしまう。
馬上は利食とナオの間に何かあると睨み、ナオを呼びつける。
松下ナオを呼べ
お呼びですか？
おまえ今朝、職員室で利食に愛の告白をしてたな
時は金なり
私は先生が好きです
いつか絶対私に振り返らせて見せます
………
利食の計らいで大学に行くことにしたそうじゃないか
……
おまえ最近、利食とよく喋ってるだろ
利食が捨てたおまえの母親の面倒を私がみてやっていたことも聞いているな？
利食は佳代子の行方を知ってるんじゃないのか？
おまえは何か知らないか？
ピクッ
利食が何を考えているのか聞いてないか？
オレは復讐を誓って馬上のもとに戻った

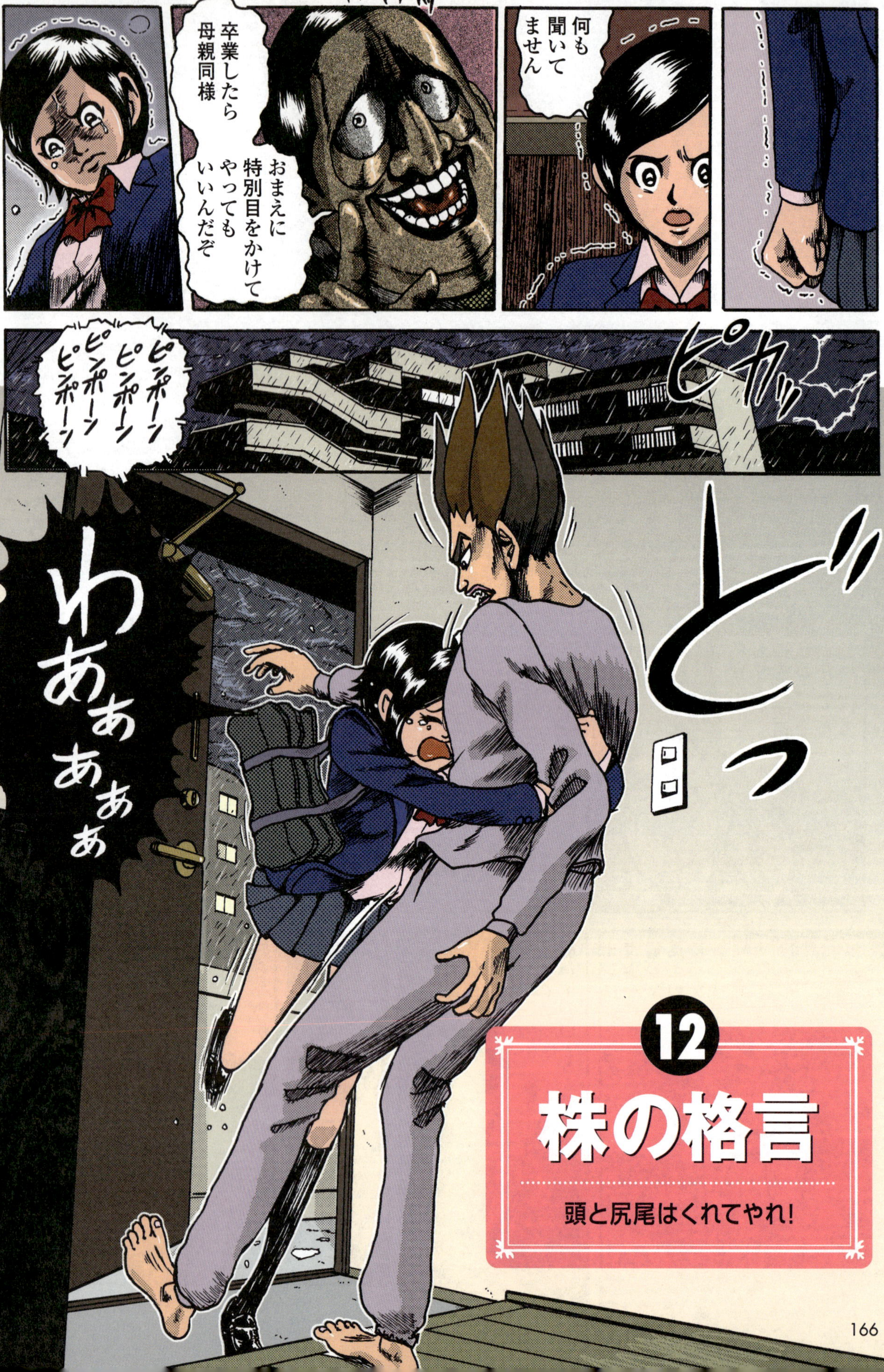
何も聞いてません
ウッウッウッウッ
卒業したら母親同様
おまえに特別目をかけてやってもいいんだぞ
ピカッ
ピンポーンピンポーンピンポーン
どっ
わあああああ

12 株の格言

頭と尻尾はくれてやれ!

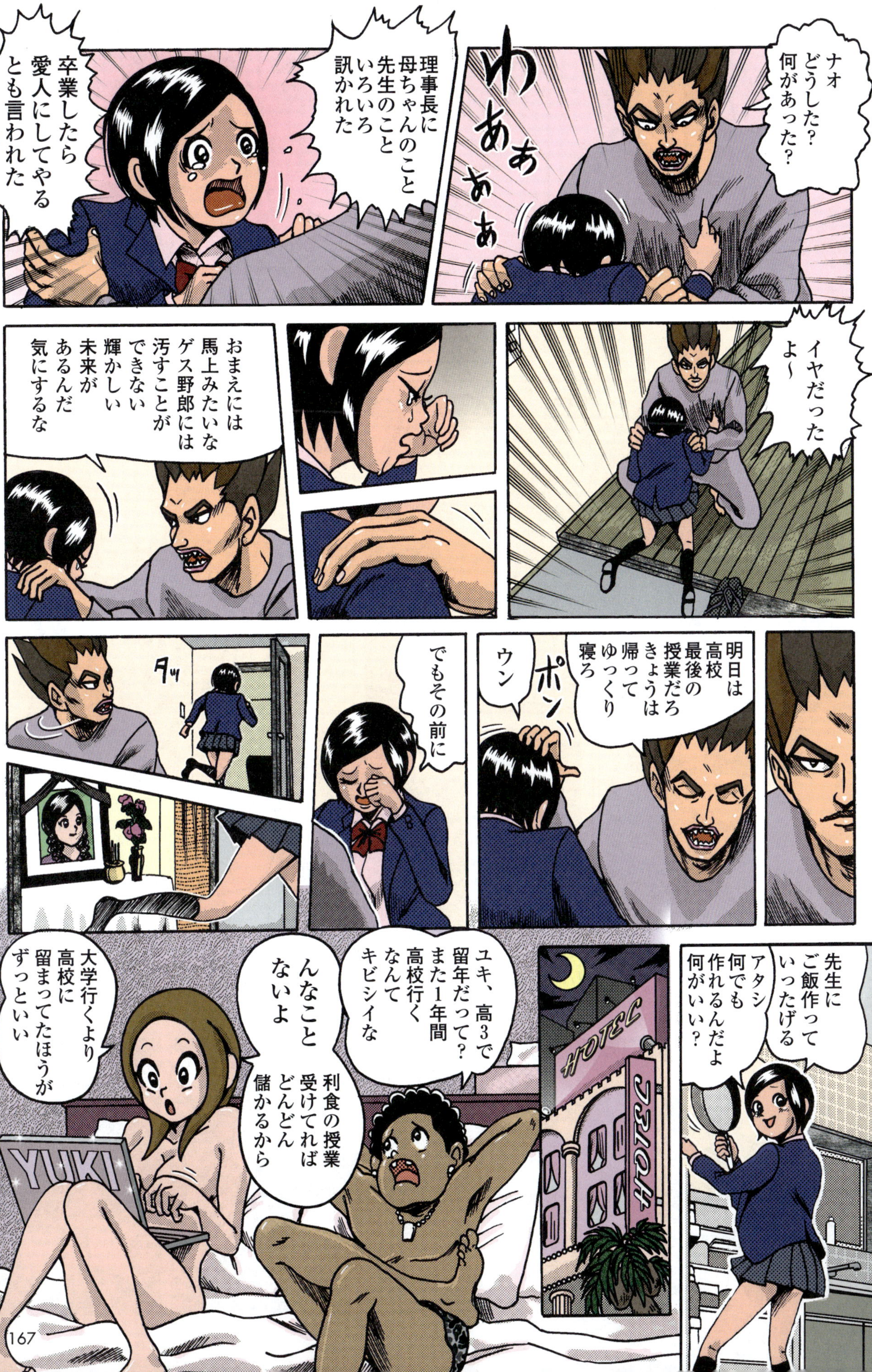
ナオ どうした? 何があった?
わあぁあぁ
理事長に母ちゃんのこと先生のこといろいろ訊かれた
卒業したら愛人にしてやるとも言われた
イヤだったよ~
おまえには馬上みたいなゲス野郎には汚すことができない輝かしい未来があるんだ気にするな
明日は高校最後の授業だろ きょうは帰ってゆっくり寝ろ
ポン
ウン
でもその前に
タッ
先生にご飯作っていったげる アタシ何でも作れるんだよ 何がいい?
HOTEL
ユキ、高3で留年だって? また1年間高校行くなんてキビシイな
んなことないよ
利食の授業受けてればどんどん儲かるから
大学行くより高校に留まってたほうがずっといい
YUKI

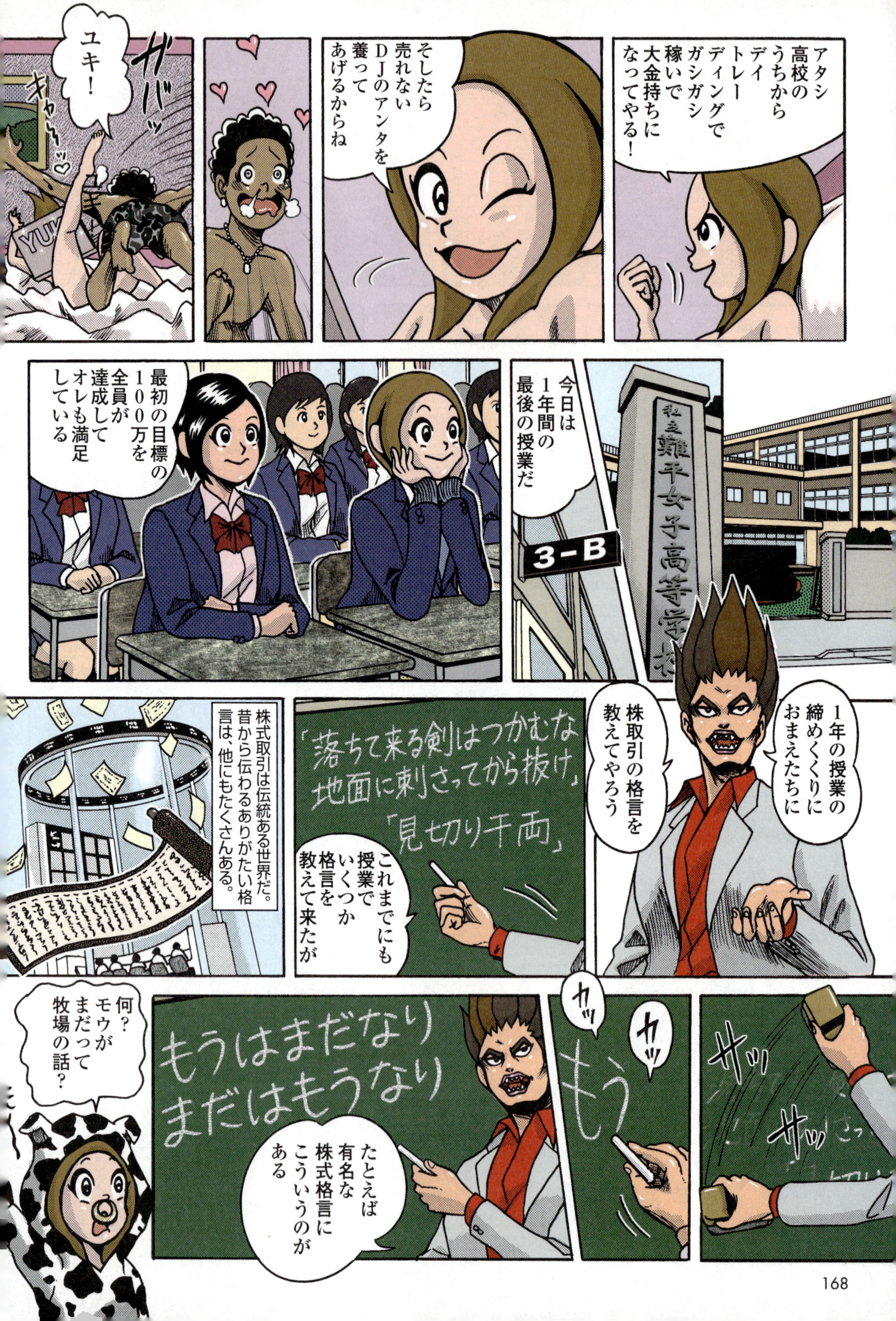

アタシ高校のうちからデイトレーディングでガシガシ稼いで大金持ちになってやる！
そしたら売れないDJのアンタを養ってあげるからね
ガバッ
キャ〜〜ッ♡
ユキ！
今日は1年間の最後の授業だ
3-B
最初の目標の100万を全員が達成してオレも満足している
1年の授業の締めくくりにおまえたちに
株取引の格言を教えてやろう
「落ちて来る剣はつかむな地面に刺さってから抜け」
「見切り千両」
これまでにも授業でいくつか格言を教えて来たが
株式取引は伝統ある世界だ。昔から伝わるありがたい格言は、他にもたくさんある。
サッ
サッ
カッ
カッ
もう
もうはまだなりまだはもうなり
たとえば有名な株式格言にこういうのがある
何？モウがまだって牧場の話？

株価というのは、思いどおりには動かないものだ。ここまで下がれば**もう**底だろうと思ったら、それより**まだ**下がることがよくあるし、
もう底だった
?
まだ下がる
逆に、**まだ**下がるだろうと思った株が、**もう**底だった、というのもよくあることだ。
つまり自分勝手に決めつけずに冷静に相場を見ろということだな
ふううん
派生してこんな格言もある
カッ
頭と尻尾はくれてやれ
何ですかアタマとシッポって
鯛焼きの話？
鯛焼きは頭は重要だよ
株取引の理想は、**底値**（＝最安値）で買って**天井**（＝最高値）で売ることだろ
天井
底値
だが実際には、「もうはまだなり、まだはもうなり」で、どこが天井でどこが底かなんて、ベテランでも読み切れない。
む〜〜う
だから、最初から、アタマの部分とシッポの部分は他人にくれてやるつもりで売り買いしろ、それくらい余裕を持って売買していたほうが結果的に儲かる、ということだな。
まったく同じ意味でこういう格言もあるぞ
天井売らず底買わず
カッ
カッ
天井で売る底で買うなんていう欲深いことを考えていると売りや買いのチャンスを逃してしまうという意味だ
なるほど天井や底を狙っても意味がないのね
ポン

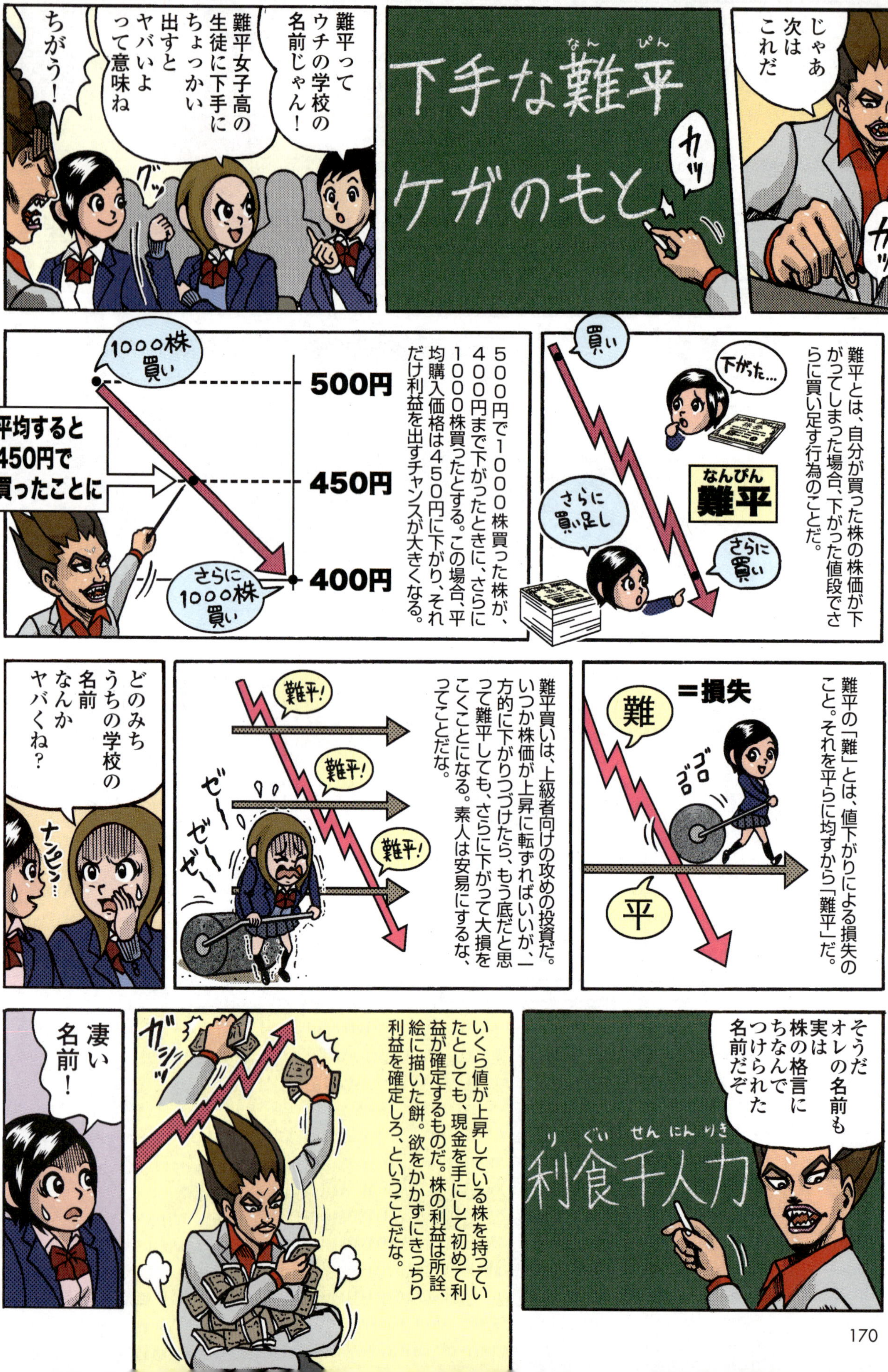
じゃあ次はこれだ
下手な難平《なんぴん》ケガのもと
カッ
カッ
難平ってウチの学校の名前じゃん！
難平女子高の生徒に下手にちょっかい出すとヤバいよって意味ね
グッ
ちがう！
難平とは、自分が買った株の株価が下がってしまった場合、下がった値段でさらに買い足す行為のことだ。
買い
下がった…
なんぴん
難平
さらに買い足し
さらに買い
500円で1000株買った株が、400円まで下がったときに、さらに1000株買ったとする。この場合、平均購入価格は450円に下がり、それだけ利益を出すチャンスが大きくなる。
1000株買い
500円
平均すると450円で買ったことに
450円
さらに1000株買い
400円
難平の「難」とは、値下がりによる損失のこと。それを平らに均すから「難平」だ。
難
＝損失
ゴロゴロ
平
難平買いは、上級者向けの攻めの投資だ。いつか株価が上昇に転ずればいいが、一方的に下がりつづけたら、もう底だと思って難平しても、さらに下がって大損をこくことになる。素人は安易にするな、ってことだな。
難平！
難平！
難平！
ぜ〜ぜ〜ぜ〜
どのみちうちの学校の名前なんかヤバくね？
ナンピン…
そうだオレの名前も実は株の格言にちなんでつけられた名前だぞ
利《り》食《ぐい》千《せん》人《にん》力《りき》
いくら値が上昇している株を持っていたとしても、現金を手にして初めて利益が確定するものだ。株の利益は所詮、絵に描いた餅。欲をかかずにきっちり利益を確定しろ、ということだな。
ガシッ
凄い名前！

次の格言はこれだ
三割高下に向かえ
自分が持っている株が3割も値上がりしたら、素人は、「とことん上がるまで持っていよう」と欲をかき始め、その欲がわざわいして儲けるチャンスを失ってしまいがちだ。
とことん行くぞ〜
ガクーーン
あ〜欲をかかずにあのとき売っておけば…
そこで、前もって、持っている株が3割上がったら、どんな状況でも必ず売る、と決めて取引をする戦法がある。
3割上がった!売り!!
3割で売
100円で買った株が130円になったら売る。その130円で別な株を買って、それが3割上がったらまた売る。
169円
130円
130円
100円
売り!
売り!
B株
A株
これを3回やれば、元金は2・2倍。5回やれば3・7倍。どうだ、3割って案外強力だろ。
372円
286円
220円
169円
130円
100円
3.7倍
2.2倍
たしかにそうなる計算だ
まあ3割も上がったら満足してとっとと売れ
逆に3割下がった株は狙い目という意味だな
さらに専門的になるがこんな教えもある
カッ
カッ
保合《もちあ》い放れにつけ
保合い放れは大相場
保合《もちあ》いというのは、この株は今後値が上がるだろう思って買いに走る投資家と、下がるだろうと思って売りに走る投資家の数が拮抗し、株価の動きが膠着する状態のことだ。
保合《もちあ》い
上がるはず…
ジリジリ
ジリジリ
下がるだろう…

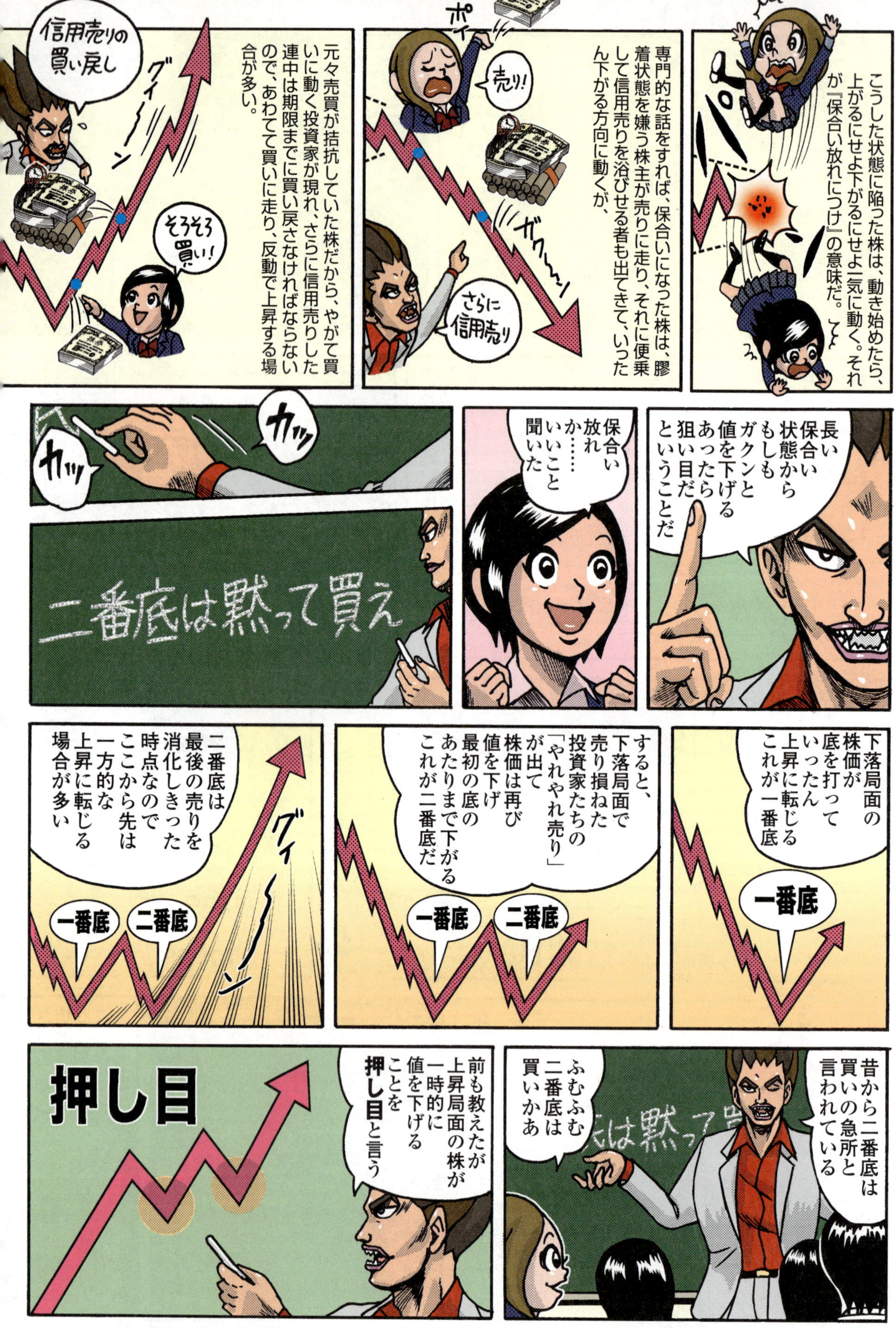

こうした状態に陥った株は、動き始めたら、上がるにせよ下がるにせよ一気に動く。それが『保合い放れにつけ』の意味だ。
専門的な話をすれば、保合いになった株は、膠着状態を嫌う株主が売りに走り、それに便乗して信用売りを浴びせる者も出てきて、いったん下がる方向に動くが、
ポイー
売り!
ガクーン
さらに信用売り
元々売買が拮抗していた株だから、やがて買いに動く投資家が現れ、さらに信用売りした連中は期限までに買い戻さなければならないので、あわてて買いに走り、反動で上昇する場合が多い。
信用売りの買い戻し
グイ〜ン
そろそろ買い!
長い保合い状態からもしもガクンと値を下げるあったら狙い目だということだ
保合い放れか……いいこと聞いた
カッ
カッ
二番底は黙って買え
下落局面の株価が底を打っていったん上昇に転じるこれが一番底
一番底
すると、下落局面で売り損ねた投資家たちの「やれやれ売り」が出て株価は再び値を下げ最初の底のあたりまで下がるこれが二番底だ
一番底
二番底
二番底は最後の売りを消化しきった時点なのでここから先は一方的な上昇に転じる場合が多い
グイ〜ン
一番底
二番底
昔から二番底は買いの急所と言われている
ふむふむ二番底は買いかあ
底は黙って買
前も教えたが上昇局面の株が一時的に値を下げることを**押し目**と言う
押し目

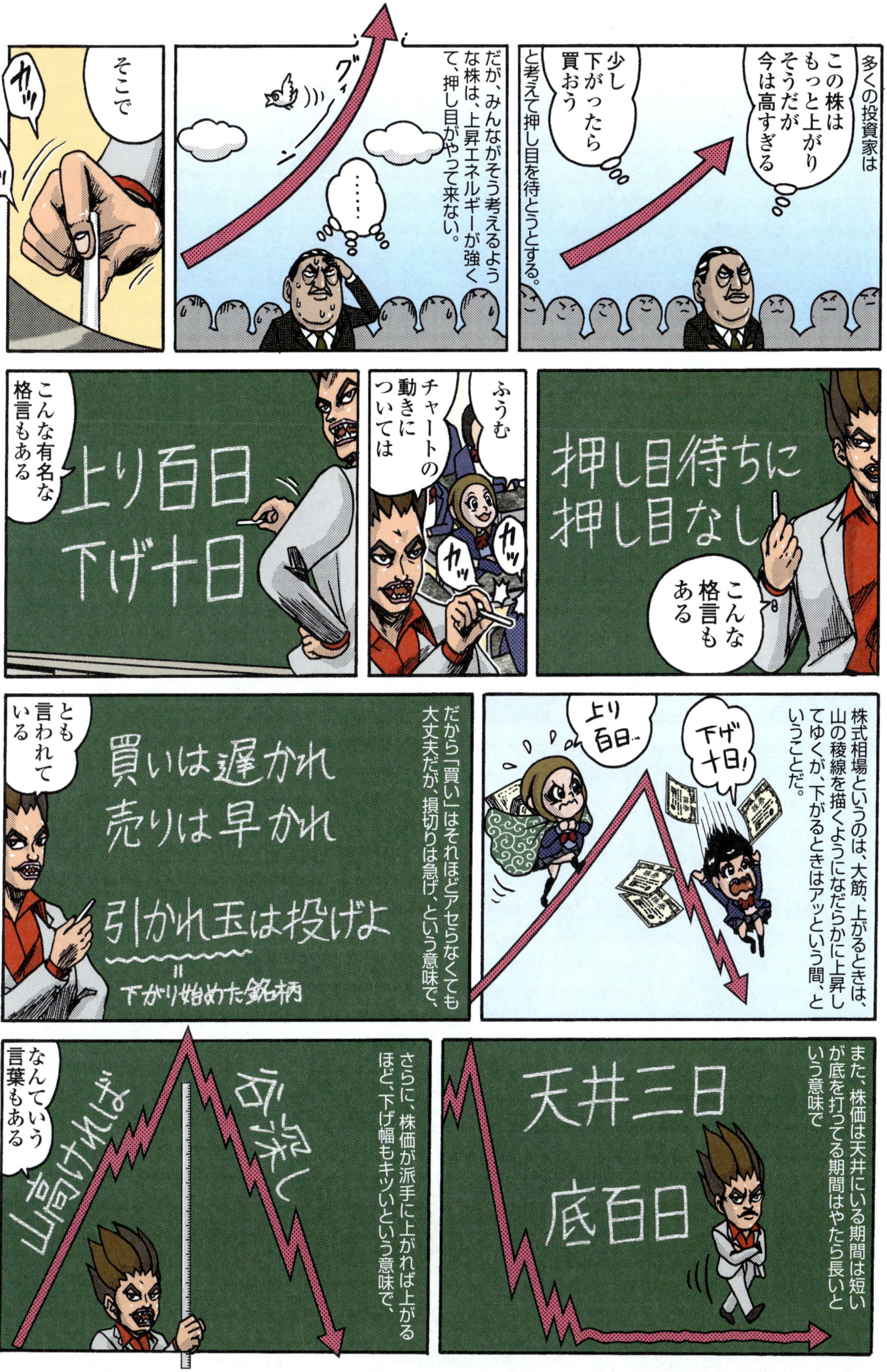

多くの投資家は
この株はもっと上がりそうだが今は高すぎる
少し下がったら買おう
と考えて押し目を待とうとする。
だが、みんながそう考えるような株は、上昇エネルギーが強くて、押し目がやって来ない。
グィ〜
……
そこで
カッ
カッ
押し目待ちに押し目なし
こんな格言もある
ふうむ
チャートの動きについては
カッ
カッ
こんな有名な格言もある
上り百日
下げ十日
株式相場というのは、大筋、上がるときは、山の稜線を描くようになだらかに上昇してゆくが、下がるときはアッという間、ということだ。
上り百日…
下ゲ十日！
だから「買い」はそれほどアセらなくても大丈夫だが、損切りは急げ、という意味で、
買いは遅かれ
売りは早かれ
引かれ玉は投げよ
＝
下がり始めた銘柄
とも言われている
また、株価は天井にいる期間は短いが底を打ってる期間はやたら長いという意味で
天井三日
底百日
さらに、株価が派手に上がれば上がるほど、下げ幅もキツいという意味で、
山高ければ
谷深し
なんていう言葉もある

それから
おまえたちは
株を買ったり
売ったり
することだけが
株取引だと
思っているだろうが
こんな
格言も
あるぞ
カッ
カッ
休むも相場
株は、買える時期に買い、売る時期に売る。それ以外は「休む時期」だ。1年中株を持っている必要はない。株価が下落基調のときは現金で持っていろ。休むことも立派な相場だ、ということだ。
くぁ〜
おい
ユキ、
授業中に
何やってる！
「休むも
授業」
だよ
さて
ここまでの
株式格言は
長年の経験から
導かれた
ことわざ
みたいな
ものだが
中には根拠が
よくわからない
オカルト格言
もあるぞ
おまえ
十二支って
全部言えるか
え〜と
全部は
言えるわけ
ないじゃん
今年の年賀状は
ウシの絵を
描いたけど
戌《いぬ》亥《い》の借金
辰《たつ》巳《み》で返す
カッ
カッ
戌年、亥年は株価は低迷するが辰年、巳年は、盛り上がるという意味だ。
もっと
長い
こんなのも
ある
辰巳天井 午しり下がり
未辛抱 申酉騒ぐ
戌は笑い 亥固まる 子は繁栄
丑はつまづき 寅千里を走り
卯は跳ねる
カッ
カッ

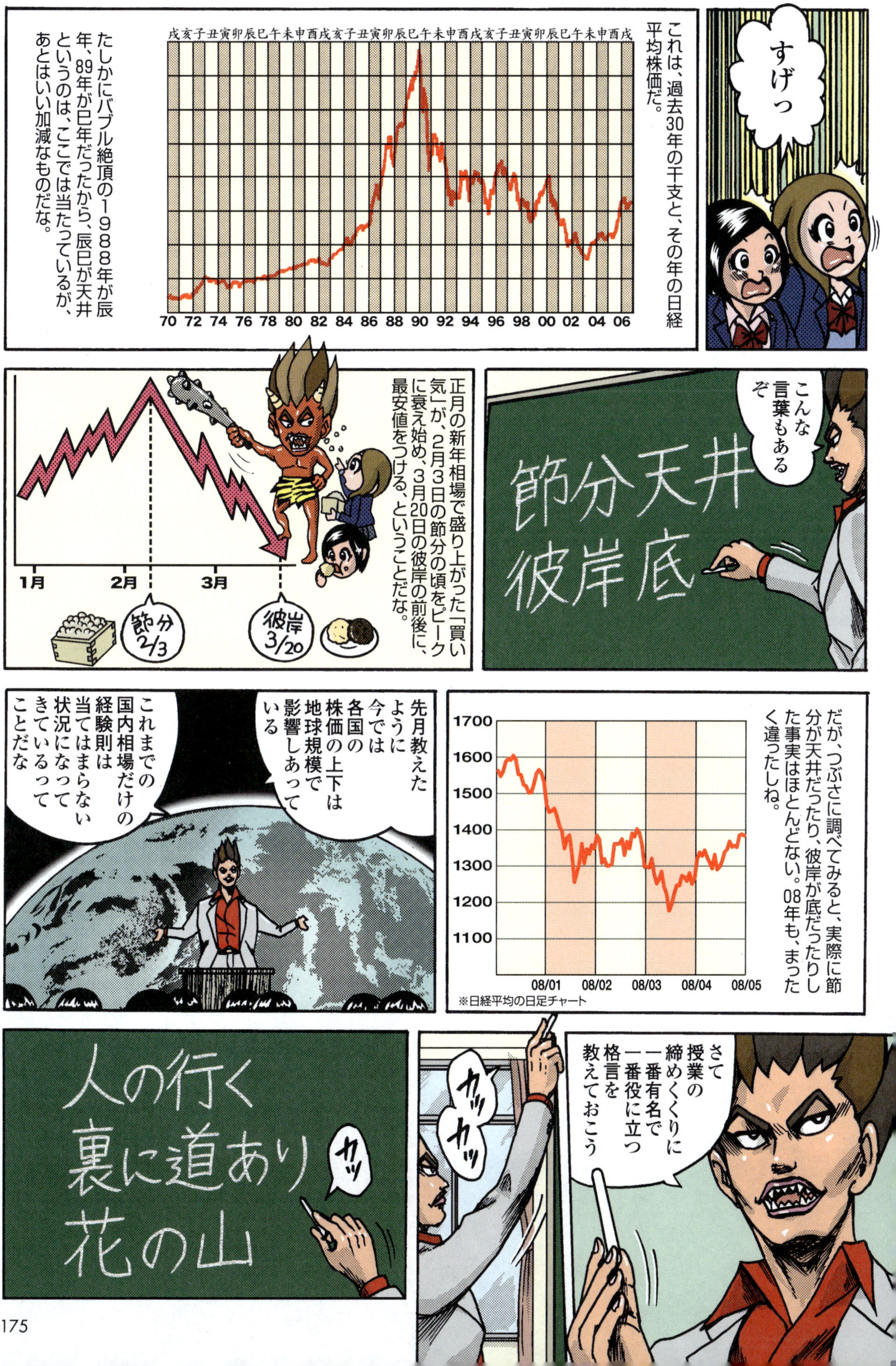
すげっ
これは、過去30年の干支と、その年の日経平均株価だ。
戌亥子丑寅卯辰巳午未申酉戌亥子丑寅卯辰巳午未申酉戌亥子丑寅卯辰巳午未申酉戌
70 72 74 76 78 80 82 84 86 88 90 92 94 96 98 00 02 04 06
たしかにバブル絶頂の1988年が辰年、89年が巳年だったから、辰巳が天井というのは、ここでは当たっているが、あとはいい加減なものだな。
こんなことばもあるぞ
節分天井
彼岸底
正月の新年相場で盛り上がった「買い気」が、2月3日の節分の頃をピークに衰え始め、3月20日の彼岸の前後に、最安値をつける、ということだな。
1月 2月 3月
節分 2/3
彼岸 3/20
だが、つぶさに調べてみると、実際に節分が天井だったり、彼岸が底だったりした事実はほとんどない。08年も、まったく違ったしね。
1700 1600 1500 1400 1300 1200 1100
08/01 08/02 08/03 08/04 08/05
※日経平均の日足チャート
先月教えたように今では各国の株価の上下は地球規模で影響しあっている
これまでの国内相場だけの経験則は当てはまらない状況になってきているってことだな
さて授業の締めくくりに一番有名で一番役に立つ格言を教えておこう
カッカッ
カッ
人の行く
裏に道あり
花の山

多くの場合、みんなが欲しがる人気株は既に天井圏だし、逆にみんなが売りたい不人気株は底値圏に達している。だから、みんなが欲しがる株を買って、みんなが売りたい株を売っていたのでは絶対儲からない。
欲しいなぁ
いらない
株の世界では儲けたかったら他人と違うところに目をつけろということだ
ふうむ他人と違うところに目をつけろか
これで1年間のオレの株の授業は終わりだ
キーンコーンカーンコーン
ドラゴンバオバブ
せ〜〜の
やったあ
ナオ卒業おめでとう
利食に松下ナオか…
おまえが何か企んでいることはわかってる必ずシッポをつかまえてやる
そしておまえが特別目をかけているあの松下ナオを
近々、必ずオレのものにしてやるぞ

女子高生株塾・補習授業 ⑪

株式格言面白〜い
ほかにも実戦で役立つ格言がいくつかある教えてやろう
月の八日にもの買うな

昔は証券会社の営業マンは月初めにセールスのハッパをかけられていたので、全体的に株価は月初めに天井になるケースが多かった。

今月も売りまくれ！
ハイッ
株券

実際、過去15年間の統計でも、毎月1日と2日は、株価が明らかに高くなっている。月初めに株を買うのは損、ということだ。

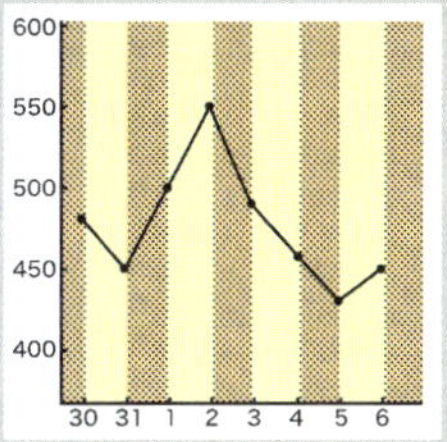

600
550
500
450
400
30 31 1 2 3 4 5 6

ちなみに、1週間では、金曜は土日に何があるかわからないので株を売る人が多く、株価が下がるという説があるが、これは統計ではまったく有意差は出ていない。

二度に買うべし二度に売るべし
それからこれは、株の売買は二度に分けるくらい慎重にという教えだな

そう言えば授業で『押し目待ちに押し目なし』という格言を教えたがこんなのもあるぞ
初押しは買い初戻しは売り

上昇をつづける株が初めて値を下げたとき（＝初押し）は絶好の買いどきだし、

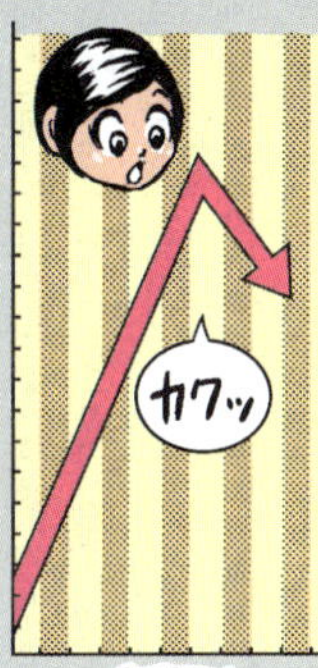

カクッ

初押し

逆に下降をつづけていた株が初めて値を戻したとき（＝初戻し）は売りどき、ということだ。

グイッ

初戻し

もっとも、初戻しで売ろうと思って待ち構えていると、往々にして一度も戻さず、株価はズルズル下がりっ放しな事が多い、という意味で、こんな格言もあるがね。

戻り待ちに戻りなし
それからこれはどうだ
三空は売り
空？

「空」とは、株価が前日より高く始まって一度も前日の値まで下げない状態のことだ。「窓が開く」とも言う。
1日
2日
3日
そろそろ売りだな
そういう状態が3日もつづいたら、そろそろ売りだと思う投資家が出始めるから、とっとと利食いしておけ、という意味だ。
おまえたち初心者にはこんな格言もあるぞ
遠いものは避けよ
初心者は自分がよく知ってる身近な会社の株を買え、生活と無縁の何をやっているかよく知らない会社の株は買うな、ということだ。
あ知ってる
割安に買いなく割高に売りなし
株価の高い銘柄はそこまで上がった理由があるし、安い銘柄も安くなった理由がある 従って割安だからといって買うべきではないし、割高だからすぐ売るということもない 平たく言えば、逆バリではなく順バリで買えという意味でもあるな
早耳の耳だおれ
ハッ？
株の噂は玉石混淆、確認もせずに情報にとびつくと痛い目に遭う。早く情報を知ったからといって、必ず儲けられるとは限らない、という意味だ。
情報についてはこんな格言もある
知ったらしまい
つるっ
株価のどんな材料も表に出たときはすでに株価に織り込み済み、株価に影響は与えない、ってことだな。
そして締めくくりは有名なこの格言だ
麦わら帽は冬に買え
株は誰も注目していない時期に買って、注目される季節に売るに限る。結局、授業で教えた「人の行く裏に道あり花の山」と同じで、他人と同じことをやっていても株では儲けられない、という意味だな。
なるほどねえ

【これまでのあらすじ】
ナオが通う難平女子高はバカミラーズに買収され、社長・馬上の片腕、利食が授業で株を教え始めた。ナオの母親は馬上の愛人だったが、暴力の末に逃げ出し、かつての恋人・利食に助けられ、その腕の中で死ぬ。
それを知ったナオは利食に好意を抱くが、利食はナオが自分の子であることに気づく。春が来てナオは高校を卒業し、奨学金で大学に進学。一方、ナオの親友のユキは、遊びすぎがたたって高3で留年する。
ピチピチの女子高生と合コンいかがです？
可愛いの揃えますよ
押目大学
ハッ

13
M&A（合併と買収）
敵対的買収を巡る攻防戦

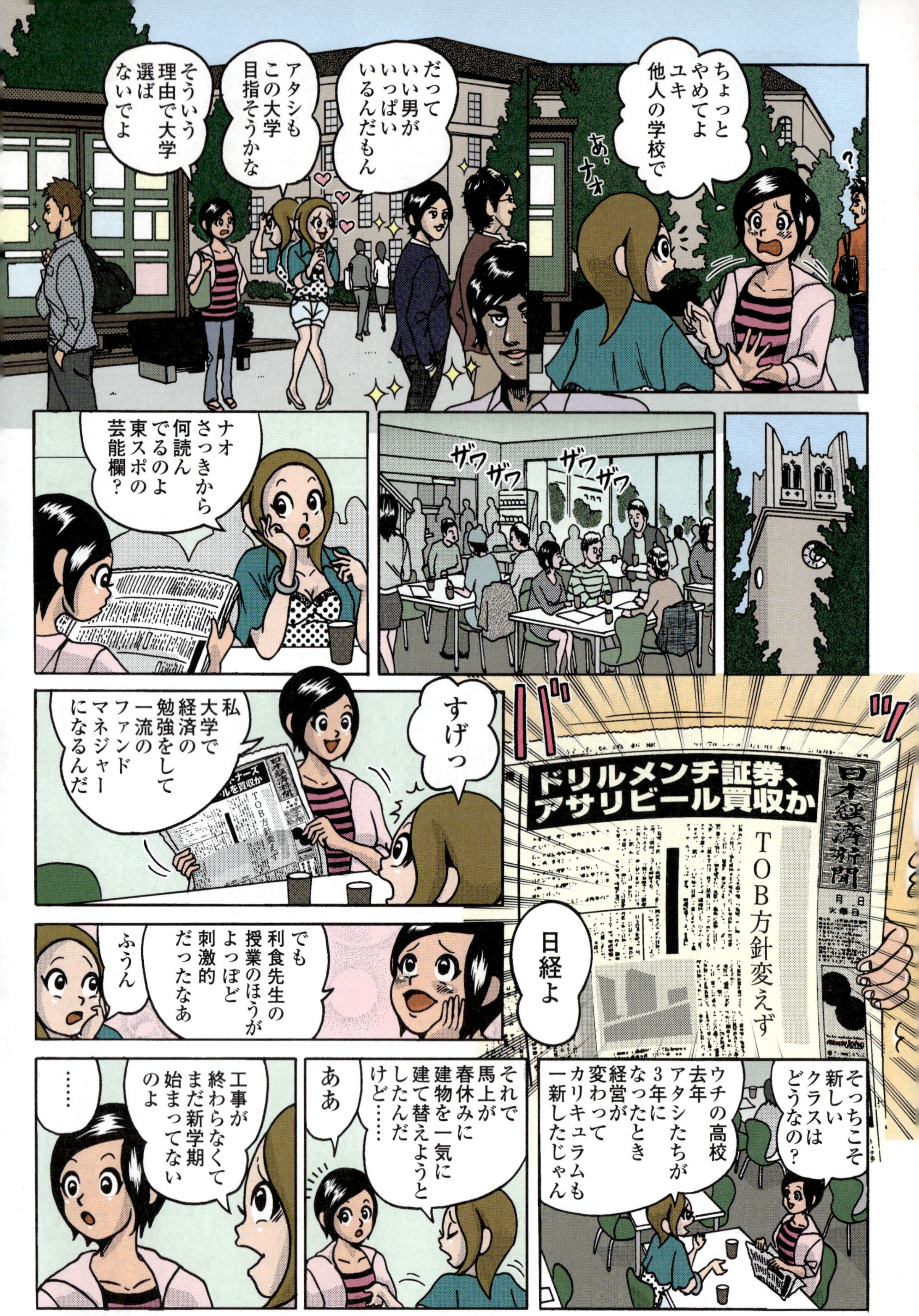
ちょっとやめてよユキ他人の学校で
あ、ナオ
？
だっていい男がいっぱいいるんだもん
アタシもこの大学目指そうかな
そういう理由で大学選ばないでよ
ザワザワ
ザワザワ
ナオさっきから何読んでるのよ東スポの芸能欄？
ドリルメンチ証券、アサリビール買収か
日本経済新聞
TOB方針変えず
日経よ
すげっ
私大学で経済の勉強をして一流のファンドマネジャーになるんだ
でも利食先生の授業のほうがよっぽど刺激的だったなぁ
ふうん
そっちこそ新しいクラスはどうなの？
ウチの高校去年アタシたちが3年になったとき経営が変わってカリキュラムも一新したじゃん
それで馬上が春休みに建物を一気に建て替えようとしたんだけど……
ああ
工事が終わらなくてまだ新学期始まってないのよ
……

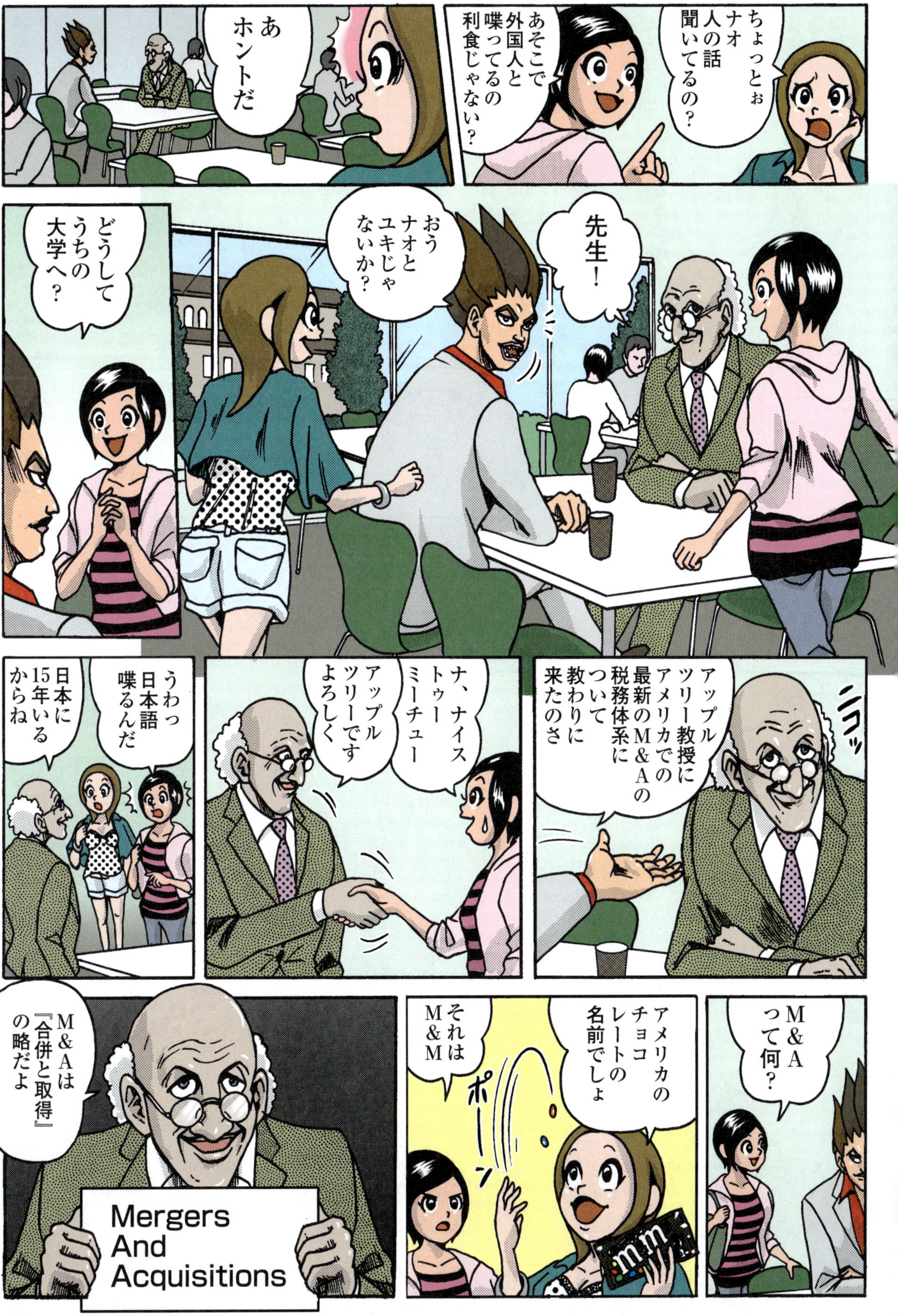

ちょっとぉ
ナオ
人の話
聞いてるの？
あそこで
外国人と
喋ってるの
利食じゃない？
あ
ホントだ
先生！
おう
ナオと
ユキじゃ
ないか？
どうして
うちの
大学へ？
アップル
ツリー教授に
アメリカでの
最新のM＆Aの
税務体系に
ついて
教わりに
来たのさ
ニヤッ
ナ、ナイス
トゥー
ミーチュー
アップル
ツリーです
よろしく
うわっ
日本語
喋るんだ
日本に
15年いる
からね
M＆A
って何？
アメリカの
チョコ
レートの
名前でしょ
それは
M＆M
ポーン
M＆Aは
『合併と取得』
の略だよ
Mergers
And
Acquisitions

株を買うということはある会社を部分的に買うということだが
M&Aはその会社を丸ごと買うということだ
会社を丸ごと？かっこいい！
アップルツリー教授はM&Aの専門家なんですか？
専門家と言えば専門家かな
バブル崩壊直後にアメリカの証券会社の社員として日本企業を乗っ取るため来たからね
なんだハゲタカじゃん
少し前新聞で騒がれているアサリビールの買収もM&Aなの？
そうだ
ドリルメンチ証券、アサリビール買収か
TOB方針変え
ここに出ているTOBって何なの？
券、
ビール買収か
TOB方針変
それは私が説明してあげよう
株主は、持っている株の数に応じて、その会社に対するさまざまな権利を与えられる。もちろん、たくさん持っていればいるほど、その権利は大きくなる。
株
1%
たとえば、ある会社の株を1%以上持てば、その会社の株主総会で議案を提案することができ、
株主総会
○×△について！
3%
3%以上持てば、その会社の帳簿を閲覧・謄写することができ、
3%
3%以上を6カ月以上持てば、株主総会を招集し、取締役の解任を請求することができ、
こいつクビ！
34%
34%以上を持てば、株主総会で提案される議案に対し拒否権を持つことができ、
お断りだ！
○△×について！
□○×について！

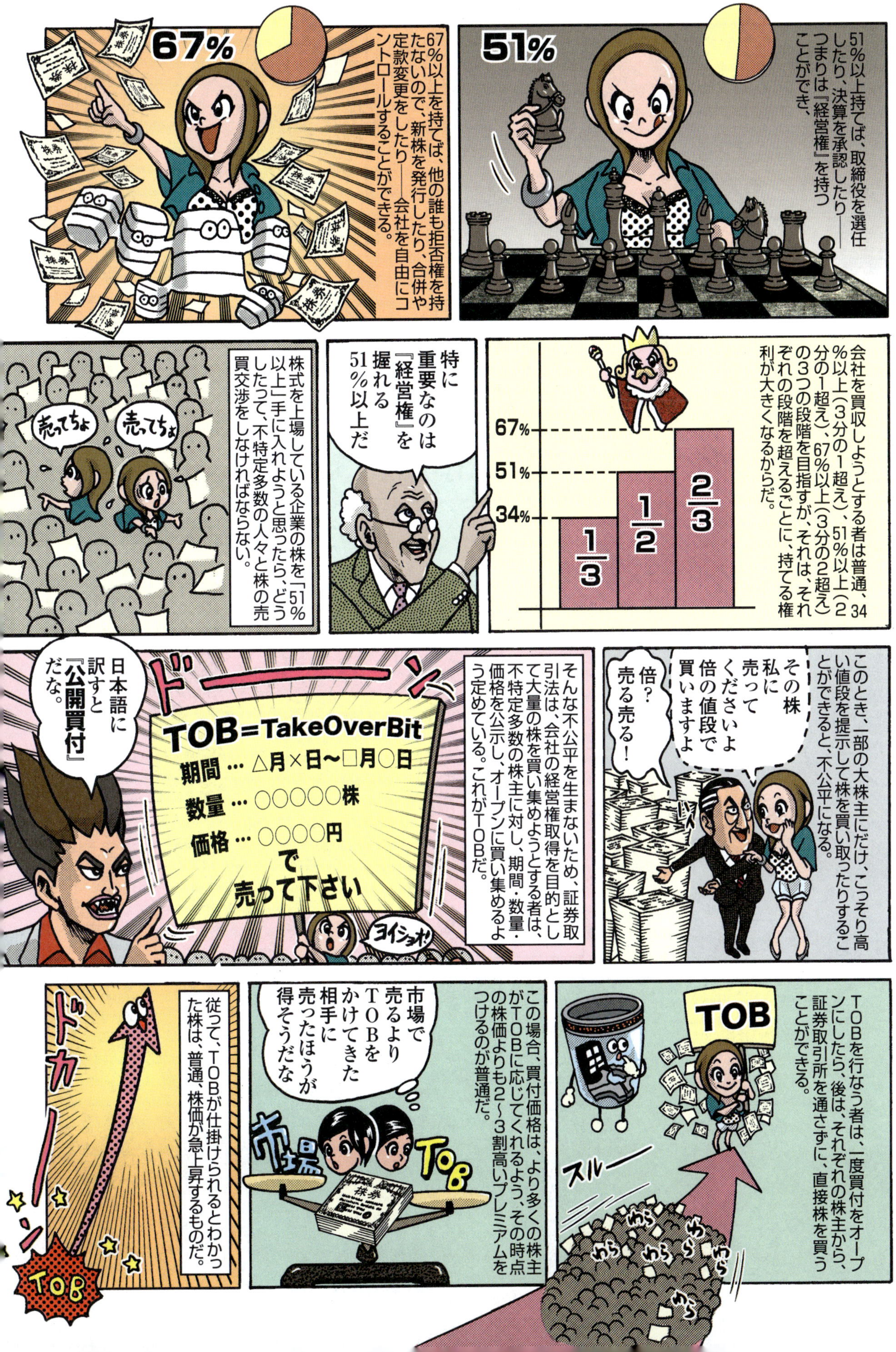
51%
51%以上持てば、取締役を選任したり、決算を承認したり——つまりは『経営権』を持つことができ、
67%
67%以上を持てば、他の誰も拒否権を持たないので、新株を発行したり、合併や定款変更をしたり——会社を自由にコントロールすることができる。
株券
会社を買収しようとする者は普通、34%以上（3分の1超え）、51%以上（2分の1超え）、67%以上（3分の2超え）の3つの段階を目指すが、それは、それぞれの段階を超えるごとに、持てる権利が大きくなるからだ。
67%
51%
34%
1/3
1/2
2/3
特に重要なのは『経営権』を握れる51%以上だ
株式を上場している企業の株を「51%以上」手に入れようと思ったら、どうしたって、不特定多数の人々と株の売買交渉をしなければならない。
売ってちょ
売ってちょ
このとき、一部の大株主にだけ、こっそり高い値段を提示して株を買い取ったりすることができると、不公平になる。
その株私に売ってくださいよ倍の値段で買いますよ
倍？売る売る！
そんな不公平を生まないため、証券取引法は、会社の経営権取得を目的として大量の株を買い集めようとする者は、不特定多数の株主に対し、期間・数量・価格を公示し、オープンに買い集めるよう定めている。これがTOBだ。
ドーーン
TOB=TakeOverBit
期間… △月×日～□月○日
数量… ○○○○○株
価格… ○○○○円
で売って下さい
ヨイショ!
日本語に訳すと『公開買付』だな。
TOBを行なう者は、一度買付をオープンにしたら、後は、それぞれの株主から、証券取引所を通さずに、直接株を買うことができる。
TOB
スルー
わら
この場合、買付価格は、より多くの株主がTOBに応じてくれるよう、その時点の株価よりも2～3割高いプレミアムをつけるのが普通だ。
市場で売るよりTOBをかけてきた相手に売ったほうが得そうだな
市場
TOB
株券
従って、TOBが仕掛けられるとわかった株は、普通、株価が急上昇するものだ。
ドカーーン
TOB

TOBは株価を大きく左右するので、一旦TOBを宣言したら、安易に中止することは許されないし、買付価格は、途中で引き上げることはできても、下げることはできない。
価格 10 0
ちょっと安く
そ〜っ
ブー
ブー
だが、TOBに応じた株主が、目標とする%に達しなかった場合は、『TOB不成立』となり、応募された株を買い取らずに返してもよいことになっている。
目標%
TOB不成立
やっぱ返す!
プルプルプル
へーえ そうなんだ
敵対的TOB
（敵対的買収）
TOBは、会社の経営陣への相談なしに、直接株主に呼びかけて株を取得することができるので、経営陣の意向に反してその企業を買収する手段としてしばしば用いられる。これが**敵対的TOB**（＝**敵対的買収**）だ。
カッ!
聞いてないぞ!!
ピュ〜
よく聞く言葉だね
敵対的買収に対しては、さまざまな防衛策がある。ライブドアによるニッポン放送買収騒ぎのときに躍有名になったから、おまえたちも聞いたことがあるだろう。
・ゴールデンパラシュート
・白馬の騎士
・毒薬条項
・焦土作戦
・パックマンディフェンス
あ〜なんかテレビで見たことがあるような
敵対的買収をされた会社は、たいていの場合、経営陣が根こそぎ解任されるが、取締役の退職金をあらかじめ高額に設定しておいて、買収を思い止まらせる、という作戦が**ゴールデンパラシュート**だ。
ゴールデンパラシュート
GOLDEN!
こいつらをクビにするとこんなに金がかかるのか
ポイズンピル
また、ある条件が満たされたら安い値段で新株が買える**新株予約権**をあらかじめ大量に発行しておき、誰かが買収しようとしたら、いきなり株式の総量を増やし、買収側の持ち株比率を下げる、というのが、**ポイズンピル**、すなわち**毒薬条項**。
ぐはぁ
焦土作戦
会社の持っている資産価値の高そうなもの（＝クラウン・ジュエル）を売り払って、会社自体の価値を一気に下げ、買収のメリットをなくすのが、**焦土作戦**。

買収される側が、買収する側に対して逆買収をかけるのが、パックマン・ディフェンス。
そして、買収される側の経営陣にとって友好的な企業に、より高額でのTOBや、逆買収をかけてもらったりするのが、白馬の騎士だ。
名前がいちいち面白いね
アタシにも白馬の騎士が来ないかな
少し前に日興コーディアル証券がアメリカのシティグループにTOBで買収されたけど
あれも敵対的買収？
いやあれは日興コーディアル証券がシティグループに救済を求めたんだ
シティグループは日興コーディアルにとって敵ってわけじゃない
これも敵対的買収なの？
典型的な例だね
ドリルメンチ証券、アサリビール買収か
TOB方針変えず
この会社はアサリビールを買収してどうするつもりなの？
？
ドリルメンチは、謂わばマグロの仲買人だ。料理人じゃないから、マグロを自分で調理する気はない。初めから、転売目的で築地市場から仕入れようとしているんだ。
DM
会社がマグロ！
アサリ
マグロは仕入れたままだと腐っちゃうからよそに売るしかない
会社も腐るんだ
ドリルメンチみたいに、会社を経営する意志がないのに
初めから転売目的で会社の株を買い集める『会社の仲買人』のことを
DM
グリーンメーラーという
英語では脅し・ゆすりのことを『ブラックメール』と言うが、『グリーンメール』は、それにドル紙幣の色を掛けた造語。

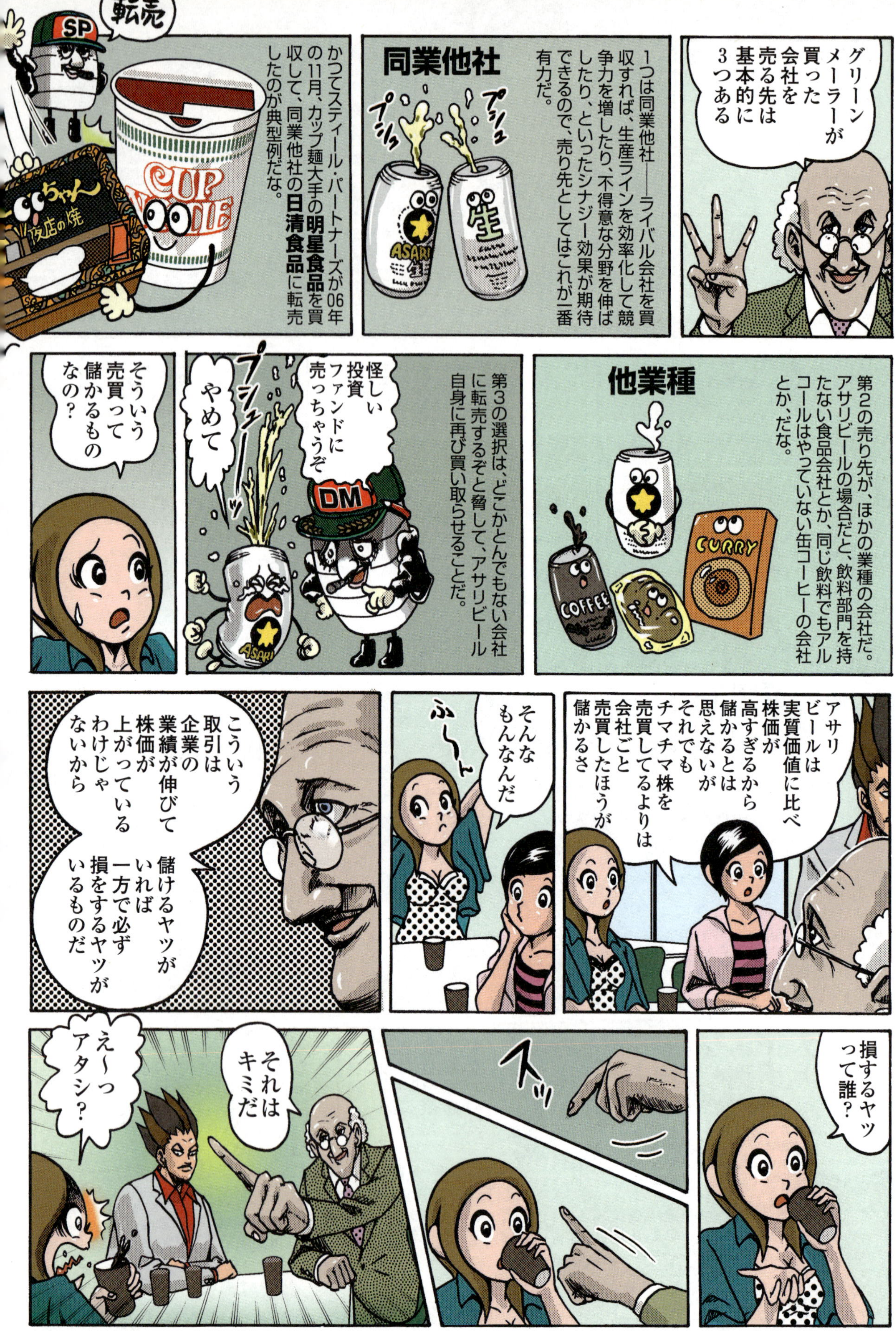
グリーンメーラーが買った会社を売る先は基本的に3つある
同業他社
1つは同業他社——ライバル会社を買収すれば、生産ラインを効率化して競争力を増したり、不得意な分野を伸ばしたり、といったシナジー効果が期待できるので、売り先としてはこれが一番有力だ。
プシュ
プシュ
ASARI
生
転売
SP
かつてスティール・パートナーズが06年の11月、カップ麺大手の**明星食品**を買収して、同業他社の**日清食品**に転売したのが典型例だな。
CUP NOODLE
夜店の焼
他業種
第2の売り先が、ほかの業種の会社だ。アサリビールの場合だと、飲料部門を持たない食品会社とか、同じ飲料でもアルコールはやっていない缶コーヒーの会社とか、だな。
COFFEE
CURRY
第3の選択は、どこかとんでもない会社に転売するぞと脅して、アサリビール自身に再び買い取らせることだ。
怪しい投資ファンドに売っちゃうぞ
やめて
プシューーッ
DM
ASARI
そういう売買って儲かるものなの？
アサリビールは実質価値に比べ株価が高すぎるから儲かるとは思えないが
それでもチマチマ株を売買してるよりは会社ごと売買したほうが儲かるさ
そんなもんなんだ
ふ〜ん
こういう取引は企業の業績が伸びて株価が上がっているわけじゃないから
儲けるヤツがいれば一方で必ず損をするヤツがいるものだ
損するヤツって誰？
ズッ
それはキミだ
え〜っアタシ？

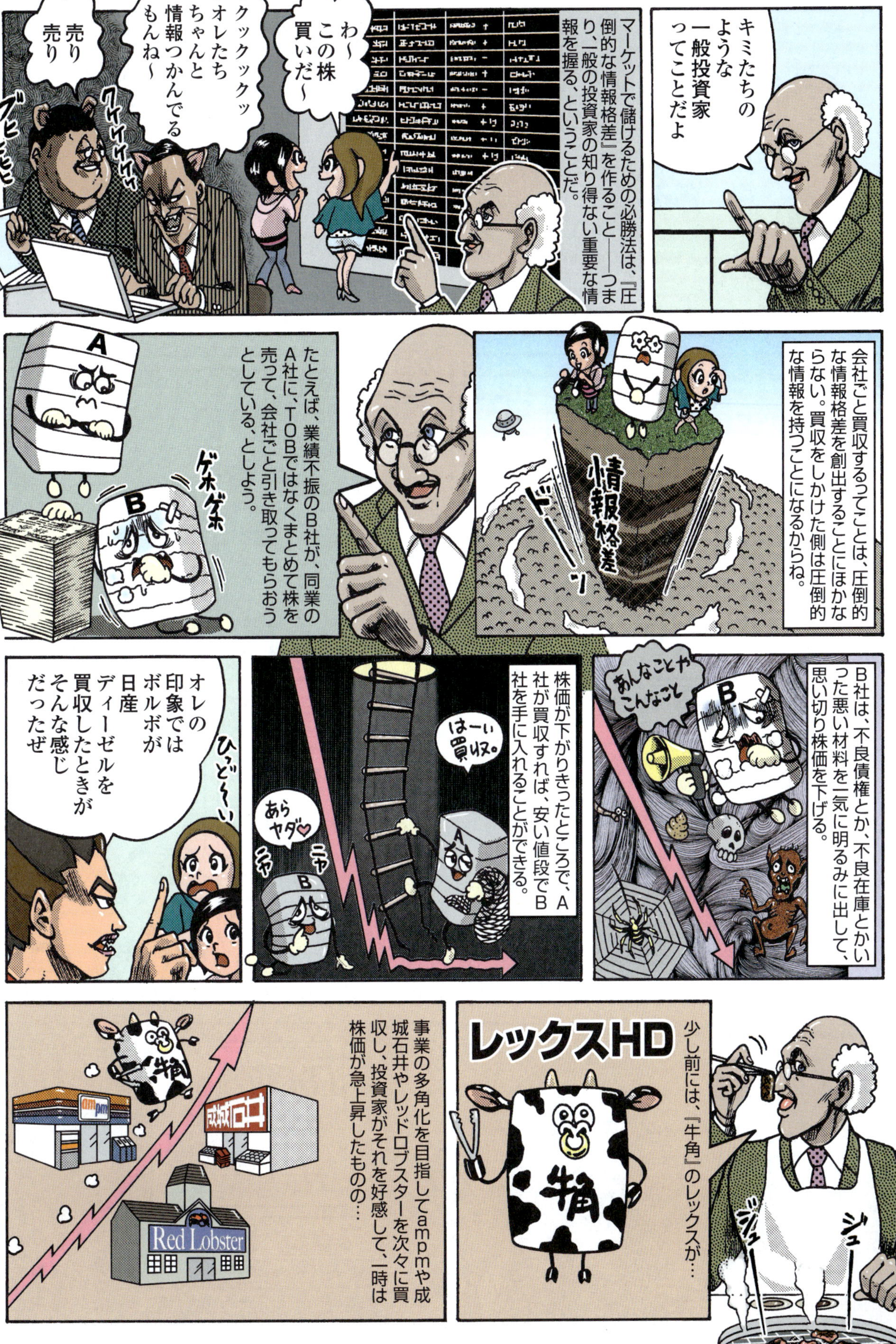

キミたちのような一般投資家ってことだよ
マーケットで儲けるための必勝法は、『圧倒的な情報格差』を作ること――つまり、一般の投資家の知り得ない重要な情報を握る、ということだ。
わ～この株買いだ～
クックックッ オレたち ちゃんと 情報つかんでる もんね～
ワケケケケケ
売り売り
ブヒヒヒヒ
会社ごと買収するってことは、圧倒的な情報格差を創出することにほかならない。買収をしかけた側は圧倒的な情報を持つことになるからね。
情報格差
たとえば、業績不振のB社が、同業のA社に、TOBではなくまとめて株を売って、会社ごと引き取ってもらおうとしている、としよう。
A
B
ゲホゲホ
B社は、不良債権とか、不良在庫とかいった悪い材料を一気に明るみに出して、思い切り株価を下げる。
あんなことやこんなこと
B
株価が下がりきったところで、A社が買収すれば、安い値段でB社を手に入れることができる。
はーい買収。
あらヤダ♡
ニャニャ
オレの印象ではボルボが日産ディーゼルを買収したときがそんな感じだったぜ
ひっど～い
少し前には、『牛角』のレックスが…
レックスHD
牛角
ジュー
ジュー
事業の多角化を目指してampmや成城石井やレッドロブスターを次々に買収し、投資家がそれを好感して、一時は株価が急上昇したものの…
ampm
成城石井
Red Lobster

思ったほどのシナジー効果が上がらず、利益も出なかったため、今度は悪い材料を出し尽くし、それを嫌気して、株価が下がるだけ下がると…
モ〜〜最低っす。
ギュ〜〜〜ン
経営陣が自分で自分の会社の株を買い、上場を廃止してしまった例がある。
とんずら〜
上場廃止！
特定少数株主（＝上位10位までの株主＋役員＋会社自身）が、株式数の75%超を持つと猶予期間1年で、90%超を持つと猶予期間なしで上場廃止。
いずれのケースでも損をしたのは一般の株主だ
番長がクラスのみんなをイジメて一人で儲けようとしているようなものだな
ひっどーい
こうした『小口投資家イジメ』をスクイーズアウトと言い
最近、それ絡みの訴訟が相次いで、投資の世界では大きな問題になっているんだ
スクイーズアウト
私たち一般投資家がM&Aで儲ける方法はないの？
う〜んキミたちが儲ける方法ねえ
……
唯一あるとすれば、ジャイアンにくっついているスネ夫みたいに、番長の動向を常に監視し、番長と同じ動きで儲ける『スネ夫作戦』だな。
ボカ
ボカ
やれやれ〜!!
証券取引法は、誰かがどこかの会社の株を5%以上保有したら、必ず国に報告するよう定めている。従って、財務省財務局が運営するネット上のサイトEDINETを見れば、会社買収の動きはある程度はつかめるものだ。
EDINET
なるほど
また、それ以前に、業績は悪くないのに、経営者が株価を高めようとする努力をしていない会社──たとえば、かつての阪神電鉄とかニッポン放送のような会社を狙う方法がある。
ニッポン放送
SAPPORO
阪神

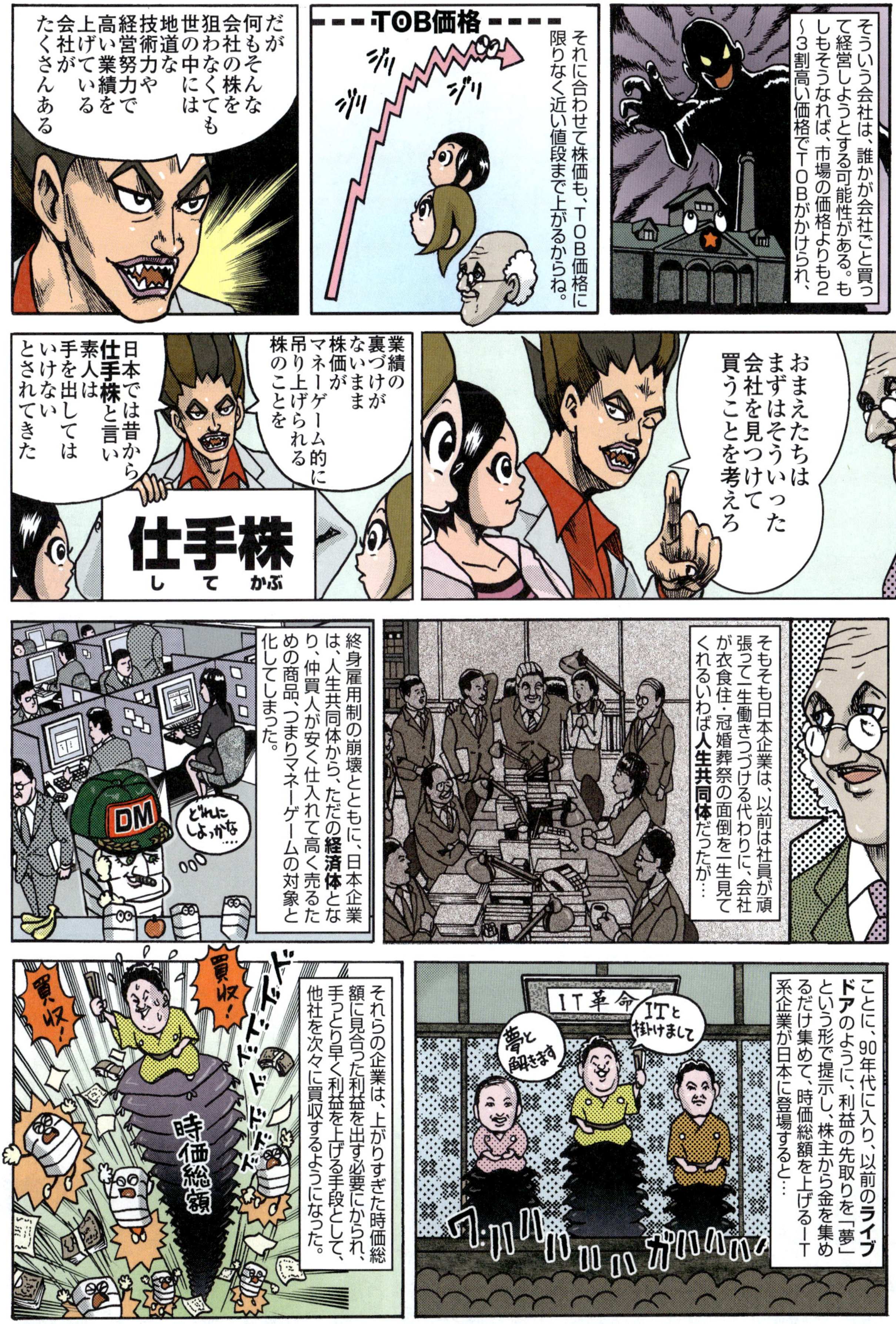

そういう会社は、誰かが会社ごと買って経営しようとする可能性がある。もしもそうなれば、市場の価格よりも2～3割高い価格でTOBがかけられ、
それに合わせて株価も、TOB価格に限りなく近い値段まで上がるからね。
TOB価格
ジリ
ジリ
ジリ
だが何もそんな会社の株を狙わなくても世の中には地道な技術力や経営努力で高い業績を上げている会社がたくさんある
おまえたちはまずはそういった会社を見つけて買うことを考えろ
業績の裏づけがないまま株価がマネーゲーム的に吊り上げられる株のことを
日本では昔から仕手株と言い素人は手を出してはいけないとされてきた
仕手株《してかぶ》
そもそも日本企業は、以前は社員が頑張って一生働きつづける代わりに、会社が衣食住・冠婚葬祭の面倒を一生見てくれるいわば人生共同体だったが…
終身雇用制の崩壊とともに、日本企業は、人生共同体から、ただの経済体となり、仲買人が安く仕入れて高く売るための商品、つまりマネーゲームの対象と化してしまった。
DM
どれにしようかな…
ことに、90年代に入り、以前のライブドアのように、利益の先取りを「夢」という形で提示し、株主から金を集めるだけ集めて、時価総額を上げるIT系企業が日本に登場すると…
IT革命
ITと掛けまして
夢と解きます
ワハハハハハハ ガハハハハ
それらの企業は、上がりすぎた時価総額に見合った利益を出す必要にかられ、手っとり早く利益を上げる手段として、他社を次々に買収するようになった。
買収!
買収!
ドドドドドドドドド
時価総額

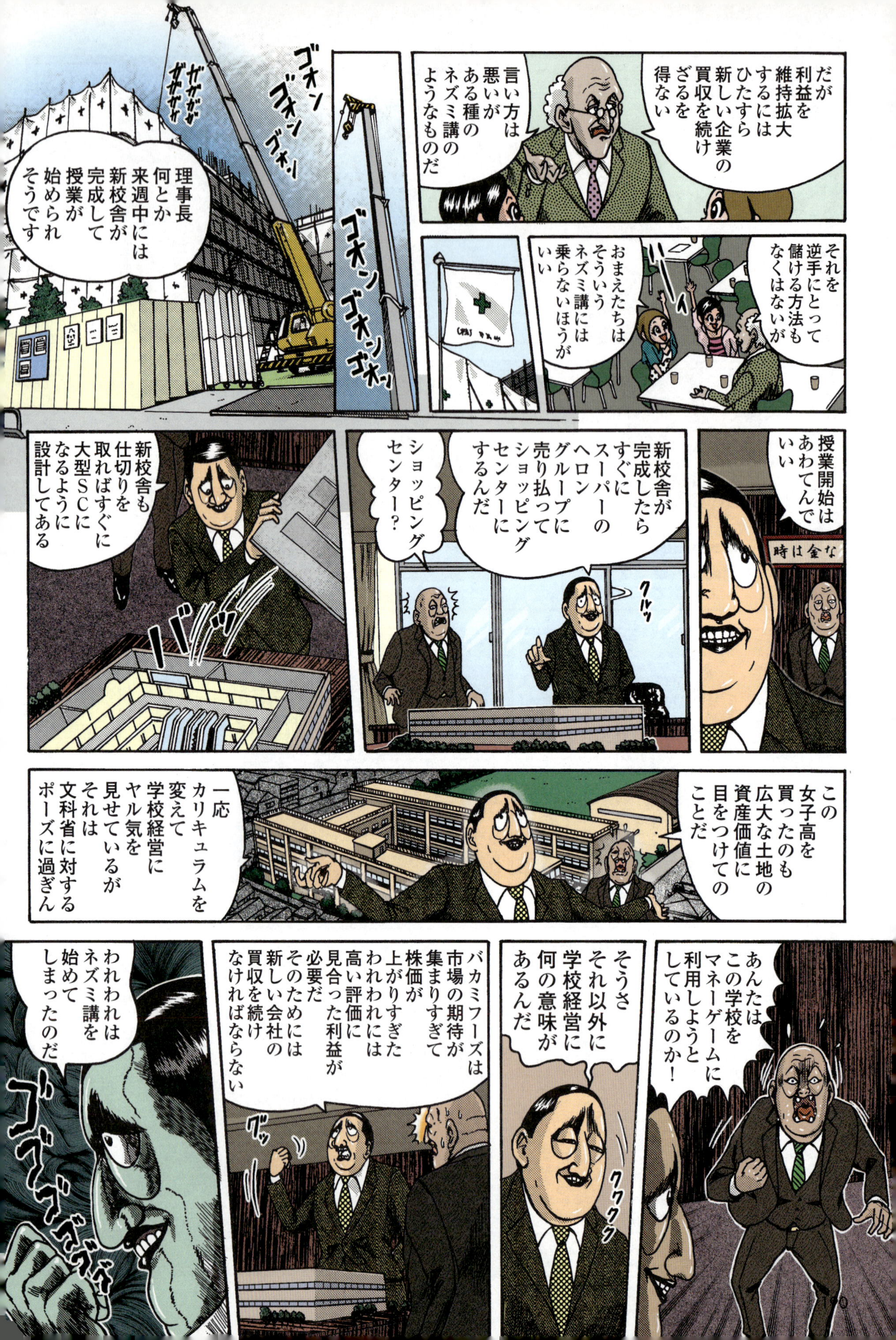
だが利益を維持拡大するにはひたすら新しい企業の買収を続けざるを得ない
言い方は悪いがある種のネズミ講のようなものだ
それを逆手にとって儲ける方法もなくはないが
おまえたちはそういうネズミ講には乗らないほうがいい
ゴオン
ゴオン
ゴオッ
ガガガガ
ガガガガ
ゴオン
ゴオン
ゴオッ
理事長 何とか来週中には新校舎が完成して授業が始められそうです
授業開始はあわてんでいい
時は金な
新校舎が完成したらすぐにスーパーのヘロングループに売り払ってショッピングセンターにするんだ
ショッピングセンター?
クルッ
新校舎も仕切りを取ればすぐに大型SCになるように設計してある
バッ
この女子高を買ったのも広大な土地の資産価値に目をつけてのことだ
一応カリキュラムを変えて学校経営にヤル気を見せているがそれは文科省に対するポーズに過ぎん
あんたはこの学校をマネーゲームに利用しようとしているのか!
そうさ それ以外に学校経営に何の意味があるんだ
ククク
バカミフーズは市場の期待が集まりすぎて株価が上がりすぎた われわれには高い評価に見合った利益が必要だ そのためには新しい会社の買収を続けなければならない
グッ
われわれはネズミ講を始めてしまったのだ

女子高生株塾・補習授業 ⑫

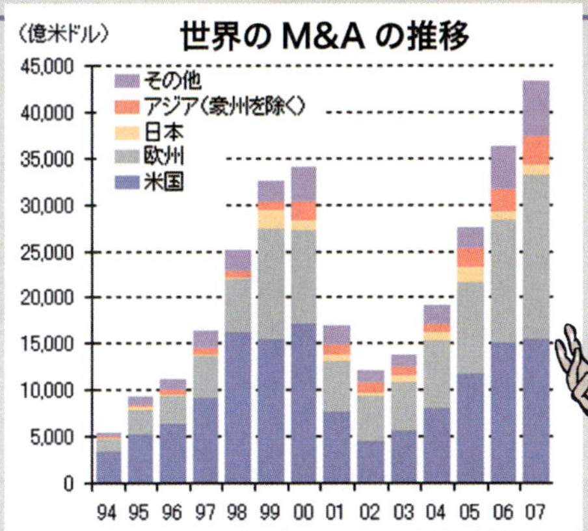

世界のM&Aの推移
（億米ドル）
45,000
40,000
35,000
30,000
25,000
20,000
15,000
10,000
5,000
0
その他
アジア（豪州を除く）
日本
欧州
米国
94 95 96 97 98 99 00 01 02 03 04 05 06 07

※Thomson Financial調べ

ライブドア騒動やサッポロビールの買収騒動以来M&Aってずっと話題だけど日本ってそんなにM&Aが盛んな国なの?
元々日本はM&Aは少ない国だった今も欧米に比べそんなに盛んってわけじゃない
モグモグ

ただ、日本政府は企業再編を加速するため、1999年に商法を改正し、国内企業同士の買収に限って、A社がB社を買収しようとしてB社の株主から株を買い取る際、現金ではなくA社株と交換でも買えるようにした。

わわゎ
B社
ウチの株と交換しましょう!
A社
A株
B株
B社株主

つまり、A社は、自社の株主さえ了解すれば、株券をガンガン刷ることで、B社買収の資金が作れるわけだ。

ケケケケケ
A社
A株
ガ
ッ

おかげで、国内の企業同士のM&Aは左のグラフの通り、飛躍的に急増した。

※レコフ調べ

M&A国内件数推移
（件）
3000
2500
2000
1500
1000
500
0
85 86 87 88 89 90 91 92 93 94 95 96 97 98 99 00 01 02 03 04 05 06 07 08

2007年5月からは、さらに規制が緩和され、自社株だけでなく、社債や新株予約権と交換でもOKになった。

バラ
バラ
A株
A社
A社
社債
バラ
A社
新株
予約券

また、海外企業が日本企業を買収しようとする場合も、日本に子会社を作り、その子会社が親会社の株と交換で、買収先の会社の株主から株を買えるようにもなった。

B社を買収
X社
X社
三角合併
X株
B株
B社

但しこの場合、両社の株主総会で3分の2以上の承認が必要。

こうした方法を使えば、企業が別な企業を買収しようとする際、現金を用意する必要がなくなり、時価総額がデカい企業ほど有利になる。

ギャ〜ス
なるほど

日本で一番時価総額が大きな会社はトヨタ(約27兆円)だが、自動車以外の業種で見ると、日本のトップと、世界のトップではスケールが違う。

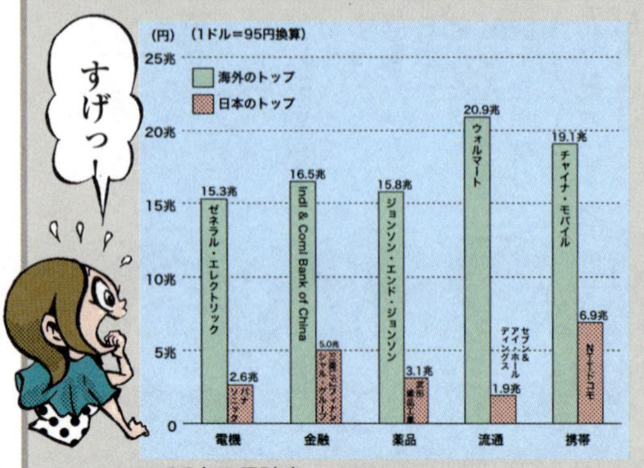
すげっ
(円) (1ドル=95円換算)
海外のトップ
日本のトップ
25兆
20兆
15兆
10兆
5兆
0
電機
ゼネラル・エレクトリック 15.3兆
2.6兆
金融
Indl & Coml Bank of China 16.5兆
5.0兆
薬品
ジョンソン・エンド・ジョンソン 15.8兆
3.1兆
流通
ウォルマート 20.9兆
セブン&アイ・ホールディングス 1.9兆
携帯
チャイナ・モバイル 19.1兆
NTTドコモ 6.9兆
※09年1月時点

また、自社株と交換で買収、という方法こそ使えないものの、直接現金で企業を買収できる巨額の資金力を持ったファンドが、欧米にはこんなにたくさんある。

2兆8千億ドル
ルネサンス・テクノロジーズ
3兆ドル
ファラロン・キャピタルマネジメント
3兆2百億ドル
DEショウ・グループ
3兆5千億ドル
ブリッジウォーター・アソシエイツ
3兆7千億ドル
JPモルガン・アセット・マネジメント
3兆9千億ドル
ゴールドマンサックス アセット・マネジメント
※07年時点

これは、過去10年に行われた規模の大きな企業買収のベスト5だ。

	買った企業	買われた企業	業種	買収金額	買収年
1	AOL	タイム・ワーナー	メディア	16兆4700億円	2000年
2	グラクソ・ウェルカム	スミスクライン ビーチャム	薬品	7兆5900億円	2000年
3	ロイヤルダッチ ペトロリアム	シェル・トンランスポート &トレーディング	石油	7兆4500億円	2004年
4	AT&T	ベルサウス	電話	7兆2600億円	2006年
5	コムキャスト	AT&Tブロードバンド	ケーブルTV	7兆2000億円	2001年

サッポロを買収しようとしたスティールパートナーズなんてかわいいものね
SP
ギャーース

金融危機以降世界中のファンドや企業はガクンと資金力を減らして目立った買収ができなくなっているが……
長い目で見れば日本でもM&Aは欧米並みに増えて行くだろう
だがおまえたちはまだまだ株の初心者だマネーゲームに踊らされることなくしっかりした企業実体の裏付けのある投資を考えろ
ハーイ

【これまでのあらすじ】
経営難の難平女子高は、新興企業のバカミフーズに買収され、社長・馬上の片腕、利食が授業で生徒に株を教え始めた。利食の生徒となったナオは、実は利食と昔の恋人の間にできた子供だったが、ナオはそうと知らずに、利食に好意を抱く。
やがてナオは大学に進学。一方、親友のユキは、遊びすぎがたたって高3で留年する。
カリ
カリ
カリ
カリ
うっひょー
ワーイ
馬上は、難平高校の校舎をショッピングセンターに建て替え、秘かにスーパーのヘロングループに売り払おうとしていた。
私立 難平女子高等学校
ドン
ホエ〜
パン
わっ
ナオじゃないどうしたの?
おっ!
アップルツリー教授に頼まれて利食先生のところに本を届けに来たのよ
ホントは利食に会いたくて来たくせにこのこの
ツンツン
授業再開したの?
ウン今日から
ウィーン
ウィーン
ウィーン

新しい校舎だだっ広くてなんだかショッピングセンターみたいだね
え～そうかなぁ
株なんてキョーミないよね～
ない ない
でも去年はクラス全員が1年間で
100万円儲けさせて貰ったそうよ
100万円!
キラッ
何なに?
くわしく!
1年前の自分たちを思い出すね
午後イチは利食の授業だよ 覗いて行かない?
それがこっちもアップルツリー教授の講義があるのよ
他の講義だったらブッちぎるんだけどね
『株』の授業を担当する利食だ
ドドド
ドドドドドド

14

決算書の読み方

会社の経営状況が一目瞭然！

よし じゃあ おまえの 会社を 仮に ケイコカフェ 株式会社と しよう
ケイコカフェ株式会社は、ゼロからカフェを始めるわけだから、店舗を借りるために、敷金・礼金を用意しなければならない。改装費もいるし、看板も作らなきゃならないし、テーブルや食器も揃えなきゃいけない。それには相当な金が必要だ。
KEIKO CAFE
その金は どうする?
親に 出して もらいます
親が 1円も 出さないって 言ったら
借金 するしか ないかな…
えっ…
そうだ 銀行から 金を借りるのは 1つの方法だ
だが それだけ じゃない もう1つ手が ある
もう1つ?
誰か わかるか
しーーーーん
ユキ 言ってみろ
株券を 発行して 誰かに出資して もらうことです
フフン!
2年目とも なると さすがだな
どっ
ユキは 彼氏とラブホに 入り浸りすぎて 留年したが
株の授業では 去年 全校で2番目に 儲けた生徒だ ナメちゃ いかんぞ
うぐぐ…
先生 出資って 借金とは 違うんですか?
全然違うね。借金は、期限までに利子をつけて必ず返さなければならない。たとえケイコカフェが倒産したとしてもね。
金返せ!
ドロボー
ひぇ〜〜ッ!
限でっせー

だが出資してもらった金は、失敗して倒産したとしても、返す必要はない。私がダメになっても返せませんよ、という金だ。
返せません。
そのかわり もしも 成功して 利益が出たら 出資者に 出資額に応じて 配分しなければ ならない
なるほど
会社の経営者は、出資してもらった金を元手にしてマジメに事業を行ない、利益が出たら必ず配分します、という意志を示すため、出資者に『株』という一種の契約書を発行する。
ぼえ～
2004年の会社法施行以降、ペーパーとしての『株券』は廃止されています。
『株』は、出資者がいくら出資したかを示す一種の単位だ。たとえばオレが300万円、ユキが200万円出資したとしよう。
300万
200万
ケイコカフェは、金を出してもらった証しとして、1株100万円の『株』を5株発行し、
1株 100万円
株券
オレに3株、ユキに2株分の株券を渡す。オレもユキも、ケイコカフェの株主というわけだ。
2株
3株
これが 株式会社の 原理だ
仮にケイコは、オレとユキから出資してもらった500万円とは別に、銀行から500万円を借りて、合計1000万円を集めたとしよう。
BANK
500万
合計 1000万
500万
そしてその1000万円をまるまる使って、店舗を借り、家具や食器を揃え、ヒトを雇って…
COFFEE
原宿に小さなカフェを出店したとする。1000万をまるまる投入したんだから、このカフェのスタート時の総資産は、1000万円だ。
KEIKO CAFE
いらっしゃいませ。
そして、総資産1000万円から借金している500万円を引いた、残りの500万円が、ケイコカフェの**自己資本**ということになる。
負債 500万
総資産 1000万
自己資本 500万
総資産に占める負債と自己資本の比率を示したこういう表を、**バランスシート**（B／S）と言う。
総資産－負債＝自己資本
1000万円－500万円＝500万円

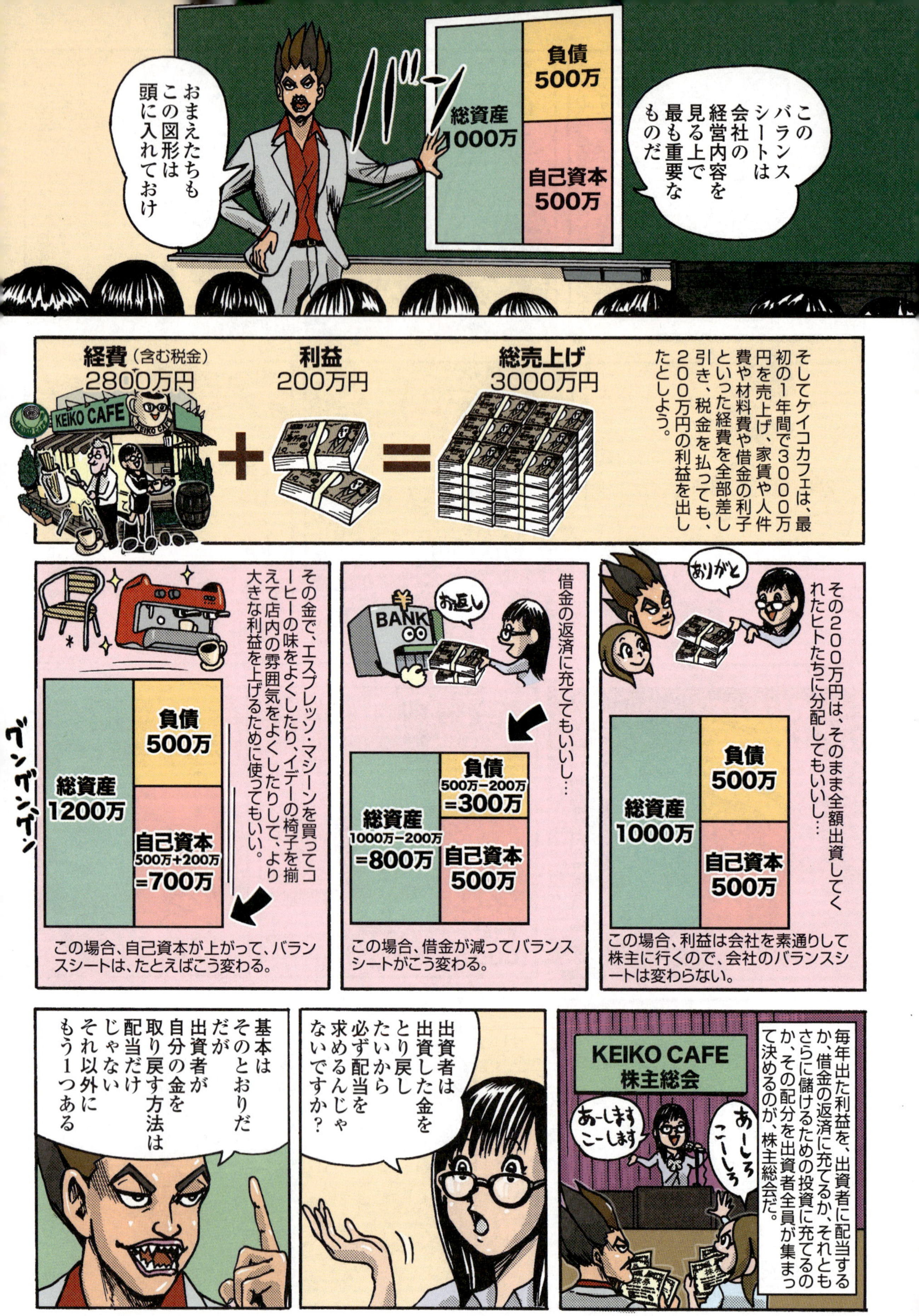
このバランスシートは会社の経営内容を見る上で最も重要なものだ
負債 500万
総資産 1000万
自己資本 500万
おまえたちもこの図形は頭に入れておけ
そしてケイコカフェは、最初の1年間で3000万円を売上げ、家賃や人件費や材料費や借金の利子といった経費を全部差し引き、税金を払っても、200万円の利益を出したとしよう。
経費（含む税金） 2800万円
KEIKO CAFE
利益 200万円
総売上げ 3000万円
その200万円は、そのまま全額出資してくれたヒトたちに分配してもいいし…
ありがと
負債 500万
総資産 1000万
自己資本 500万
この場合、利益は会社を素通りして株主に行くので、会社のバランスシートは変わらない。
借金の返済に充ててもいいし…
お返し
BANK
負債 500万−200万 =300万
総資産 1000万−200万 =800万
自己資本 500万
この場合、借金が減ってバランスシートがこう変わる。
その金で、エスプレッソ・マシーンを買ってコーヒーの味をよくしたり、イデーの椅子を揃えて店内の雰囲気をよくしたりして、より大きな利益を上げるために使ってもいい。
負債 500万
総資産 1200万
自己資本 500万+200万 =700万
この場合、自己資本が上がって、バランスシートは、たとえばこう変わる。
毎年出た利益を、出資者に配当するか、借金の返済に充てるか、それともさらに儲けるための投資に充てるのか、その配分を出資者全員が集まって決めるのが、株主総会だ。
KEIKO CAFE 株主総会
あーしますこーします
あーしろこーしろ
出資者は出資した金をとり戻したいから必ず配当を求めるんじゃないですか？
基本はそのとおりだ だが出資者が自分の金を取り戻す方法は配当だけじゃない それ以外にもう1つある

誰か わかるか？
ユキ ヒヨコどもに 教えてやれ
自分の 持っている 株を 売ることです
そのとおり
しーーーん
おお〜
〜っ
ちょっと アタシって、今、イケてる？
アハハ♡
そんけー
そんけーっ
そうだ 『株』は 売買する ことが できるんだ
負債 500万
総資産 1000万
自己資
ケイコカフェの スタート時を 思い出せ
1株 100万円の ケイコカフェ の株を オレが3株 ユキが2株 受け取って いたよな
そして ケイコカフェは 1年目で 200万円 2年目で 300万円 3年目で 400万円と 順調に利益を 伸ばした としよう
KEIKO CAFE
グン グン グン
その会社の売上げに占める利益と経費の割合を示したこの棒グラフを、**プロフィット&ロス**（P／L）と言う。P／Lは会社の業績の推移を見る上で、一番手っとり早い指標だ。
プロフィット&ロス
3500
3000
2500
2000
1500
1000
500
売上げ
経費
利益 200万
利益 300万
利益 400万
1年目
2年目
3年目
KEIKO CAFE
投資家、つまり株で儲けしようと考えてる連中の考え方には、『**慣性の法則**』というのがあり、P／Lで利益を伸ばしている会社は今後も同じ勢いで利益を伸ばしつづけるし、赤字を出している会社は今後も同じ勢いで赤字を増やしつづける、と考える傾向にある。
『慣性の法則』
従って投資家は、ケイコカフェのP／Lを見て、『慣性の法則』でこう考える。
この先も 利益は この角度で 伸びる はずだ
この 会社の株を 持ってれば 儲かる！
KEIKO CAFE
1年目
2年目
3年目

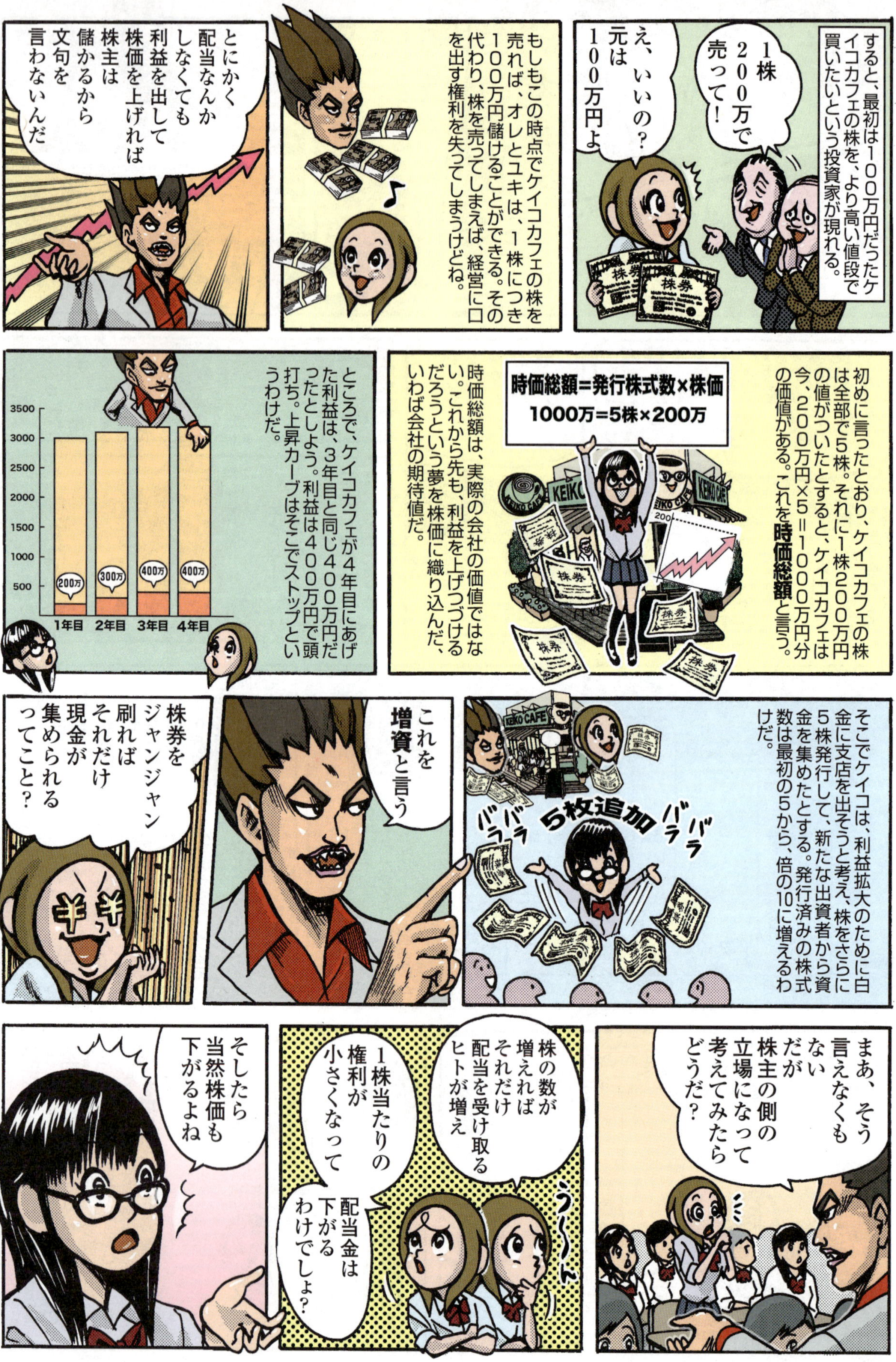

すると、最初は100万円だったケイコカフェの株を、より高い値段で買いたいという投資家が現れる。
1株200万で売って!
え、いいの?元は100万円よ
株券
もしもこの時点でケイコカフェの株を売れば、オレとユキは、1株につき100万円儲けることができる。その代わり、株を売ってしまえば、経営に口を出す権利を失ってしまうけどね。
とにかく配当なんかしなくても利益を出して株価を上げれば株主は儲かるから文句を言わないんだ
初めに言ったとおり、ケイコカフェの株は全部で5株。それに1株200万円の値がついたとすると、ケイコカフェは今、200万円×5＝1000万円分の価値がある。これを**時価総額**と言う。
時価総額＝発行株式数×株価
1000万＝5株×200万
時価総額は、実際の会社の価値ではない。これから先も、利益を上げつづけるだろうという夢を株価に織り込んだ、いわば会社の期待値だ。
KEIKO CAFE
ところで、ケイコカフェが4年目にあげた利益は、3年目と同じ400万円だったとしよう。利益は400万円で頭打ち。上昇カーブはそこでストップというわけだ。
3500 3000 2500 2000 1500 1000 500
200万 300万 400万 400万
1年目 2年目 3年目 4年目
そこでケイコは、利益拡大のために白金に支店を出そうと考え、株をさらに5株発行して、新たな出資者から資金を集めたとする。発行済みの株式数は最初の5から、倍の10に増えるわけだ。
5枚追加
バラ バラ
バラ バラ
これを**増資**と言う
株券をジャンジャン刷ればそれだけ現金が集められるってこと?
まあ、そう言えなくもないだが株主の側の立場になって考えてみたらどうだ?
株の数が増えればそれだけ配当を受け取るヒトが増え
1株当たりの権利が小さくなって
配当金は下がるわけでしょ?
う〜ん
そしたら当然株価も下がるよね

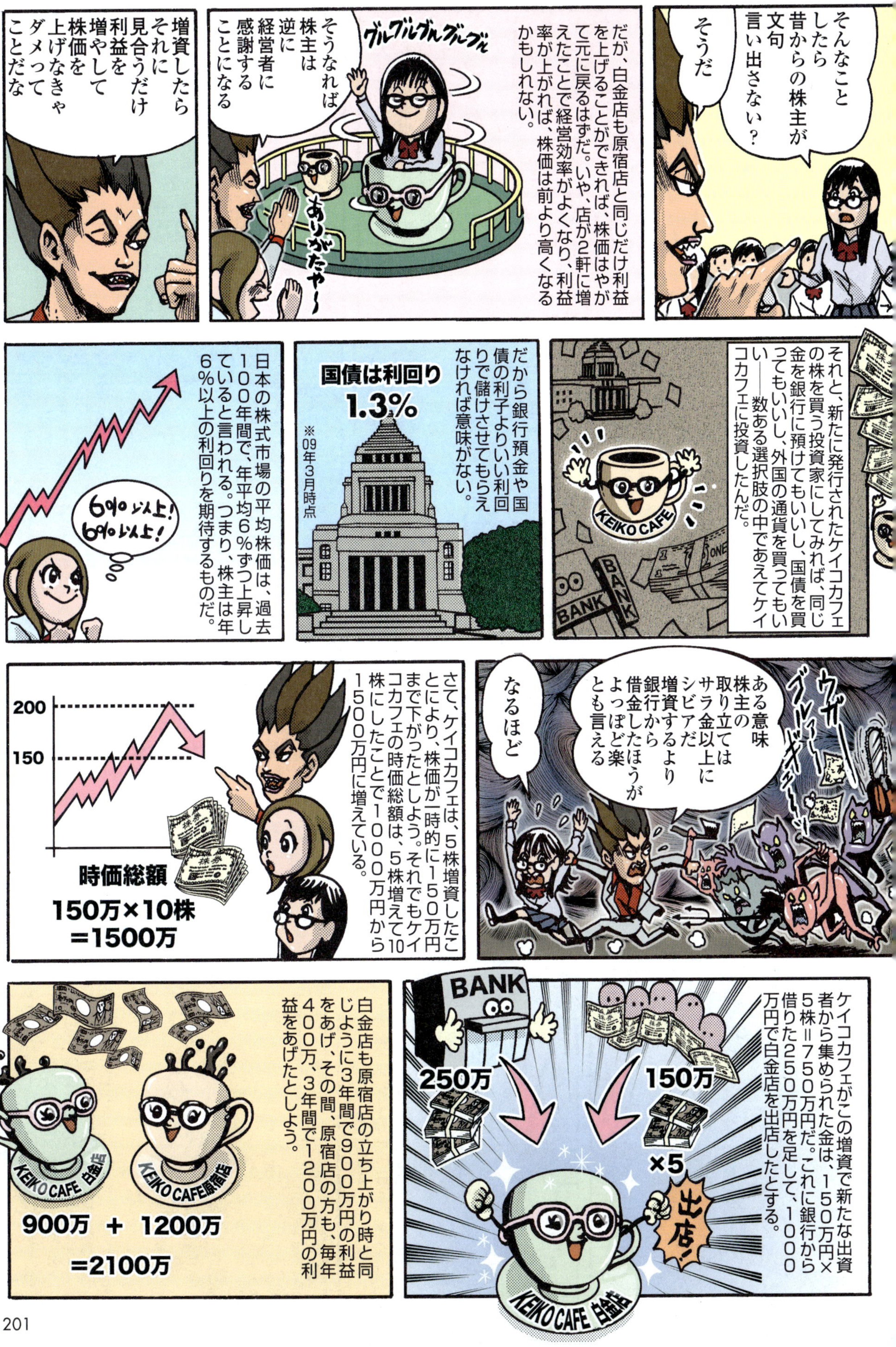

そんなことしたら昔からの株主が文句言い出さない？
そうだ
だが、白金店も原宿店と同じだけ利益を上げることができれば、株価はやがて元に戻るはずだ。いや、店が2軒に増えたことで経営効率がよくなり、利益率が上がれば、株価は前より高くなるかもしれない。
グルグルグルグルグル
そうなれば株主は逆に経営者に感謝することになる
ありがたや〜
増資したらそれに見合うだけ利益を増やして株価を上げなきゃダメってことだな
それと、新たに発行されたケイコカフェの株を買う投資家にしてみれば、同じ金を銀行に預けてもいいし、国債を買ってもいいし、外国の通貨を買ってもいい——数ある選択肢の中であえてケイコカフェに投資したんだ。
KEIKO CAFE
BANK
BANK
だから銀行預金や国債の利子よりいい利回りで儲けさせてもらえなければ意味がない。
国債は利回り
1.3%
※09年3月時点
日本の株式市場の平均株価は、過去100年間で、年平均6%ずつ上昇していると言われる。つまり、株主は年6%以上の利回りを期待するものだ。
6%以上！
6%以上！
ある意味株主の取り立てはサラ金以上にシビアだ
増資するより銀行から借金したほうがよっぽど楽とも言える
なるほど
ウガー
さて、ケイコカフェは、5株増資したことにより、株価が一時的に150万円まで下がったとしよう。それでもケイコカフェの時価総額は、5株増えて10株にしたことで1000万円から1500万円に増えている。
200
150
時価総額
150万×10株
＝1500万
ケイコカフェがこの増資で新たな出資者から集められた金は、150万円×5株＝750万円だ。これに銀行から借りた250万円を足して、1000万円で白金店を出店したとする。
BANK
250万
150万
×5
出店！
KEIKO CAFE 白金店
白金店も原宿店の立ち上がり時と同じように3年間で900万円の利益をあげ、その間、原宿店の方も、毎年400万、3年間で1200万円の利益をあげたとしよう。
KEIKO CAFE 白金店
KEIKO CAFE原宿店
900万 ＋ 1200万
＝2100万

2店合計で2100万円出た利益を、配当やら負債の返済やら、新たな設備投資やらに充てて、ケイコカフェのバランスシートは、こう変わったとする。
負債 400万
総資産 2000万
自己資本 1600万
素人はよく**プロフィット&ロス**（P／L）だけを見て、業績の推移を判断しがちだが、上げた利益をどう使って、**バランスシート**（B／S）がどうなっているかを見ることも、重要だ。
ふぅむ
負債 400万
総資産 2000万
自己資本 1600万
特に注目すべきは自己資本の推移だ
自己資本とは、言い換えれば、その時点で会社を解散して全部の資産を売り払い、借金も全部返した後で、手元に残る金――つまり、会社が解散したとき株主に返される金だ。
パリン
今の例で言うと、ケイコカフェの自己資本は1600万円に増えている。
負債 400万
自己資本 1600万
一方、株価は1株200万円に戻っていたとしよう。時価総額は200万×10株＝2000万円というわけだ。
200
150
時価総額
200万×10株
＝2000万
時価総額を自己資本で割った数字を、**PBR**という。
時価総額÷自己資本
＝PBR
2000万÷1600万
＝1.25
PBR 1.25
自己資本と時価総額は実体と影の関係だ
自己資本
時価総額
PBRが1.0ということは、株価が会社の実体とぴったり合っている、つまり、実体と影が1対1というわけだ。
PBR 1.0
1対1
PBRが1.0より大きければ、その会社の株価は、利益の増大を見込んで、会社の実体よりも高くなっている――つまり、影の方が実体より長くなっていることを意味する。
PBR＞1.0
たとえば、06年9月に上場した**ミクシィ**のPBRは07年4月上旬には185をつけていた。
PBR 185
mixi
株価が上がって、それとともに時価総額も上がり、自己資本の185倍の値になった、ということだ。
185倍

IT系企業は、設備が必要ないので、自己資本が小さい割に、投資家が夢を見て株価を高くつけるので、PBRは大きくなりがちだ。それにしても185倍はちょっとつけすぎだけどな。
そしてPBRが1・0より小さければ利益が上がっていないので株価が実体より低くつけられているつまり影のほうが実体より短いということを意味する
08年の世界金融危機以降は、東証一部上場企業の75%がPBR1・0を切ってしまったがね。
PBRが1・0以下の会社の株は実体よりも安いから買えば割安ってこと?
必ずしもそうとは言えない
日本企業の多くは80年代のバブルの頃、調子に乗ってガンガン株券を刷りまくったおかげで、自己資本が無駄にデカい。バランスシートが水膨れなんだ。
ぶよぶよ
自己資本
ぶよぶよ
株券を刷りすぎると、本来なら、株主は自分の権利の分が減るから、株主総会がそんなことは認めないはずなのだが、日本の株主はおとなしかったので、それが簡単に出来たんだ。
ガーッハッハッハ
増資しまくり!
しーーーん
だから、日本の企業は、分母の自己資本がデカいので、PBRは小さい傾向にある。
時価総額
ぶよ
自己資本
ぶよ
それに、日本人経営者はなにかというと、借金を返して無借金経営にしたがる。
まず借金返済せないかんわ
どえりゃー健全な経営だぎゃーん!
特に名古屋の企業は無借金経営が多い。
だからバランスシートはこんなふうに、負債0で自己資本ばかりが大きくなりがちだが
負債
総資産
自己資本
こんなバランスシートよりは…
本当は株主には、適度に借金をしている会社のほうが、投資効率はいいはずなんだけどね。
負債
総資産
自己資本
これくらいのほうが案外よかったりする。
そもそもPBRが1・0以下ということは実体に較べて低い株価がついてるってことだろ

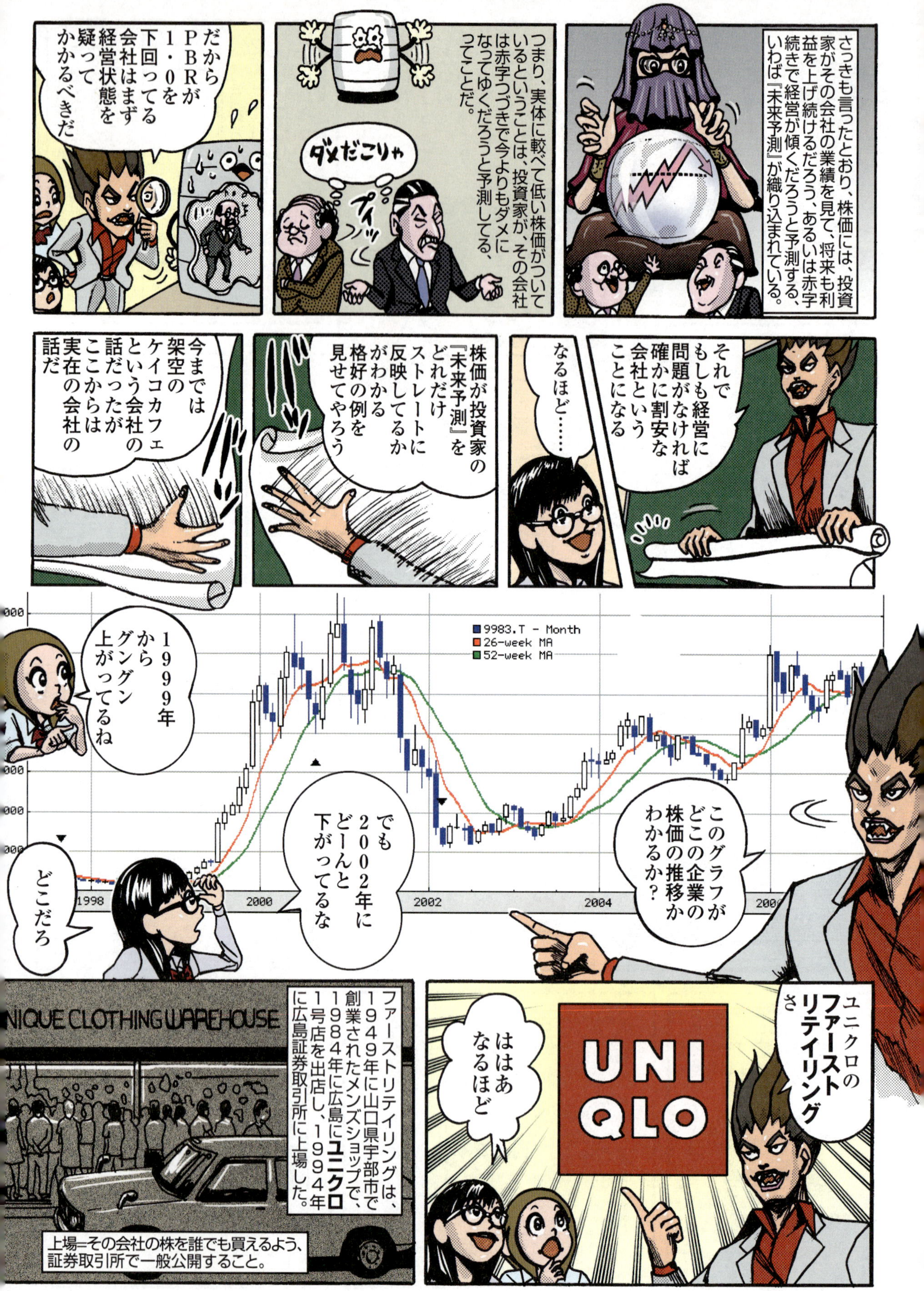

さっきも言ったとおり、株価には、投資家がその会社の業績を見て、将来も利益を上げ続けるだろう、あるいは赤字続きで経営が傾くだろうと予測する、いわば『未来予測』が織り込まれている。
つまり、実体に較べて低い株価がついているということは、投資家が、その会社は赤字つづきで今よりもダメになってゆくだろうと予測してる、ってことだ。
ダメだこりゃ
プイッ
だからPBRが1・0を下回ってる会社はまず経営状態を疑ってかかるべきだ
それでもしも経営に問題がなければ確かに割安な会社ということになる
なるほど……
株価が投資家の『未来予測』をどれだけストレートに反映してるかがわかる格好の例を見せてやろう
今までは架空のケイコカフェという会社の話だったがここからは実在の会社の話だ
9983.T - Month
26-week MA
52-week MA
1998
2000
2002
2004
このグラフがどこの企業の株価の推移かわかるか?
でも2002年にどーんと下がってるな
1999年からグングン上がってるね
どこだろ
ユニクロのファーストリテイリングさ
ははあなるほど
UNI QLO
ファーストリテイリングは、1949年に山口県宇部市で創業されたメンズショップで、1984年に広島にユニクロ1号店を出店し、1994年に広島証券取引所に上場した。
NIQUE CLOTHING WAREHOUSE
上場=その会社の株を誰でも買えるよう、証券取引所で一般公開すること。

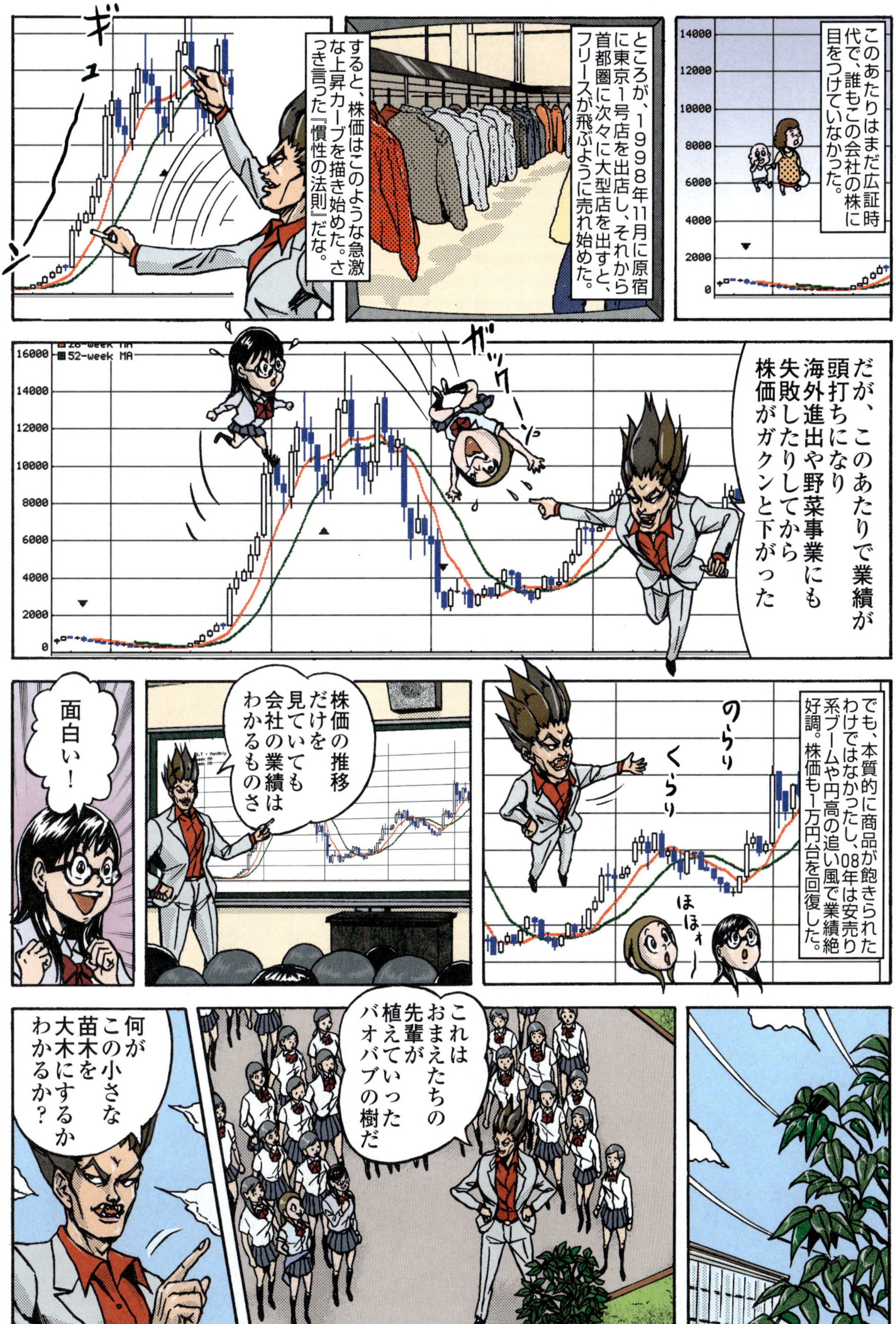

このあたりはまだ広証時代で、誰もこの会社の株に目をつけていなかった。
ところが、1998年11月に原宿に東京1号店を出店し、それから首都圏に次々に大型店を出すと、フリースが飛ぶように売れ始めた。
すると、株価はこのような急激な上昇カーブを描き始めた。さっき言った『慣性の法則』だな。
ギュ
ン
だが、このあたりで業績が頭打ちになり海外進出や野菜事業にも失敗したりしてから株価がガクンと下がった
ガックーン
でも、本質的に商品が飽きられたわけではなかったし、08年は安売り系ブームや円高の追い風で業績絶好調。株価も1万円台を回復した。
のらり
くらり
ほほぉ〜
株価の推移だけを見ていても会社の業績はわかるものさ
面白い！
これはおまえたちの先輩が植えていったバオバブの樹だ
何がこの小さな苗木を大木にするかわかるか？

そりゃ水と肥料でしょ
ちがう
時間だ
ズドーン
時間が経てばこの苗木が大木に成長する可能性があるように、おまえたちも、これからの長い人生で、大金を稼ぐ可能性を持っている。
将来稼げる可能性＝ヒューマン・キャピタル
若いうちは時間を味方につけろ
時間さえあれば失敗しても取り返せる
夢は時間を裏切らないし
時間は夢を裏切らない
ドドン
どっかで聞いたことある台詞だな……
松本零士だよ
とにかく若いうちはリスクが取れるんだ
槇原敬之じゃない？
ムッ!?
松本零士！
槇原敬之！
まあまあ
ドドン
おまえたちも失敗を恐れず株式投資にリスクを取れ
よ～しがんばるぞ

15 決算発表

四半期ごとの発表を見逃すな!

【これまでのあらすじ】
経営難の難平女子高は、新興企業のバカミフーズに買収され、社長・馬上の片腕、利食が授業で生徒に株を教え始めた。利食の生徒となったナオは、実は利食と昔の恋人の間にできた子供だったが、ナオはそうと知らずに、利食に好意を抱く。
やがてナオは大学に進学。一方、ナオの親友のユキは、遊びすぎがたたって高3で留年する。
馬上は、難平高校の校舎をショッピングセンターに建て替え、秘かにスーパーのヘロン・グループに売り払おうとしていた。
ザァァーーーッ
ブロロロ
松下
キッ

これは理事長様
コトッ
ククク
奨学金があるし株で月に10万程度は儲かってますから
バフッ
松下君大学に通ってると何かと物要りだろ
これは私からの好意だ受け取れ
理由のない金は受け取れません
まあまあそう言わんで理事長様のご厚意に甘えたらどうだ
うちだって生活は決して楽じゃないんだ
父ちゃんは何も知らないのよ!
ドンッ
母ちゃんを奪ったのは利食じゃなくてこの馬上なのよ
ば、バカを言うな理事長様に何ってことを
ダッ
バカ娘がまことに申し訳ないことを……
バッ
ところでお父さん
奥様の最近の消息をお聞きでは?
へ?
ナオ君は私が特別目をかけていた生徒です
彼女の将来のためにもお金は必要だこれはお納めおきください
ハハ〜ッ
有り難や〜

いえ何も……
消息？
ただナオのヤツは最近利食先生が佳代子を助けた恩人と何度も
利食が奥様を助けた？
グググググ
私立 難平女子高等学校
ザァ ザァ ザァ ザ
佳代子どこにいる？
理事長いよいよ完成ですね
うむ
ポチッ
ウィーーン
シュ～ン
カパッ
DIAMOND NANPIN
ウィーーン
来月校舎をヘロンのショッピングセンターに替える
ドーーン
そうなると学校は…
有無を言わせず廃校だ
これで100億は儲けが出ますね
ククク それだけじゃない
ポチ ポチ
オレの計画にはまだまだ先があるのさ
ゴゴゴゴゴゴ

職員室
どうしたナオ
ちょっと相談が……
おまえの1年後輩の堀内ケイコだ
よろしく
松下先輩は去年のクラスの儲け頭だ今は奨学金で大学に進み経済の勉強をしている
よろしく
キラッ
キラッ
堀内は株の選び方について質問に来たところだ
バチ
バチ
この前授業でPBRの見方については詳しく教えたが……
PBR
PER
もう1つの重要な指標PERの見方はまだ教えていない
PBR
PER
ちょうどいいナオがPERの見方を教えてやれおまえにとってもいい復習になるだろう
バチ
バチ
バチ
ケイコさんあなたPBRはわかるの？
フフフ
時価総額を自己資本で割った数字です
自己資本とは？
総資産から借金を引いたその会社の今現在の全財産のことです
負債
総資産
自己資本
時価総額は？
株価に発行済みの株式の数を掛けた数字です時価総額はその会社の将来性に対する世間の評価を織り込んだ期待価値を表します
株価
×
発行済株式数

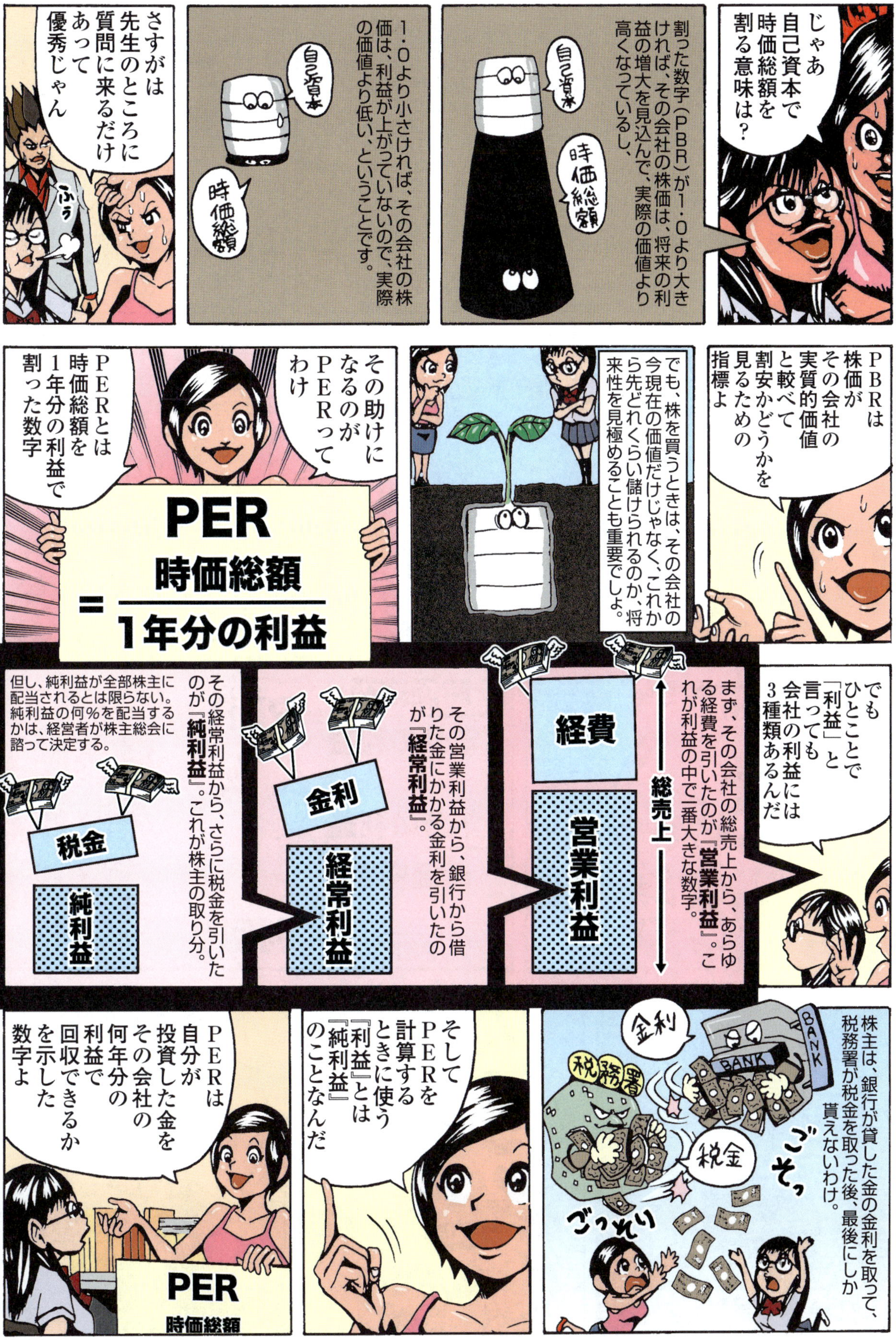

じゃあ自己資本で時価総額を割る意味は？
割った数字（PBR）が1.0より大きければ、その会社の株価は、将来の利益の増大を見込んで、実際の価値より高くなっているし、
自己資本
時価総額
1.0より小さければ、その会社の株価は、利益が上がっていないので、実際の価値より低い、ということです。
自己資本
時価総額
さすがは先生のところに質問に来るだけあって優秀じゃん
ふぅ
PBRは株価がその会社の実質的価値と較べて割安かどうかを見るための指標よ
でも、株を買うときは、その会社の今現在の価値だけじゃなく、これから先どれくらい儲けられるのか、将来性を見極めることも重要でしょ。
その助けになるのがPERってわけ
PERとは時価総額を1年分の利益で割った数字
PER = 時価総額 / 1年分の利益
でもひとことで「利益」と言っても会社の利益には3種類あるんだ
まず、その会社の総売上から、あらゆる経費を引いたのが『営業利益』。これが利益の中で一番大きな数字。
経費
総売上
営業利益
その営業利益から、銀行から借りた金にかかる金利を引いたのが『経常利益』。
金利
経常利益
その経常利益から、さらに税金を引いたのが『純利益』。これが株主の取り分。
但し、純利益が全部株主に配当されるとは限らない。純利益の何％を配当するかは、経営者が株主総会に諮って決定する。
税金
純利益
株主は、銀行が貸した金の金利を取って、税務署が税金を取った後、最後にしか貰えないわけ。
金利
BANK
BANK
税務署
税金
ごそっ
ごっそり
そしてPERを計算するときに使う『利益』とは『純利益』のことなんだ
PERは自分が投資した金をその会社の何年分の利益で回収できるかを示した数字よ
PER
時価総額

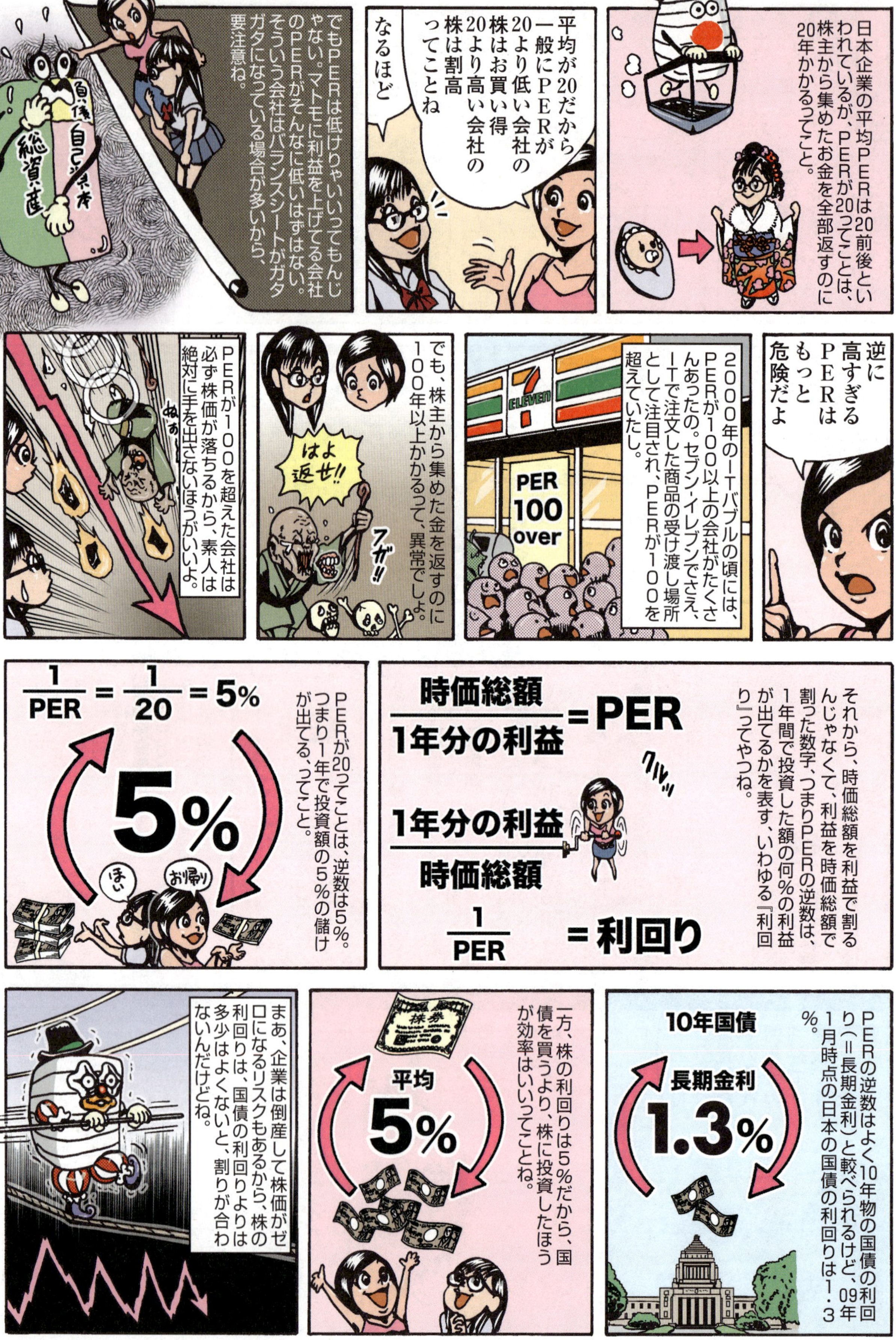

日本企業の平均PERは20前後といわれているが、PERが20ってことは、株主から集めたお金を全部返すのに20年かかるってこと。
平均が20だから一般にPERが20より低い会社の株はお買い得20より高い会社の株は割高ってことね
なるほど
でもPERは低けりゃいいってもんじゃない。マトモに利益を上げてる会社のPERがそんなに低いはずはない。そういう会社はバランスシートがガタガタになっている場合が多いから、要注意ね。
負債
自己資本
総資産
逆に高すぎるPERはもっと危険だよ
2000年のITバブルの頃には、PERが100以上の会社がたくさんあったの。セブン-イレブンでさえ、ITで注文した商品の受け渡し場所として注目され、PERが100を超えていたし。
ELEVEN
PER 100 over
でも、株主から集めた金を返すのに100年以上かかるって、異常でしょ。
はよ返せ!!
フガ!!
PERが100を超えた会社は必ず株価が落ちるから、素人は絶対に手を出さないほうがいいよ。
ぬぉ
それから、時価総額を利益で割るんじゃなくて、利益を時価総額で割った数字、つまりPERの逆数は、1年間で投資した額の何%の利益が出てるかを表す、いわゆる『利回り』ってやつね。
時価総額 / 1年分の利益 = PER
クルッ
1年分の利益 / 時価総額
1 / PER = 利回り
PERが20ってことは、逆数は5%。つまり1年で投資額の5%の儲けが出てる、ってこと。
1 / PER = 1 / 20 = 5%
5%
ほい
お帰り
PERの逆数はよく10年物の国債の利回り(=長期金利)と較べられるけど、09年1月時点の日本の国債の利回りは1.3%。
10年国債
長期金利
1.3%
一方、株の利回りは5%だから、国債を買うより、株に投資したほうが効率はいいってことね。
株券
平均
5%
まあ、企業は倒産して株価がゼロになるリスクもあるから、株の利回りは、国債の利回りよりは多少はよくないと、割りが合わないんだけどね。

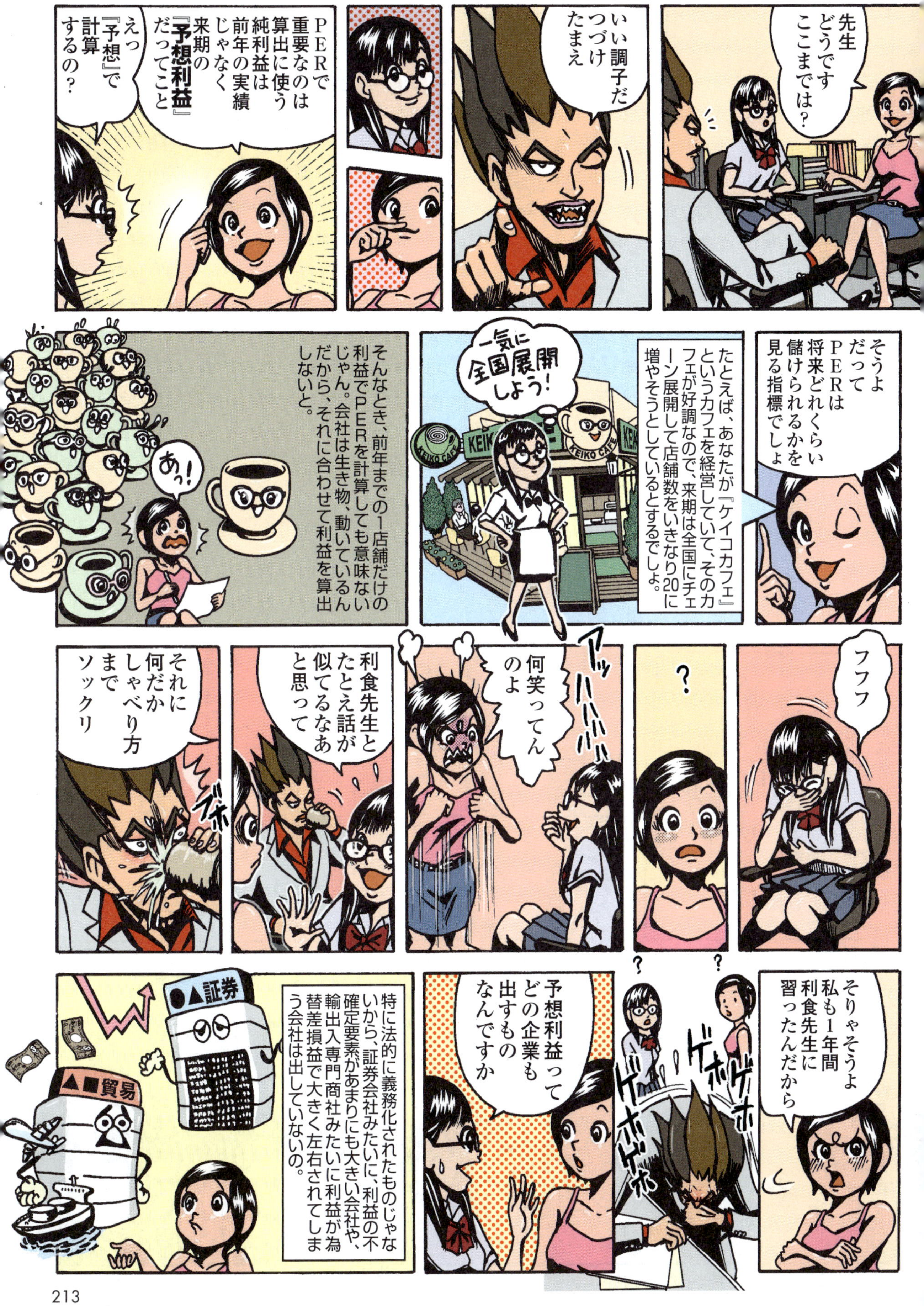

先生どうですここまでは？
いい調子だつづけたまえ
PERで重要なのは算出に使う純利益は前年の実績じゃなく来期の『予想利益』だってこと
えっ『予想』で計算するの？
そうよだってPERは将来どれくらい儲けられるかを見る指標でしょ
たとえば、あなたが『ケイコカフェ』というカフェを経営していて、そのカフェが好調なので、来期は全国にチェーン展開して店舗数をいきなり20に増やそうとしているとするでしょ。
一気に全国展開しよう！
KEIKO CAFE
そんなとき、前年までの1店舗だけの利益でPERを計算しても意味ないじゃん。会社は生き物、動いているんだから、それに合わせて利益を算出しないと。
あっ！
フフフ
？
アッハハハハハ
何笑ってんのよ
利食先生とたとえ話が似てるなあと思って
それに何だかしゃべり方までソックリ
ブホ
そりゃそうよ私も1年間利食先生に習ったんだから
ゲホゲホ
ゲホゲホ
？
？
予想利益ってどの企業も出すものなんですか
特に法的に義務化されたものじゃないから、証券会社みたいに、利益の不確定要素があまりにも大きい会社や、輸出入専門商社みたいに利益が為替差損益で大きく左右されてしまう会社は出していないの。
●▲証券
▲■貿易

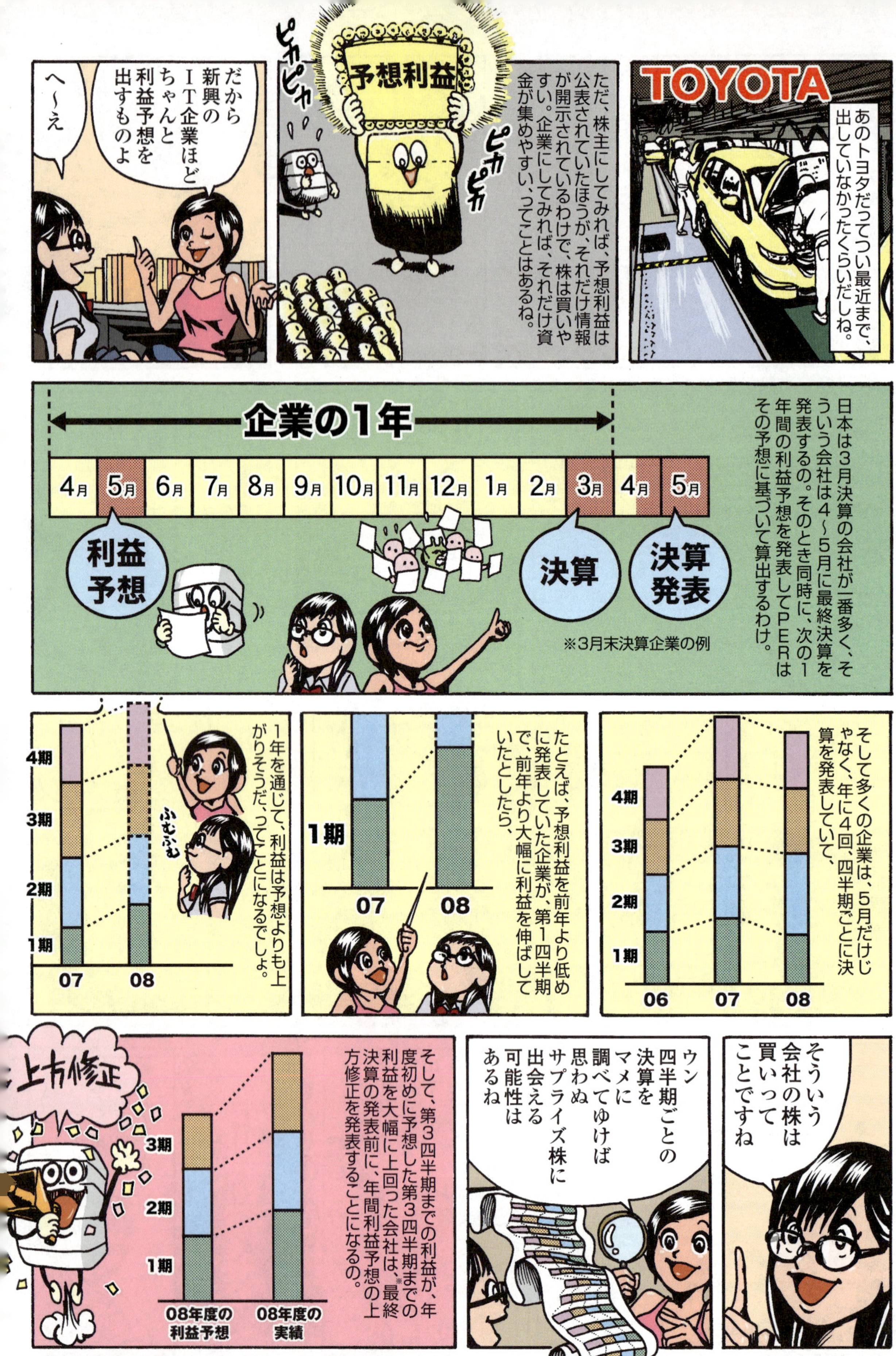
TOYOTA
あのトヨタだってつい最近まで、出していなかったくらいだしね。
ただ、株主にしてみれば、予想利益は公表されていたほうが、それだけ情報が開示されているわけで、株は買いやすい。企業にしてみれば、それだけ資金が集めやすい、ってことはあるね。
予想利益
ピカピカ
ピカピカ
だから新興のIT企業ほどちゃんと利益予想を出すものよ
へ～え
日本は3月決算の会社が一番多く、そういう会社は4～5月に最終決算を発表するの。そのとき同時に、次の1年間の利益予想を発表してPERはその予想に基づいて算出するわけ。
企業の1年
4月 5月 6月 7月 8月 9月 10月 11月 12月 1月 2月 3月 4月 5月
利益予想
決算
決算発表
※3月末決算企業の例
そして多くの企業は、5月だけじゃなく、年に4回、四半期ごとに決算を発表していて、
4期
3期
2期
1期
06 07 08
たとえば、予想利益を前年より低めに発表していた企業が、第1四半期で、前年より大幅に利益を伸ばしていたとしたら、
1期
07 08
1年を通じて、利益は予想よりも上がりそうだ、ってことになるでしょ。
ふむふむ
4期
3期
2期
1期
07 08
そういう会社の株は買いってことですね
ウン 四半期ごとの決算をマメに調べてゆけば思わぬサプライズ株に出会える可能性はあるね
そして、第3四半期までの利益が、年度初めに予想した第3四半期までの利益を大幅に上回った会社は、※最終決算の発表前に、年間利益予想の上方修正を発表することになるの。
上方修正
3期
2期
1期
08年度の利益予想
08年度の実績

※業績修正の発表は年度の後半に集中するが、1年を通じて行なわれている

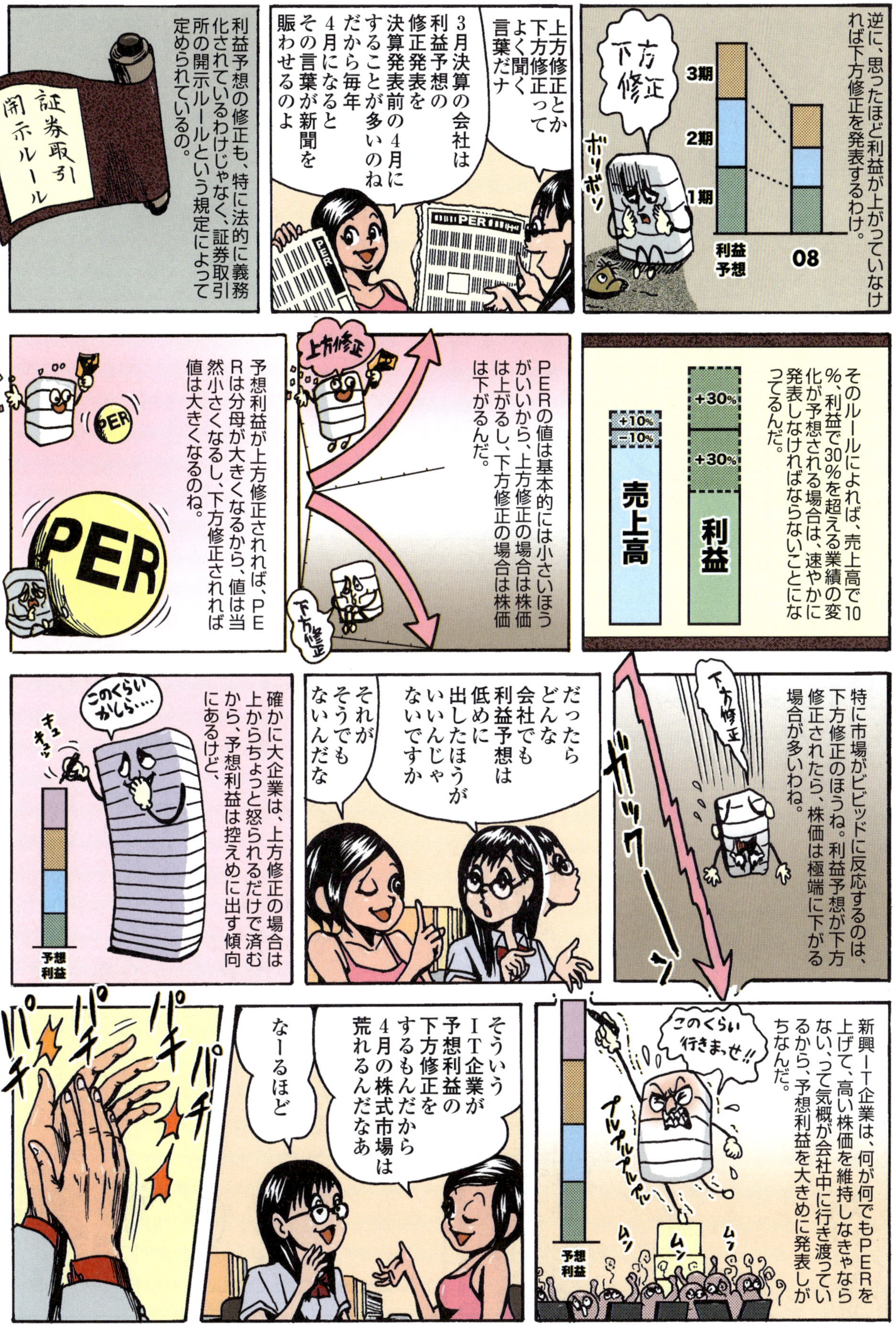

逆に、思ったほど利益が上がっていなければ下方修正を発表するわけ。
下方修正
ポリポリ
3期
2期
1期
利益予想
08
上方修正とか下方修正ってよく聞く言葉だナ
3月決算の会社は利益予想の修正発表を決算発表前の4月にすることが多いのね だから毎年4月になるとその言葉が新聞を賑わせるのよ
PER
PER
利益予想の修正も、特に法的に義務化されているわけじゃなく、証券取引所の開示ルールという規定によって定められているの。
証券取引開示ルール
そのルールによれば、売上高で10%、利益で30%を超える業績の変化が予想される場合は、速やかに発表しなければならないことになってるんだ。
+30%
+30%
利益
+10%
−10%
売上高
PERの値は基本的には小さいほうがいいから、上方修正の場合は株価は上がるし、下方修正の場合は株価は下がるんだ。
上方修正
下方修正
予想利益が上方修正されれば、PERは分母が大きくなるから、値は当然小さくなるし、下方修正されれば値は大きくなるのね。
PER
PER
特に市場がビビッドに反応するのは、下方修正のほうね。利益予想が下方修正されたら、株価は極端に下がる場合が多いわね。
下方修正
ガックーン
だったらどんな会社でも利益予想は低めに出したほうがいいんじゃないですか
それがそうでもないんだな
確かに大企業は、上方修正の場合は上からちょっと怒られるだけで済むから、予想利益は控えめに出す傾向にあるけど、
このくらいかしら…
キュッ
予想利益
新興IT企業は、何が何でもPERを上げて、高い株価を維持しなきゃならない、って気概が会社中に行き渡っているから、予想利益を大きめに発表しがちなんだ。
このくらい行きまっせ!!
プルプルプル
ムン
ムン
ムン
予想利益
そういうIT企業が予想利益の下方修正をするもんだから4月の株式市場は荒れるんだなあ
なーるほど
パチ
パチ
パチ
パチ

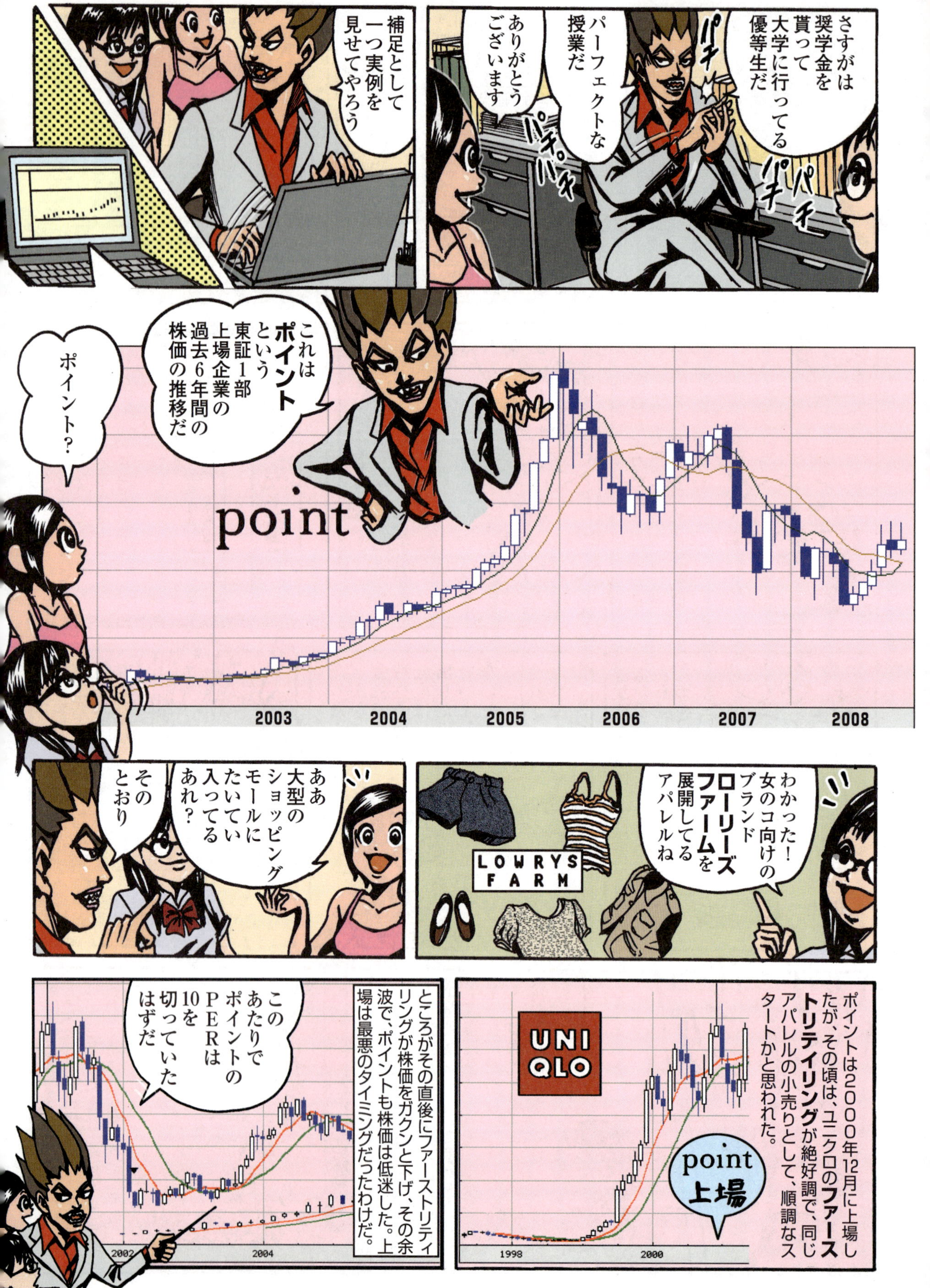
さすがは奨学金を貰って大学に行ってる優等生だ
パチ パチ
パーフェクトな授業だ
パチパチ
ありがとうございます
補足として一つ実例を見せてやろう
これはポイントという東証1部上場企業の過去6年間の株価の推移だ
ポイント？
point
2003
2004
2005
2006
2007
2008
わかった！女のコ向けのブランドローリーズファームを展開してるアパレルね
LOWRYS FARM
ああ大型のショッピングモールにたいてい入ってるあれ？
そのとおり
ポイントは2000年12月に上場したが、その頃は、ユニクロのファーストリテイリングが絶好調で、同じアパレルの小売りとして、順調なスタートかと思われた。
UNI QLO
point 上場
1998
2000
ところがその直後にファーストリテイリングが株価をガクンと下げ、その余波で、ポイントも株価は低迷した。上場は最悪のタイミングだったわけだ。
このあたりでポイントのPERは10を切っていたはずだ
2002
2004

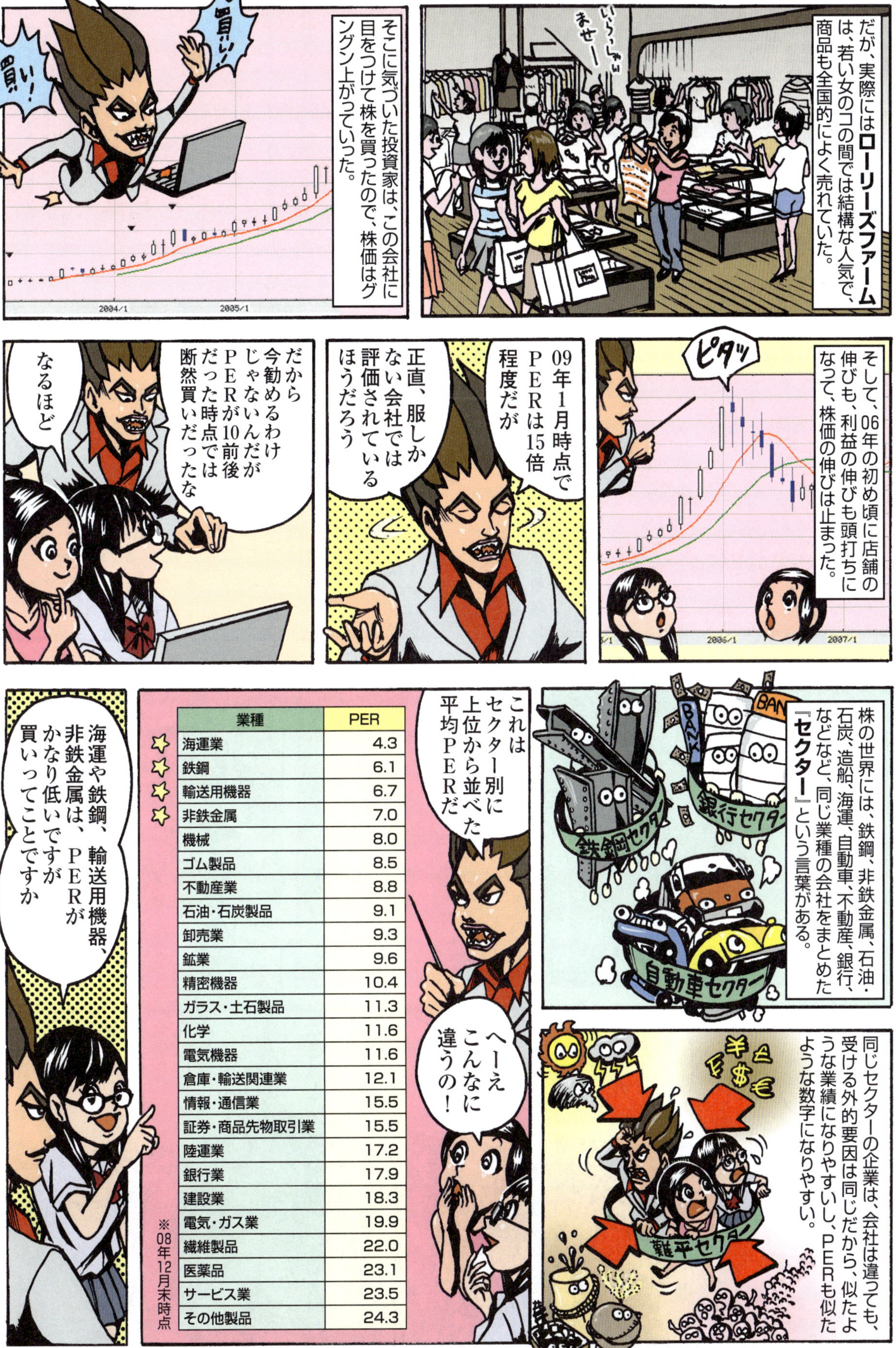
だが、実際には**ローリーズファーム**は、若い女のコの間では結構な人気で、商品も全国的によく売れていた。
いらっしゃいませー
そこに気づいた投資家は、この会社に目をつけて株を買ったので、株価はグングン上がっていった。
買い!
買い!
2004/1
2005/1
そして、06年の初め頃に店舗の伸びも、利益の伸びも頭打ちになって、株価の伸びは止まった。
ピタッ
2006/1
2007/1
09年1月時点でPERは15倍程度だが
正直、服しかない会社では評価されているほうだろう
だから今勧めるわけじゃないんだがPERが10前後だった時点では断然買いだったな
なるほど
株の世界には、鉄鋼、非鉄金属、石油・石炭、造船、海運、自動車、不動産、銀行、などなど、同じ業種の会社をまとめた『**セクター**』という言葉がある。
鉄鋼セクター
銀行セクター
自動車セクター
同じセクターの企業は、会社は違っても、受ける外的要因は同じだから、似たような業績になりやすいし、PERも似たような数字になりやすい。
これはセクター別に上位から並べた平均PERだ
へーえこんなに違うの!
海運や鉄鋼、輸送用機器、非鉄金属は、PERがかなり低いですが買いってことですか

業種	PER
海運業	4.3
鉄鋼	6.1
輸送用機器	6.7
非鉄金属	7.0
機械	8.0
ゴム製品	8.5
不動産業	8.8
石油・石炭製品	9.1
卸売業	9.3
鉱業	9.6
精密機器	10.4
ガラス・土石製品	11.3
化学	11.6
電気機器	11.6
倉庫・輸送関連業	12.1
情報・通信業	15.5
証券・商品先物取引業	15.5
陸運業	17.2
銀行業	17.9
建設業	18.3
電気・ガス業	19.9
繊維製品	22.0
医薬品	23.1
サービス業	23.5
その他製品	24.3

※08年12月末時点

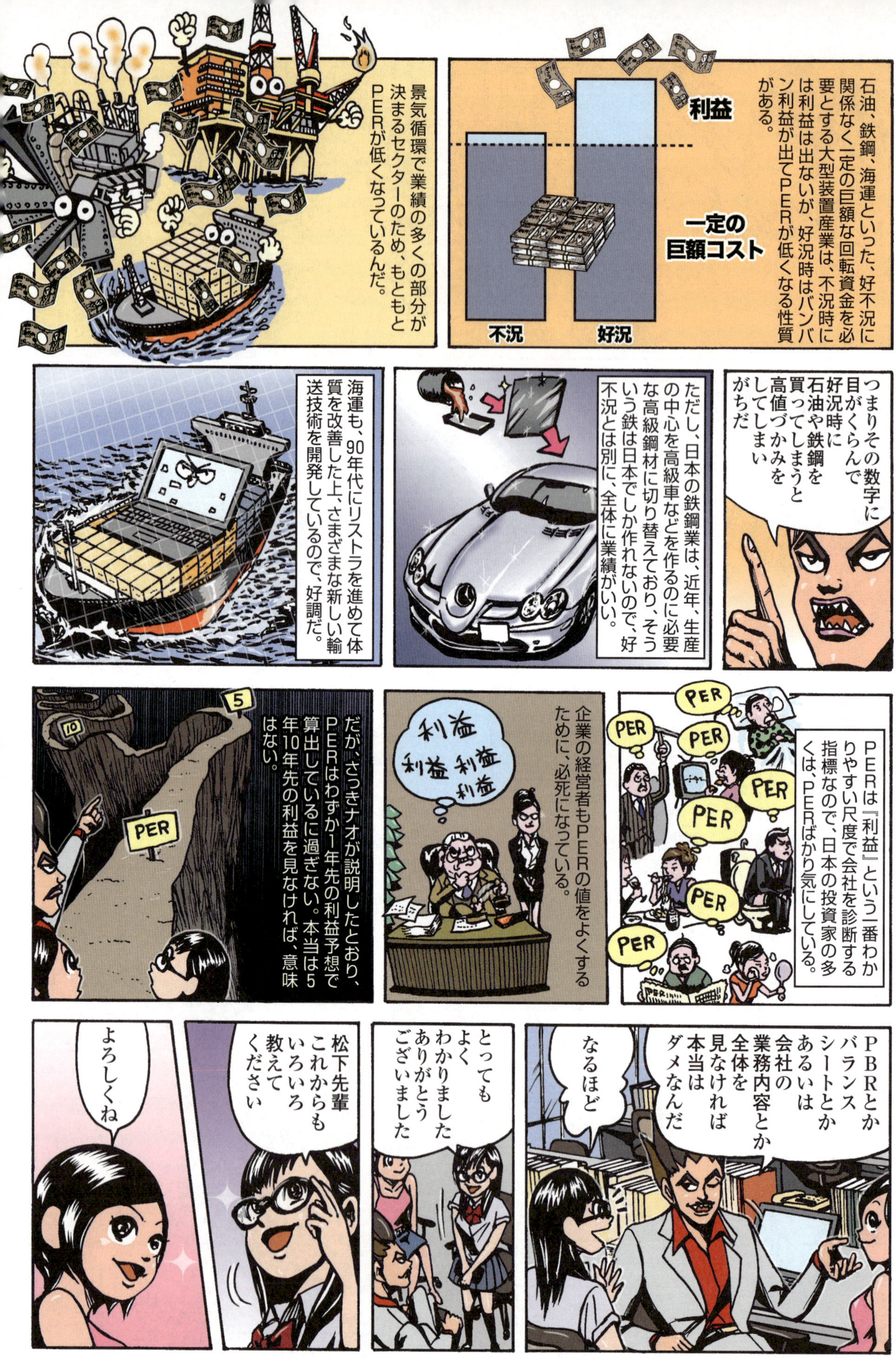
石油、鉄鋼、海運といった、好不況に関係なく一定の巨額な回転資金を必要とする大型装置産業は、不況時には利益は出ないが、好況時はバンバン利益が出てPERが低くなる性質がある。
利益
一定の巨額コスト
不況
好況
景気循環で業績の多くの部分が決まるセクターのため、もともとPERが低くなっているんだ。
つまりその数字に目がくらんで好況時に石油や鉄鋼を買ってしまうと高値づかみをしてしまいがちだ
ただし、日本の鉄鋼業は、近年、生産の中心を高級車などを作るのに必要な高級鋼材に切り替えており、そういう鉄は日本でしか作れないので、好不況とは別に、全体に業績がいい。
海運も、90年代にリストラを進めて体質を改善した上、さまざまな新しい輸送技術を開発しているので、好調だ。
PERは『利益』という一番わかりやすい尺度で会社を診断する指標なので、日本の投資家の多くは、PERばかり気にしている。
PER
PER
PER
PER
PER
PER
PER
企業の経営者もPERの値をよくするために、必死になっている。
利益
利益 利益
利益
だが、さっきナオが説明したとおり、PERはわずか1年先の利益予想で算出しているに過ぎない。本当は5年10年先の利益を見なければ、意味はない。
5
10
PER
PBRとかバランスシートとかあるいは会社の業務内容とか全体を見なければ本当はダメなんだ
なるほど
とってもよくわかりましたありがとうございました
松下先輩これからもいろいろ教えてください
よろしくね

じゃ
私は
これで
スッ
カチッ
ガーーッ
職員室
さすがだわ
さすがね
先生の
ところに
質問に
来るだけ
あって
相談が
あったんじゃ
ないのか
ピカッ
……
馬上が
今朝
家まで来たの
母ちゃんの
行方を聞き出しに
お金
置いてった
私を
母ちゃん
みたいに
愛人として
囲う気よ
ゴロゴロゴロゴロ
気にするな
金持ちの
慈善事業
だと思え
ポン
馬上は
何か
企んでるん
じゃないの？
この校舎
何か様子が
変よ
わかってる
近々
スーパーに
売り飛ばす
つもりだ
ザァーーッ

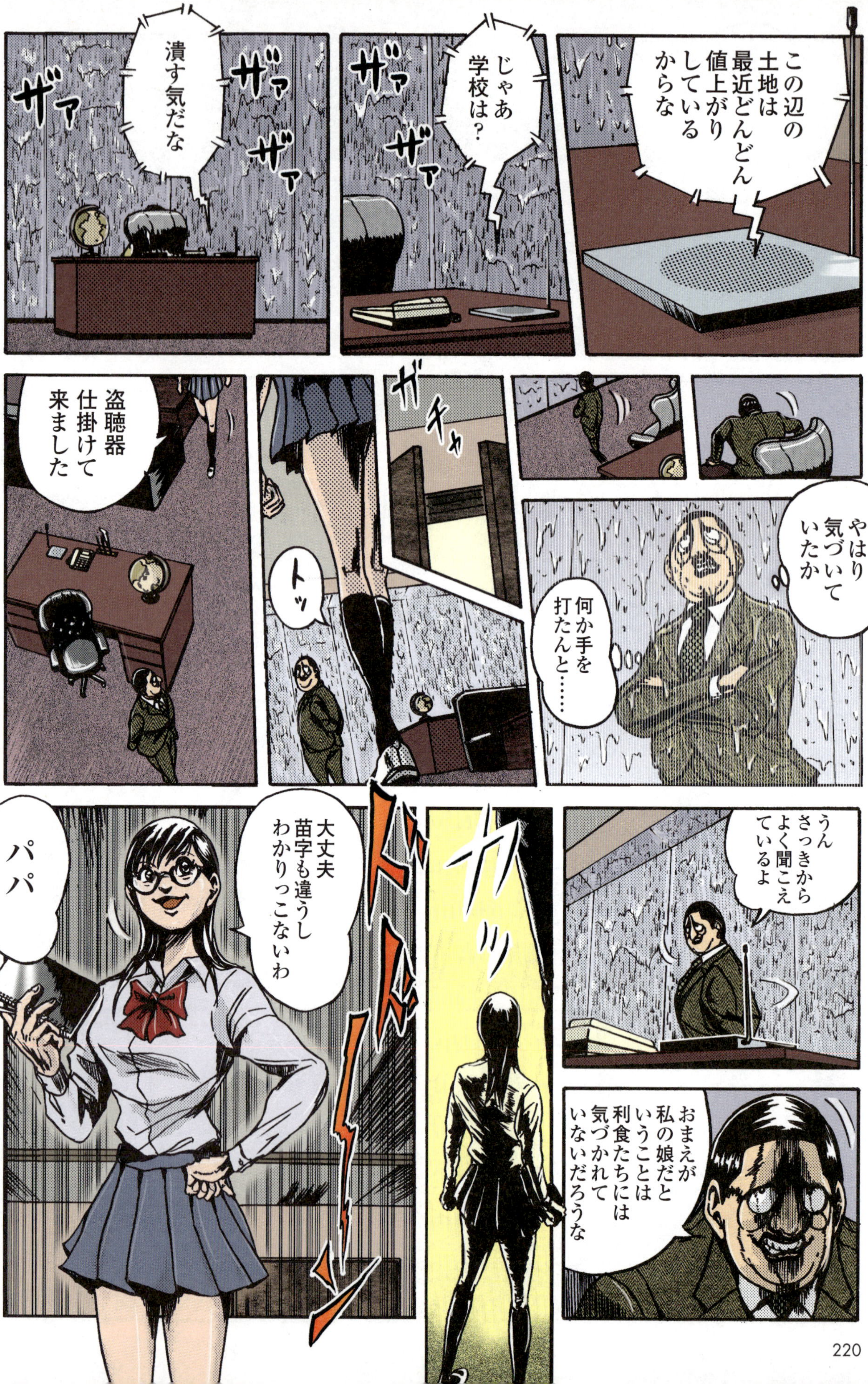
この辺の土地は最近どんどん値上がりしているからな
ザァ
ザァ
じゃあ学校は？
ザァ
ザァ
ザァ
ザァ
潰す気だな
ガチャ
盗聴器仕掛けて来ました
トッ
やはり気づいていたか
何か手を打たんと……
うんさっきからよく聞こえているよ
カッ
ドドドドー
大丈夫苗字も違うしわかりっこないわ
パパ
おまえが私の娘だということは利食たちには気づかれていないだろうな

【これまでのあらすじ】
経営難の難平女子高は、悪徳企業家・馬上の率いるバカミラーズに買収され、馬上の片腕、利食が授業で株を教え始めた。
利食の生徒となったナオは、実は利食と昔の恋人の間にできた子供だったが、ナオはそうと知らずに、利食に好意を抱く。やがてナオは大学に進学。一方、ナオの親友のユキは、遊びすぎがたたって留年する。
馬上は、難平女子校の校舎をショッピングセンターに建て替え、密かにスーパーのヘロン・グループに売り払おうとしていた。
難平女子高等学校
え～学校休みなのぉ？
臨時休校
16
REIT
30万円で六本木ヒルズのオーナーに!?

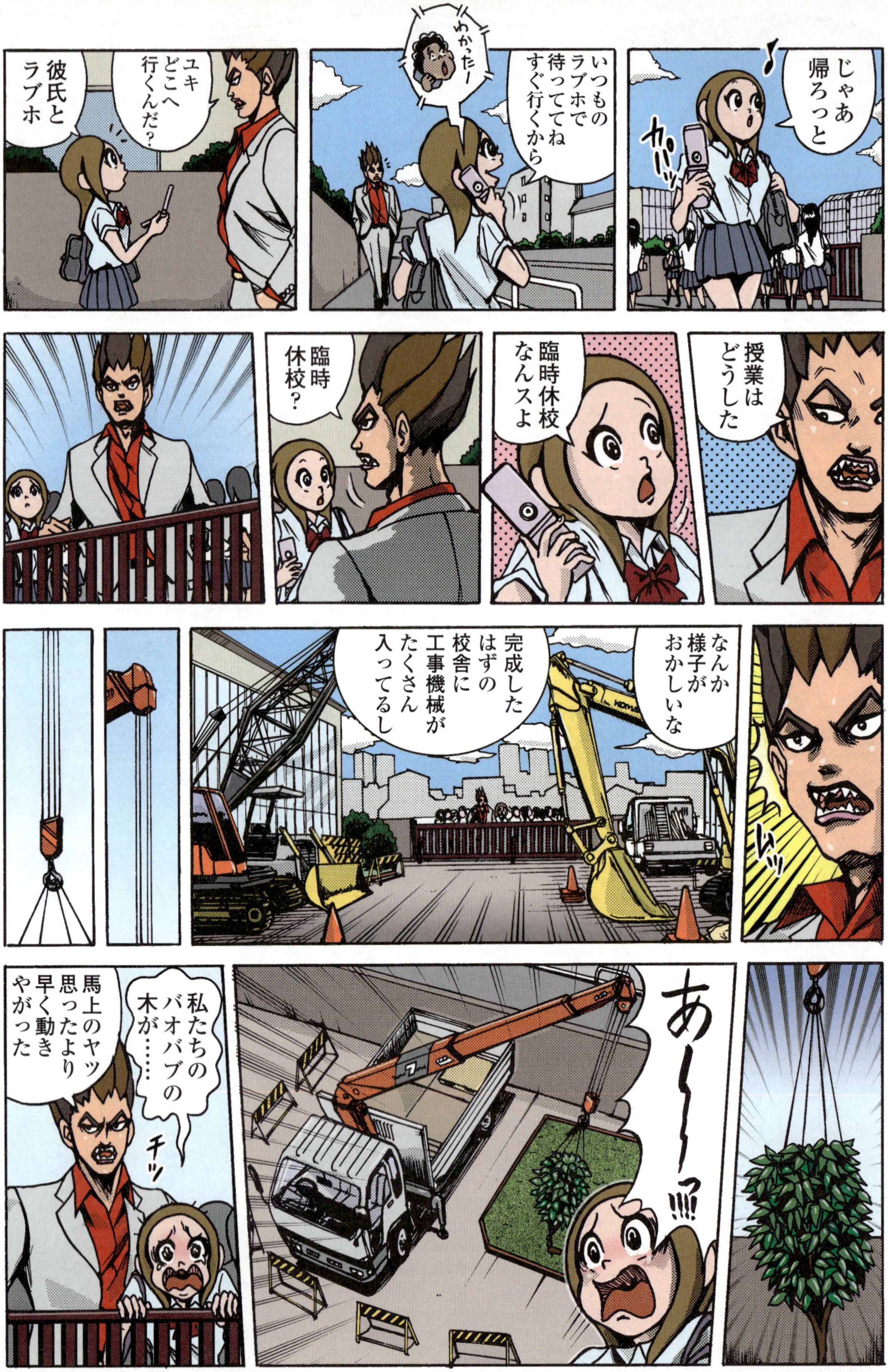
じゃあ帰ろっと♪
カパッ
いつものラブホで待っててねすぐ行くから
わかった！
ユキどこへ行くんだ？
彼氏とラブホ
授業はどうした
臨時休校なんスよ
臨時休校？
ムッ
なんか様子がおかしいな
完成したはずの校舎に工事機械がたくさん入ってるし
あ〜〜〜っ!!!
私たちのバオバブの木が……
チッ
馬上のヤツ思ったより早く動きやがった

ピーン
ポーン
9時から校庭で生徒集会を開きます
馬上理事長の話を聞きたいヒトは集まってください
聞きたくないヒトは集まらなくていいです
どうなってるの？
とにかく校庭に行ってみよう
ザワザワ
ザワザワ
何があったの？
ザワザワ
ザワザワ
今から理事長のお話があります
ザワザワ
ザワザワ
静粛に
ザワ
ザワ
当・難平女子高は昨年倒産し私たちバカミフーズが買収してカリキュラムを一新するなど
さまざまな手を打って生徒集めに奔走してきましたが
少子化による学校の経営難はいかんともしがたく

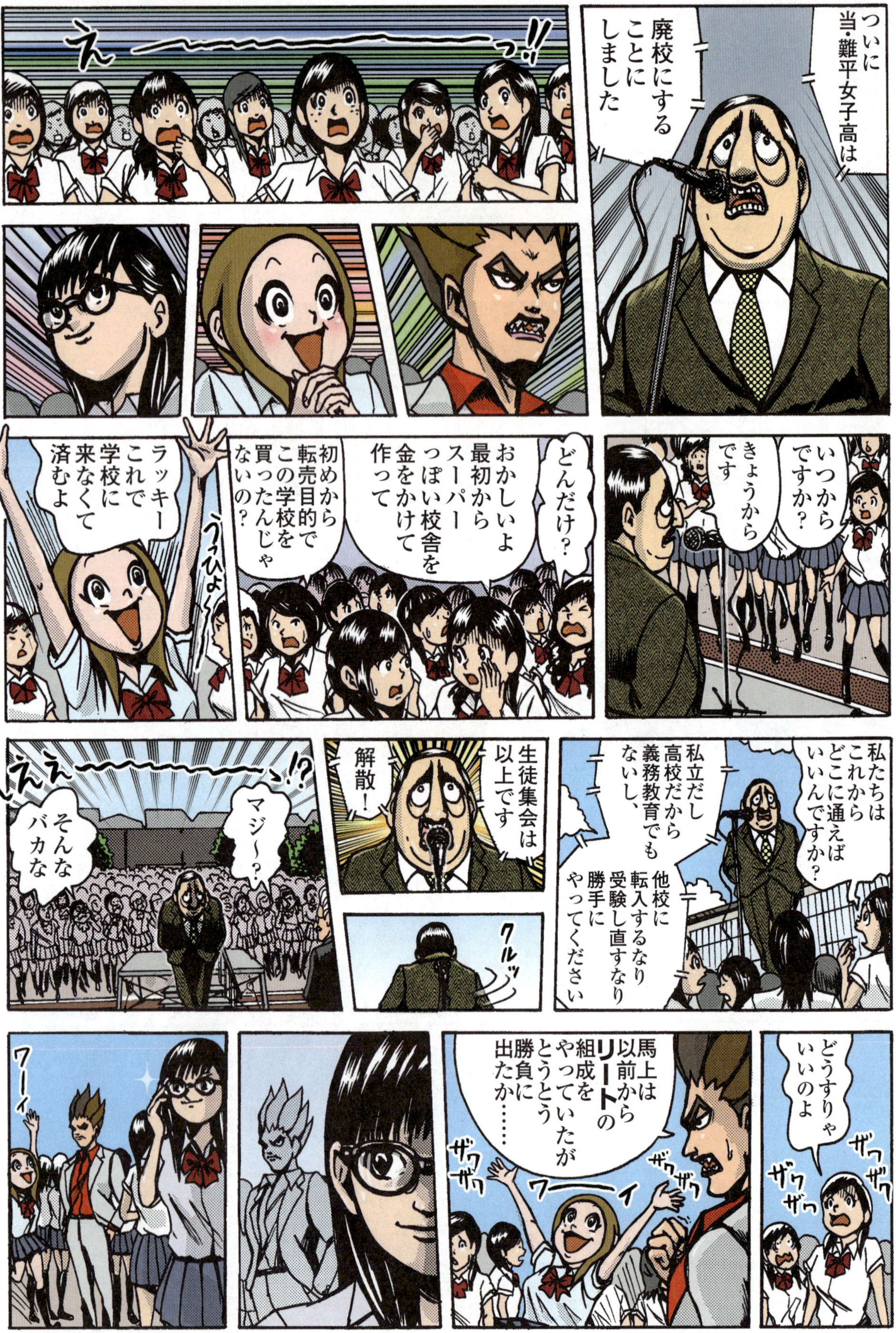

ついに当・難平女子高は
廃校にすることにしました
え――――――っ!!
いつからですか?
きょうからです
どんだけ?
おかしいよ最初からスーパーっぽい校舎を金をかけて作って
初めから転売目的でこの学校を買ったんじゃないの?
ラッキーこれで学校に来なくて済むよ
うっひょ～
私たちはこれからどこに通えばいいんですか?
私立だし高校だから義務教育でもないし、
他校に転入するなり受験し直すなり勝手にやってください
生徒集会は以上です
解散!
クルッ
えええ～～～～!?
マジ～?
そんなバカな
どうすりゃいいのよ
ザワザワ
ザワザワ
馬上は以前からリートの組成をやっていたがとうとう勝負に出たか……
ザワザワ
ザワザワ
ワーイ
ワーイ

先生 リートって 何ですか？
ふうむ いい チャンスだ
オレのクラスは バオバブの 木の前に 集まれ！ 臨時授業だ
馬上が 企んでいる リートに ついて 教えてやる
ニート？
ラブホ 行けなく なったわ
えーっ!!
このバオバブとも お別れかぁ……
ナムー
おい 授業を 始めるぞ
ガラガラガラガラ
キュッ キュッ
リートとは 不動産を 証券化する ための 方法の 一種だ
リート
今から20年ほど前、バブル景気で日本全国の地価が急上昇していた頃、日本企業はメーカーも商社もサービス産業も、みんなマネーゲームに狂奔し、借金をして土地や建物を漁っていた
多くの企業が、よせばいいのに自社ビルや工場を建て、資産として不動産を持ったが……
その後、バブルが崩壊して地価が下落すると、その不動産は買い手がつかなくなり、企業には莫大な借金だけが残った。
買って〜
買って〜
買って〜

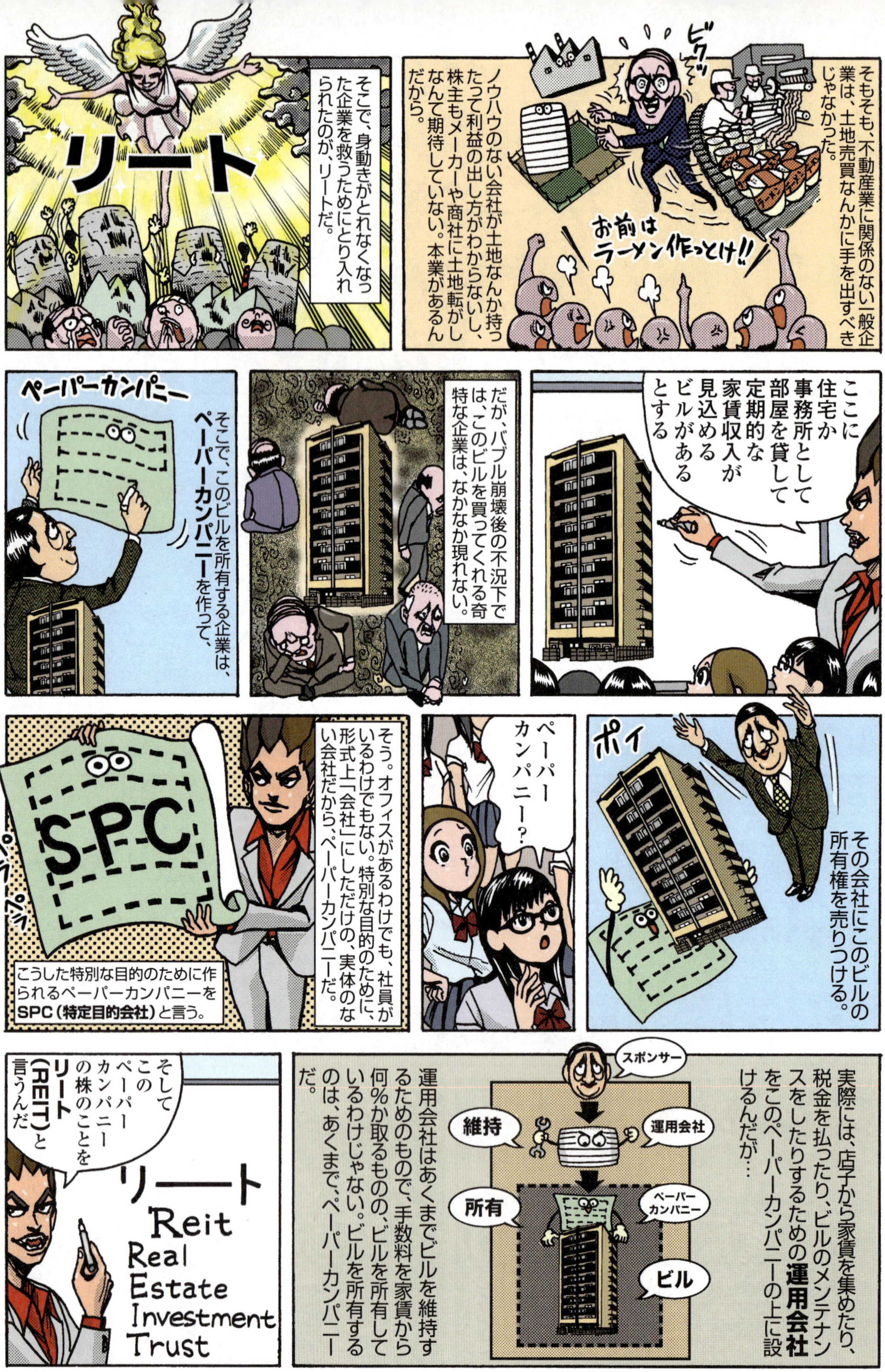

そもそも、不動産業に関係のない一般企業は、土地売買なんかに手を出すべきじゃなかった。
ビクッ
ノウハウのない会社が土地なんか持ったって利益の出し方がわからないし、株主もメーカーや商社に土地転がしなんて期待していない。本業があるんだから。
お前はラーメン作っとけ!!
そこで、身動きがとれなくなった企業を救うためにとり入れられたのが、リートだ。
リート
ここに住宅か事務所として部屋を貸して定期的な家賃収入が見込めるビルがあるとする
だが、バブル崩壊後の不況下では、このビルを買ってくれる奇特な企業は、なかなか現れない。
ペーパーカンパニー
そこで、このビルを所有する企業は、ペーパーカンパニーを作って、
ポイ
その会社にこのビルの所有権を売りつける。
ペーパーカンパニー?
そう。オフィスがあるわけでも、社員がいるわけでもない。特別な目的のために、形式上「会社」にしただけの、実体のない会社だから、ペーパーカンパニーだ。
SPC
ペラッ
こうした特別な目的のために作られるペーパーカンパニーを**SPC（特定目的会社）**と言う。
実際には、店子から家賃を集めたり、税金を払ったり、ビルのメンテナンスをしたりするための**運用会社**をこのペーパーカンパニーの上に設けるんだが…
スポンサー
維持
運用会社
所有
ペーパーカンパニー
ビル
運用会社はあくまでビルを維持するためのもので、手数料を家賃から何%か取るものの、ビルを所有しているわけじゃない。ビルを所有するのは、あくまで、ペーパーカンパニーだ。
そしてこのペーパーカンパニーの株のことを**リート（REIT）**と言うんだ
リート
Reit
Real Estate Investment Trust

へ〜え
どうして そんな ややこしい ことを するの？
ビルをまるごと1社で買ってくれる買い手はつかないかもしれないが、
ビルを『株』にして小口の金額に分けて売れば、買い手がつく可能性は高まるだろ。
ワー ワー ワー ワー ワー ワー
リートは 普通の 会社の株と 同じように 東証に上場 されており 自由に売買 できる
東証には、不動産専門の『不動産投資信託市場』が設けられており、リートはそこに上場されている。
ネット証券 でも？
そうだ ネット証券 でもだ
そして 株と 同じように その値段は 時々刻々 変化する
だから 投資家たちは 普通の株と まったく 同じ感覚で リートに 投資している
なるほど
キュッ キュッ
前に バランスシートの 見方を 教えたよな
バブル崩壊後、多くの日本企業は、借金して買った不動産の値が急落したことで、バランスシートをムチャムチャ悪くしてしまった。
アワワワワ…
総資産
負債
自己資本
ビルを所有している企業が、そのビルをリートに売れば、バランスシートの資産の側からこの不動産が消え、
パッ
総資産
不動産A
不動産B
不動産C
不動産D
負債
自己資本
その分、右側から負債が消えることになる。
ストン
総資産
負債
自己資本

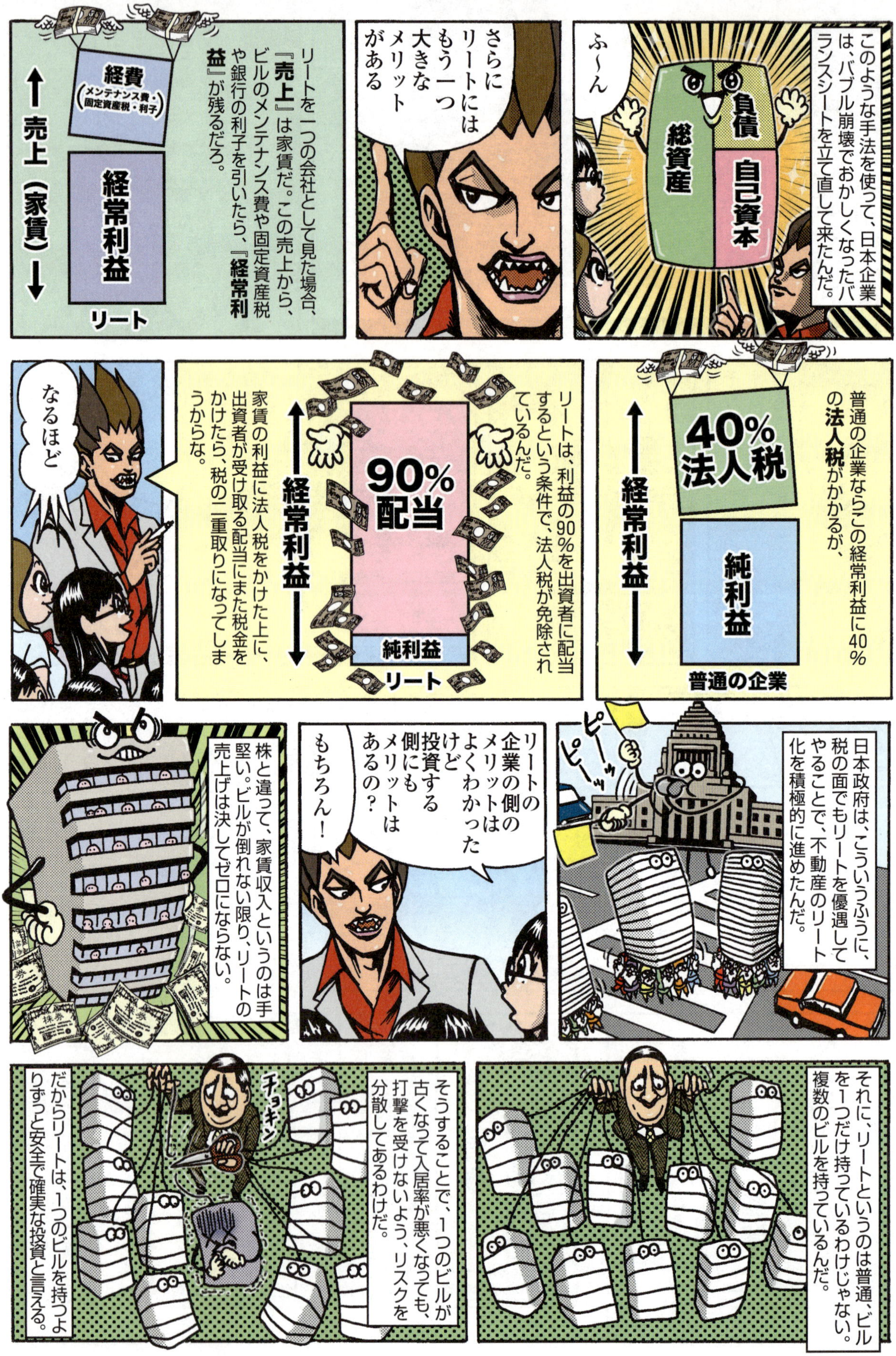
このような手法を使って、日本企業は、バブル崩壊でおかしくなったバランスシートを立て直して来たんだ。
ふ～ん
負債
自己資本
総資産
さらにリートにはもう一つ大きなメリットがある
リートを一つの会社として見た場合、『売上』は家賃だ。この売上から、ビルのメンテナンス費や固定資産税や銀行の利子を引いたら、『経常利益』が残るだろ。
経費（メンテナンス費・固定資産税・利子）
経常利益
売上（家賃）
リート
普通の企業ならこの経常利益に40%の法人税がかかるが、
40%法人税
純利益
経常利益
普通の企業
リートは、利益の90%を出資者に配当するという条件で、法人税が免除されているんだ。
90%配当
純利益
経常利益
リート
家賃の利益に法人税をかけた上に、出資者が受け取る配当にまた税金をかけたら、税の二重取りになってしまうからな。
なるほど
日本政府は、こういうふうに、税の面でもリートを優遇してやることで、不動産のリート化を積極的に進めたんだ。
ピーピーッ
リートの企業の側のメリットはよくわかったけど投資する側にもメリットはあるの？
もちろん！
株と違って、家賃収入というのは手堅い。ビルが倒れない限り、リートの売上げは決してゼロにならない。
それに、リートというのは普通、ビルを1つだけ持っているわけじゃない。複数のビルを持っているんだ。
そうすることで、1つのビルが古くなって入居率が悪くなっても、打撃を受けないよう、リスクを分散してあるわけだ。
チョキン
だからリートは、1つのビルを持つよりずっと安全で確実な投資と言える。

森ヒルズリート・ポートフォリオ

用途	物件名	住所	竣工年月	総賃貸可能面積	取引価格（百万円）	投資比率（％）
オフィスビル	アーク森ビル（固定型）	港区赤坂	昭和61年3月（平成17年大規模リニューアル）	約2,728㎡	6,600	3.3
オフィスビル	アーク森ビル（パススルー型）			約5,223㎡	22,000	10.9
オフィスビル	六本木ヒルズゲートタワー	港区六本木	平成13年10月	約16,657㎡	36,500	18.1
オフィスビル	六本木ファーストビル	港区六本木	平成5年10月	約11,525㎡	21,000	10.4
オフィスビル	後楽森ビル	文京区後楽	平成12年3月	約16,199㎡	27,200	13.5
オフィスビル	虎ノ門35森ビル（オムロン東京本社ビル）	港区虎ノ門	昭和56年8月（平成13年大規模リニューアル）	約6,720㎡	12,720	6.3
オフィスビル	赤坂溜池タワー	港区赤坂	平成12年8月	約10,523㎡	37,200	18.4
住宅	元麻布ヒルズ	港区元麻布	平成14年5月（高層棟、低層棟〈イースト〉）	約19,042㎡	27,034	13.4
			平成14年9月（低層棟〈ウエスト〉）			
住宅	アークフォレストテラス	港区六本木	平成13年1月	約5,246㎡	5,300	2.6

リートにどんなビルが含まれているのか、その構成一覧表は、株同様「ポートフォリオ」と呼ばれる。　※08年10月末時点

例えば、代表的なリートの一つ、『**森ヒルズリート**』は、左の表のように、9つのビルで構成されている。

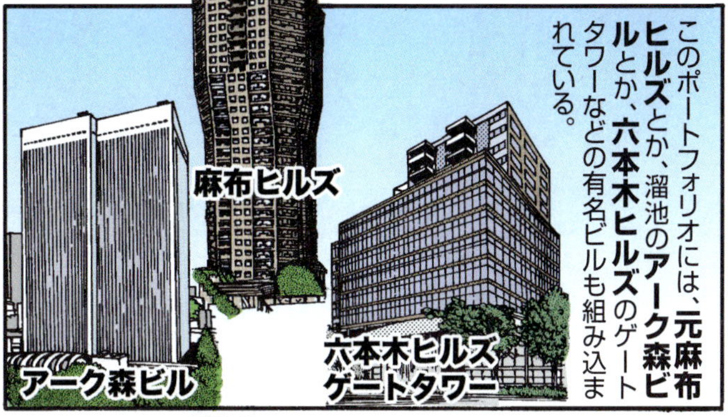

このポートフォリオには、**元麻布ヒルズ**とか、溜池の**アーク森ビル**とか、**六本木ヒルズ**のゲートタワーなどの有名ビルも組み込まれている。
麻布ヒルズ
六本木ヒルズゲートタワー
アーク森ビル

9つのビルの時価総額は現在473億円
1口当たりの値段は30万円ほど
キュ
時価総額
473億円
1口 30万円
キュ

おまえたち女子高生でも30万円出せば六ヒルの部分オーナーになれるわけだ
かっこいいー

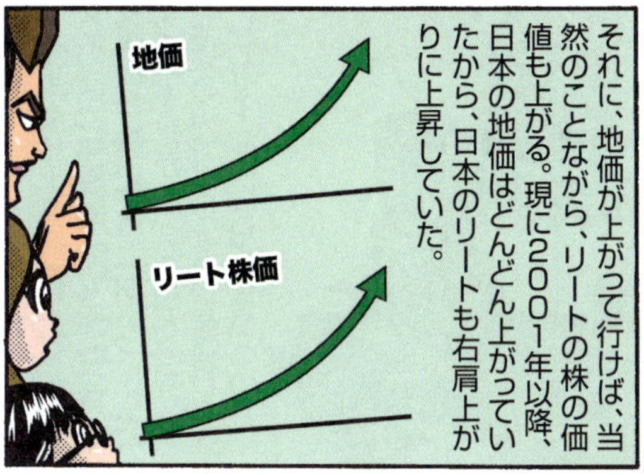

それに、地価が上がって行けば、当然のことながら、リートの株の価値も上がる。現に2001年以降、日本の地価はどんどん上がっていたから、日本のリートも右肩上がりに上昇していた。
地価
リート株価

へえ〜
ほほぉ
2002/1
2003/1
2004/1
2005/1
2006/1
20071
2008/1
2009/1

これは、日本最大のリート、**三井不動産**系の**日本ビルファンド**の株価の推移だが、03年から07年の5年間で4倍に上がっているだろ。サブプライムローン後には半値になってしまったが。

地価が上がっているなら不動産はリートにして売らずに自分で持っていたほうが儲かるんじゃないですか?
ふふふ鋭い指摘だなそのとおりだよ
リートは、投資家がオンボロビルをつかまされて損したりすることがないよう、**金融庁**がキッチリした監視システムを設けており、
じ〜〜っ
金融庁
第三者機関が鑑定したビルの評価額よりも低い値段でしか売り出せないことになっている。
5千万!
だから、ビルを売る側からしたら、リートはある意味、最も厳格で渋い買い主と言える。
ここまでじゃ!
金融庁
パン
あわわ
地価が上がっているときは、リートに売るより、オイルマネーや中国マネーに売ったほうが、審査が緩いからよほど高く買ってもらえるし、
ケイコが指摘したとおり、収益性のいいビルは、自分で持っていたほうがずっと儲かる。
05〜06年にリートをガンガン作っているのは、**三菱地所**とか**三井不動産**とか**森ビル**とかいった**デベロッパー**だが、そういった会社は、収益性のいいビルは自ら所有して、決してリートには出さないものだ。
デベロッパー
逆に言えば、リート化されるのは、多少収益性が落ちかけたビル、ってことだ。
カー
カー
だがそれでもリートはデベロッパーにとっては必要不可欠なシステムだ
デベロッパーの本業は、土地を買い集めて一つにまとめ、そこに付加価値の高いビルを建てて高く売ることだろ。
彼らは、作ったビルの家賃の3年後、5年後の不動産市場での価格変動リスクなんか負いたくない。
だから作ったビルはとっととリートに売って、投資家の区分所有にしてしまう。リートに売ってしまえば、あらゆるリスクは投資家が負うことになる。
リスク

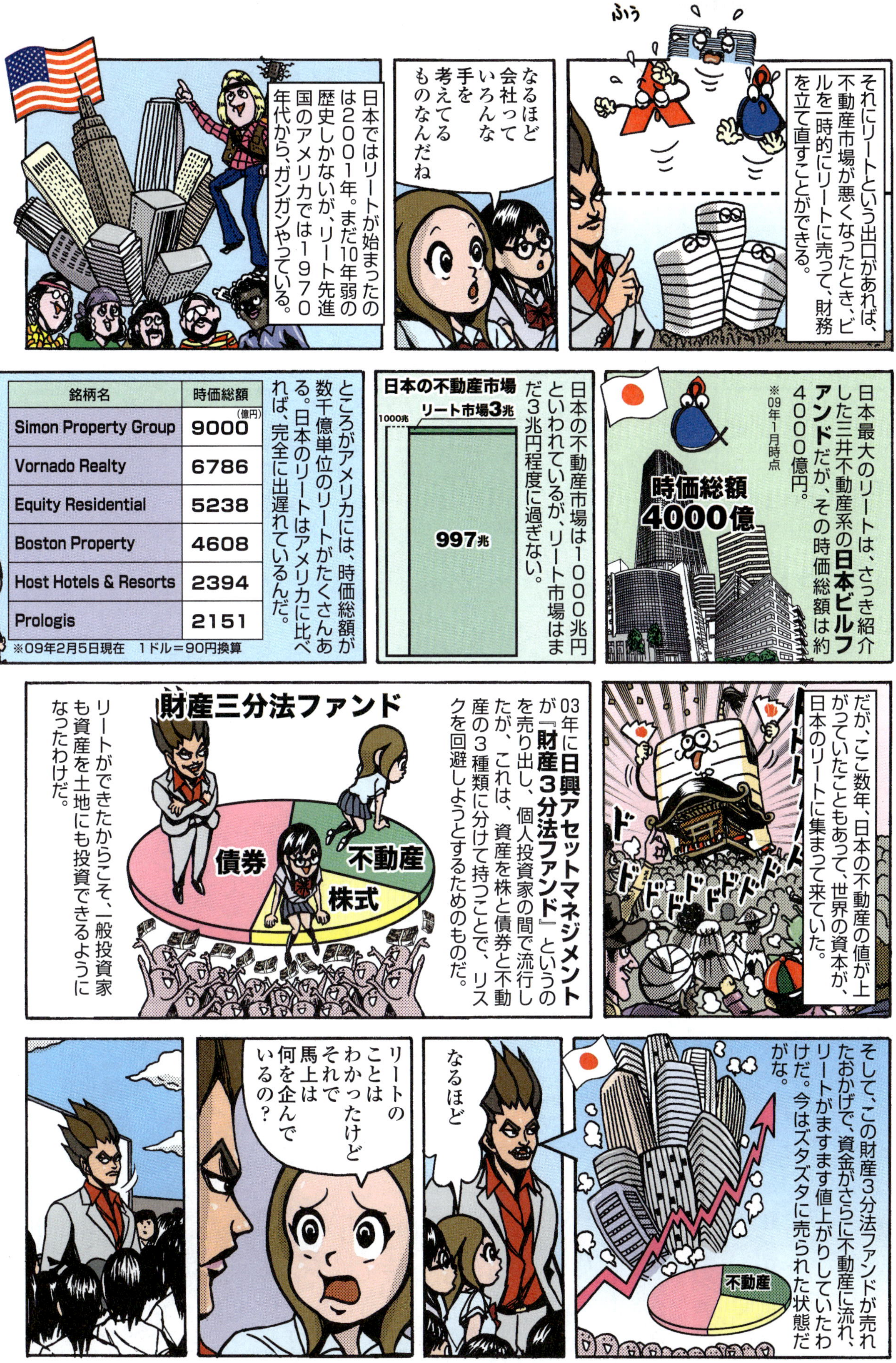

ふぅ
それにリートという出口があれば、不動産市場が悪くなったとき、ビルを一時的にリートに売って、財務を立て直すことができる。
なるほど会社っていろんな手を考えてるものなんだね
日本ではリートが始まったのは2001年。まだ10年弱の歴史しかないが、リート先進国のアメリカでは1970年代から、ガンガンやっている。
日本最大のリートは、さっき紹介した三井不動産系の**日本ビルファンド**だが、その時価総額は約4000億円。
※09年1月時点
時価総額4000億
日本の不動産市場は1000兆円といわれているが、リート市場はまだ3兆円程度に過ぎない。
日本の不動産市場
リート市場3兆
1000兆
997兆
ところがアメリカには、時価総額が数千億単位のリートがたくさんある。日本のリートはアメリカに比べれば、完全に出遅れているんだ。

銘柄名	時価総額
Simon Property Group	9000 (億円)
Vornado Realty	6786
Equity Residential	5238
Boston Property	4608
Host Hotels & Resorts	2394
Prologis	2151

※09年2月5日現在　1ドル＝90円換算
だが、ここ数年、日本の不動産の値が上がっていたこともあって、世界の資本が、日本のリートに集まって来ていた。
03年に**日興アセットマネジメント**が『**財産3分法ファンド**』というのを売り出し、個人投資家の間で流行したが、これは、資産を株と債券と不動産の3種類に分けて持つことで、リスクを回避しようとするためのものだ。
財産三分法ファンド
債券
不動産
株式
リートができたからこそ、一般投資家も資産を土地にも投資できるようになったわけだ。
そして、この財産3分法ファンドが売れたおかげで、資金がさらに不動産に流れ、リートがますます値上がりしていたわけだ。今はズタズタに売られた状態だがな。
不動産
なるほど
リートのことはわかったけどそれで馬上は何を企んでいるの？

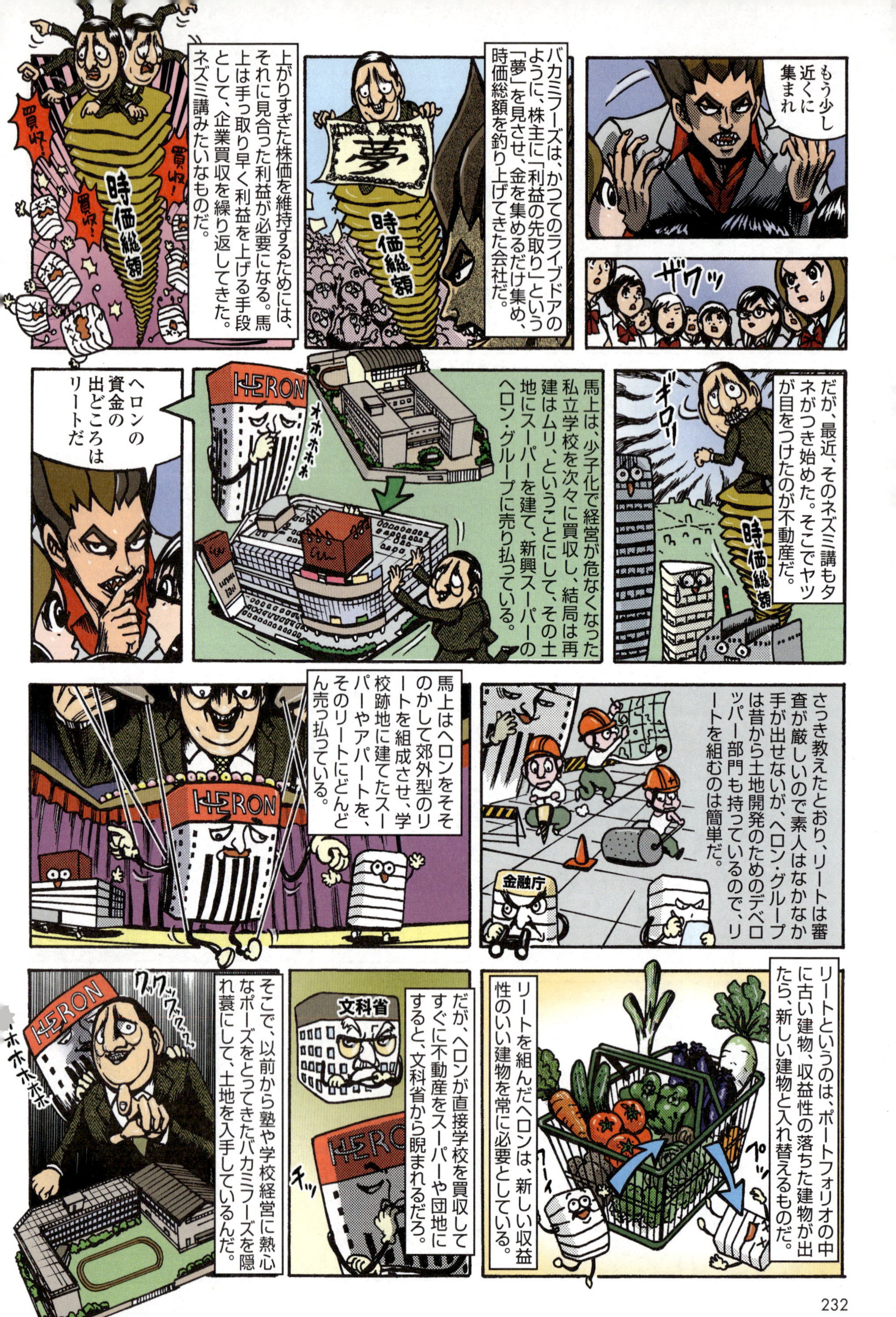

もう少し近くに集まれ
ザワッ
バカミラーズは、かつてのライブドアのように、株主に「利益の先取り」という「夢」を見させ、金を集めるだけ集め、時価総額を釣り上げてきた会社だ。
夢
時価総額
上がりすぎた株価を維持するためには、それに見合った利益が必要になる。馬上は手っ取り早く利益を上げる手段として、企業買収を繰り返してきた。ネズミ講みたいなものだ。
買収!
時価総額
だが、最近、そのネズミ講もタネがつき始めた。そこでヤツが目をつけたのが不動産だ。
ギロリ
時価総額
馬上は、少子化で経営が危なくなった私立学校を次々に買収し、結局は再建はムリ、ということにして、その土地にスーパーを建て、新興スーパーのヘロン・グループに売り払っている。
HERON
オホホホホ
ヘロンの資金の出どころはリートだ
さっき教えたとおり、リートは審査が厳しいので素人はなかなか手が出せないが、ヘロン・グループは昔から土地開発のためのデベロッパー部門も持っているので、リートを組むのは簡単だ。
金融庁
馬上はヘロンをそそのかして郊外型のリートを組成させ、学校跡地に建てたスーパーやアパートを、そのリートにどんどん売っ払っている。
HERON
リートというのは、ポートフォリオの中に古い建物、収益性の落ちた建物が出たら、新しい建物と入れ替えるものだ。
リートを組んだヘロンは、新しい収益性のいい建物を常に必要としている。
ポイッ
だが、ヘロンが直接学校を買収してすぐに不動産をスーパーや団地にすると、文科省から睨まれるだろ。
文科省
HERON
チッ
そこで、以前から塾や学校経営に熱心なポーズをとってきたバカミラーズを隠れ蓑にして、土地を入手しているんだ。
HERON
ホホホホホ

そういう
からくりか
ムムム
でも
このままじゃ
私たちの
学校は
消えちゃう
わけでしょ
何か
学校を
救うために
できることは
ないの？
チッ
ここから
先は
ここで
話すのは
危険だ
場所を
移そう
ササッ
ピッピッ
パパ
利食のヤツ
完全に
気づいて
いるよ
……
もう少し
様子を
探れ
邪魔が
入ると
面倒だ
押目大学

キーンコーン
ザワ ザワ ザワ ザワ ザワ ザワ
カーンコーン
ナオ! ナオ!
ドンドン
どうしたの ユキ
バタバタ バタバタ
学校がタイヘンなことになっているのよ
アンタも手を貸して
今夜利食のマンションに集まることになったの
ついでにアップルツリー教授も!
ワタシついでですか
ダ

【これまでのあらすじ】
難平女子高は悪徳企業家・馬上に買収され、ショッピングセンターに建て替えられて大手スーパーに売却されてしまう。
学校は閉鎖だ
難平女子高の株教師・利食は、昔の恋人・佳代子との間に生まれたナオが教え子の中にいることに気づくが、ナオは、実の父親と知らずに利食に好意を抱く。
利食は馬上を倒すために立ち上がるが、クラスには、利食の動向を探るため、馬上の娘、ケイコが素性を隠して潜入していた。
ピンポーン
ドドッ
先生久しぶり〜逢いたかった
ガシッ
グオッ
ナオよせっ！みんな来てるんだぞ
見せつけてくれるね
ピュ〜ピュ〜♪

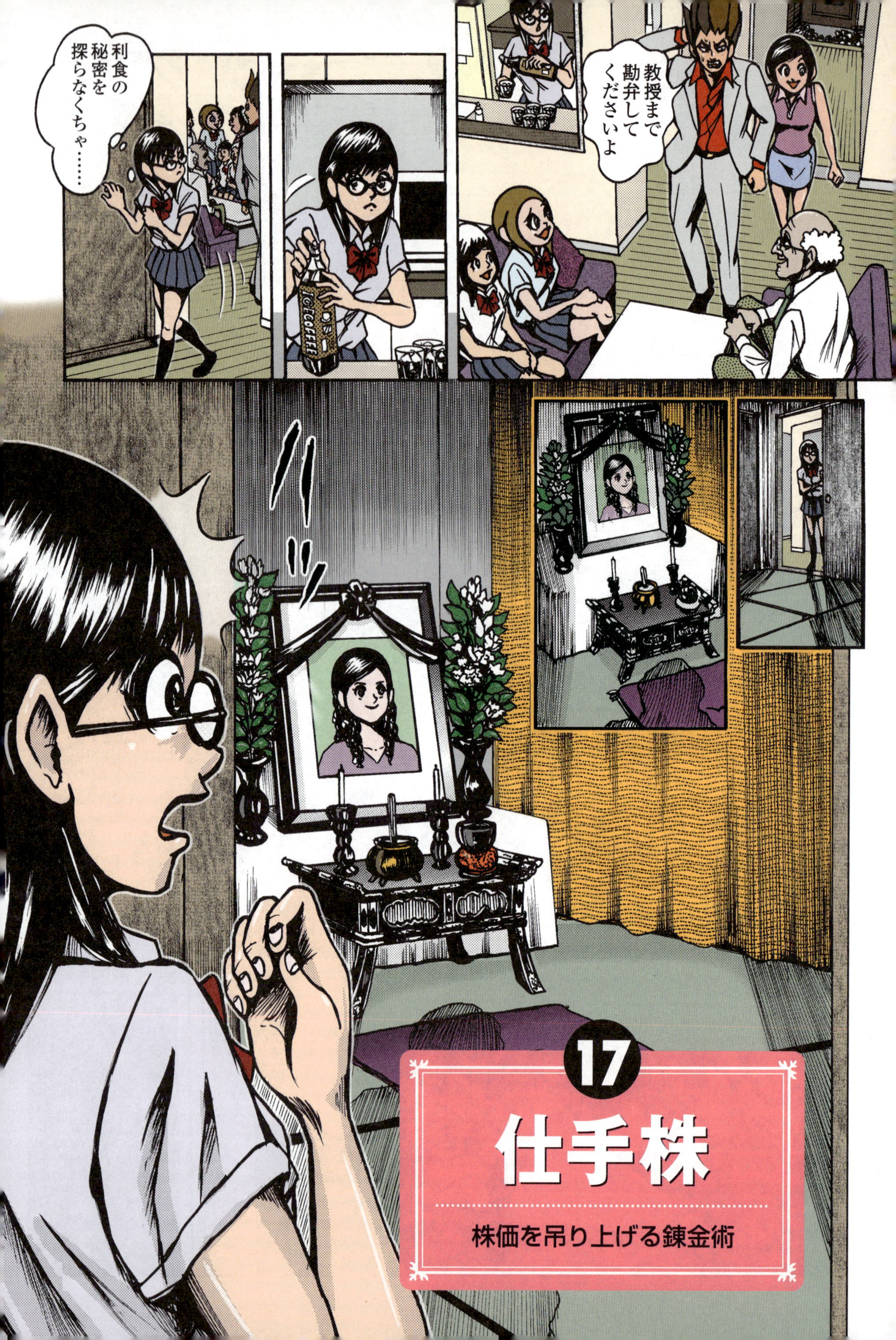
教授まで勘弁してくださいよ
COFFEE
利食の秘密を探らなくちゃ……

17 仕手株

株価を吊り上げる錬金術

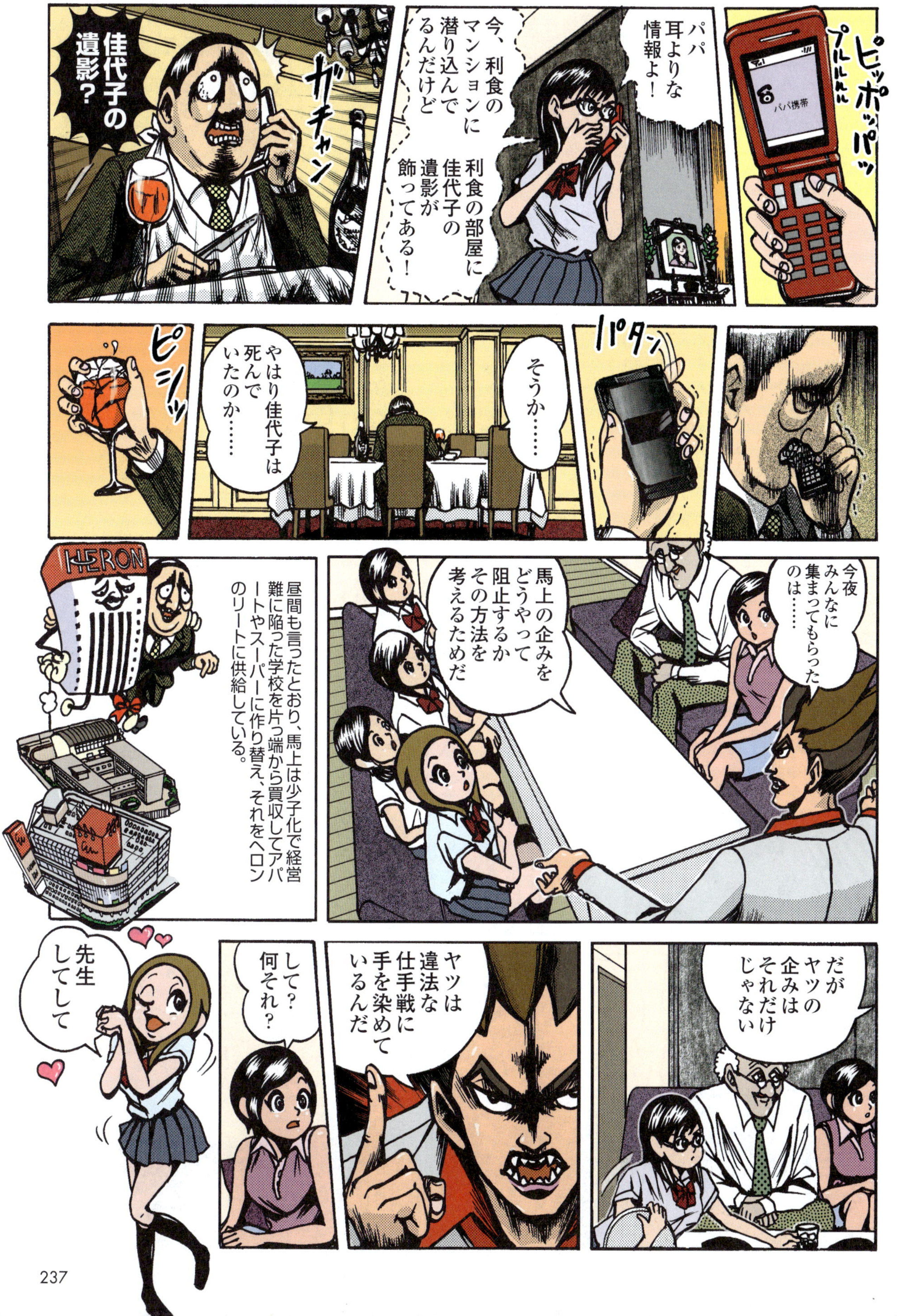

ピッポッパッ
プルルルル
パパ携帯
パパ耳よりな情報よ！
今、利食のマンションに潜り込んでるんだけど
利食の部屋に佳代子の遺影が飾ってある！
ガチャン
佳代子の遺影？
パタン
そうか……
やはり佳代子は死んでいたのか……
ピシッ
今夜みんなに集まってもらったのは……
馬上の企みをどうやって阻止するかその方法を考えるためだ
HERON
昼間も言ったとおり、馬上は少子化で経営難に陥った学校を片っ端から買収してアパートやスーパーに作り替え、それをヘロンのリートに供給している。
だがヤツの企みはそれだけじゃない
ヤツは違法な仕手戦に手を染めているんだ
して？何それ？
先生してして

バカ!
仕手とは1つの会社の株を大量に買ったり売ったりすることで株価を操作し儲ける行為のことだ
仕手《して》
資金力にものを言わせ、1つの会社の株に大量の売買注文を入れてやると、株の需給バランスが崩れ、その会社の株価は、業績のよしあしに関係なく、劇的な動きを見せる。その動きに乗って儲けるのが『仕手』だ。
資金
ドスン
わっ!
需給バランス
たとえば、ある大富豪が、『仕手』を目論んでM社の株を大量に買い進めたとしよう。1つの銘柄をリキを入れて買い続ければ、その株は必ず値上がりする。
買い!!
グン
ザザッ
回りの一般投資家は、それを見て、M社株は儲かると考え、あわてて買いに走るから、M社株の株価はますます上がる。
グングングン
M社が儲かりそうだぞ
M社が買いだな
M社株を売ってくれ
仕手を仕掛けた大富豪は、末端の一般投資家がM社株に飛びつき始めたところで、こっそり売り始める。そうすれば、莫大な利ザヤが抜ける、というわけだ。
売り!!
M株
もちろん逆の戦法もある。M社に大量の空売りを浴びせ、株価を下げてやる。すると、M社の株主たちは株価がさらに下がるのではないかという恐怖心にかられ、あわてて売りに走るから、株価はますます下がる。
カラ売り!
M株
売り
株価が下がるだけ下がったところで、大富豪が空売りした株を買い戻せば、これまた、莫大な利ザヤが抜ける、ってわけだ。
M株
買い戻し!
どちらの場合も、『仕手』を仕掛ける者にとって一番重要なポイントは、最終的に誰に損を押しつけるか、ということだ。
そして損を押しつけられる誰かとは、常に一般大衆だ。仕手とは、欲深な大衆を動かし、利益をむしり取る行為に他ならない。
ピッ
ピッ
それって違法なの?
黙って株を買い黙って売れば犯罪にはならない

だが何らかの形でみんなに「買え」と勧めそれで株価を吊り上げるだけ吊り上げておき
自分はこっそり売り抜けて儲けたらこれは立派な犯罪だ
株価操作＝証券取引法違反
なるほど
仕手は1970年代までは男の勝負だった
誰かが『買い』を仕掛ければ、必ず逆に『売り』を仕掛けるヤツが現れ、どちらか一方の資金が尽きた時点で勝敗が決まる、ガチンコのタイマン勝負だった。
買い！
売り！
仕手を仕掛けた者の正体はバレバレで、業界紙がインタビューに行ったりしていた。
まだまだ隠し資金はありますから買いつづけますよ
おお〜っ
一般投資家は、プロレスを観戦しながら、ときどき自分もリングに上ったりしていた。
オレも便乗して買お〜っと
ふつう、『売り』と『買い』がガチンコでぶつかったとき、苦しいのは『売り』のほうだ。
ぐぐぐ
『売り』を浴びせる側は、日歩《ひぶ》を払って借りてきた株をカラ売りしているわけで、売った株は、半年以内に必ず買い戻さなければならない。それに、借りられる株の数には限度がある。
株券
だから、売りを維持するには、相当なコストがかかるし、リスクもでかいはずだ。
だがそれでも、仕手戦のガチンコ勝負で勝つのは、昔から8割がた『売り』のほうだった。かつての**不二家**、**福助**、最近の**オリジン東秀**の仕手戦でも、勝ったのは『売り』だ。
オリジン
『桶狭間の合戦』も『テルモピュライの戦い』もそうだったように、戦いは常に少数派で不利と言われるほうが、気合が入って強い、ということだろう。
とにかく昔の「仕手」は正々堂々としたもので違法性は少なかった
だが、1980年代に入ると、『仕手』は男のタイマン勝負から、もっと複雑で陰湿なものに変わった。
ザッ
馬

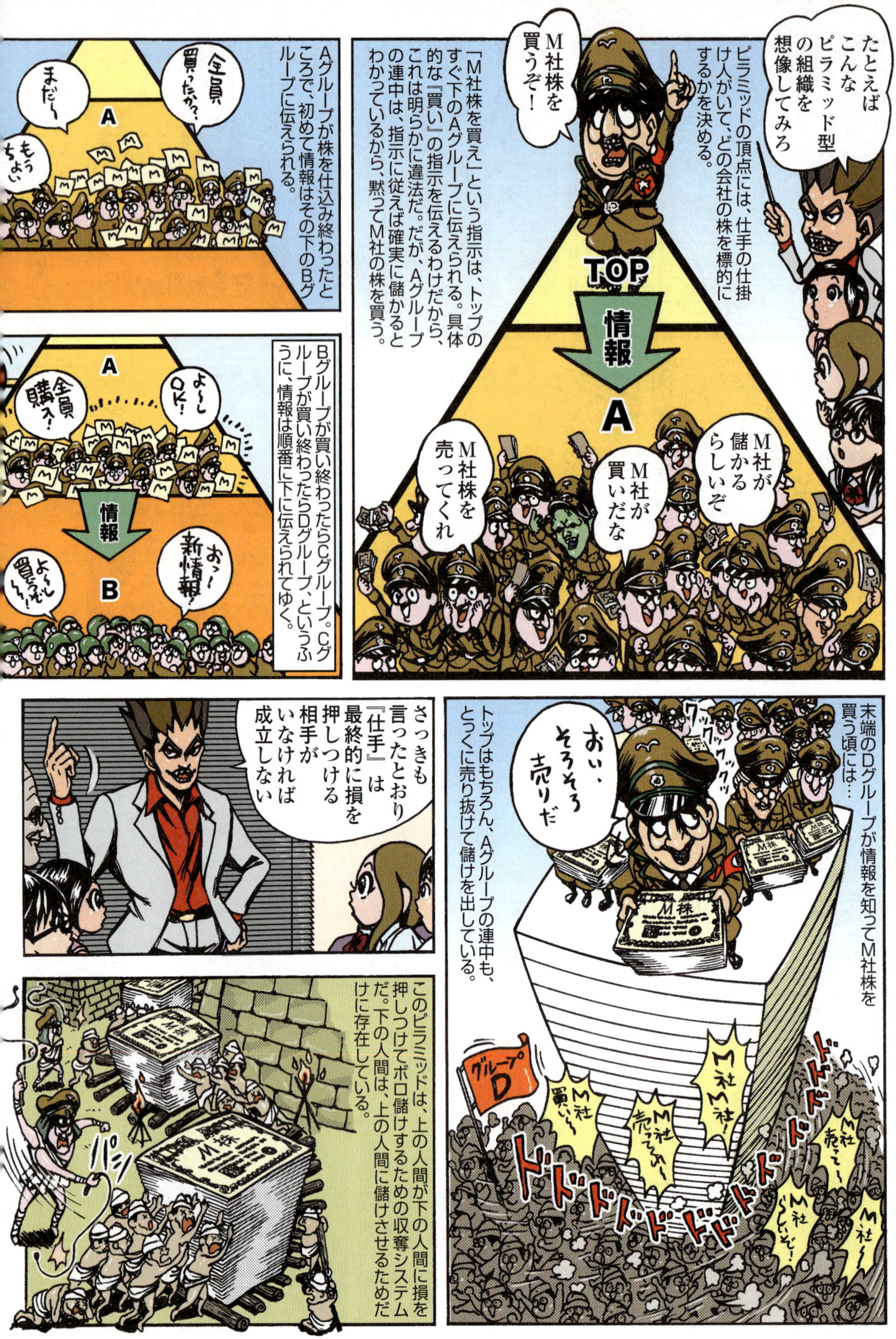
たとえばこんなピラミッド型の組織を想像してみろ
ピラミッドの頂点には、仕手の仕掛け人がいて、どの会社の株を標的にするかを決める。
M社株を買うぞ！
「M社株を買え」という指示は、トップのすぐ下のAグループに伝えられる。具体的な『買い』の指示を伝えるわけだから、これは明らかに違法だ。だが、Aグループの連中は、指示に従えば確実に儲かるとわかっているから、黙ってM社の株を買う。
TOP
情報
A
M社が儲かるらしいぞ
M社が買いだな
M社株を売ってくれ
Aグループが株を仕込み終わったところで、初めて情報はその下のBグループに伝えられる。
全員買ったか？
まだ～
もうちょい
A
Bグループが買い終わったらCグループ、Cグループが買い終わったらDグループ、というふうに、情報は順番に下に伝えられてゆく。
A
よ～しOK！
全員購入？
情報
B
おっ！新情報！
末端のDグループが情報を知ってM社株を買う頃には…
トップはもちろん、Aグループの連中も、とっくに売り抜けて儲けを出している。
おい、そろそろ売りだ
M株
グループD
M社買い～
M社売ってぇ～
M社M社！
M社売って～
M社らしいぞ！
M社～
ドドドドドドドドドドドドドド
さっきも言ったとおり『仕手』は最終的に損を押しつける相手がいなければ成立しない
このピラミッドは、上の人間が下の人間に損を押しつけてボロ儲けするための収奪システムだ。下の人間は、上の人間に儲けさせるためだけに存在している。
パシ

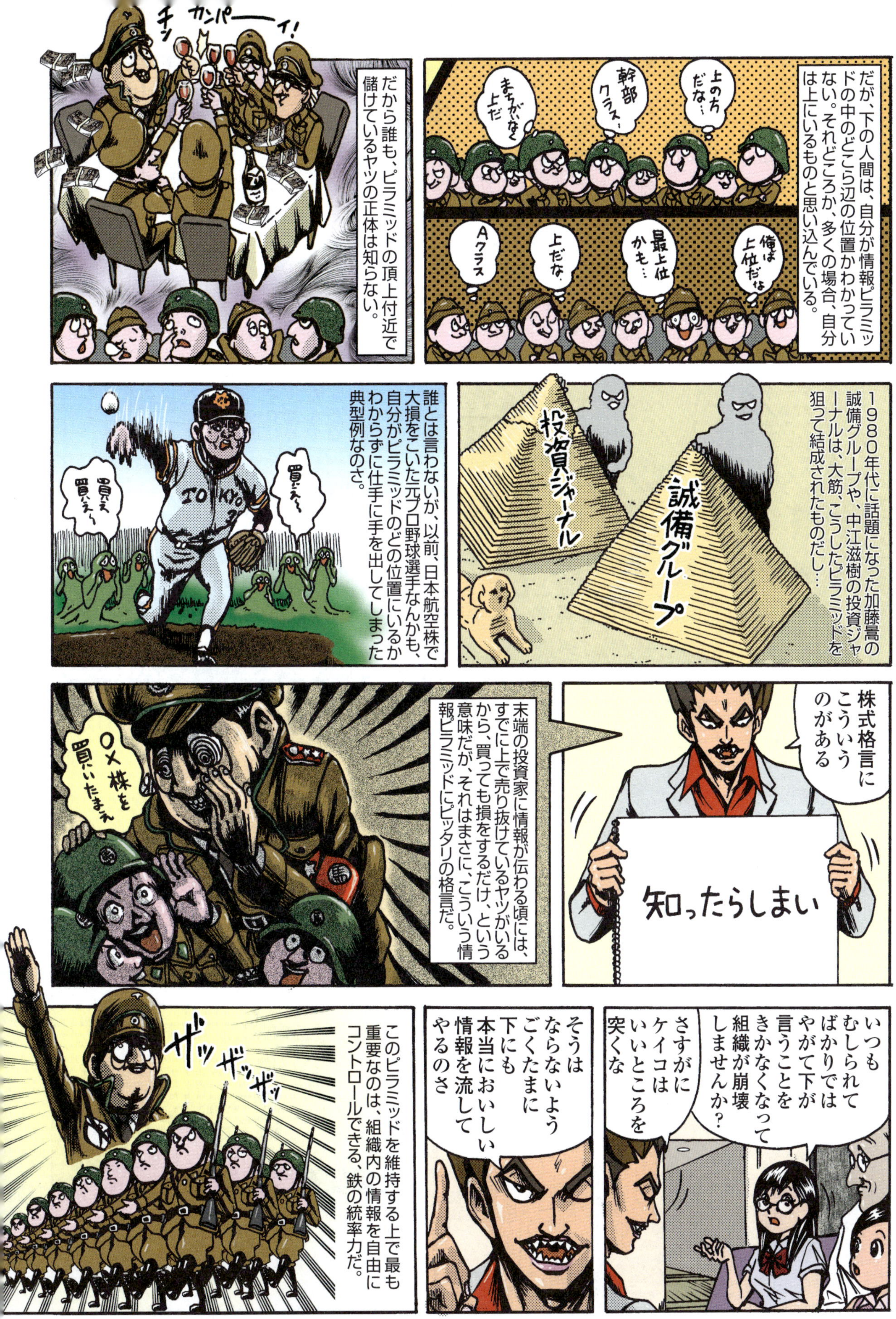
だが、下の人間は、自分が情報ピラミッドの中のどこら辺の位置かわかっていない。それどころか、多くの場合、自分は上にいるものと思い込んでいる。
上の方だな…
幹部クラス
まちがいなく上だ
俺は上位だな
最上位かも…
上だな
Aクラス
チン カンパーーイ!
だから誰も、ピラミッドの頂上付近で儲けているヤツの正体は知らない。
1980年代に話題になった加藤暠の誠備グループや、中江滋樹の投資ジャーナルは、大筋、こうしたピラミッドを狙って結成されたものだし…
誠備グループ
投資ジャーナル
誰とは言わないが、以前、日本航空株で大損をこいた元プロ野球選手なんかも、自分がピラミッドのどの位置にいるかわからずに仕手に手を出してしまった典型例なのさ。
買え〜
買え 買え〜
TOKYO
株式格言にこういうのがある
知ったらしまい
末端の投資家に情報が伝わる頃には、すでに上で売り抜けているヤツがいるから、買っても損をするだけ、という意味だが、それはまさに、こういう情報ピラミッドにピッタリの格言だ。
○×株を買いたまえ
いつもむしられてばかりではやがて下が言うことをきかなくなって組織が崩壊しませんか?
さすがにケイコはいいところを突くな
そうはならないようごくたまに下にも本当においしい情報を流してやるのさ
ザッ ザッ ザッ
このピラミッドを維持する上で最も重要なのは、組織内の情報を自由にコントロールできる、鉄の統率力だ。

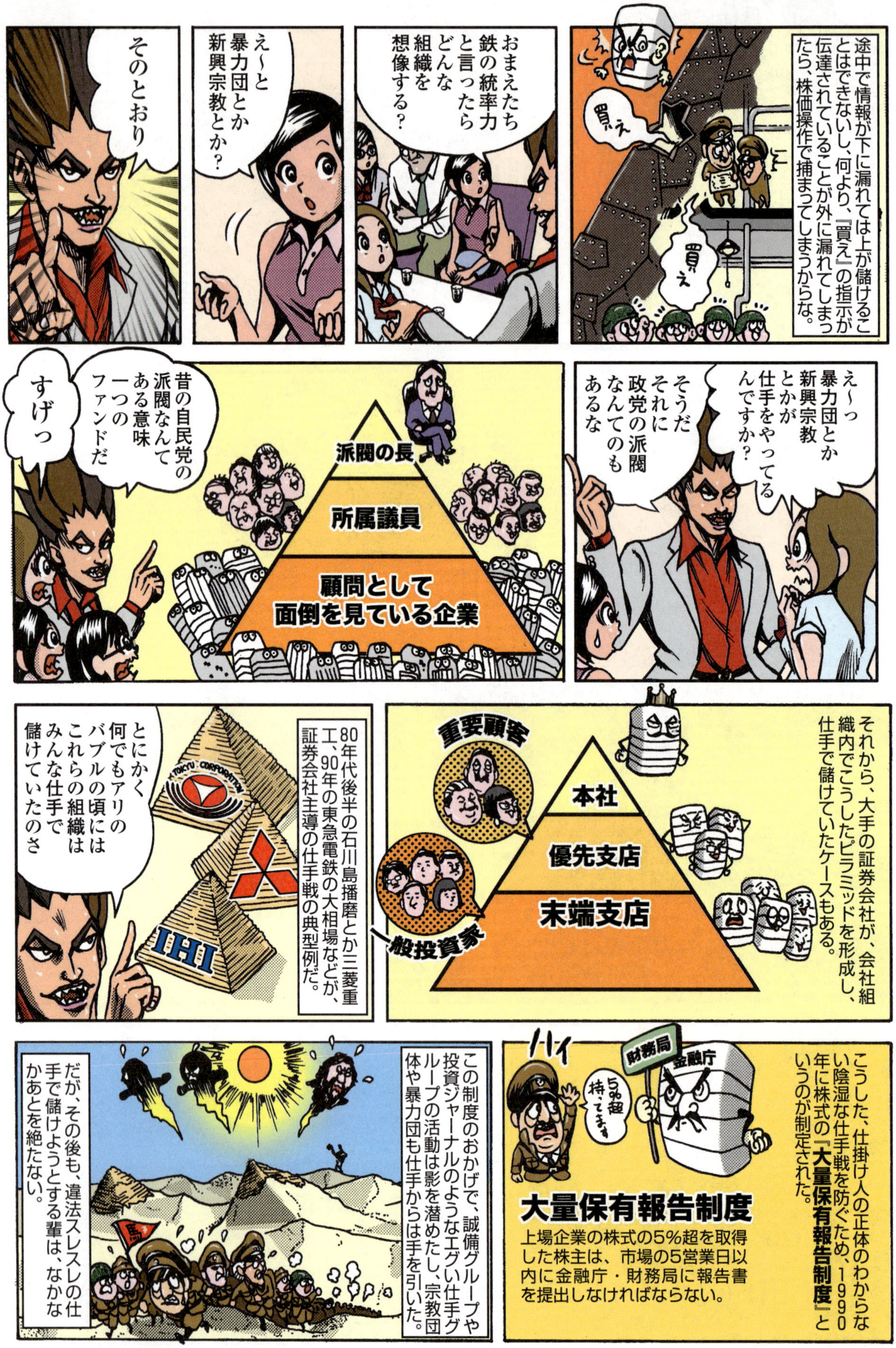

途中で情報が下に漏れては上が儲けることはできないし、何より、『買え』の指示が伝達されていることが外に漏れてしまったら、株価操作で捕まってしまうからな。
買え
買え
おまえたち鉄の統率力と言ったらどんな組織を想像する？
え～と暴力団とか新興宗教とか？
そのとおり
え～っ暴力団とか新興宗教とかが仕手をやってるんですか？
そうだそれに政党の派閥なんてのもあるな
派閥の長
所属議員
顧問として面倒を見ている企業
昔の自民党の派閥なんてある意味一つのファンドだ
すげっ
それから、大手の証券会社が、会社組織内でこうしたピラミッドを形成し、仕手で儲けていたケースもある。
重要顧客
本社
優先支店
末端支店
一般投資家
80年代後半の石川島播磨とか三菱重工、90年の東急電鉄の大相場などが、証券会社主導の仕手戦の典型例だ。
TOKYU CORPORATION
IHI
とにかく何でもアリのバブルの頃にはこれらの組織はみんな仕手で儲けていたのさ
こうした、仕掛け人の正体のわからない陰湿な仕手戦を防ぐため、1990年に株式の『大量保有報告制度』というのが制定された。
ハイ
財務局
金融庁
5%超持ってます
大量保有報告制度
上場企業の株式の5%超を取得した株主は、市場の5営業日以内に金融庁・財務局に報告書を提出しなければならない。
この制度のおかげで、誠備グループや投資ジャーナルのようなエグい仕手グループの活動は影を潜めたし、宗教団体や暴力団も仕手からは手を引いた。
だが、その後も、違法スレスレの仕手で儲けようとする輩は、なかなかあとを絶たない。

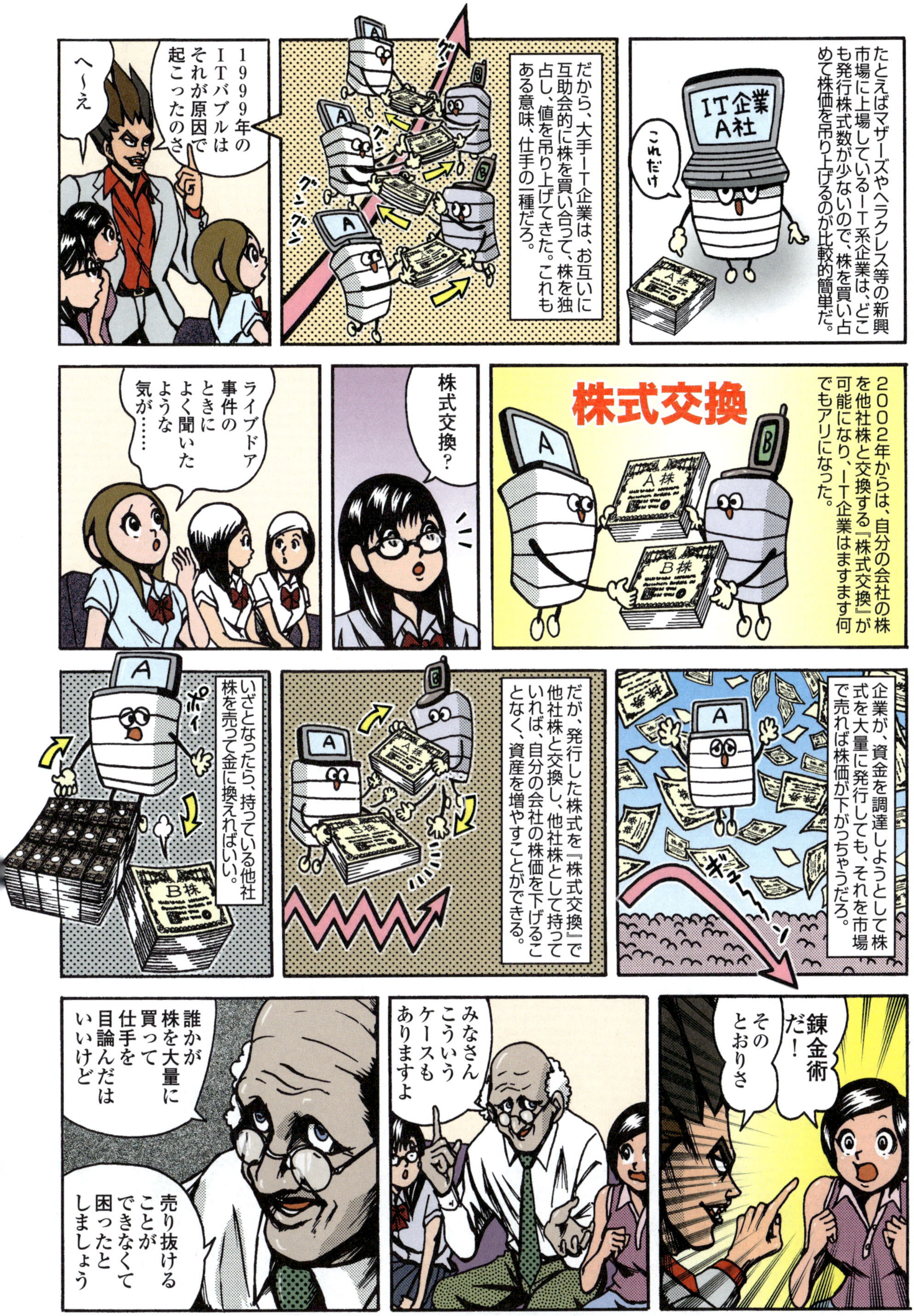

たとえばマザーズやヘラクレス等の新興市場に上場しているIT系企業は、どこも発行株式数が少ないので、株を買い占めて株価を吊り上げるのが比較的簡単だ。
IT企業 A社
これだけ
A株
だから、大手IT企業は、お互いに互助会的に株を買い合って、株を独占し、値を吊り上げてきた。これもある意味、仕手の一種だろ。
1999年のITバブルはそれが原因で起こったのさ
へ～え
2002年からは、自分の会社の株を他社株と交換する『株式交換』が可能になり、IT企業はますます何でもアリになった。
株式交換
A株
B株
株式交換？
ライブドア事件のときによく聞いたような気が……
企業が、資金を調達しようとして株式を大量に発行しても、それを市場で売れば株価が下がっちゃうだろ。
だが、発行した株式を『株式交換』で他社株と交換し、他社株として持っていれば、自分の会社の株価を下げることなく、資産を増やすことができる。
A株
B株
いざとなったら、持っている他社株を売って金に換えればいい。
ポイ
B株
錬金術だ！
そのとおりさ
みなさんこういうケースもありますよ
誰かが株を大量に買って仕手を目論んだはいいけど
売り抜けることができなくて困ったとしましょう

そこで、そうした株をひとまとめに集めて、その会社に持って行って、こう言うんです。
こんなに株を握られていてはおたくも経営がしにくいでしょう
この株をこの値段で買い取っていただけませんか
う～ん仕方ない
株券
間に立っているのは、その会社に貸しのある政治家の秘書だったり、企業のスキャンダルを握っている総会屋だったりします。
そういうことだからヨロシクね。
ハ、ハイ
そんなの一種のゆすりじゃん
仕手なんてゆすりですよ
こうして、その会社自身に高く買い取らせ、利ザヤを抜くんです。この場合、最終的に損を押しつけられるのは大衆ではなく、標的となった会社ですね。
うわあああああん
間に総会屋こそ立てていませんが、村上ファンドやスティール・パートナーズがやってきたことも、一歩間違えたら、これと似たようなものです。
SP
なるほどねえ
仕手のやり方はわかったけど馬上は仕手で何を企んでいるの？
奴が企んでるのはまさにさっき説明したピラミッド型の組織作りだ
奴は潰れかけた女子高を次々に買収して、各校でカリキュラムに株を取り入れ、生徒に株を教えた。
授業で株を教わった高校生たちは、大学に進んでも株をやりつづける。そのコたちがピラミッドの末端になるわけだ。ヤツはすでに1万人近い女のコを組織化している。
よく知ってるのね

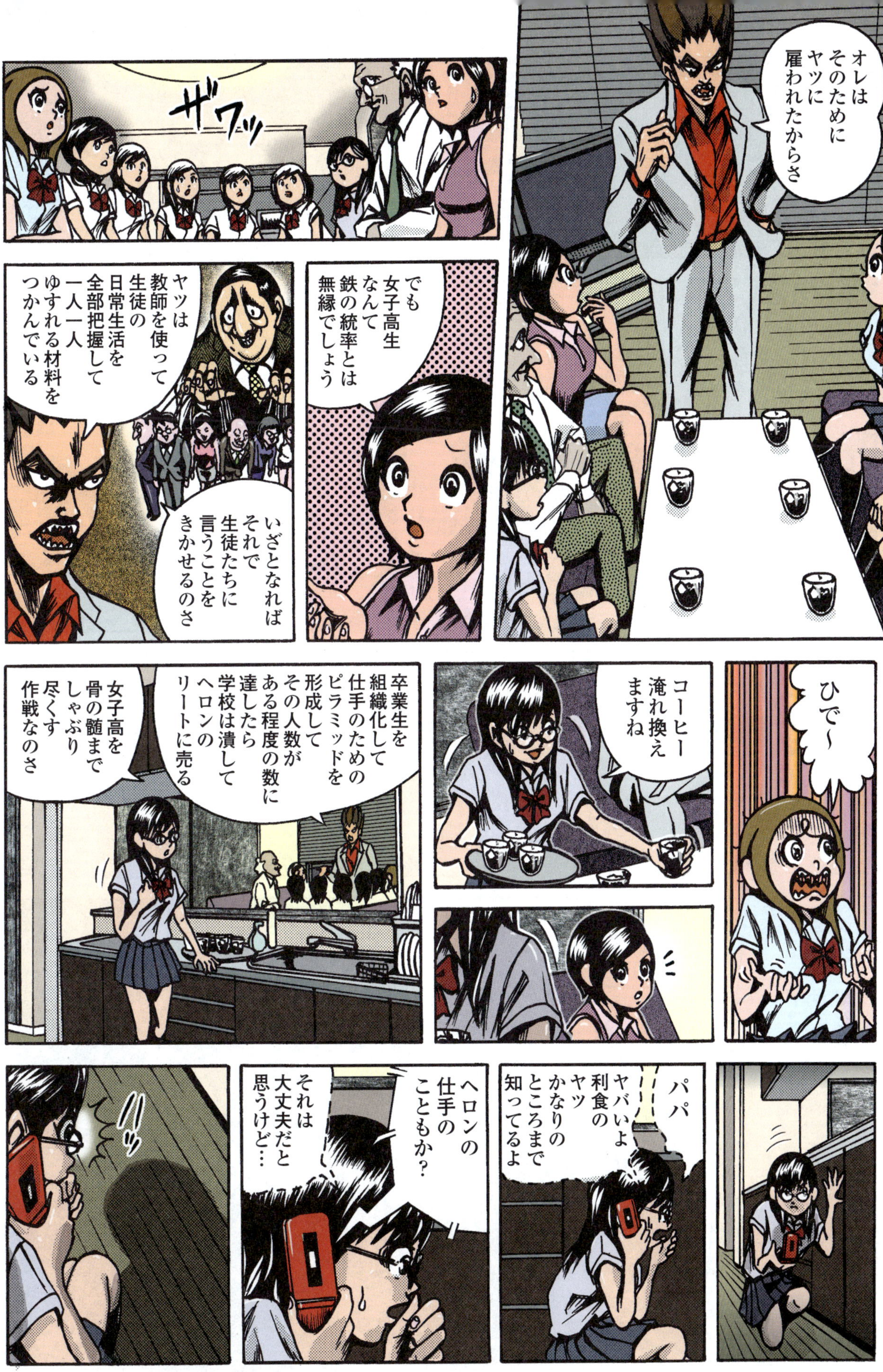
オレはそのためにヤツに雇われたからさ
ザワッ
でも女子高生なんて鉄の統率とは無縁でしょう
ヤツは教師を使って生徒の日常生活を全部把握して一人一人ゆすれる材料をつかんでいる
いざとなればそれで生徒たちに言うことをきかせるのさ
ひで〜
コーヒー淹れ換えますね
卒業生を組織化して仕手のためのピラミッドを形成してその人数がある程度の数に達したら学校は潰してヘロンのリートに売る
女子高を骨の髄までしゃぶり尽くす作戦なのさ
パパ
ヤバいよ利食のヤツかなりのところまで知ってるよ
ヘロンの仕手のこともか？
それは大丈夫だと思うけど…

堀内サン
何やってるの
パパって誰？
ぞろぞろ
どうした
大声を
あげて
このコが今
「利食が
かなりの
ところまで
知っていて
ヤバイ」って
誰かに電話を
どういう
こと？
ハッ
そうだ
思い出したぞ
馬上には
銀座の
クラブの
愛人に
作らせた娘が
いたはずだ
堀内
おまえ
もしかして
そうよ
私は
馬上の娘よ！
佳代子
っていう女が
パパを誘惑して
私とママから
パパを
盗ったのよ
私は
佳代子に
復讐してやる
つもりだった
でも
その佳代子は
もうこの世に
いないんでしょ
えっ？

なら
復讐の相手は
佳代子の娘の
アンタと
ババッ
ババッ
佳代子の
ヒモだった
あんたよ！
ザワ
ザワ
ザワ
ザワ
ザワ
ザワ
それは
違います
アップル
ツリー教授！
私は
以前は
証券会社の
証券マン
でした
馬上に
錬金術を
教えたのも
私ですし
馬上に
利食クンを
紹介したのも
私です
えぇっ
そんな重要
人物だったの？
佳代子サンは
パパの
暴力に
耐えられなく
なって
逃げ出し
ました

利食クンは傷ついた佳代子サンを助けたに過ぎない
でたらめ言わないで!
あんな優しいパパが暴力なんか振るうわけがないわ!
ズッ
大人はいろいろな顔を持っているものです
あなたもパパが学校を買収して次々にスーパーに売り飛ばしている現実を見ているでしょう
ワナワナ
ガクッ
だってそれは私とママのためだって
娘はもうスパイとしては使えなくなったな
おい馬上おまえだろ
話は聞いたな?
宣戦布告する
おまえを二度と立ち上がれないほど徹底的に叩き潰してやる
それはこっちの台詞だ
ううう

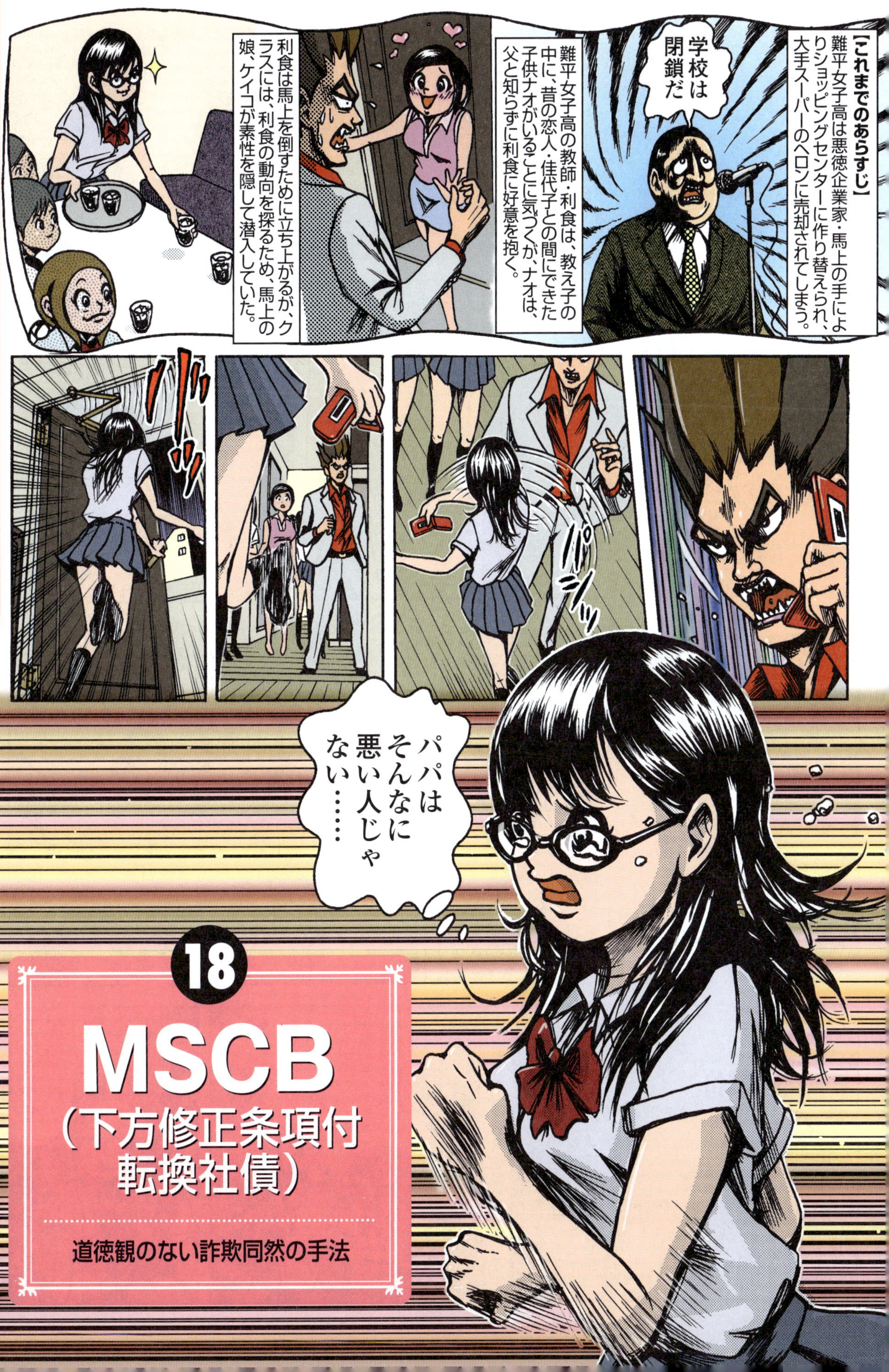
【これまでのあらすじ】難平女子高は悪徳企業家・馬上の手によりショッピングセンターに作り替えられ、大手スーパーのヘロンに売却されてしまう。
学校は閉鎖だ
難平女子高の教師・利食は、教え子の中に、昔の恋人・佳代子との間にできた子供ナオがいることに気づくが、ナオは、父と知らずに利食に好意を抱く。
利食は馬上を倒すために立ち上がるが、クラスには、利食の動向を探るため、馬上の娘、ケイコが素性を隠して潜入していた。
パシッ
パパはそんなに悪い人じゃない……

18 MSCB（下方修正条項付転換社債）

道徳観のない詐欺同然の手法

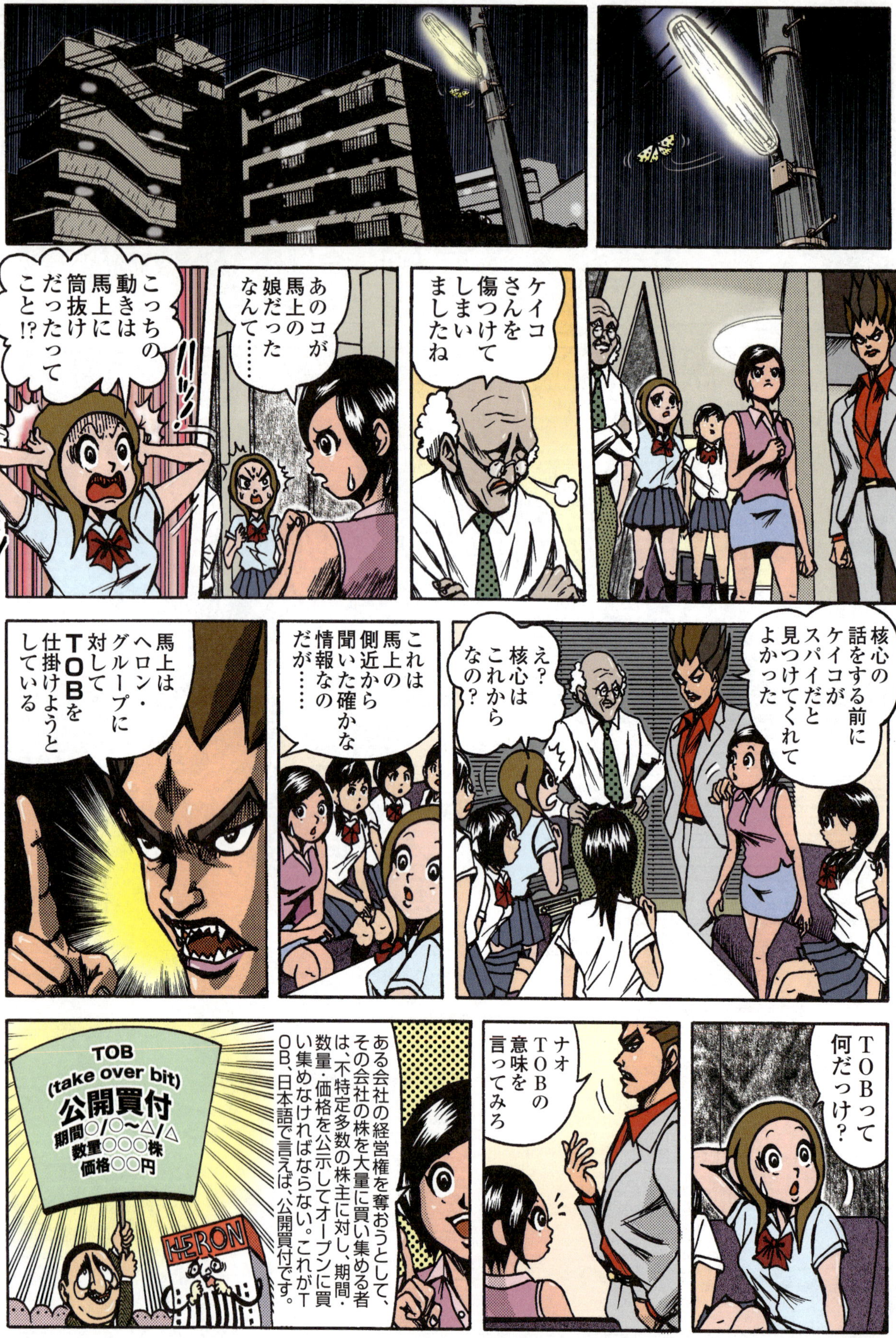
ケイコさんを傷つけてしまいましたね
あのコが馬上の娘だったなんて……
こっちの動きは馬上に筒抜けだったってこと!?
核心の話をする前にケイコがスパイだと見つけてくれてよかった
え?核心はこれからなの?
これは馬上の側近から聞いた確かな情報なのだが……
馬上はヘロン・グループに対してTOBを仕掛けようとしている
TOBって何だっけ?
ナオ TOBの意味を言ってみろ
ある会社の経営権を奪おうとして、その会社の株を大量に買い集める者は、不特定多数の株主に対し、期間・数量・価格を公示してオープンに買い集めなければならない。これがTOB、日本語で言えば、公開買付です。
TOB
(take over bit)
公開買付
期間○/○~△/△
数量○○○株
価格○○円
HERON

お見事
パチパチパチ
馬上がヘロン・グループを買おうとしてるってコト？
馬上が経営難の学校を買収しつづけて来たのはヘロンのためだったんじゃなかったっけ
買収可能な学校は、難平女子高を最後にタネが尽きた
私立難平女子高等学
ヤツの錬金術も燃料切れだ
だが馬上は資産を維持するためにバカミフーズの株価を上げつづけなければならない
そこで焦ってヘロンを買収しようとしてるんだ
ヘロングループって言えばスーパーだけじゃなくてコンビニやファレミスもやってる日本屈指の流通グループでしょう
HERON
馬上のバカミフーズなんかよりはるかにでかいじゃん
小が大を飲み込む合併？
ヤツは資金をMSCBで調達しようとしている
MSCB
オーマイガッド！
No!
すごい買収費用が必要なんじゃないの？その金をどうやって……
MSCBとは恐ろしい！
ガクガクガクガク
MSCBって悪霊？妖怪？殺人鬼？

ごめんなさい
パパのために
スパイ
してたこと
利食に
バレちゃった
もういい
部屋に
戻って
いなさい
……
パパが
佳代子に
暴力を
振るって
たって
本当なの？
パッ
そんなこと
あるわけ
ないじゃ
ないか
パパが
学校を買収して
スーパーに
作り替えて
ヘロンに
売ってるのも
正しいこと
してるんだよね
もちろん
だとも
だよね
パパ
優しい
ものね
私
パパを
信じてるよ

何です
MSCBって
どこが危険なんです？
私が説明してあげよう
ゴクリ
MSCBとは
Moving
Strike
Convertible
Bond
日本語で言えば下方修正条項付転換社債です
Moving Strike Convertible Bond
キュッ キュッ
カホウシューセイジョーコーツキテンカンシャサイ？
チンプンカンプンデ～ス
MSCBを理解するためにはまず社債というものを理解しなければなりません
社債の説明から始めましょう
社債
事業拡大のため資金を必要としている企業は、銀行から金を借りるより投資家から借りたほうが金利が安いので、社債を発行して、証券会社を通じて投資家にそれを売り、資金を調達しようとします。
バ ツ
株券を発行して売ればタダで金が集められるじゃん
そのための株式会社でしょ？
ガ～ ガ～
なのにどうして社債なんてややこしいものを発行するの？
社債は、あらかじめ1年とか3年とかいった償還期限が決められていて、期限が来たら、企業は社債を買ってくれた人に『元金＋利息』を返さなければなりません。
社債
償還期限
元金
利子
投資家にとって、社債は、定期預金よりも利回りがいい上、償還期限まで待てば、会社が潰れてでもない限り、必ず元本が戻って来るので、安全で確実な投資と言えます。
【会社が潰れると完全に紙屑になってしまう株と違い、社債は返済の優先度が高いので、必ずある程度は戻って来ます。】

年金や保険金を運用している会社の中には、「株は価格の変動が激しくて危険なので投資対象としない」と決めている会社がたくさんあります。
結構！
社債
株券
だから社債のほうが株よりも資金が集めやすいのです
なるほど
トヨタみたいに経営が安定した会社の社債は倒産の危険が少ないので低い利息でも売れるが
TOYO
ソフトバンクのような危なっかしい会社の社債は利息を高くしないと売れない
逆に言えばトヨタよりソフトバンクの社債のほうが利回りがいいので投資家にとっては魅力的だ
ふむふむ
社債の利息が適正かどうかを見極める目安として
その会社の倒産リスクを格付けしているのが**ムーディーズ**だ
ムーディーズ
ムーディーズ？
右から～
左へ～
聞いたことある！
ドドドドドドドドドドドドド
AA＋
BBB－
ウガーーッ
何でナオがAA＋でアタシがBBB－なのよっ！

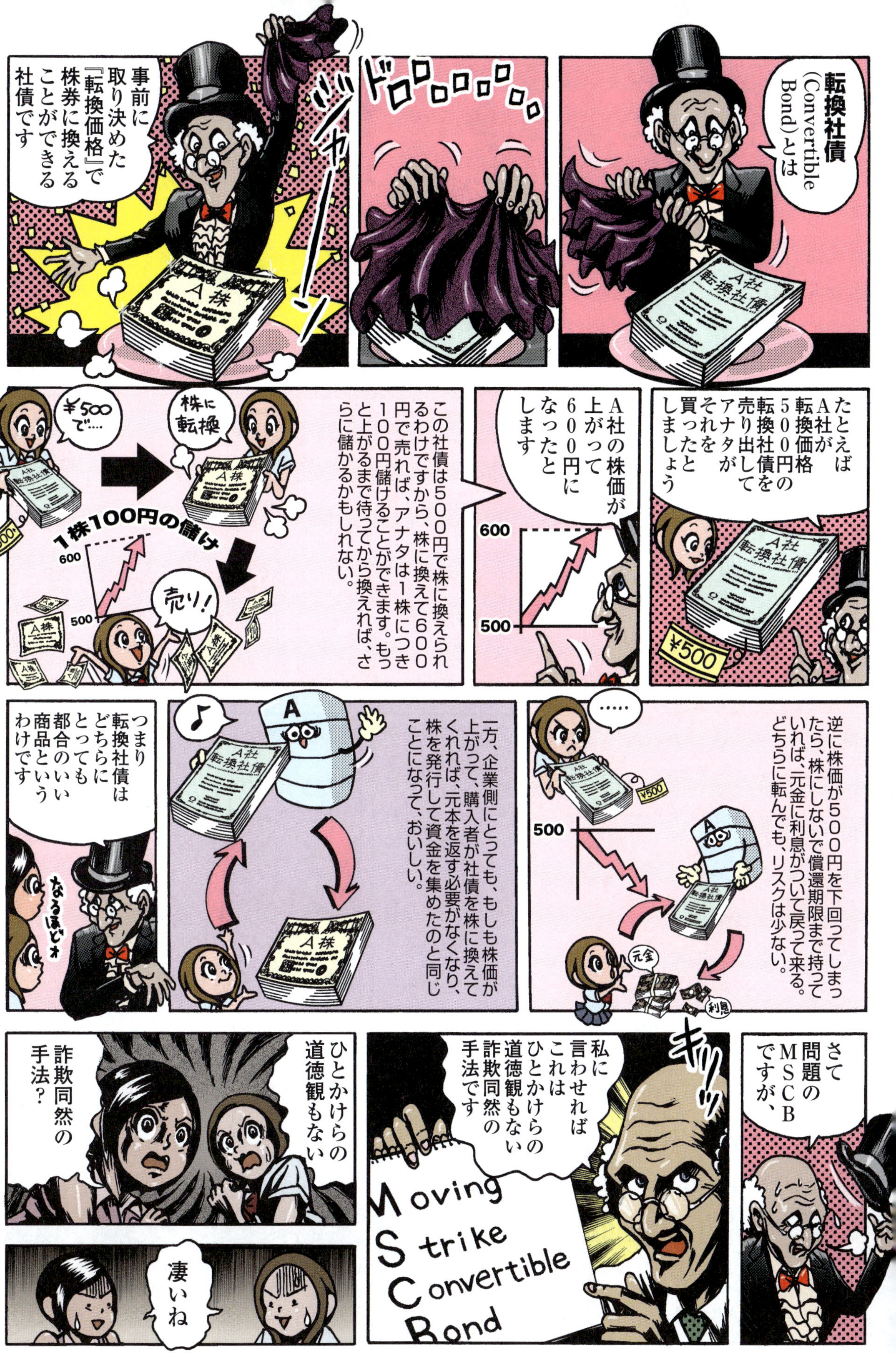

転換社債(Convertible Bond)とは
ドロロロロロロロロ
ジャーー!
事前に取り決めた『転換価格』で株券に換えることができる社債です
A株
A社 転換社債
たとえばA社が転換価格500円の転換社債を売り出してアナタがそれを買ったとしましょう
A社 転換社債
¥500
A社の株価が上がって600円になったとします
600
500
この社債は500円で株に換えられるわけですから、株に換えて600円で売れば、アナタは1株につき100円儲けることができます。もっと上がるまで待ってから換えれば、さらに儲かるかもしれない。
¥500で….
株に転換
1株100円の儲け
600
500
売り!!
逆に株価が500円を下回ってしまったら、株にしないで償還期限まで持っていれば、元金に利息がついて戻って来る。どちらに転んでも、リスクは少ない。
…..
500
元金
利息
一方、企業側にとっても、もしも株価が上がって、購入者が社債を株に換えてくれれば、元本を返す必要がなくなり、株を発行して資金を集めたのと同じことになって、おいしい。
♪
A社 転換社債
A株
つまり転換社債はどちらにとっても都合のいい商品というわけです
なるほどォ
さて問題のMSCBですが、
キッ!!
私に言わせればこれはひとかけらの道徳観もない詐欺同然の手法です
Moving
Strike
Convertible
Bond
ひとかけらの道徳観もない
詐欺同然の手法?
凄いね

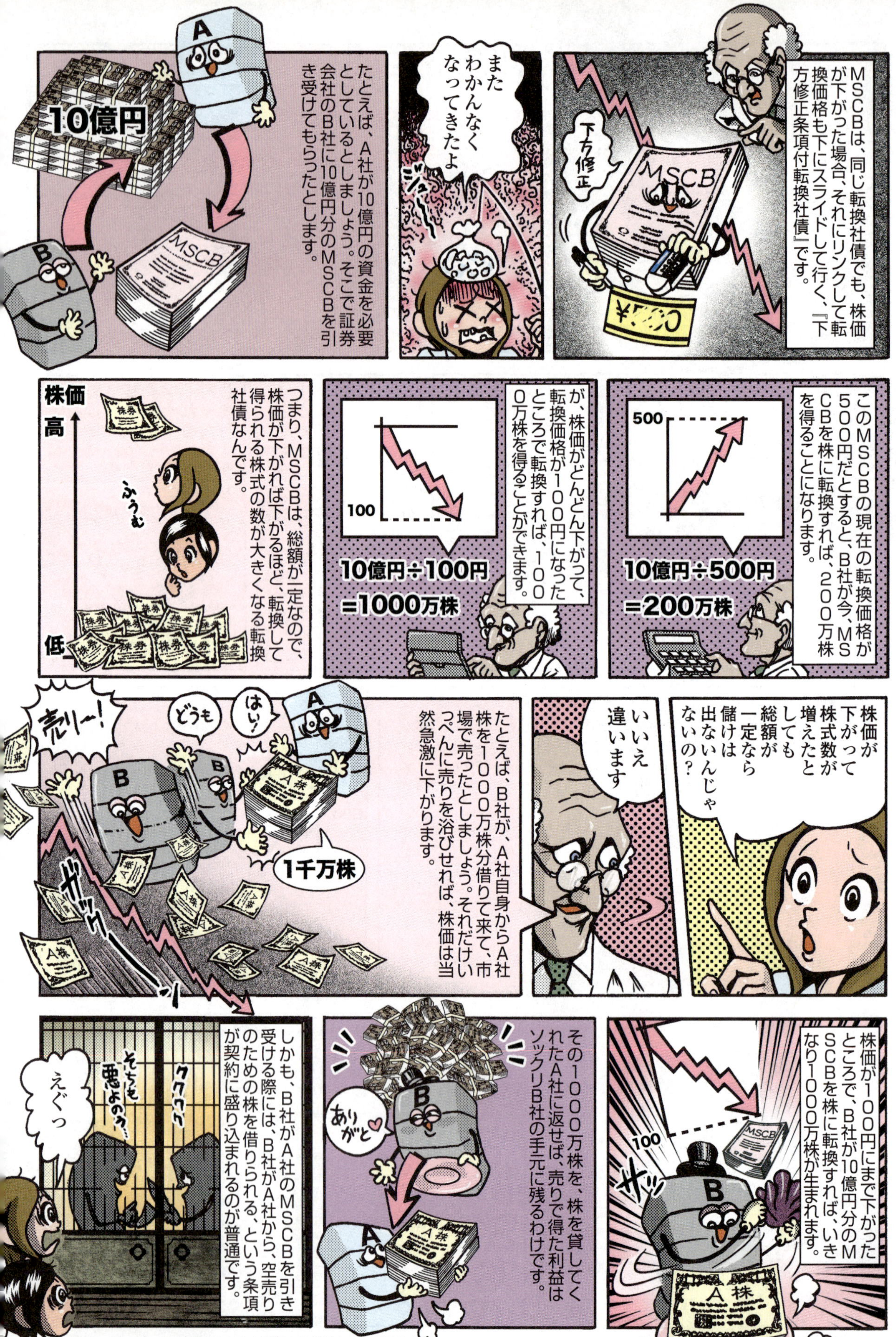
MSCBは、同じ転換社債でも、株価が下がった場合、それにリンクして転換価格も下にスライドして行く、『下方修正条項付転換社債』です。
下方修正
MSCB
また わかんなく なってきたよ
ジュ〜
たとえば、A社が10億円の資金を必要としているとしましょう。そこで証券会社のB社に10億円分のMSCBを引き受けてもらったとします。
10億円
A
B
MSCB
このMSCBの現在の転換価格が500円だとすると、B社が今、MSCBを株に転換すれば、200万株を得ることになります。
500
10億円÷500円
=200万株
が、株価がどんどん下がって、転換価格が100円になったところで転換すれば、1000万株を得ることができます。
100
10億円÷100円
=1000万株
つまり、MSCBは、総額が一定なので、株価が下がれば下がるほど、転換して得られる株式の数が大きくなる転換社債なんです。
株価
高
低
ふうむ
株券
株価が下がって株式数が増えたとしても総額が一定なら儲けは出ないんじゃないの？
いいえ 違います
たとえば、B社が、A社自身からA社株を1000万株分借りて来て、市場で売ったとしましょう。それだけいっぺんに売りを浴びせれば、株価は当然急激に下がります。
売りー！
どうも
はい！
1千万株
A株
株価が100円にまで下がったところで、B社が10億円分のMSCBを株に転換すれば、いきなり1000万株が生まれます。
100
ザッ
MSCB
A株
1千万株
その1000万株を、株を貸してくれたA社に返せば、売りで得た利益はソックリB社の手元に残るわけです。
ありがと
A株
しかも、B社がA社のMSCBを引き受ける際には、B社がA社から、空売りのための株を借りられる、という条項が契約に盛り込まれるのが普通です。
そちも悪よのう…
クククク
えぐっ

※その上、MSCBの転換価格は必ず株価の時価より10％程安く設定されるので、引き受けた会社は、絶対に儲かる仕組みになっている。

ですから、MSCBの発行を発表した会社の株価は、たいていの場合急落します。それも、2割、3割なんてもんじゃない。何日もストップ安が続くのです。
ここが下限
MSCBの契約には、転換価格の「下限」が設定されるのが普通で、下限価格は公表しなければならない決まりになっているので、多くの場合、株価はその下限価格付近までさがります。
ガックーーン
下限
途中、一般投資家はなすすべもありません。大損です。そして儲けるのは、空売りしまくったB社だけ。道徳観もない詐欺同然の手法と言ったのです。
うっひょ～～
B
なるほど
おまえたちは2005年2月のライブドアのニッポン放送買収騒動を覚えているか?
はい
あのとき、ライブドアは、買収資金調達のために、800億円分のMSCBをリーマン・ブラザーズ証券に引き受けて貰った。
LEHMAN BROTHERS
MSCB
¥800億
両社の間で設定された最終的な転換価格の下限は157円だったが、契約は、さっき教授が説明したのよりは遥かに複雑なもので、転換価格や転換期限は株価の推移に合わせて細かく取り決められていた。
157円
ここをあーしてこーして
そうしましょう。
リーマンはホリエモン個人から、浴びせ売り用の株を延べ7932万株借りた。これは、当時のライブドアの発行株式総数の12.3%に当たる数だ。
7932万株
12.3%
ライブドア株
MSCBの発行直前のライブドアの総株式数は6億4600万株。ホリエモンはそのうち、2億2100万株を所有していた。
リーマンは、2月中旬から3月下旬までの約40日間で、ホリエモンから借りた株と、MSCBから転換した株を合わせて、つごう2億6984万株を市場で売り飛ばした。
2億6984万株
売り
売り
ライブドア株
だが、ライブドアの株価は、リーマンが売りを浴びせていた間には、450円から293円までしか下がらなかった。
450
293
えっ??

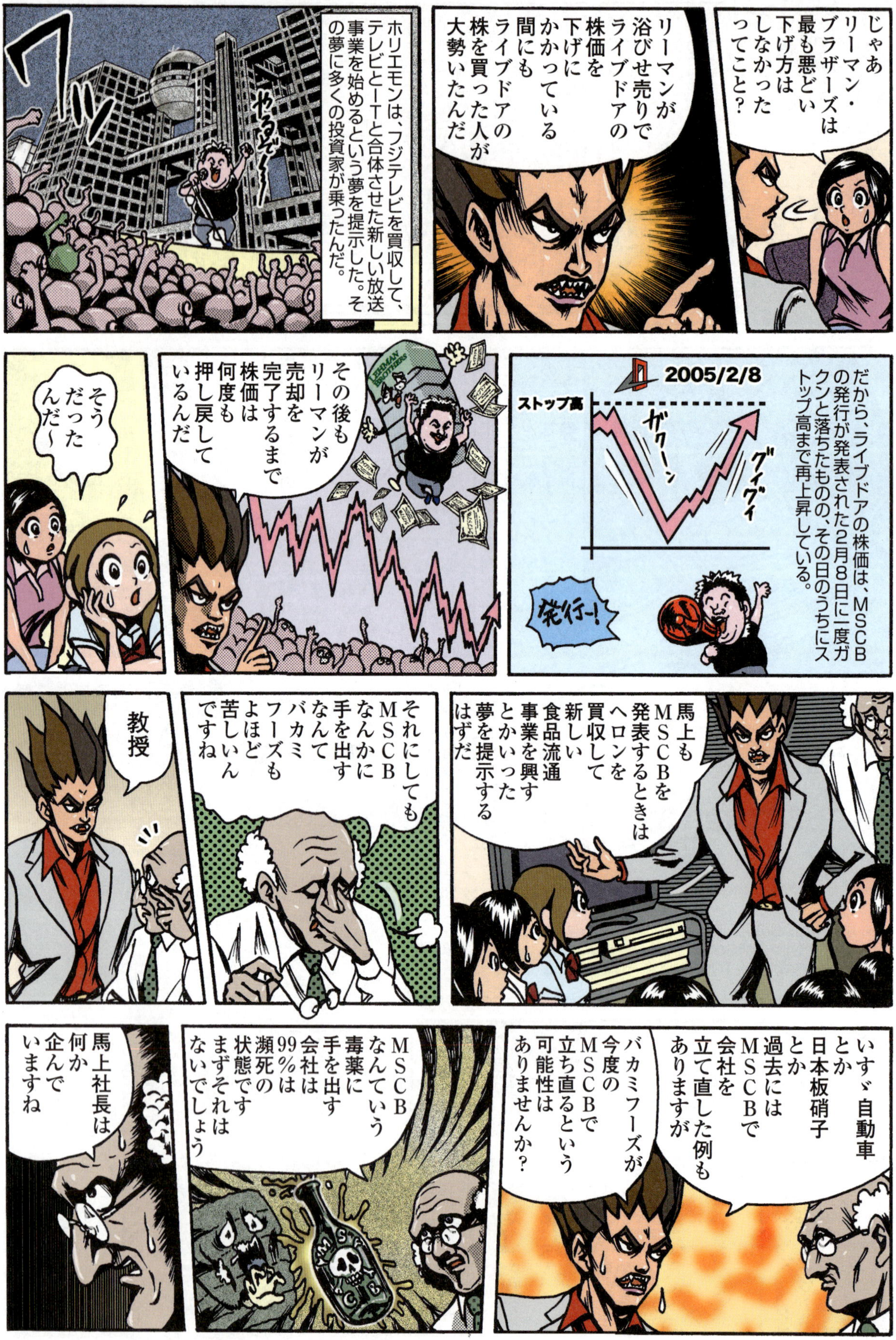

じゃあリーマン・ブラザーズは最も悪どい下げ方はしなかったってこと？
リーマンが浴びせ売りでライブドアの株価を下げにかかっている間にもライブドアの株を買った人が大勢いたんだ
ホリエモンは、フジテレビを買収して、テレビとITと合体させた新しい放送事業を始めるという夢を提示した。その夢に多くの投資家が乗ったんだ。
ワッ
やるぞ〜
だから、ライブドアの株価は、MSCBの発行が発表された2月8日に一度ガクンと落ちたものの、その日のうちにストップ高まで再上昇している。
2005/2/8
ストップ高
ガクーン
グイグイ
発行ー！
その後もリーマンが売却を完了するまで株価は何度も押し戻しているんだ
LEHMAN BROTHERS
そうだったんだ〜
馬上もMSCBを発表するときはヘロンを買収して新しい食品流通事業を興すとかいった夢を提示するはずだ
それにしてもMSCBなんかに手を出すなんてバカミフーズもよほど苦しいんですね
教授
いすゞ自動車とか日本板硝子とか過去にはMSCBで会社を立て直した例もありますが
バカミフーズが今度のMSCBで立ち直るという可能性はありませんか？
MSCBなんていう毒薬に手を出す会社は99%は瀕死の状態ですまずそれはないでしょう
馬上社長は何か企んでいますね

バカミフーズのＭＳＣＢの引き受け手はどこなんだろう
外資のドリルメンチ証券だ
昔私がいた証券会社じゃないですか
ドリルメンチにはとんでもない悪党が大勢います
オロオロ…
このＭＳＣＢには何か恐ろしい犯罪の臭いがしますよ
恐ろしい犯罪の臭い？
ザワッ
それではお互いの成功を祈って……
バタン

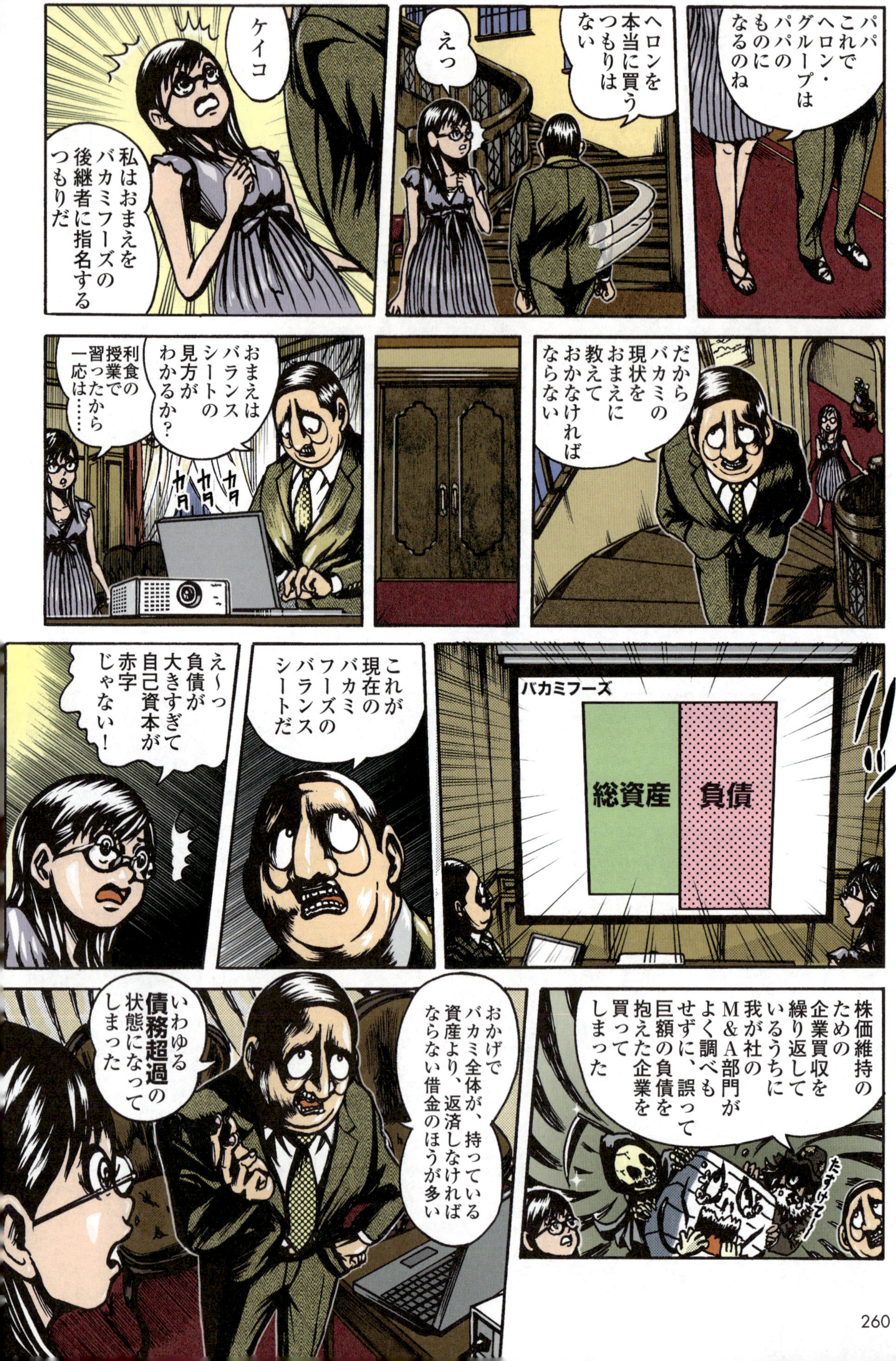
パパ これで ヘロン・グループは パパの ものに なるのね
ヘロンを 本当に買う つもりは ない
えっ
ケイコ
私はおまえを バカミフーズの 後継者に指名する つもりだ
だから バカミの 現状を おまえに 教えて おかなければ ならない
おまえは バランス シートの 見方が わかるか？
カタ カタ カタ
利食の 授業で 習ったから 一応は……
バカミフーズ
総資産
負債
!!
これが 現在の バカミ フーズの バランス シートだ
え～っ 負債が 大きすぎて 自己資本が 赤字 じゃない！
株価維持の ための 企業買収を 繰り返して いるうちに 我が社の M&A部門が よく調べも せずに、誤って 巨額の負債を 抱えた企業を 買って しまった
たすけてー
おかげで バカミ全体が、持っている 資産より、返済しなければ ならない借金のほうが多い
いわゆる **債務超過**の 状態になって しまった

総資産
負債
債務超過ってヤバいの？
この状態がつづいたら我が社は上場廃止だ
上場廃止？
株式市場で資金が調達できなくなるってことだ
そうなると……
バカミは確実に倒産する
それを回避するためにドリルメンチにＭＳＣＢを引き受けさせて資金を作ったんだ
その金は負債を返し債務超過を脱してバランスシートをよくするための資金だ
総資産
負債
ヘロンに仕掛けたＴＯＢはどうなるの？
パパの読みではあのＴＯＢは絶対に成立しない

TOBは不成立なら応募者から株を買い取る必要はない
だからMSCBで調達した1000億円はソックリ手元に残る
なんでそんなややこしいことを……
株価を下げないためには株主には夢を見させつづけなければならない
そのためにヘロンを買収するというポーズをとったんだ
パパの会社がそんなにヤバイ状態だなんて知らなかった
ガシッ
私パパのために利食たちと戦って必ず勝ってみせるわ
ニタァ
ククククク……

【これまでのあらすじ】
難平女子高で株を教える**利食**は、教え子の中に、昔の恋人・**佳代子**との間にできた子供**ナオ**がいることに気づくが、**ナオ**は、父と知らずに利食に好意を抱く。
悪徳企業家・**馬上**率いる**バカミラーズ**は、経営難に陥った難平女子高を買収し、ショッピングセンターに作り替え、大手スーパー**ヘロン**に売却してしまった。
学校は閉鎖だ
馬上は、外資の**ドリルメンチ証券**に1000億円のMSCBを引き受けさせ、その資金でヘロンに対しTOBを仕掛ける。
HERON
小が大を飲み込む合併？
松下鉄工所
ウィーーン
ウィーーン
キリキリキリキリ

19

TOB（公開買付）

成功すれば一気に事業が拡大するが…

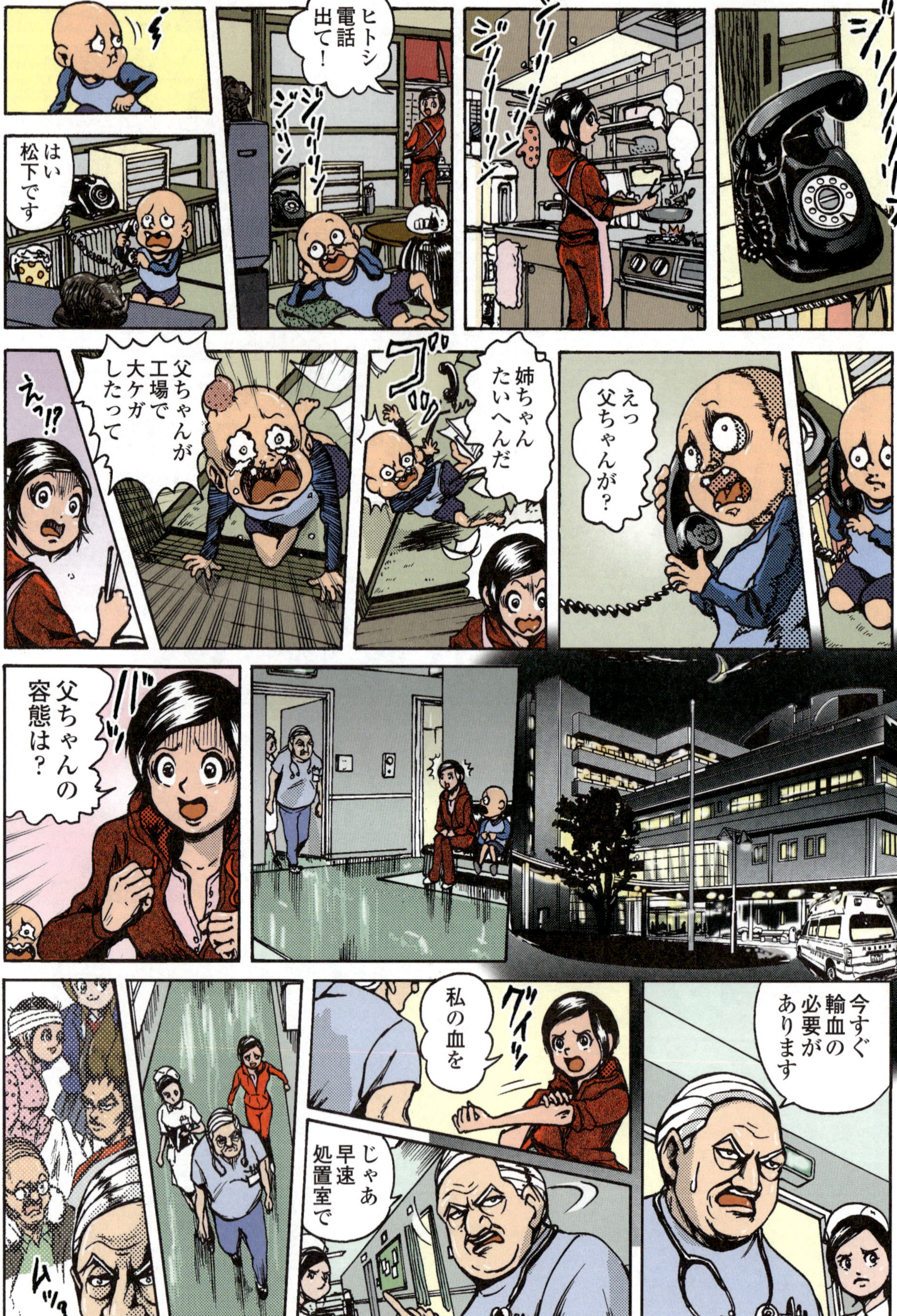
ジリリリリリーン
ジリリリリン
ジリリリリリン
ヒトシ電話出て！
ジリリリン
ジリリン
はい 松下です
えっ 父ちゃんが？
姉ちゃんたいへんだ
ゴッ
父ちゃんが工場で大ケガしたって
えっ!?
バッ
父ちゃんの容態は？
今すぐ輸血の必要があります
グイッ
私の血を
じゃあ早速処置室で
ムッ？

キミ もしかして 去年交通事故で この病院に 入院していた 松下ナオ君 じゃないか?
はい
なら 残念だが 輸血は無理だ
どうしてです? 一刻を争うんでしょ
私の血を 使って ください!
ガシ
……
利食先生から 君たち父子には 黙ってるように 言われたが キミの 血液型はO型 お父さんは AB型なんだ 輸血はできない
AB型と O型……
キミと お父さんは 血のつながりは ないんだよ
えっ
日赤に 至急 AB型の 血液の手配を 依頼しろ
全治1カ月 だって
同じ病院に 1年のうちに 親子で ケガして 入院するとは トホホ
でも命に 別条がなくて よかった
ヒトシ ジュース 買っといで
うん

父ちゃん
聞きたいことがあるの
父ちゃんと私は本当の父子じゃない
輸血のときわかった
そうだったか…
えっ？
知ってたの？
いやだが……
佳代子は奔放な女だった
そしてワシとつき合い始めてすぐに妊娠した
だから薄々疑っていたのだが怖くて確かめられなかった
じゃあ私の本当の父親は？
……
母ちゃんが父ちゃんと出会う前につき合ってた利食先生なのね
……
ナオ
ガシッ
血がつながっていようがいまいがおまえはワシの娘だ
グ
これからもずっとな
父ちゃん！

その後バカミフーズの株価はどうかね？
コトッ
押目大学
ドリルメンチ証券が売りを浴びせているので先週まで1000円だったのが800円まで下がっています
でも思ったほど下がってはいないね
ズズズ
ライブドア騒動のときみたいにバカミがヘロンの買収に成功して事業を拡大すると信じてバカミ株を買うおめでたい一般投資家がいっぱいいるんでしょう
買い!
バカミがヘロンに対して仕掛けたTOBは？
集まった株はまだ10％にも達していないようですおそらく不成立でしょう
この3人が一堂に集まっているところをマスコミが見たら腰を抜かすでしょうね
この店の機密保持は大丈夫ですか？

ご心配なく ここは 政治家が 重要な 密談に使う 日本一 口の堅い 料亭ですから
バカミフーズ代表
馬上 保合
馬上はん ワテは 古い人間や さかい 今回の カラクリが よう わからん のですが もう一度 詳しく 説明して もらえまっか？
ヘロン・グループ代表
外内 功
外内会長 私が ご説明 いたしま しょう
ドリルメンチ証券日本代表
ウォーレン・ルクセンブルグ
わが**ドリルメンチ証券**は、馬上サン率いる**バカミフーズ**が資金調達のために発行した1000億円の**MSCB**（下方修正条項付き転換社債）を、全額購入しました。
MSCB
1千億円
バカミフーズが1000億円を調達した名目は、**ヘロン・グループ**に対する**TOB**（公開買付）です。
TOB
(take over bit)
公開買付
期間○/○～△/△
数量○○○株
価格○○円
売ってちょ～
が、外内会長が一番よくご承知のとおり、ヘロンの株主は盤石です。TOBに応じるはずはありません。TOBは必ず失敗に終わります。
しーーーん
TOBが不成立だった場合、証券取引法により、集めた株は買い取らずに元の株主に返してもいいことになっています。ですから、馬上さんの手元には、1000億の現金が残ります。
TOB 不成立
TOBで集めた株
1千億円
馬上サンはその1000億円を、資金運用のためと称して、**マカオ**の投資ファンドに送金します。
JAPAN
1千億円
MACAU
1000億円はマカオで2等分され、500億円は、馬上社長の個人の懐へ、残り500億円は、ヘロン・グループの外内社長の懐へ入ります。
500億円
500億円
なるほど
ニヤ！
一方、わがドリルメンチ証券は、馬上サンから1億株のバカミフーズ株を借りて、現在、市場で売り浴びせています。そのため、バカミフーズの株価は、先週から今週にかけて、1000円から800円まで下がりました。
どうぞ
売り!! 売り!!
1億株

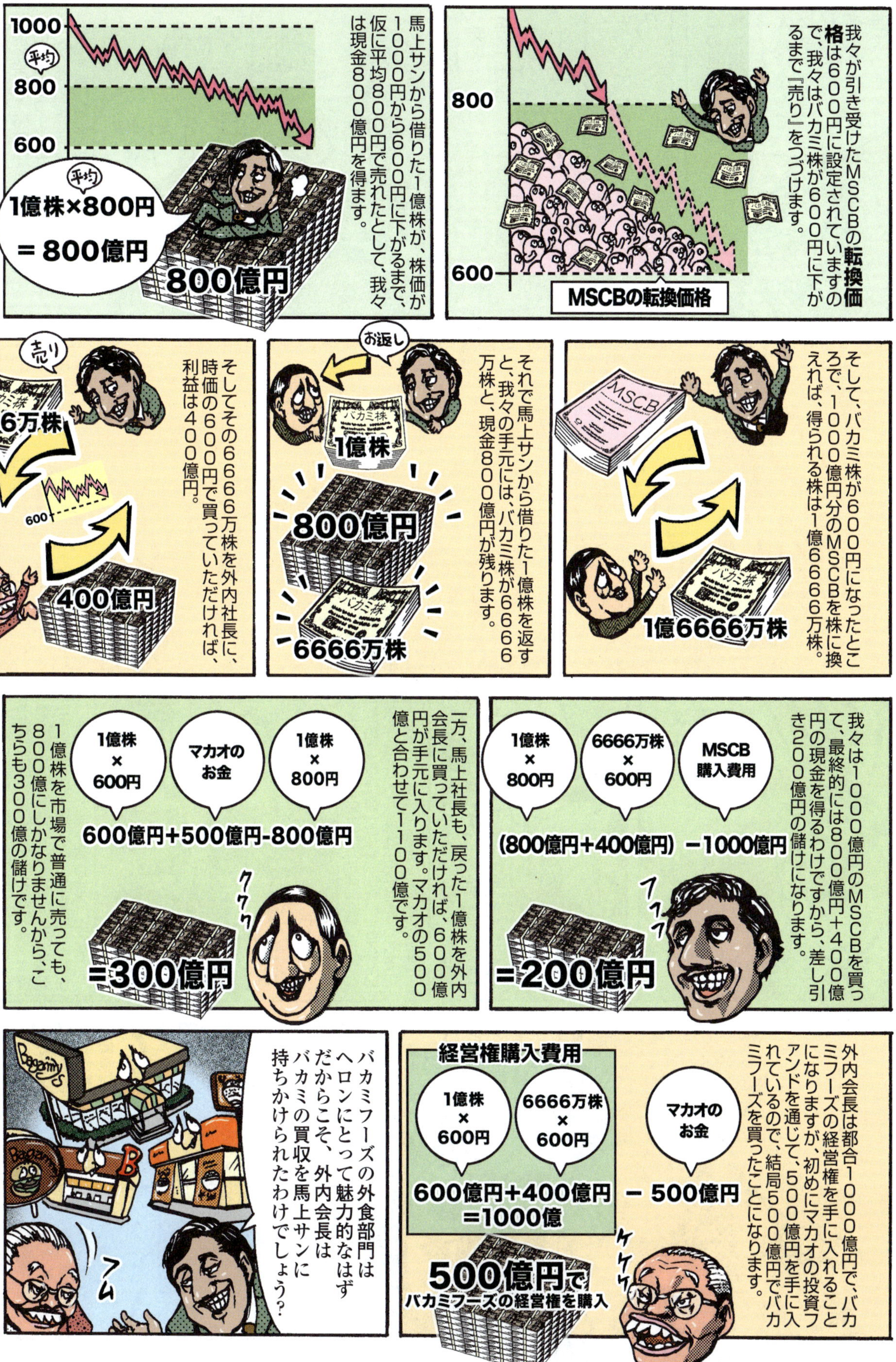
我々が引き受けたMSCBの転換価格は600円に設定されていますので、我々はバカミ株が600円に下がるまで『売り』をつづけます。
800
600
MSCBの転換価格
馬上サンから借りた1億株が、株価が1000円から600円に下がるまで、仮に平均800円で売れたとして、我々は現金800億円を得ます。
1000
平均
800
600
1億株×800円（平均）
＝800億円
800億円
そして、バカミ株が600円になったところで、1000億円分のMSCBを株に換えれば、得られる株は1億6666万株。
MSCB
バカミ株
1億6666万株
それで馬上サンから借りた1億株を返すと、我々の手元には、バカミ株が6666万株と、現金800億円が残ります。
お返し
バカミ株
1億株
800億円
バカミ株
6666万株
そしてその6666万株を外内社長に、時価の600円で買っていただければ、利益は400億円。
売り
バカミ株
6666万株
600
買い
400億円
我々は1000億円のMSCBを買って、最終的には800億円＋400億円の現金を得るわけですから、差し引き200億円の儲けになります。
MSCB 購入費用
6666万株 × 600円
1億株 × 800円
(800億円＋400億円) －1000億円
フフフ
＝200億円
一方、馬上社長も、戻った1億株を外内会長に買っていただければ、600億円が手元に入ります。マカオの500億と合わせて1100億です。
1億株 × 800円
マカオの お金
1億株 × 600円
600億円＋500億円-800億円
1億株を市場で普通に売っても、800億にしかなりませんから、こちらも300億の儲けです。
ククク
＝300億円
外内会長は都合1000億円で、バカミフーズの経営権を手に入れることになりますが、初めにマカオの投資ファンドを通じて、500億円を手に入れているので、結局500億円でバカミフーズを買ったことになります。
経営権購入費用
6666万株 × 600円
1億株 × 600円
マカオの お金
600億円＋400億円 ＝1000億
－ 500億円
500億円で
バカミフーズの経営権を購入
ケケケ
バカミフーズの外食部門はヘロンにとって魅力的なはずだからこそ、外内会長はバカミの買収を馬上サンに持ちかけられたわけでしょう？
フム
B

現時点で、時価総額2400億円のバカミフーズが500億円で手に入るのだから、外内会長にとっても、お買い得でしょう。
800
時価総額
800円
×
3億株
差し引き
総額
2400億円－500億円
=1900億円
つまり
三方一両得
ってわけです
この世界
誰も損せんと
3人とも
大儲けなんて
ウマい話は
おまへん
損をするのは
誰でっか？
バカミフーズの株主
特に我々が売り浴びせている間にもバカミ株を買っている一般投資家ですね
あほかいな
パシーン
下がるとわかっている株を買うアホがどこの世界におりまんねん
バカミフーズがヘロン・グループの買収に成功して、さらに事業を拡大して株価を上げる、と信じている一般投資家は、少なくありません。
バ・カ・ミ
バ・カ・ミ
バ・カ・ミ
それに私は、経営していた女子高で、授業に株を取り入れていました。その卒業生たちを仕手集団として組織し、秘かに情報を流し、株を買わせています。
上から、「今こそバカミ株は買いだ」と勧められた彼女たちが買い支えているから、バカミ株は浴びせ売られている割には、株価が下がらないのです。
エグいこと
されて
まんなあ
外内会長
改めて
確認させて
頂きます
が……
わがバカミフーズは、今年初め、誤ってM&A部門が巨額の負債を抱えた企業を買ってしまったため、総資産よりも借金のほうが多い、いわゆる債務超過の状態に陥っています。
総資産
負債
このままでは
上場廃止も
あり得る
状況です
それでも
バカミを
買収して
いただけるの
ですね

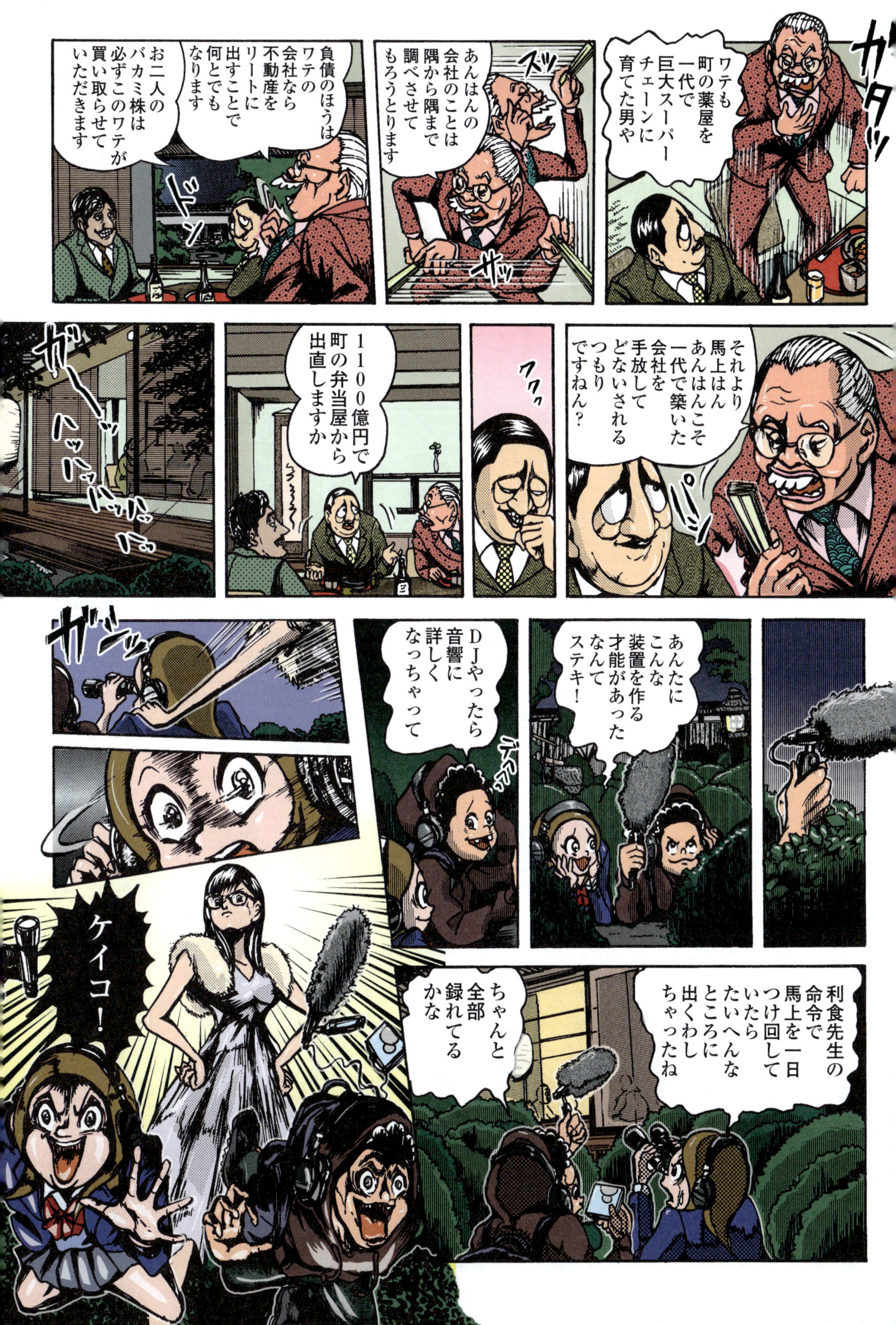
ガタッ
ワテも町の薬屋を一代で巨大スーパーチェーンに育てた男や
ズッ
あんはんの会社のことは隅から隅まで調べさせてもろうとります
ザッ
負債のほうはワテの会社なら不動産をリートに出すことで何とでもなります
ドン
お二人のバカミ株は必ずこのワテが買い取らせていただきます
それより馬上はんあんはんこそ一代で築いた会社を手放してどないされるつもりですねん？
パシ
ククッ
1100億円で町の弁当屋から出直しますか
ガーハッハッハッハ
あんたにこんな装置を作る才能があったなんてステキ！
DJやったら音響に詳しくなっちゃって
ガッ
利食先生の命令で馬上を一日つけ回していたらたいへんなところに出くわしちゃったね
ちゃんと全部録れてるかな
ケイコ！

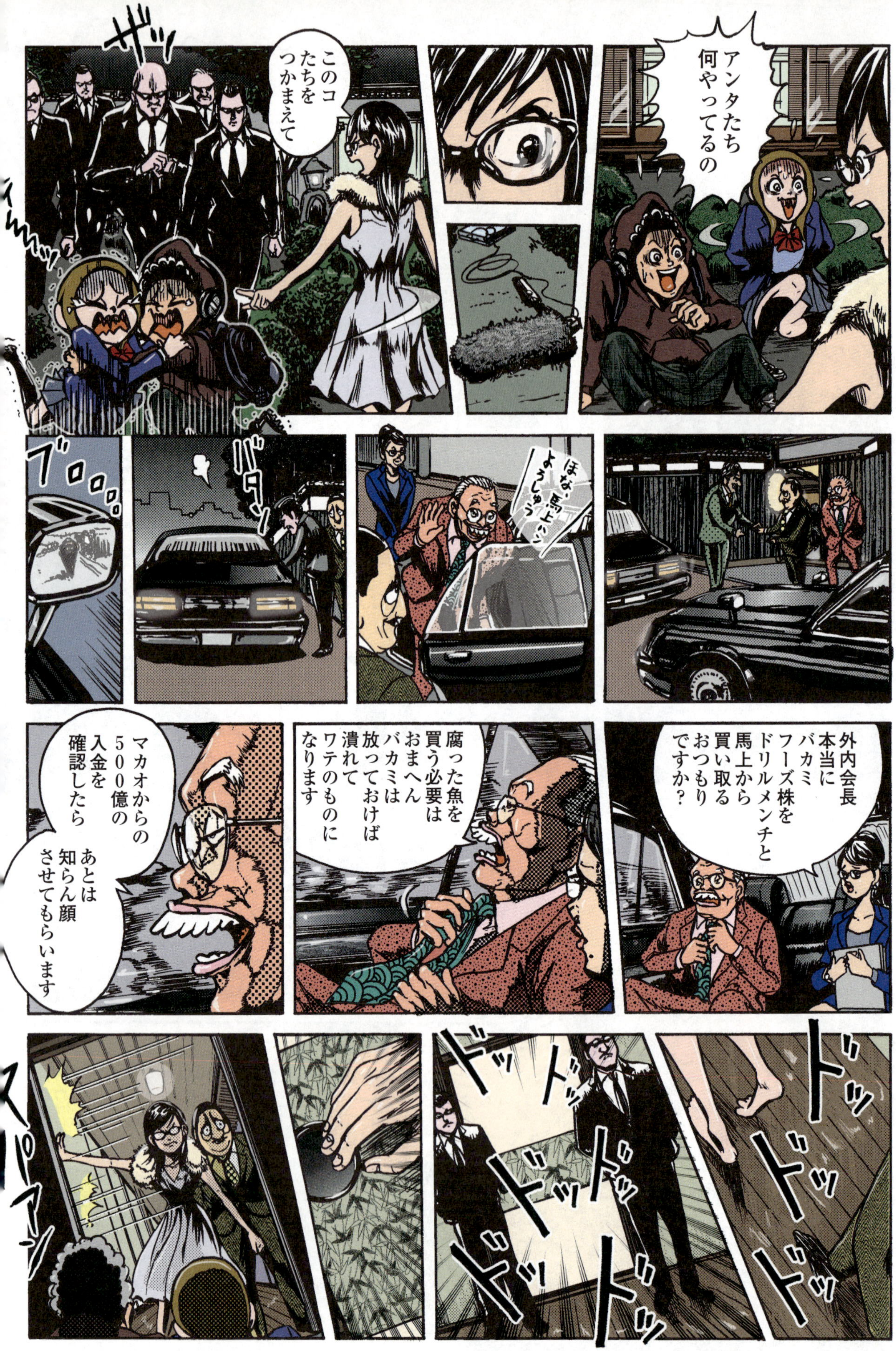
アンタたち何やってるの
ザッ
このコたちをつかまえて
ほな、馬上ハン ようしゅう
バタン
ブロロロ
外内会長 本当にバカミフーズ株をドリルメンチと馬上から買い取るおつもりですか？
腐った魚を買う必要はおまへん バカミは放っておけば潰れてワテのものになります
マカオからの500億の入金を確認したら
あとは知らん顔させてもらいます
トッ ドッ ドッ
ドッ ドッ ドッ ドッ ドッ
スパァーン

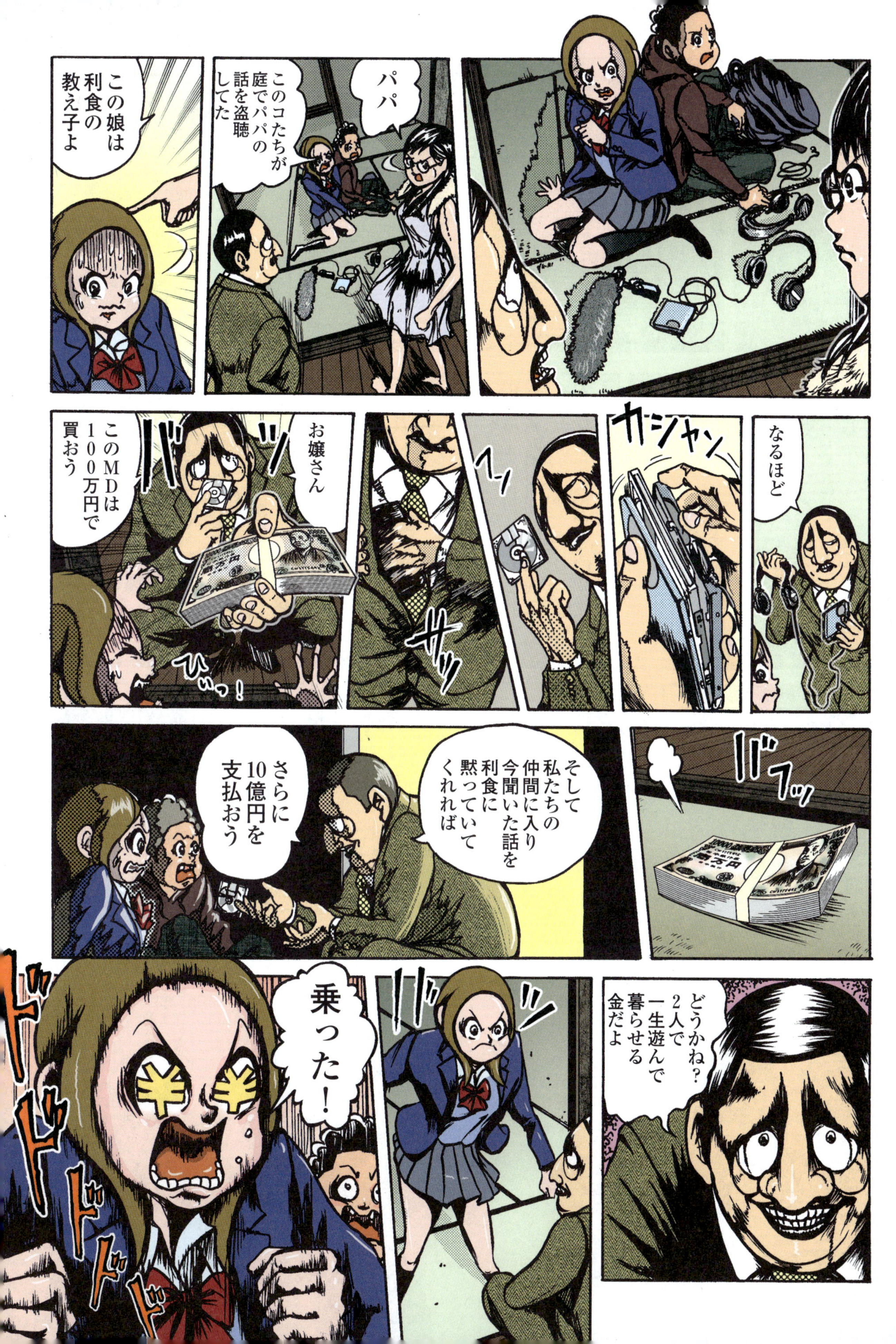
パパ
このコたちが庭でパパの話を盗聴してた
この娘は利食の教え子よ
なるほど
カシャン
サッ
お嬢さん
このMDは100万円で買おう
バッ
ひぃっ!
ドフッ
そして私たちの仲間に入り今聞いた話を利食に黙っていてくれれば
さらに10億円を支払おう
どうかね?2人で一生遊んで暮らせる金だよ
バッ
乗った!
ドドドド

リップルウッド教授研究室
ユキたちはうまく馬上のシッポをつかんだかな
ガチャ
ユラ〜
ナオどうした
ひどいぞ
フラ
フラ
父ちゃんがケガして入院した
それはタイヘンだったたな
病院で輸血のときに全部わかった
えっ
ドン
黙って抱きしめて
父さん
ヒ〜
ったく！
おうおう相変わらずお熱いねえ

全部聞いた
馬上はヘロンの外内とドリルメンチのルクセンブルグと組んで、悪どく儲けるつもりよ
これが証拠のMD
えっ黙ってれば馬上から10億円貰えるのに
バカねえ馬上に10億払う気なんかあるはずないじゃん
じゃあさっき馬上に渡したMDは？
もちろん偽物よ
ガチャ
万一に備えて録音用のMDはポケットにしまってたのよ
偽のMDを100万円で買わせるなんてなかなかうまい商売でしょ
凄い女
よしっこれで手が打てるぞ
パパあんな連中と手を組んで大丈夫なの？

私は外内やルクセンブルグと本気で手を組むつもりはない
ヘロンのTOBは不成立に終わり、集めたヘロン株はTOBに応募した株主の元に返され、私の手元に1000億が残る――。
そこまでは、ヤツらのシナリオと同じだ。
えっ？
だが、私のシナリオはその先が違う
今度は逆にヘロン株をカラ売りで売りまくる
なんでそんなことをするの？
私はヘロンのアキレス腱を握っている
ヘロンの株は必ず下がる
下がればカラ売りした私は大儲け
ヘロンは潰れ私は世界一の大金持ちだ
この仕手戦は私の一世一代の大勝負だ
もしも負けたら？
ザワザワザワザワ
大丈夫
ワシは絶対に負けない
あの裏切り者の利食をワシの前に絶対にひれ伏させてみせる

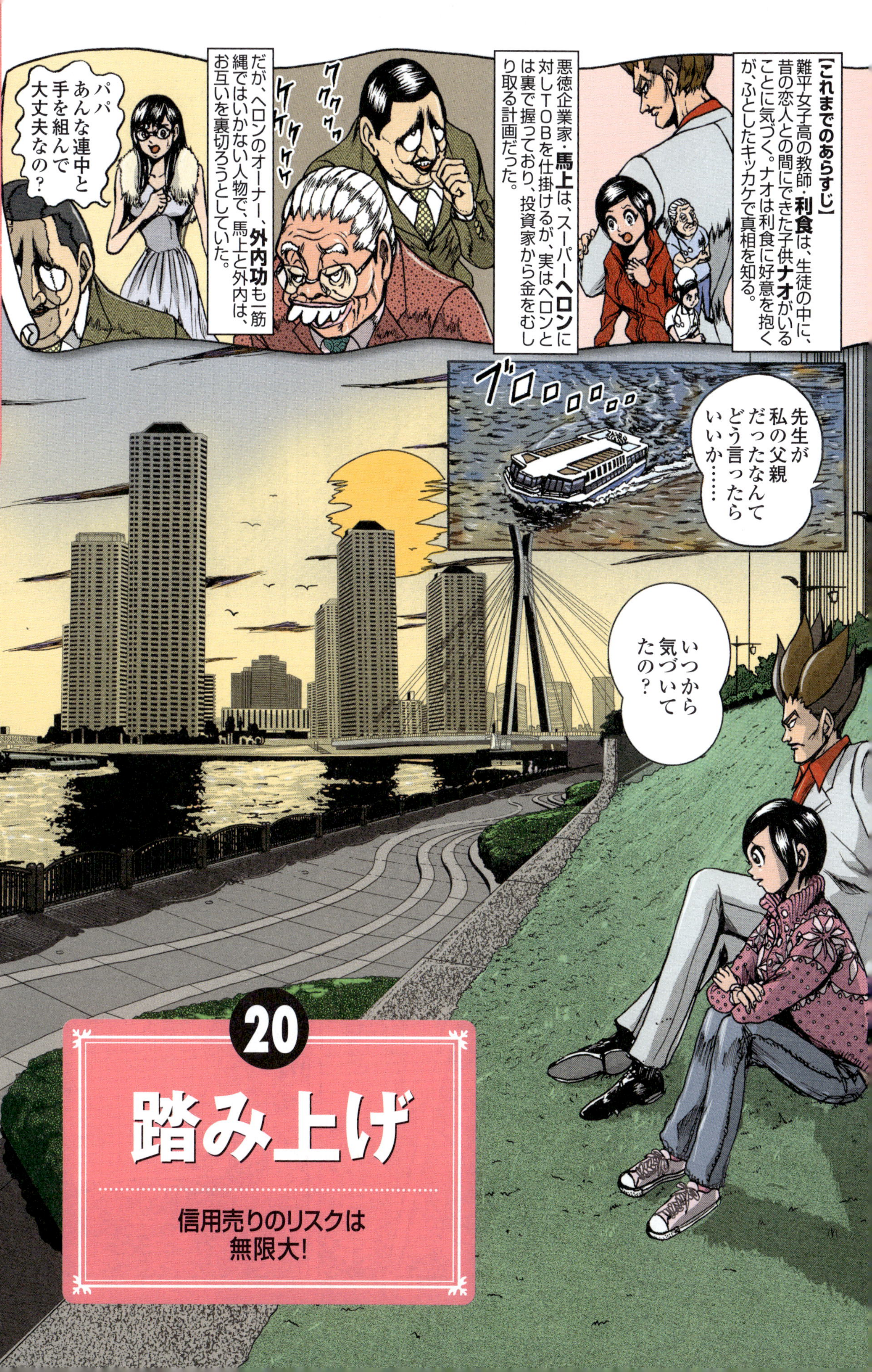
【これまでのあらすじ】
難平女子高の教師・利食は、生徒の中に、昔の恋人との間にできた子供ナオがいることに気づく。ナオは利食に好意を抱くが、ふとしたキッカケで真相を知る。
悪徳企業家・馬上は、スーパーヘロンに対しTOBを仕掛けるが、実はヘロンとは裏で握っており、投資家から金をむしり取る計画だった。
だが、ヘロンのオーナー、外内功も一筋縄ではいかない人物で、馬上と外内は、お互いを裏切ろうとしていた。
ククククク
ケケケケケ
パパ あんな連中と手を組んで大丈夫なの?
ブロロロロロ
先生が私の父親だったなんてどう言ったらいいか……
いつから気づいてたの?

20 踏み上げ

信用売りのリスクは無限大!

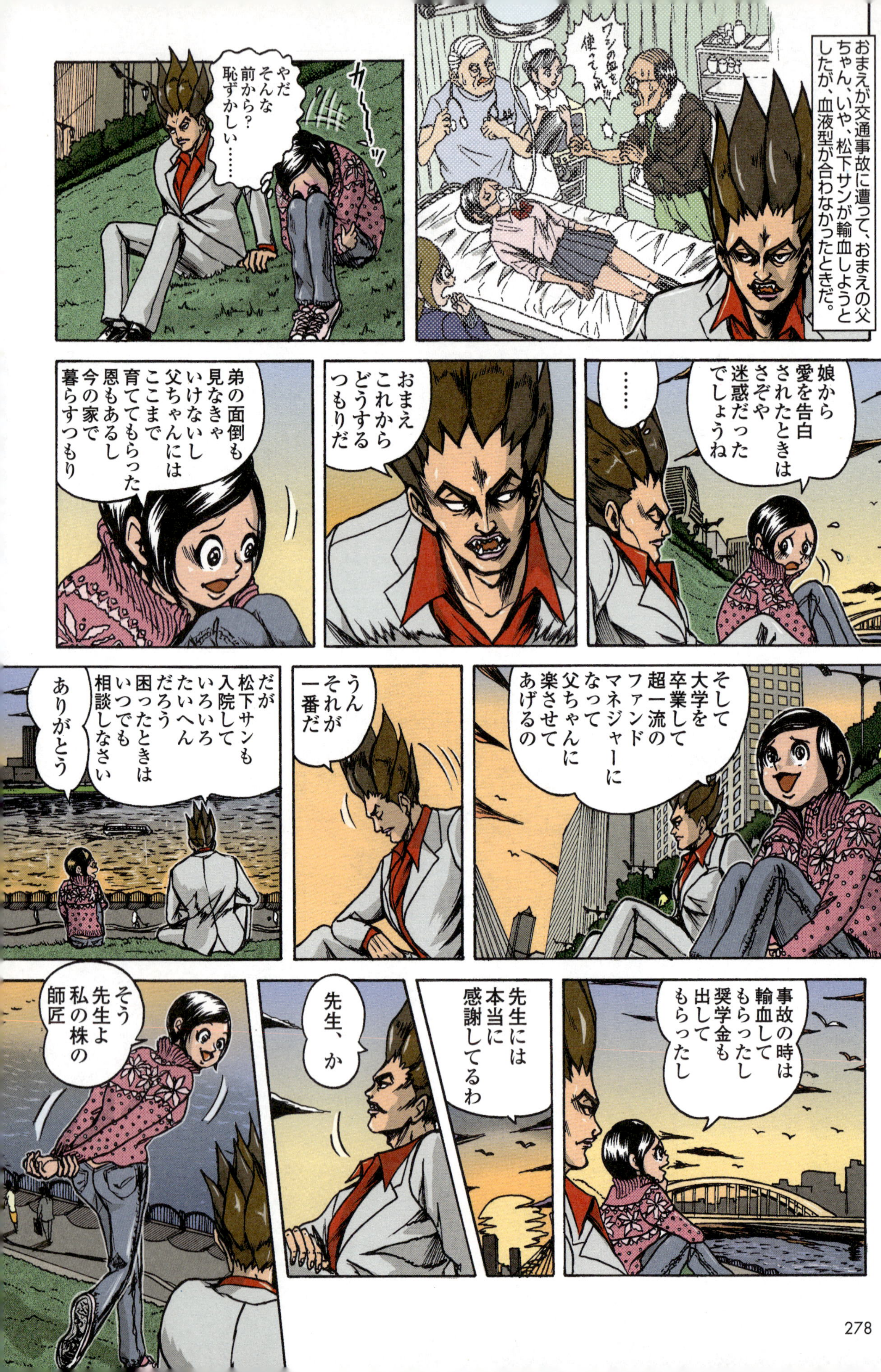
おまえが交通事故に遭って、おまえの父ちゃん、いや、松下サンが輸血しようとしたが、血液型が合わなかったときだ。
ワシの血を使ってくれ!!!
やだ そんな前から? 恥ずかしい……
カ〜〜ッ
娘から愛を告白されたときはさぞや迷惑だったでしょうね
……
おまえ これから どうする つもりだ
弟の面倒も見なきゃいけないし父ちゃんにはここまで育ててもらった恩もあるし今の家で暮らすつもり
そして大学を卒業して超一流のファンドマネジャーになって父ちゃんに楽させてあげるの
うん それが一番だ
だが松下サンも入院していろいろたいへんだろう困ったときはいつでも相談しなさい
ありがとう
事故の時は輸血してもらったし奨学金も出してもらったし
先生には本当に感謝してるわ
先生、か
そう 先生よ 私の株の師匠

でもときどき甘えさせてね
そろそろリップルウッド教授の研究室に行こう
そしてみんなで馬上と戦う方法を考えなければ
ウン
ヘロンに対するTOBは私の読みどおり不成立に終わった
日本経済新聞
2010年(平成22年)×月△△
バカミTOB不成立
Bakami Fund Manageme
バカミファンドマネジメン
ここからはヘロン株を売りまくるぞ
バサッ
それって信用売りするってこと
そうだケイコも授業で習ったろ
ウン
株には信用売りも信用買いもできない銘柄と、信用買いはできるが信用売りはできない貸借融資銘柄と、信用売りも信用買いもできる貸借銘柄の※3種類があって…
一般信用銘柄
貸借融資銘柄
貸借銘柄
信用買い○ 信用売り×
信用買い○ 信用売り○
信用買い○ 信用売り×
08年12月現在、東証1部約1700社のうち、貸借銘柄は約1400社。2部は約460社のうち約100社
ヘロンは貸借銘柄だから信用売りができる株ってことね
そのとおり

※その他に各証券会社が設定する一般信用銘柄がある

信用売りってどこかから実際に株を借りてそれを市場で売るんでしょ
そうだ。長期に株を保有して手放す気のない、保険会社などの機関投資家から、**日本証券金融**（日証金）という組織が借りてきて、調達する。それを売ることになる。
どーぞー
日証金
日証金
ヘロン株
それってタダで借りられるわけじゃないよね
もちろん担保も要るし金利もかかる
今、私の手元には、ヘロンに対するTOBのために、ドリルメンチ証券にMSCBを引き受けさせて作った1000億がある。それを担保にして、売りまくる。
日証金
1000億
その金ってヘロンの外内会長との約束でマカオに送金するはずでは
そんな約束を守る気はない最初からこのために作った金だ
クルリ
パパって実は悪人なの？
でもパパ、もしもヘロン株が上がったら大変なことにならない？
信用買いの場合、1億円の株が0円になっても、損害は1億円で済むけど、信用売りの場合、値上がりは青天井なので、たとえば10億円に跳ね上がったら、損害は9億円。恐怖はハンパじゃないって教わったわ。
信用売り
株価
10億
損失
1億
大丈夫ヘロン株は必ず下がる
下がるとわかっているから「売り」で勝負に出るんだ
なんで下がるってわかるの
今は言えない

とにかく下がったところで一気に買い戻せばいい
……
この件で私は表に出たくない
ケイコおまえをバカミファンドマネジメントの社長にする
おまえはそこでこの相場を仕切れ
スッ
わかったわパパ
ヘロン株売って売って売りまくるわよ
(株)ヘロン
ヘロン株が急速に下がり始めています大量の信用売りが入っているようですね
ガバッ
売ってるのは誰だ

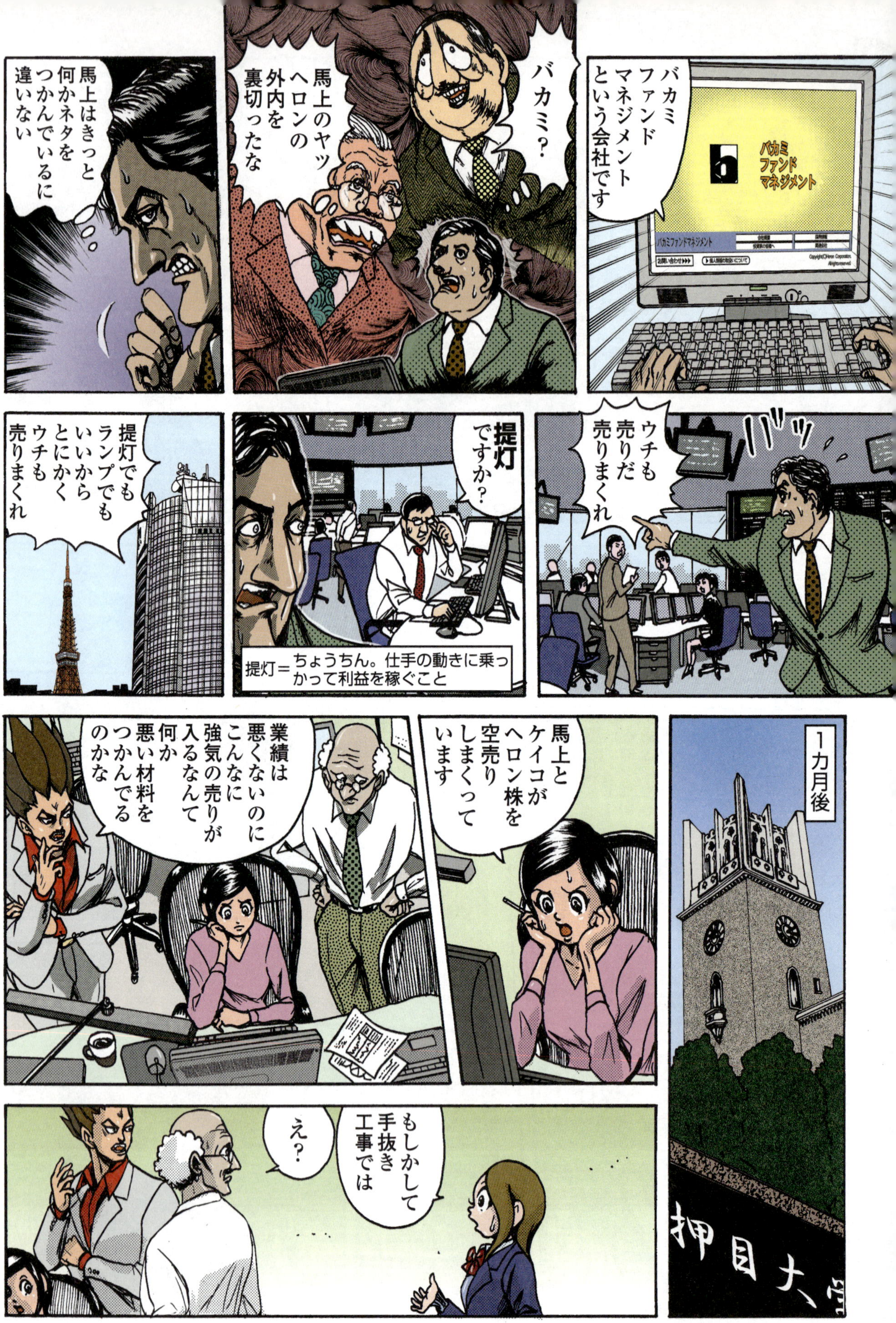
バカミファンドマネジメントという会社です
バカミ ファンド マネジメント
バカミ？
馬上のヤツヘロンの外内を裏切ったな
馬上はきっと何かネタをつかんでいるに違いない
バッ
ウチも売りだ売りまくれ
提灯ですか？
提灯＝ちょうちん。仕手の動きに乗っかって利益を稼ぐこと
提灯でもランプでもいいからとにかくウチも売りまくれ
1カ月後
押目大
馬上とケイコがヘロン株を空売りしまくっています
業績は悪くないのにこんなに強気の売りが入るなんて何か悪い材料をつかんでるのかな
もしかして手抜き工事では
え？

学校をスーパーに建て替えてるとき、工事のヒトたちが話してるのを聞いたことがあるのよ。
鉄筋を3本も抜いて大丈夫かよ
上の指示だから大丈夫だろ
それだ！
馬上は経営難の学校を買収して、スーパーに建て替え、ヘロンに売りまくってきたが、建て替え工事の際に、建設会社が手抜きした事実をつかんでいるんだ。
そしてタイミングを計って、そのことをマスコミにリークするつもりだ。そうすればヘロン株がガタ落ちし、カラ売りしていた馬上は大儲けできるからな。
ヘロンスーパー耐震偽装
HERON
それってインサイダー取引にならないの？
バリバリのインサイダーですよ
馬上のことだ自分が罪をかぶらないよう手を打っているだろう
誰かに責任を押しつけて金だけつかんで海外にトンズラするとか……
うーん何か逆転の手はないものかな
手抜き工事がリークされるより先に建物を建て替えちゃえばいいじゃん
そんな短期間に全部のスーパーの建て替えなんてムリよ
ぬぬぬぬぬぬ…
ハッ

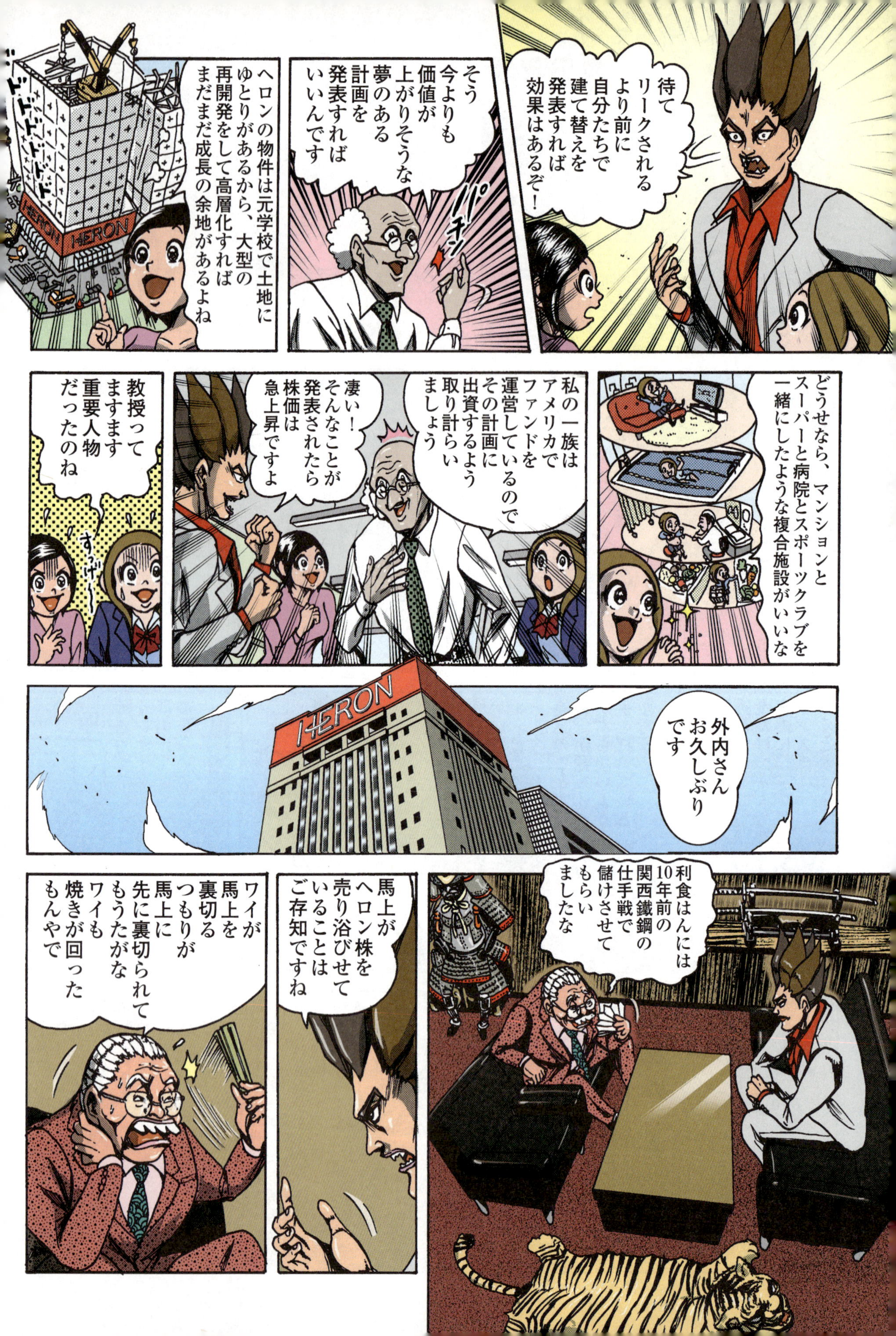
待て リークされる より前に 自分たちで 建て替えを 発表すれば 効果はあるぞ！
そう 今よりも 価値が 上がりそうな 夢のある 計画を 発表すれば いいんです
パチン
ヘロンの物件は元学校で土地に ゆとりがあるから、大型の 再開発をして高層化すれば まだまだ成長の余地があるよね
ドドドドド
HERON
どうせなら、マンションと スーパーと病院とスポーツクラブを 一緒にしたような複合施設がいいな
私の一族は アメリカで ファンドを 運営しているので その計画に 出資するよう 取り計らい ましょう
凄い！ そんなことが 発表されたら 株価は 急上昇ですよ
教授って ますます 重要人物 だったのね
すげ〜
HERON
外内さん お久しぶり です
利食はんには 10年前の 関西鐵鋼の 仕手戦で 儲けさせて もらい ましたな
馬上が ヘロン株を 売り浴びせて いることは ご存知ですね
ワイが 馬上を 裏切る つもりが 馬上に 先に裏切られて もうたがな ワイも 焼きが回った もんやで

逆転の手が
あります
ゴクリ
そんな
うまい話が
ありまっか？
スッ
このプランを
ご覧ください
ヘロン株は
売りよ
売りっ！
社長！
ガチャ
ヘロンの
外内が
記者会見を
開いています
バッ

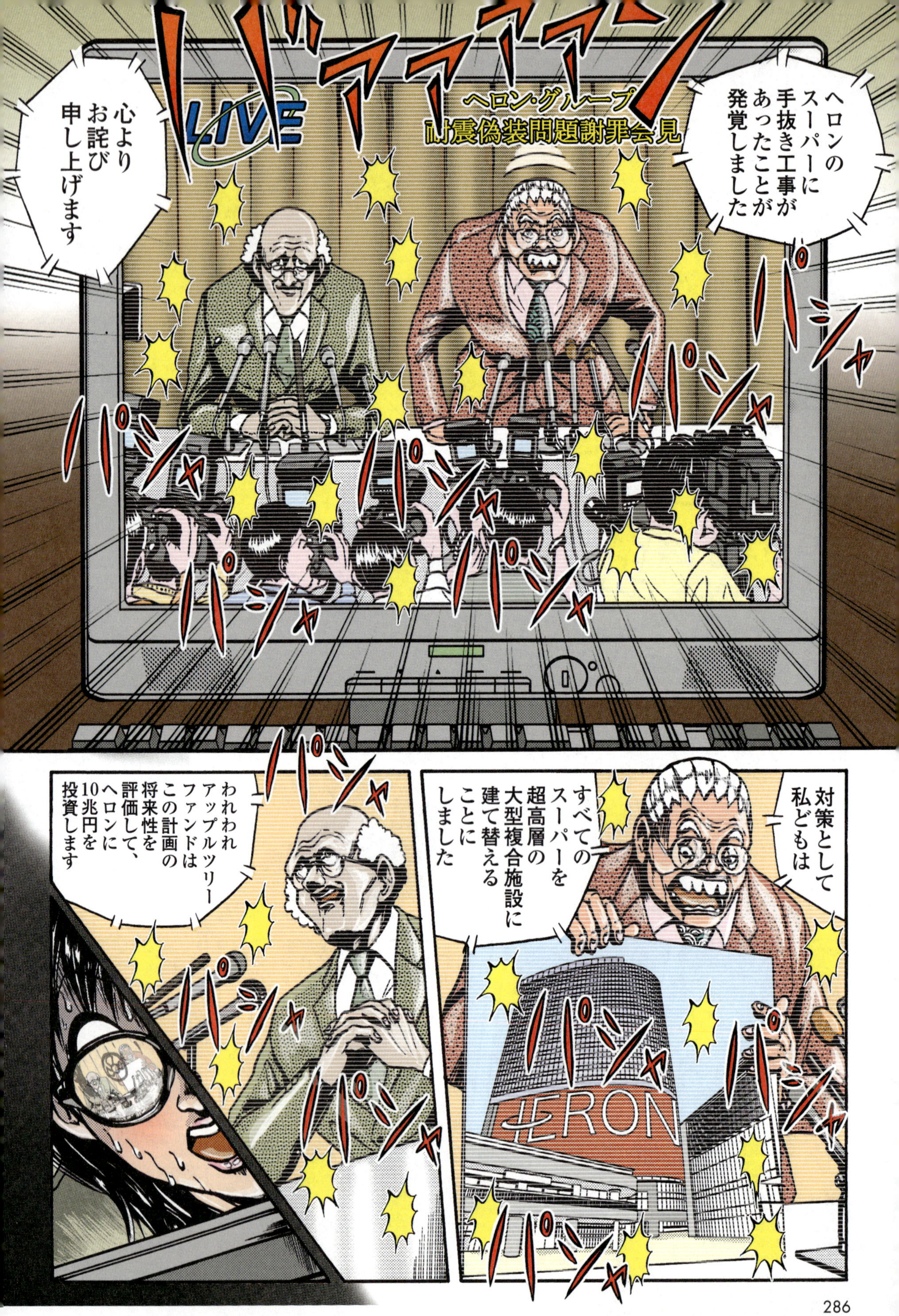
バアアアン
LIVE
ヘロン・グループ
耐震偽装問題謝罪会見
ヘロンのスーパーに手抜き工事があったことが発覚しました
心よりお詫び申し上げます
パシャ
パシャ
パシャ
パシャ
パシャ
対策として私どもは
すべてのスーパーを超高層の大型複合施設に建て替えることにしました
パシャ
われわれアップルツリーファンドはこの計画の将来性を評価して、ヘロンに10兆円を投資します
パシャ
パシャ
パシャ
パシャ
HERON

ヘロンに10兆円投資だって？
それっヘロンは買いだ
パシ
しめた信用売りで投げ売ってるバカがいるぞ
それを買えっ
ドドドド
買い！買い！買い！買い！
ドドドドドドドドド
買い！
ピピピッ
買い！買い！買い！
ヘロンは買いだ
買い！買い！買い！買い！
買い！買い！
パシ パシ パシ パシ
ヘロンに10兆円
ドドドドド
ドドドド
ドドドドドドドドドドドド
買い！買い！買い！買い！買い！買い！買い！
ドドドドド
ゴゴゴゴゴゴゴゴゴゴゴゴゴ
買い！買い！買い！買い！買い！買い！買い！買い！買い！買い！買い！買い！

代表
ヘロンの株価がかえって急上昇しています
ガタッ
まずい！信用売りには期限がある
至急買い戻しだ
タッ
株価が上がりすぎて誰も売ってくれません
破滅だ

パチパチ
パチ
パチ
パチパチ
外内のヤツ予想外の手を打って来やがった
利食の差し金に違いない
ギギギギギ……
佳代子のときといい……
利食のヤツどこまで俺の邪魔を……
ギギギギギ

狙いどおりヘロン株は4日つづけてストップ高です
株価は1週間前の3倍よ
ヘロン株を信用売りしていた馬上は、あわてて買い戻しに走る。
あわわゎ買い戻し！
一方、アップルツリーの10兆円投資という好材料で、一般投資家もヘロン株を買おうとしている。
10兆円投資
信用売りの買い戻しと一般投資家の買い注文が合わさって、ヘロン株は青天井だ。
買い戻し～！
ドォ
買い！
買い！
買い！
買い！
いわゆる踏み上げっていう状態ですね
ケケケ
馬上の悲鳴が聞こえるようや
利食はんこれもあんさんのおかげや
ガッ
ぜひワシの後を継いで新生ヘロンの社長になってこの事業を成功に導いておくれやす
ギュッ
わかりました
お引き受けするには1つ条件があります
条件？
新しい複合商業施設の中に難平女子高を復活させてくださいこのコたちの母校なんです
ドン
よっしゃお安い御用や
やったぁ

ドン
ストップ高つづきでまったく買い戻せない！
一番危険な踏み上げだわ
損害はすでに500億円に達しています
ザワ
ザワ
この損害がどこまで拡大するか見当もつきません
馬上会長と連絡がとれません
私パパを探して来る
タッ
バン
パパ！
パパ！
がらーーーーー……ん

えっ!?
ケイコへ
私は姿を消す
後のことは
お前に任せる。
パパ
ええ〜〜っ!?
馬上は
どこだ?
トンズラ
か……
おおかた
マカオにでも
高飛び
したんだろう
ケイコ
目を醒ませ
おまえは
馬上に利用
されて
いたんだ
たとえ
今回の仕手戦が
うまくいったと
しても
おまえは
インサイダー
取引の
隠れみのとして
スケープゴート
にされていた
だろう

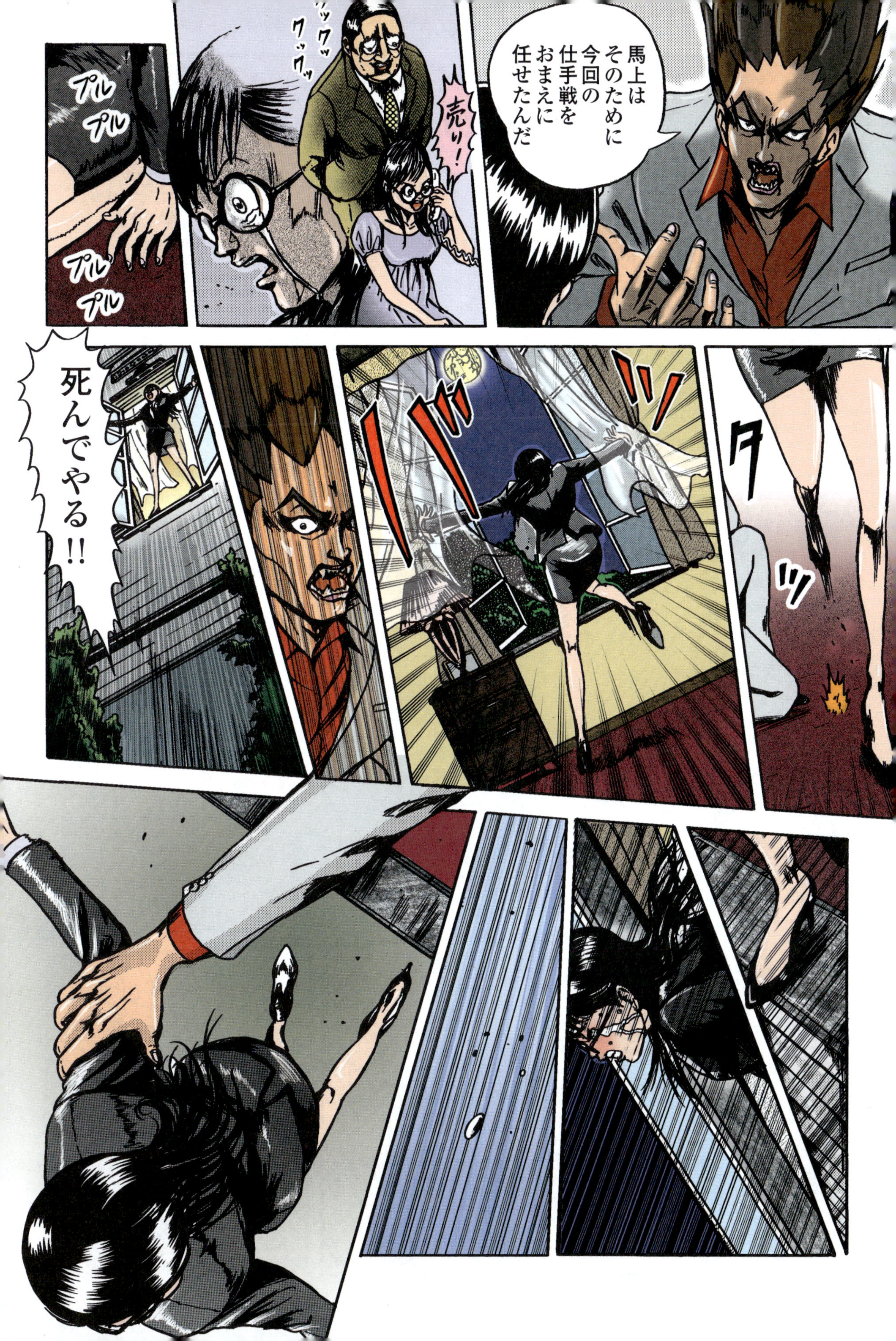
馬上はそのために今回の仕手戦をおまえに任せたんだ
クックッ
売り!
プルプル
プルプル
タッ
死んでやる!!

バカっ！
パンッ
ズーッ
死んでどうする！
私には500億円の借金があるのよ！
ググ
どうやって生きろっていうの？
ドン

バカミの外食部門はまだまだ価値がある
外内会長は、今回の株価上昇で得た数億円の利益をつぎ込んで当初の計画どおりバカミを買収するつもりだ
HERON
借金ごとな
だからヘロンに会社を売って0からやり直せ
おまえには天才的相場師の馬上の血が流れているんだ!
ドオッ
おまえはきちんと勉強すれば必ず本物のファンドマネジャーになれる!
わあっ
先生!

ドォーーン
私立難平女子高等学校
学校が復活してよかった
これでまた株の勉強が一からやり直せる
めでたしめでたしじゃん
馬上がこのまま引き下がると思えないがな

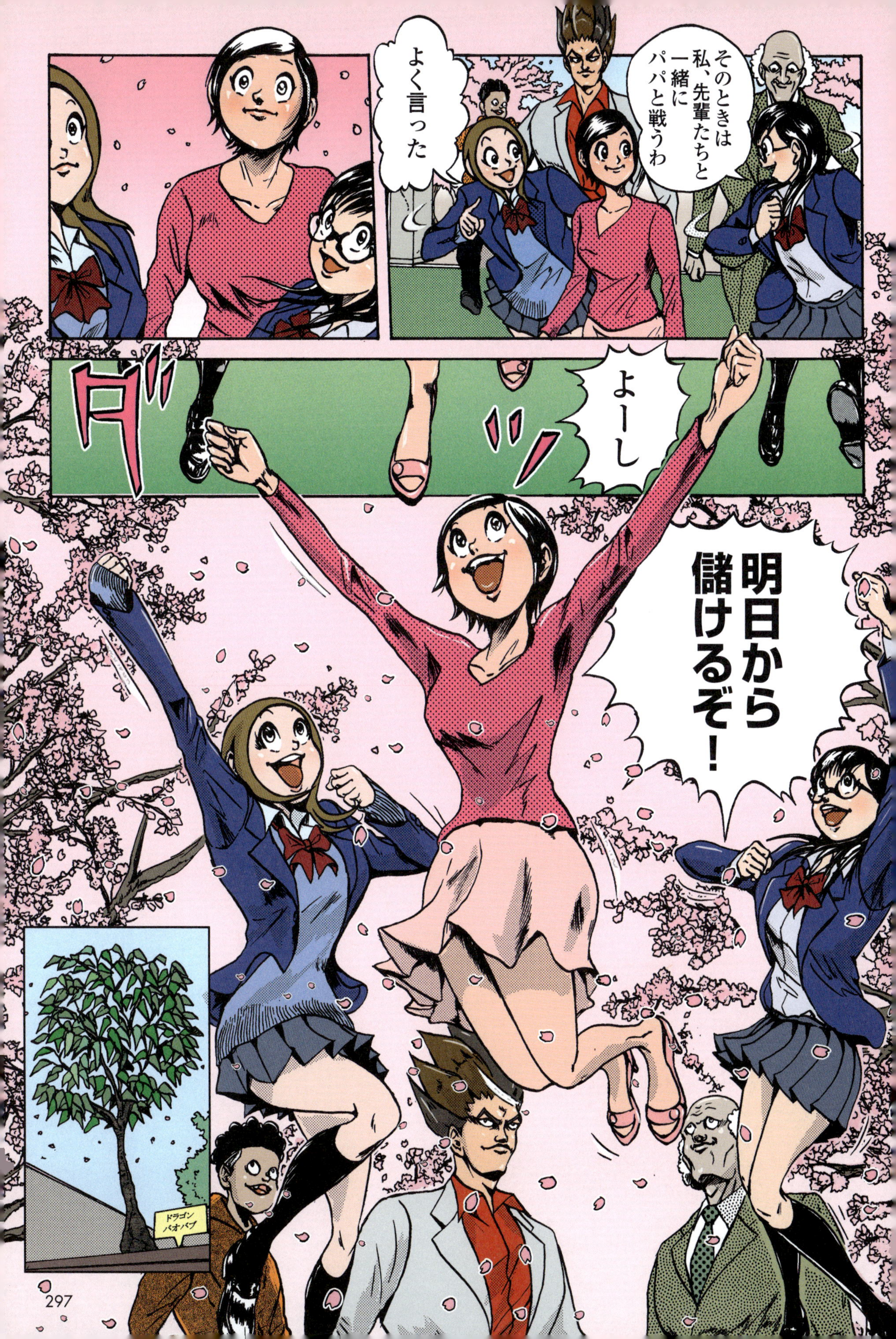
そのときは私、先輩たちと一緒にパパと戦うわ
よく言った
ダッ
よーし
明日から儲けるぞ！
ドラゴンバオバブ

本書は『ZAi』の2006年5月号から
2008年1月号まで連載されていた
「女子高生株塾 SEASON1」と
「女子高生株塾 SEASON2」を大幅に加筆修正し、
収録したものです。株価や指標ランキング等は
基本的に2009年1月時点のデータに修正しています。

『マンガでわかる株式投資！女子高生株塾』は
金融業界の第一線で活躍されている多数の方に
取材させていただき、完成しました。
厚く御礼申し上げます。
本書が個人投資家の皆様のお役に立てば幸いです。

この続きは…
『新・女子高生株塾』
をチェック！

女子高生株塾
SEASON 3

SEASON3では
日本株の投資に
役立つ情報はもちろん、
話題のFXやCFD、
世界の金融の最新状況も
解説しています。

ネット証券の手数料&サービス

金利 ※2	手数料に関する特記事項（無料になる条件等）	リアルタイム株価表示	気配情報	有料トレードツール	スクリーニング	立会外分売	特殊注文	ミニ株・単元未満株	外国株	日経225ミニ	FX	携帯取引
買2.26% 貸1.15%	インターネット発注・コールセンター発注と注文方法に応じて手数料が変わる	●	●	●	●	●	–	●	中 韓 台 他	–	–	D·A·S
買2.69%(3.69%) 貸1.15%(1.90%)		●	●	●	●	●	逆指値、 逆指値＋通常注文	●	–	●	●	D·A·S
買2.56%(4.00%) 貸1.15%		●	●	●	●	●	–	–	中	●	●	D·A·S
買2.72% 貸1.15%	定率プランの場合、信用取引の新規建株手数料無料	●	●	–	●	–	–	● ※17	–	–	–	D·A·S
買2.80%(3.09%) 貸1.15%		●	●	● ※12	●	●	逆指値	● (S株)	中 韓 米	●	●	D·A· S·W
買2.80% 貸1.15%	日経225先物の手数料は420円／枚。日経225miniは42円／枚。	●	●	●	●	–	–	●	中	●	●	D·A· S·W
–	「証券総合口座」利用の場合、手数料を一律5%割引。信用取引は窓口のみで取扱い	●	●	●	●	–	–	–	中	–	–	D·A·S
買2.55%(4.40%) 貸1.15%		●	●	●	●	●	逆指値、逆指値＋ 通常注文、連続注文	●	中	●	●	D·A· S·W
買2.86% 貸1.15%	月額手数料プラン「トレチケ」では、50回コース1万500円、100回コース2万1000円、200回コース6万3000円 ※15	●	●	–	–	–	–	● ※7	–	–	●	D·A·S
買3.07%(3.60%) 貸1.15%(1.50%)		●	●	●	●	–	自動売買	●	–	●	●	D·A· S·W
買2.70%(3.50%) 貸1.15%		●	●	–	●	–	夜間取引	–	–	●	●	D·A·S
買2.42%(3.36%) 貸1.15%	1カ月定額制の場合、各規定回数以上となった日の翌日から月末まで1日定額制を適用	●	●	●	●	–	–	● ※7	–	–	● ※11	D·A·S
買2.70%(2.50%) 貸1.15%	ジョインベストFXの取引手数料無料	●	●	–	●	●	逆指値、連続注文、上下指値注文、追跡逆指値、トリガー機能	●	–	●	●	D·A·S
買2.85%(3.35%) 貸1.15%		●	●	–	–	●	IFDONE注文	–	–	–	–	D·A·S
買2.31% 貸1.15%		●	●	–	●	–	–	●	–	–	–	D·A·S
買1.72%(2.72%) 貸1.15%	1日約定ごとの手数料コース、1日定額手数料コースは1日ごとに翌営業日のコースを選択することが可能	–	–	–	–	–	–	–	–	●	–	D·A·S
買2.40%(2.40%) 貸1.15%(1.50%)	信用取引の場合、1日定額手数料なら、日計り取引の片道手数料が無料	●	●	●	●	● ※16	逆指値	● ※17	米 中 ※18	–	●	D·A· S·W
買2.61% 貸1.15%		●	●	–	●	–	–	–	中	–	–	D·A·S
買2.61%(3.61%) 貸1.15%	200万円以降は、100万円ごとに1日定額420円加算。中国株は上海・深センB株も購入可能で特定口座にも対応 ※3 ※6	●	●	●	●	–	–	–	中	●	●	D·A· S·W
買2.87% 貸1.15%		●	●	–	●	–	–	●	香 港	–	●	D·A· S·W
買2.32% 貸1.15%		●	●	–	●	●	執行タイミング 指定注文	–	–	–	–	D·A·S
–	単元未満株は最低手数料105円～（約定代金の0.945%）	–	–	–	–	–	–	●	–	–	–	–
買3.10%(4.10%) 貸1.15%(2.00%)	一般信用取引の日計り手数料片道無料。一般信用取引で保有期間6カ月を超えた場合、その建玉の返済手数料が無料	●	●	●	●	●	逆指値、 追跡指値	● ※8	中	●	●	D·A· S·W
買3.11%(3.61%) 貸1.15%(1.15%)		●	●	●	●	●	自動売買、 夜間取引	●	中 米	●	●	D·A· S·W
買2.65% 貸1.15%		●	●	●	●	–	夜間取引	–	–	–	–	D·A·S
買2.30% 貸1.15%	投資信託23銘柄の販売手数料無料	●	●	–	●	●	–	●	中	–	–	D·A·S
–		●	●	–	●	–	–	● ※19	–	–	–	D·A·S
買2.85%(3.09%) 貸1.10%	新規口座開設者は、約定代金20万円まで手数料0円（いちにち定額コースの場合。一部除外あり）	●	●	●	●	●	逆指値注文、 逆指値付通常注文	–	中 米	●	●	D·A· S·W
買2.60%(3.90%) 貸1.15%	一般信用の返済手数料無料	●	●	●	●	–	連続注文	●	–	●	●	D·A·S

内が成行、他の注文方法は上段　※14 1000万円超1万6800円、以降500万円ごとに2100円加算、5000万円超3万4650円、以降1000万円ごとに3150円加算　※15 300回コース10万5000円、500回コース15万7500円。信用取引の約定代金は30%で計算　※16 コールセンターのみ　※17 単元未満株はコールセンターのみ　※18 米はコールセンターのみ　※19 単元未満株のみ　※20 ジャスダックの1約定ごと手数料は別途加算あり

外国株：中=中国　韓=韓国　台=台湾　米=米国
携帯取引：D=ドコモ、A=au、S=SoftBank、W=ウィルコム

(09年2月末現在)

証券会社	現物取引 1約定ごとの手数料 20万円	50万円	100万円	200万円	300万円	現物取引 1日定額制	一般信用取引	信用取引 1約定ごとの手数料 ※1 50万円	100万円	300万円
アイザワ証券 www.aizawa.co.jp	777	777	1575	1575	1575		—	777	1575	1575
岩井証券 www.iwaisec.co.jp	1575	1575	1575	1575	1575	10万円まで84円、以降1日の約定代金10万円増すごとに84円を加算。200万円まで1680円、以降100万円増すごとに840円加算 ※4	●	1575	1575	1575
エイチ・エス証券 www.hs-sec.co.jp	470	470	1050	1470	1470	300万円まで2625円、以降300万円増すごとに2625円加算	●	470 (445)	1050 (980)	1050 (980)
SMBCフレンド証券 www.smbc-friend.co.jp	840	840	840	1680	2520	1カ月定額制あり。売買回数10回まで3150円、30回まで6300円、60回まで1万500円、回数超過分は約定代金×0.084%加算 ※4	—	840	840	2520
SBI証券 trading1.sbisec.co.jp	250	450	800	1500	1500	10万円まで100円、20万円まで200円、30万円まで300円、50万円まで450円、100万円まで800円、以降100万円増すごとに420円加算	●	200	400	400
岡三オンライン証券 www.okasan-online.co.jp	225	405	720	1350	1350	10万円まで無料、20万円まで225円、30万円まで283円、50万円まで450円、100万円まで810円、以降100万円増すごとに378円加算	—	140	280	280
岡三証券 www.okasan.co.jp	1890	3018	6037	10500	14962		—	—	—	—
オリックス証券 www.orix-sec.co.jp	250	420	800	1500	1500	50万円まで315円、100万円まで840円、以降100万円ごとに840円加算 ※5	●	315 (315)	315 (315)	315 (315)
かざか証券 sec.kazaka.jp	525	525	840	1155	1680	1日定額プラン「ワン・トレ」は、100万円(信用取引のみなら最大約333万円)まで735円。以降100万円ごとに735円加算	—	525	525	525
カブドットコム証券 kabu.com ※13	1025 (500)	1575 (1050)	1575 (1050)	2415 (1890)	2415 (1890)		●	483	798	1155
クリック証券 ※20 www.click-sec.com	105	315	525	1050	1050	20万円まで230円、30万円まで300円、50万円まで430円、100万円まで860円、200万円まで1260円、300万円まで1660円など	●	150 (150)	150 (150)	150 (150)
コスモ証券 www.cosmo-sec.co.jp	1カ月定額制は50回コース1万500円、100回コース2万1000円。1日定額制は10万円まで105円、20万円まで210円、30万円まで315円、40万円まで420円、50万円まで525円、100万円まで1050円、300万円まで2100円など ※4						●	現物と同じ		
ジョインベスト証券 www.joinvest.jp	200	400	750	1500	1500	10万円まで100円、20万円まで200円、30万円まで300円、50万円まで450円、100万円まで800円、以降100万円ごとに420円加算	●	200	350	900
証券ジャパン www.secjp.co.jp	0	525	1050	1050	1050	1日の約定代金300万円ごとに1575円 ※4	●	315 (315)	525 (525)	525 (525)
新光証券 www.shinko-sec.co.jp	997	1811	3622	6237	8851	100万円まで3675円、200万円まで6300円、300万円まで8925円、500万円まで1万1550円、1000万円まで1万4700円。※14	—	1811	3622	8851
そしあす証券 www.socius-sec.com	231	231	462	462	462	300万円まで1260円、600万円まで2520円、900万円まで3780円、2700万円まで300万円ごとに1260円加算 ※4	●	231	462	462
大和証券 www.daiwa.jp	1050	1811	3622	6394	9166	300万円まで3150円、以降300万円を超えるごとに3150円加算 ※4	●	1811	3622	9166
東洋証券 www.toyo-sec.co.jp	840	840	840	945	1050	1カ月定額制は1万500円で、60回または1億5000万円まで無料 ※4	—	840	840	1050
内藤証券 www.naito-sec.co.jp	250	390	740	1000	1260	10万円まで200円、20万円まで250円、50万円まで439円、100万円まで790円、200万円まで1210円、以降100万円ごとに420円加算	●	350	660	1110
日興コーディアル証券 www.nikko.co.jp	787	1811	3622	6457	8977		—	905	1811	4488
野村證券 www.nomura.co.jp	2184	5460	9307	16027	22747		—	5460	9307	22747
廣田証券 www.hirota-sec.co.jp	630	1575	3150	6300	9450		—	—	—	—
松井証券 www.matsui.co.jp	1日定額制のみ。現物と制度・一般信用を合計し、1日の約定金額10万円まで無料、30万円まで315円、50万円まで525円、100万円まで1050円、以降100万円増えるごとに1050円加算。上限は10万5000円						●	525	1050	3150
マネックス証券 www.monex.co.jp ※9	210 1575 (1050)	525 1575 (1050)	1050 1575 (1050)	2100 3150 (2100)	3150 4725 (3150)	1日の約定代金300万円ごとに2650円 ※4	●	525 1575 (1050)	1050 1575 (1050)	3150 4725 (3150)
丸三証券 www.03trade.com	210	525	1050	2100	3150	20万円まで無料(対象外銘柄あり)、30万円までは252円、30万円超5000万円までは約定代金の0.084%、5000万円超は4万2000円 ※4	—	525	1050	3150
丸八証券 www.star-trade.net	1050	1050	1050	1575	1575		—	1050	1050	1575
三菱UFJ証券 www.sc.mufg.jp	1575	2047	3780	6300	8820		—	—	—	—
楽天証券 www.rakuten-sec.co.jp	472	472	840	1575	1575	50万円まで450円、100万円まで900円、200万円まで2100円、以降100万円増すごとに1050円加算 ※4	●	472	472	472
リテラ・クレア証券 www.retela.co.jp	105	945	1995	1995	1995	1日の約定金額20万円まで210円、30万円まで315円、50万円まで525円、100万円まで945円、200万円まで1680円、300万円まで2520円、400万円まで2940円、500万円まで3150円、以降100万増毎に840円加算。※10	●	525	945	945

※1 ( ) 内は一般信用取引 ※2 ( ) 内は一般信用取引 ※3 信用取引の手数料には別に1日定額制プランもある ※4 信用取引の約定代金含む ※5 上限は5万2500円。信用取引の約定代金も含む(日計りの場合、約定代金が少額の方は1日の約定代金合計に含まない) ※6 約定ごとプランは「ひと口注文」の適用あり ※7 電話対応のみ ※8 売却のみ ※9 手数料は上段がモバイル、中段が指値、( ) 内が成行 ※10 手数料上限8万4000円 ※11 くりっく365 ※12 新規口座開設後1カ月間無料。他にも無料の利用条件あり ※13 手数料は ( )

ホイチョイ・プロダクションズ

作品

書籍

『見栄講座』（1983年）
『OTV』（1985年）
『極楽スキー』（1987年）
『東京いい店やれる店』（1994年）
『気まぐれコンセプト・クロニクル』（2007年）

映画

『私をスキーに連れてって』（1987年）
『彼女が水着にきがえたら』（1989年）
『波の数だけ抱きしめて』（1991年）
『メッセンジャー』（1999年）
『バブルへGO!! タイムマシンはドラム式』（2007年）

マンガでわかる株式投資!

女子高生株塾

2009年3月26日　第1刷発行
2020年1月16日　第7刷発行

著者● ホイチョイ・プロダクションズ
Cartoon by Hitoshi Io
Assistants Kai Kawai
Chie Isozaki
Kaori Takahashi
Mayumi Takada
Kenko Koyama
Seiko Akama
Story by Yasuo Baba
装丁● 河南祐介（FANTAGRAPH）
漫画デザイン● デラックス・カンパニー（池田吉伸）
制作進行● ダイヤモンド・グラフィック社
印刷● 新藤慶昌堂
製本● ブックアート
編集担当● 篭島裕亮
編集長● 浜辺雅士
発行所● ㈱ダイヤモンド社
〒150-8409　東京都渋谷区神宮前6-12-17
http://www.diamond.co.jp
電話 03-5778-7248（編集部）　03-5778-7240（販売部）

ISBN978-4-478-00800-3
落丁・乱丁本はお手数ですが弊社営業局宛にお送りください。
送料小社負担でお取替えいたします。
但し、古書店でご購入されたものについてはお取替えできません。

本書は投資の参考となる情報の提供を目的としております。投資に当たっての意思決定、最終判断はご自身の責任でお願いします。本書の内容は2009年1月14日時点のものであり、予告なく変更される場合もあります。また、本書の内容には正確を期すよう努力を払いましたが、万一誤り・脱落等がありましても、その責任は負いかねますのでご了承ください。